Wolfgang Huber

DIETRICH
BONHOEFFER

Wolfgang Huber

DIETRICH BONHOEFFER

AUF DEM WEG ZUR FREIHEIT

Ein Porträt

C.H.Beck

Mit 25 Abbildungen

2., durchgesehene Auflage. 2019

© Verlag C.H.Beck oHG, München 2019
Satz: Fotosatz Amann, Memmingen
Druck und Bindung: GGP Media GmbH, Pößneck
Umschlaggestaltung: Kunst oder Reklame, München
Umschlagabbildung: Dietrich Bonhoeffer 1932, aus: Winfried Maechler,
Dietrich Bonhoeffer. Christ und Widerstandskämpfer, 38 Schwarzweiß-
Dias mit Textheft, Witten/Ruhr o. J. (1958)
Gedruckt auf säurefreiem, alterungsbeständigem Papier
(hergestellt aus chlorfrei gebleichtem Zellstoff)
Printed in Germany
ISBN 978 3 406 73137 2

www.chbeck.de

Inhalt

1. Prolog: Wer war Dietrich Bonhoeffer?

Denken und Leben

Ein Mensch lässt sich auf verschiedene Weise porträtieren. Fotografiert oder gezeichnet, gemalt oder als Skulptur kann uns die Person vor Augen treten. Auch durch Erzählen kann ein Bild von ihr entstehen. Die Stationen ihres Lebens, die für sie wichtigen Beziehungen und die dramatischsten Ereignisse zwischen Leben und Tod können geschildert werden.

Doch nicht nur Ereignisse, Begegnungen und Beziehungen gehören zu einer Person. Ebenso wichtig sind ihre Überzeugungen und ihr Denken. Für einen Menschen, der aus innerer Gewissheit seinen eigenen Weg gegangen ist und auf jeder Station von seinem Denken Rechenschaft abgelegt hat, ist ein allein lebensgeschichtlich angelegtes Porträt unzureichend. Man muss die tragenden Gewissheiten dieses Menschen verstehen und die Veränderungen seines Denkens nachzeichnen. Für Dietrich Bonhoeffer gilt das allzumal. Er war nicht nur ein Mitglied der Konspiration gegen die Diktatur Adolf Hitlers; er war zugleich ein überzeugungsstarker und literarisch produktiver Theologe. Weder der Entzug der Lehrbefugnis an der Berliner Universität noch ein im ganzen Deutschen Reich gültiges Veröffentlichungsverbot konnten ihn am Schreiben hindern; glücklicherweise ist mehr von seinen Manuskripten erhalten, als man unter den Bedingungen von Diktatur und Krieg erhoffen konnte.

In Bonhoeffers wechselvoller Geschichte hingen Glauben und Leben, Theologie und Widerstand eng miteinander zusammen. Es lohnt sich, sein Denken vor dem Hintergrund seiner Lebensgeschichte zu betrachten. Dazu ist ein Porträt erforderlich, das nicht nur an Ereignissen, sondern ebenso an Gedanken orientiert ist. Das Denken ist in der Biographie verankert, aber nicht in ihr gefangen. Bonhoeffer dachte immer wieder über die eigene Zeit und die Bedingungen der eigenen Existenz hinaus. Seine Theologie entwickelte sich auf besonders überraschende Weise gerade in einer Zeit, in der er als Häftling des Regimes äußerlich betrachtet zur Untätigkeit verurteilt war. Seine Bereitschaft, immer wieder neu anzufangen, bewährte sich gerade in dieser Zeit.

Auf seinem Lebensweg wagte Bonhoeffer mutige Schritte und wich vor Enttäuschungen wie vor Gefahren nicht zurück; das kann auch heute ein Ansporn sein. Als Theologe und denkender Zeuge einer abgründigen Zeit scheute er neue Ansätze und kühne Vorstöße nicht. Das ermutigt dazu, sich auch heute wichtigen Fragen zu stellen und nach eigenen Antworten zu suchen. Auf Hitlers persönliches Geheiß wurde Dietrich Bonhoeffer am 9. April 1945 im Alter von neununddreißig Jahren ums Leben gebracht. Wen wundert, dass sein Leben und sein Denken fragmentarisch geblieben sind? Doch gerade ein Fragment fordert dazu auf zu erkunden, wie das Ganze wohl gemeint war. Bonhoeffer hoffte darauf, dass sich das in seinem Fall erkennen ließe.

Sturm und Drang

Mit knappem Vorsprung vor seiner Zwillingsschwester Sabine kam Dietrich Bonhoeffer am 4. Februar 1906 in Breslau zur Welt. Er war das sechste von acht Kindern. Die Mutter war als Paula von Hase in einer Familie aufgewachsen, zu deren Ahnenreihe mehrere Theologen gehörten. Der Vater Karl stammte aus einem württembergischen, über lange Zeit in Schwäbisch Hall ansässigen Geschlecht, das eine Reihe von Bürgermeistern dieser stolzen Reichsstadt hervorgebracht hatte. Zum Zeitpunkt der Geburt seiner Zwillinge lehrte er als Professor für Psychiatrie und Neurologie in Breslau. 1912 erhielt er einen Ruf an die renommierte Friedrich-Wilhelms-Universität in Berlin, die heute Humboldt-

Paula Bonhoeffer mit ihren acht Kindern, 1911/12 (Dietrich Dritter von links)

Universität zu Berlin heißt. Nach einigen Jahren im Bezirk Tiergarten, nahe dem Stadtbahnhof Bellevue, nahm die Familie 1916 in Grunewald Wohnung, einem Villenviertel, in dem Angehörige der Bildungs- und Besitzelite weithin unter sich waren. Besorgt tauschte die Elterngeneration sich über die politischen Ereignisse aus; und die Jugendlichen bewegten sich in einem Freundeskreis, in dem man sich früh einer besonderen Berufung bewusst war. Sie vergewisserten sich ihres Wegs im Kreis von Gleichgesinnten. Das Bewusstsein, in einer Elite aufzuwachsen und zu entsprechender Verantwortung verpflichtet zu sein, prägte von früh auf das Selbstverständnis dieses Kreises.

Der Umzug in die Wangenheimstraße fand mitten im Ersten

Weltkrieg statt. Dessen tiefe Schatten fielen auch auf die Familie Bonhoeffer. Die beiden ältesten Brüder Karl-Friedrich und Walter wurden noch im letzten Kriegsjahr eingezogen; der ältere Bruder Klaus wurde nach kurzer Ausbildung gegen Ende des Krieges noch für wenige Wochen eingesetzt. Bereits am 23. April 1918 wurde Walter verwundet und starb fünf Tage später, erst achtzehn Jahre alt. Die Erschütterung der ganzen Familie war groß; die Lebenskraft der Mutter Paula Bonhoeffer schien gebrochen. Noch zu Weihnachten sah sie sich außerstande, ihrer Mutter Weihnachtsgrüße zu schicken; der Brauch, jeweils am Ende des Jahres wichtige Entwicklungen in der Familie in einem Silvestertagebuch festzuhalten, wurde für zehn Jahre unterbrochen. Dietrich erhielt die Konfirmationsbibel seines Bruders Walter zu seiner eigenen Konfirmation; er benutzte sie bis zu seinem Tod.

Wie stark die Familie ihn prägte und ihm den Mut zur selbständigen Entscheidung und zur gelebten Verantwortung vermittelte, blieb Dietrich stets bewusst. Doch in der Schar der Geschwister und Freunde ging er zugleich seinen eigenen Weg. Zur Konfirmation in der Grunewaldkirche am 15. März 1921 wählte Pfarrer Hermann Priebe als Konfirmationsspruch das Wort aus dem Römerbrief des Paulus aus: «Ich schäme mich des Evangeliums nicht; denn es ist eine Kraft Gottes, die selig macht alle, die glauben.» (Römer 1,16; 9: 31)* Ungewöhnlicherweise fügte der Konfirmator den Text ausschließlich im griechischen Original in die Urkunde ein. Damit würdigte er nicht nur die guten Griechischkenntnisse des Konfirmanden; sondern er zeigte auch Respekt für dessen Glaubensernst. Denn schon seit geraumer Zeit hatte

---

* Zitate aus den Werken Dietrich Bonhoeffers werden im Text nur durch die Ziffer des Bandes in den *Dietrich Bonhoeffer Werken* sowie die Seitenzahl(en) angegeben. Die Schreibweise wird hier wie auch bei anderen Zitaten den derzeit gültigen Rechtschreibregeln angepasst. Eigenheiten in Bonhoeffers Interpunktion werden beibehalten. Sonstige Literatur wird durch Angabe des Verfassernamens, des Erscheinungsjahrs und der Seitenzahl(en) zitiert. Folgen mehrere Zitate aus derselben Quelle unmittelbar aufeinander, wird vom zweiten Beleg an nur die Seitenzahl angegeben.

Dietrich Bonhoeffer als
Elfjähriger, 1917

der Fünfzehnjährige das Studium der Theologie ins Auge gefasst.
Dieses Vorhaben in der Familie zu verteidigen war nicht einfach.
Die älteren Geschwister hielten ihm vor, bei der Kirche handle es
sich doch um ein schwächliches und langweiliges Gebilde, worauf
er antwortete: «Dann werde ich eben diese Kirche reformieren!»
(Bethge 2005: 61)

Das Studium der Theologie, das er im Alter von siebzehn Jahren begann, führte er in einer Weise durch, die den Maßstäben
seiner Herkunft entsprach. Noch während des Studiums machte
er sich mit seinem Bruder Klaus zu einer Auslandsreise auf, die
bis nach Marokko führte, deren Höhepunkt jedoch in einem langen Rom-Aufenthalt bestand; die Begegnung mit der Lebenswirklichkeit des Katholizismus brachte den jungen Theologen zum

Nachdenken über die Kirche. Schon mit einundzwanzig Jahren schloss er seine Dissertation zum Verständnis der Kirche ab. Die grundsätzliche und mutige Arbeit mit dem Titel *Sanctorum Communio* («Gemeinschaft der Heiligen») ist bis zum heutigen Tag lesenswert. Von welcher Arbeit eines Einundzwanzigjährigen kann man das schon sagen? Nur einen Monat nach dem Abschluss des Promotionsverfahrens legte er am 17. Januar 1928 das Erste Theologische Examen ab. Zum Vikariat ging er nach Barcelona und lernte dort die Lebenswirklichkeit von Auslandsdeutschen in Spanien kennen.

Nach der Rückkehr wollte Bonhoeffer seine akademischen Qualifikationen vervollständigen. Sein Doktorvater Reinhold Seeberg war in der Zwischenzeit emeritiert worden. Bei dessen Nachfolger Wilhelm Lütgert erhielt er eine Assistentenstelle, die ihm konzentriertes Arbeiten an seiner Habilitationsschrift *Akt und Sein* ermöglichte; sie war dem Verhältnis von Theologie und Philosophie gewidmet. Bereits mit vierundzwanzig Jahren wurde er habilitiert und absolvierte zugleich das Zweite Theologische Examen. Doch für die Ordination in das geistliche Amt war es zu früh; dafür mussten die Kandidaten – Frauen waren damals noch nicht zum evangelischen Pfarramt zugelassen – das fünfundzwanzigste Lebensjahr vollendet haben.

Den Spielraum, den er durch den frühen Abschluss seines Studiums gewonnen hatte, nutzte Bonhoeffer 1930 zu einem Studienjahr am renommierten Union Theological Seminary in New York. Dort verzichtete er auf die Möglichkeit, einen weiteren akademischen Grad zu erwerben, und ließ die Vielfalt des geistigen Lebens in den USA auf sich wirken. Zugleich verwandte er viel Zeit auf die Begegnung mit der amerikanischen Lebenswirklichkeit. Manche Ernüchterung erlebte er dabei, wofür beispielhaft seine Empörung darüber stehen mag, dass «ein zwölfjähriges Mädchen in einer Methodist Sunday School als Auszeichnung für regelmäßigen Besuch eine Schmink- und Puderbüchse geschenkt bekam und der Pastor auf diese Anpassung an die Gegenwart stolz war» (10: 273).

Aber auch Begeisterung lässt sich erkennen. Sie entzündete sich an der Begegnung mit der Abyssinian Baptist Church in Harlem. Bonhoeffer übernahm eine eigene Sonntagsschulklasse und hielt während der Woche Bibelstunden. Er erlebte die Schwermut über die Last der Rassendiskriminierung genauso wie den Jubel, der über erlittenes Unrecht hinausführte. Doch bis die amerikanische Bürgerrechtsbewegung in Martin Luther King einen charismatischen Führer fand und sich ihr Traum von der unteilbaren Menschenwürde auch in der Gewährleistung gleicher Rechte niederschlug, sollte es noch Jahrzehnte dauern.

Auch später hegte Bonhoeffer noch Pläne für Auslandsaufenthalte. Besonders wichtig war ihm das Vorhaben einer Reise nach Indien, um Mahatma Gandhi zu begegnen und von ihm zu lernen. Doch dieser Traum erfüllte sich nicht. Dass Bonhoeffer sich von früh an und in einer für die damalige Zeit ungewöhnlich intensiven Weise der Erfahrung des Fremden und Unbekannten aussetzte, lässt sich als Ausdruck eines Hungers nach Wirklichkeit deuten. Er wollte die Fesseln sprengen, mit denen er an die vermeintlich heile Welt des Villenviertels im Grunewald gebunden war.

Doch solche Erfahrungen suchte Dietrich Bonhoeffer nicht nur in der Ferne, sondern auch in der Nähe. Das zeigte sich bald nach der Rückkehr aus New York. Nun nahm er nicht nur seine Tätigkeit als Privatdozent für Systematische Theologie auf, sondern ließ sich zugleich in den kirchlichen Dienst berufen. Am 15. November 1931 wurde er im Vormittagsgottesdienst der St.-Matthäus-Kirche in Berlin-Tiergarten durch Generalsuperintendent Ernst Vits, der weder vorher noch nachher in seinem Leben eine Rolle spielte, ordiniert. Zwar kennt die evangelische Kirche keine Priesterweihe; doch die Ordination ist auf ihre Weise eine bedeutende Zäsur in der Lebensgeschichte von Theologinnen und Theologen. Mit ihr verbindet sich der lebenslange Auftrag zur Verkündigung des Evangeliums und zur Leitung der Sakramentsfeiern von Taufe und Abendmahl. Doch in Bonhoeffers Fall handelte es sich eher um einen bürokratischen Vorgang, der zur selbständigen Führung eines Pfarramts berechtigte. Vor dem Gottesdienst bezahlte der Ordinationsanwärter beim Küster die fälligen Gebühren von fünf Reichsmark. Dass er von Familienmitgliedern oder Freunden begleitet war, wird nicht berichtet. Ein festliches Mittagessen im Familienkreis stand auch nicht auf dem Programm. Kaum war der Gottesdienst beendet, radelte Bonhoeffer nach Berlin-Dahlem, wo sein Freund Franz Hildebrandt am Nachmittag in einer Predigt des einhundertsten Todestags von Georg Wilhelm Friedrich Hegel gedachte. So selbstverständlich war für diese jungen Theologen die Präsenz der Philosophie in der evangelischen Theologie. Das Ereignis der Ordination trat, so scheint es, dahinter zurück. Dass heute ein von Johannes Grützke gestaltetes Reliefbildnis an der Außenwand der St.-Matthäus-Kirche an Bonhoeffers Ordination erinnert, lässt sich nach alldem geradezu als eine gelungene Überraschung bezeichnen.

Bereits zum Wintersemester 1931/32 übertrug das Konsistorium (so heißt die leitende kirchliche Verwaltungsbehörde) der Mark Brandenburg Bonhoeffer eine Studentenpfarrstelle an der Technischen Hochschule in Berlin-Charlottenburg. Kurz darauf erhielt er zusätzlich einen Vertretungsauftrag an der Zionskirche in Berlin-Mitte. Insbesondere sollte er eine Konfirmandengruppe übernehmen. Die Gruppe von siebenundvierzig ungebärdigen Konfirmandenjungen hatte, wie man ihr unverhohlen vorwarf, ihren vorherigen Pfarrer zu Tode geärgert. Hätte Bonhoeffer sich dieser Aufgabe verweigert, wäre die Konfirmation möglicherweise geplatzt. Als er den Konfirmanden das erste Mal begegnete, versuchten sie, ihn mit «Bon, Bon, Bon» niederzubrüllen. Er ertrug es schweigend, bis das laute Rufen dadurch langweilig wurde. Dann erzählte er den Jugendlichen von Harlem. Sie wurden still und begannen zu fragen. Er mietete sich ein schlichtes Zimmer in der Nähe der Kirche, über einer Bäckerei in der Oderberger Straße 61. Seine Konfirmanden kamen ihn besuchen. Zu Weihnachten beschenkte er sie und erklärte seinen Freunden, warum sie dieses Mal leer ausgingen. Aus den Konfirmandenrebellen wurde eine verschworene Gemeinschaft. Er zog mit ihnen auch

Dietrich Bonhoeffer mit seinen Konfirmanden
Ostern 1932 in Friedrichsbrunn

ins Berliner Umland. Mit einigen konnte er sogar für ein paar Tage in das elterliche Ferienhaus im Harz fahren. So verschaffte er ihnen Gemeinschaftserlebnisse, die sie zusammenschweißten.

Die Konfirmation fand statt, Bonhoeffers Konfirmationspredigt vom 13. März 1932 ist erhalten. Ausdrücklich nimmt diese Predigt auf die soziale Situation der Jugendlichen Bezug. Sie belegt die große Bedeutung, die der Hoffnung auf Frieden und Gerechtigkeit in der Vorbereitung auf die Konfirmation zukam. «Keiner» – so sagte der Konfirmator gegen Ende seiner Predigt – «soll euch je den Glauben nehmen, dass Gott [...] uns das gelobte Land sehen lassen will, in dem Gerechtigkeit und Friede und Liebe herrscht, weil Christus herrscht, hier nur von fern, einst aber in Ewigkeit.» (11: 414)

Bekenntnis und Widerstand

Zehn Monate später begann in Deutschland die Herrschaft Adolf
Hitlers. So sorgten die Umstände der Zeit früh dafür, dass Bonhoeffer weit über die beruflichen Perspektiven hinaus für seine
Glaubenshaltung und deren Konsequenzen einstehen musste. Die
akademische Laufbahn verlor an Bedeutung; Bonhoeffer suchte
nach einer beruflichen Lebensform, die seinem Glauben entsprach.

Die klare Grundorientierung im Familien- und Freundeskreis,
die neuen Erfahrungen in den USA sowie eine intensive Beschäftigung mit der Bibel im Jahr 1932 und dabei insbesondere mit
der Bergpredigt Jesu immunisierten ihn von vornherein gegenüber der nationalsozialistischen Ideologie. Schon aus Anlass der
Reichstagswahl vom 31. Juli 1932 schilderte er ökumenischen
Freunden ebenso klar wie drastisch die verheerenden Wirkungen
eines Siegs der NSDAP – und zwar nicht nur für Deutschland,
sondern auch für die Welt (11: 349). Am 1. Februar 1933 hielt er
einen zwanzigminütigen Radiovortrag über *Wandlungen des Führerbegriffs in der jungen Generation*, den er in ausführlicheren
Fassungen bald darauf sowohl in der Technischen Hochschule als
auch auf Einladung des liberalen Reichstagsabgeordneten Theodor Heuss (des späteren Bundespräsidenten) in der Hochschule
für Politik wiederholte. Schon in der kurzen Fassung, die er zwei
Tage nach der Ernennung Adolf Hitlers zum Reichskanzler im
Radio vortrug, trieb er das Thema über die Frage nach Führerbe-
griff und Führerkult in der Jugendkultur der damaligen Zeit weit
hinaus. Mit klaren Worten sprach er vom politischen Führer, der
seine Legitimation aus dem Volksgeist empfängt und damit als
Messias, als «Erfüllung der letzten Hoffnung», angesehen wird
(12: 255). So wird er zum «Idol» und damit zum «Verführer».
Bonhoeffer fügte hinzu, dann handle er «unsachlich» am Geführten; in einer handschriftlichen Fassung hieß es sogar noch schärfer, er handle «verbrecherisch» (257). Was von diesen Aussagen
im Radio gesendet wurde, lässt sich nicht mehr ermitteln. Denn
wegen einer geringfügigen Zeitüberschreitung wurde die Wieder-

gabe des Vortrags vor dessen Ende abgebrochen; ein Tondokument ist nicht erhalten.

In den folgenden Wochen häuften sich die konkreten Anlässe, um aus dieser klaren Diagnose Konsequenzen zu ziehen. Nicht nur die alten Eliten, sondern auch breite Bevölkerungsgruppen, nicht nur die Professoren, sondern auch große Teile der Studentenschaft bejahten und bejubelten das neue Regime. Der Fackelzug durch das Brandenburger Tor in der Nacht des 30. Januar 1933, der geschickt genutzte Reichstagsbrand in der Nacht zum 28. Februar, die Aufmärsche in Potsdam im Zusammenhang mit dem Staatsakt zur Eröffnung des neu gewählten Reichstags am 21. März, der Boykott jüdischer Geschäfte am 1. April, die Bücherverbrennung in vielen Universitätsstädten am 8. Mai zeigten in aller Öffentlichkeit, welcher Geist sich ausbreiten und durchsetzen sollte.

Die Gegenwehr gegen die überschwängliche Begeisterung über die neue nationale Regierung war unbequem und notwendig zugleich; nur eine Minderheit fand sich dazu bereit. Die Haltung der Familie Bonhoeffer wurde exemplarisch von der Großmutter Julie Bonhoeffer demonstriert, die sich mutig über den Boykott jüdischer Geschäfte hinwegsetzte. Schon eine Woche später, am 7. April, wurden durch das Gesetz zur Wiederherstellung des Berufsbeamtentums «Nichtarier» aus dem beamteten Staatsdienst ausgeschlossen; vergleichbare Regelungen für den kirchlichen Bereich waren schon zuvor vom kirchenpolitischen Vortrupp der NSDAP, den Deutschen Christen, gefordert worden. Wenige Tage später stellte Bonhoeffer in einem Kreis von Pfarrern dar, wie die Kirche sich seiner Auffassung nach zur sogenannten «Judenfrage» verhalten sollte. Die Notwendigkeit tätiger Hilfe für die Entrechteten, ja sogar des aktiven Widerstands zeichnete sich für ihn ab. Es galt, nicht nur den Opfern zu helfen, die unter die Räder staatlichen Rechtsbruchs gerieten, sondern «dem Rad selbst in die Speichen» zu greifen (12: 353). Scharf stellte der junge Dozent und Pfarrer sich den Bemühungen der Deutschen Christen um eine Gleichschaltung der evangelischen Kirche mit dem

nationalsozialistischen Staat entgegen, die unter anderem darauf
hinauslief, getaufte Juden aus dem Kirchendienst zu entlassen.
Mit Vertretern der Deutschen Christen lieferte er sich am 22.
Juni 1933 vor zweitausend Studenten in der Aula der Universität einen
scharfen Disput. Im September rief er zusammen mit Martin Niemöller und anderen den «Pfarrernotbund» ins Leben, der die Un-
vereinbarkeit des kirchlichen «Arierparagraphen» mit dem christlichen Glaubensbekenntnis proklamierte und zu einem Vorläufer
der 1934 gegründeten Bekennenden Kirche wurde.

Von Anfang an sah Bonhoeffer deutlich, dass die nationalsozialistische Herrschaft auf einen Krieg hinauslief. Damit war schneller
als erwartet der Ernstfall für die ökumenische Friedensverantwortung eingetreten, an der er sich seit der Rückkehr aus Amerika
beteiligte. Als Jugendsekretär des Weltbunds für Freundschaftsarbeit der Kirchen machte er Erfahrungen mit der entstehenden
ökumenischen Bewegung, die ihn für sein Leben prägen sollten.
Wie groß die Erwartungen waren, die er in diese Bewegung setzte,
zeigte sich, als er 1934 eine Konferenz in Fanø dazu nutzte, ein
«ökumenisches Konzil der Heiligen Kirche Christi aus aller Welt»
zu proklamieren, «das den Frieden Christi ausruft über die rasende Welt» (13: 301). Dieses Verkünden eines Friedenskonzils,
das später von manchen idealistisch verklärt wurde, zeigte trotz
des pathetischen Tonfalls, wie nüchtern Bonhoeffer von Anfang an
die Kriegsgefahr einschätzte, die von Hitler-Deutschland ausging.
Umso stärker schwankte er zwischen der Pflicht zur Resistenz im
eigenen Land und der Chance, außerhalb Deutschlands zu wirken.

Im Herbst 1933 übernahm Bonhoeffer eine deutsche Auslands-
pfarrstelle in London; dafür unterbrach er seine Lehrtätigkeit an
der Berliner Universität. Doch auch in England waren die kirchlichen Konflikte der Heimat gegenwärtig. Trotz erster Enttäuschungen über die mangelnde Eindeutigkeit und Geschlossenheit
der kirchlichen Opposition erkannte er die Notwendigkeit, seinen
Beitrag zum Aufbau der Bekennenden Kirche nicht von außen,
sondern von innen zu leisten. Bereits 1935 kehrte er nach Deutschland zurück, um ein Predigerseminar für die Bekennende Kirche

zuerst in dem Ostseebad Zingst und dann in Finkenwalde bei Stettin aufzubauen und zu leiten. In diesen Seminaren sollten Theologen, die das Erste Theologische Examen abgelegt und eine Vikariatsstelle angetreten hatten, im Sinne der Bekennenden Kirche auf ihr Zweites Examen und den Pfarrdienst vorbereitet werden.

Von Finkenwalde aus wollte Bonhoeffer auch seinen Pflichten als Privatdozent wieder nachkommen. Doch sein Vertrauen in Erich Seeberg, den Dekan der Theologischen Fakultät und Sohn seines Doktorvaters Reinhold Seeberg, wurde bitter enttäuscht. Denn in diesem Dekan trat ihm der «wohl einflussreichste Nationalsozialist und intriganteste Kollaborateur des Hitler-Staates unter den protestantischen Universitätstheologen» entgegen (Kaufmann 2005: 188 f.). Ausgerechnet dessen Sohn Bengt Seeberg forderte als Sprecher der theologischen Studentenschaft das Wissenschaftsministerium dazu auf, Bonhoeffer aus der Universität zu entfernen, da seine Verantwortung für eine Ausbildungseinrichtung der Bekennenden Kirche mit einer Lehrtätigkeit an der Universität unvereinbar sei. Unzweifelhaft war dieses Vorgehen zwischen Vater und Sohn abgesprochen. Und es war erfolgreich. Am 5. August 1936 entzog Wissenschaftsminister Bernhard Rust Bonhoeffer die Lehrbefugnis (Wendebourg 2006: 310). Als akademischer Lehrer hatte Bonhoeffer bisweilen zweihundert Hörerinnen und Hörer in seiner Vorlesung versammelt; viele von ihnen hatten gehofft, dass ihm bald eine Professur – in Berlin oder anderswo – übertragen würde. Stattdessen stand er im Alter von dreißig Jahren ohne *venia legendi* da.

Ihm blieb nichts anderes übrig, als diese Demütigung hinzunehmen und sich auf die Aufgabe zu konzentrieren, die er unter den Bedingungen des Kirchenkampfs als vorrangig ansah. Das war die Vorbereitung künftiger Pfarrer auf ihren kirchlichen Dienst. Dabei ging er neue Wege – in der Gestaltung persönlicher Frömmigkeit, in den Regeln des gemeinsamen Lebens, in einer biblisch orientierten Theologie, im politischen Urteil. Ein aus dieser Zeit überlieferter Satz zeigt die Richtung: «Nur wer für die Juden schreit, darf auch gregorianisch singen.» (Bethge 2005: 506) In Finkenwalde entstand die persönliche Freundschaft mit dem drei Jahre jüngeren Eberhard Bethge, die nicht nur ein wichtiger Halt für die folgenden Jahre war, sondern sich auch für die Wirkung Bonhoeffers über seinen Tod hinaus als entscheidend erweisen sollte.

Im Rückblick auf diese Jahre schilderte Eberhard Bethge seinen Freund mit folgenden Worten: «Dietrich Bonhoeffer hatte eine kräftige Gestalt. Der hohe Wuchs stammte von der mütterlichen Seite, von den Hases und den großen, schwergliedrigen Kalckreuths; die federnde Kraft kam von den Bonhoeffer'schen Vorfahren. [...] Sein Kopf war eher rund als lang, wirkte aber auf den breiten Schultern nicht unproportioniert. Die kurze Nase ließ Stirn und Mundpartie stärker vorherrschen. [...] Den sensitiven Mund mit den vollen, doch scharf geschwungenen Lippen hatte er vom Vater. Dietrich lächelte sehr freundlich und zugewendet, obgleich man ihm zuweilen auch durchaus die Lust am Spott ansah. Er sprach dialektlos, in der Unterhaltung auffallend schnell; beim Predigen wurde seine Sprache schwer, fast stockend. Obgleich seine Hände feingliedrig erschienen, waren sie besonders kräftig. Im Gespräch spielte er meist mit dem Bonhoeffer'schen Wappenring an der linken Hand; wenn er zu musizieren begann, zog er ihn ab und legte ihn in die linke Ecke des Flügels. [...] Im Zwiegespräch hörte er sehr aufmerksam zu und fragte auf eine Weise, die dem Partner Selbstvertrauen gab und diesen mehr sehen und sagen ließ, als er sich eben noch zugetraut hatte. [...] Wie er niemals jemandem zu nahe trat, so ließ er auch keinen anderen sich selbst zu nahe treten. [...] Schon seine Haltung drückte das deutlich aus. [...] Bonhoeffer [...] hat als ein besonders intensives Kind gegolten. Intensiv blieb die Art, anzufassen, was immer ihm begegnete: Lektüre und Schreiben, Entscheidungen zu fällen und ihren Gründen nachzugehen, Menschen beizuspringen oder sie zu warnen; kurz: sich um das zu kümmern, was sein gedrängter Lebenslauf ihm vorlegte und abforderte.» (Bethge 2005: 19 f.)

Neben der Freundschaft mit Eberhard Bethge prägte die mit dem ebenfalls drei Jahre jüngeren Theologen Franz Hildebrandt Bonhoeffers Leben mehr als alle anderen. Beide Freundschaften umfassten jeweils ein Lebensjahrzehnt, die Jahre 1927 bis 1937 in Hildebrandts Fall, 1935 bis 1945 im Fall Eberhard Bethges. Im einen Fall endete die Freundschaft durch die mit Hildebrandts Emigration nach England eingetretene räumliche Trennung, im anderen Fall endete sie mit Bonhoeffers Tod. Auch wenn Bonhoeffers Fähigkeit zur Freundschaft sich nicht auf diese beiden Menschen beschränkte, ist die Intensität dieser Freundesbeziehungen erstaunlich. Die enge Verbindung zwischen Bonhoeffer und Bethge rief schon in Finkenwalde Deutungen hervor, die auch in der neueren Literatur ein Echo finden (Marsh 2015: 299 f.). Eberhard Bethge hat sich zu der Mutmaßung, es habe sich um eine homosexuelle Beziehung gehandelt, unbefangen und klar geäußert: «Nein, wir waren ziemlich normal. Zwar weiß man heute mehr davon, dass es keine gleichgeschlechtlichen Freundschaften gibt, die nicht ihre homoerotischen Anteile verschiedenster Grade besäßen. Aber bei uns war es einfach so, dass sich unsere Freundschaft in ihren Anfängen sicher dadurch vertiefte, dass Dietrich die mehrjährige Beziehung zu einer Frau löste und mich zum Mitwisser dieses schmerzhaften Prozesses machte, während ich zur gleichen Zeit ans bittere Ende eines Verlöbnisses geraten war, was ich ihm offenbarte. Zum anderen war es so, dass unsere Freundschaft gegen ihr Ende für beide die Bindung an je eine höchst vitale Partnerin brachte, deren Werden und Schwierigkeiten durch die Kriegsverhältnisse wir miteinander teilten, wie Männer das eben tun, ehe irgendjemand sonst etwas davon wusste.» (Gremmels/Huber 1994: 15 f.)

Bethge bezog sich mit diesen Sätzen auf seine Verbindung mit Renate Schleicher, einer Nichte Dietrich Bonhoeffers, die er im Frühjahr 1943 heiratete. Bei der standesamtlichen Trauung im März konnte Bonhoeffer noch Trauzeuge sein; die Traupredigt, die er schon im Gefängnis für das junge Paar schreiben musste, traf nicht rechtzeitig ein. Das junge Paar war im Rückblick eher erleichtert darüber, dass sie nicht verlesen wurde, denn der patriarchalische Ton, in dem die dienende Rolle der Frau und die übergeordnete Verantwortung des Mannes hervorgehoben wurden, war den beiden Adressaten peinlich. Bonhoeffer seinerseits kam mit Maria von Wedemeyer, die ihn schon als Kind in Gottesdiensten erlebt hatte, erstmalig im Juni 1942 ins Gespräch. Die Beziehung, die sich bald zwischen ihnen anbahnte, suchte Marias Mutter zu unterbinden oder wenigstens hinauszuschieben, indem sie beiden ein Jahr der vollständigen Trennung abverlangte. Doch die Liebe war stärker. Am 13. Januar 1943, der für sie als Tag der Verlobung galt, gab Maria Dietrich ihr Jawort (Bonhoeffer/Wedemeyer 1992: 278). Die beiden rangen sich dazu durch, die aufgezwungene Wartezeit nicht zu akzeptieren, aber Dietrichs Verhaftung am 5. April 1943 trennte sie dann doch. Ihre drängende Hoffnung auf die Ehe sollte sich nicht erfüllen.

Von dem besonderen Charakter der Freundschaft zwischen Bonhoeffer und Bethge kehren wir noch einmal zu deren gemeinsamer Arbeit in der Verantwortung für das Predigerseminar zurück. Wie die vier anderen durch die Bekennende Kirche der Altpreußischen Union errichteten Predigerseminare – in Wuppertal-Elberfeld, im niederschlesischen Naumburg am Queis, in Bielefeld-Sieger sowie im ostpreußischen Blöstau – stützte sich auch das Seminar in Finkenwalde auf die Beschlüsse der Bekenntnissynoden in Barmen und Berlin-Dahlem aus dem Jahr 1934. In keinem anderen Bereich konnte die Bekennende Kirche das Notrecht, auf das sie sich im Widerstand gegen die staatlichen Übergriffe wie gegen die deutschchristlichen Häresien berief, so erfolgreich durchsetzen wie im Bereich der Pfarrerausbildung. Die Predigerseminare traten neben die 1905 gegründete Theologische Schule in Bethel und die 1935 eingerichteten Kirchlichen Hochschulen in Wuppertal und Berlin, die eine Alternative zum Theologiestudium an staatlichen Universitäten boten. Nirgendwo sonst hatte das Handeln der Bekennenden Kirche stärkere Auswirkungen auf die kirchliche Praxis als in der Ausbildung des theologischen Nachwuchses. Doch in den Augen des Staates galten die Predigerseminare, die das zustande brachten, als illegal. Der Reichsminister für die kirchlichen Angelegenheiten, Hanns Kerrl, konnte jederzeit eingreifen und diesen Aktivitäten ein Ende machen. 1935 wurde ihm ausdrücklich die Kompetenz zuerkannt, «geordnete Zustände in der Deutschen Evangelischen Kirche und in den evangelischen Landeskirchen» auf dem Verordnungsweg herzustellen (14: 5). Damit waren die Predigerseminare von Anfang an durch gewaltsame staatliche Schließung bedroht. Im Rückblick erstaunt es geradezu, dass die Arbeit in Finkenwalde über zwei Jahre lang möglich blieb. Sie musste schließlich nicht etwa durch eine Verordnung des Kirchenministers eingestellt werden, das geschah vielmehr durch eine Anordnung des Reichsführers SS. Am 29. August 1937 wurde jede weitere Tätigkeit in Finkenwalde untersagt; am 28. September wurde das Seminar versiegelt. Am 11. Januar 1938 wurde Bonhoeffer zusätzlich mit einem Aufenthaltsverbot in Berlin belegt. Nach Intervention seines Vaters waren ihm allerdings weiterhin private Besuche in der Stadt möglich (15: 33 f.). Finkenwalde war geschlossen; und in Berlin war jede öffentlich erkennbare Tätigkeit untersagt. Die Pfarrerausbildung ging gleichwohl in verdeckter Form in Sammelvikariaten weiter. Dafür wurde zunächst ein leerstehendes Pfarrhaus im pommerschen Groß Schlönwitz, dann das abgelegene Vorwerk Sigurdshof in der Nähe von Groß Schlönwitz genutzt. An beiden Orten arbeitete Eberhard Bethge als Studieninspektor, während Bonhoeffer für einen Teil der Woche als Studiendirektor hinzukam. Doch am 18. März 1940 setzte die Gestapo dem gemeinsamen Studium in Sigurdshof ein Ende. Dietrich Bonhoeffers Lehrtätigkeit brach damit ab. Bald darauf wurde ihm auch die Möglichkeit zu publizistischer Wirksamkeit genommen. Im September 1940 verhängte das Reichssicherheitshauptamt gegen ihn ein reichsweites Redeverbot; dem stellte die Reichsschrifttumskammer am 19. März 1941 ein Veröffentlichungsverbot zur Seite.

Welch ein Kontrast: Stürmisch nahm Bonhoeffer in jungen Jahren alle kirchlichen und akademischen Hürden. Doch danach wurde ihm Schritt für Schritt die Basis für seine berufliche Tätigkeit entzogen. Erst verlor er das Recht zur akademischen Lehre, dann die Möglichkeit zur Ausbildung künftiger Pfarrer und schließlich das öffentliche Forum für seine theologische Arbeit. Insbesondere seine Eltern waren von dieser Entwicklung sehr beunruhigt. Doch Bonhoeffer hielt dem das Schicksal von Hunderten entgegen, die Vergleichbares erlebten. Klarsichtig konstatierte er im November 1937: «Die Sache der Kirche können wir nicht durchhalten ohne Opfer. [...] Es reißt sich bestimmt keiner von uns ums Gefängnis. Aber wenn es kommt, dann ist es doch – hoffentlich jedenfalls – eine Freude, weil die Sache sich lohnt.» (14: 303)

Die persönliche Gefährdung war Bonhoeffer in diesen Jahren ständig bewusst. So war es verständlich, dass er am 2. Juni 1939 einer Einladung nach New York folgte, wo er, wie sich bei der Ankunft herausstellte, die Seelsorge für deutsche Emigranten übernehmen sollte. Eine solche Aufgabe hätte die Rückkehr nach Deutschland unter den gegebenen politischen Umständen unmöglich gemacht. Doch dazu war Bonhoeffer nicht bereit. Schon am 20. Juni schlug er das Angebot, das ihm wie vielen anderen Akademikern ein Leben im Exil ermöglicht hätte, aus. Denn in der Fremde wollte er nicht bleiben. Auf seine Arbeit für die Bekennende Kirche wollte er nicht verzichten. Darüber hinaus wollte er zur Erneuerung Deutschlands nach der von ihm klar vorausgesehenen Katastrophe beitragen und seinen Freunden im Widerstand gegen das Naziregime beistehen. So kehrte er zurück, wohl wissend, dass ein Krieg bevorstand, an dem mitzuwirken er aus Gewissensgründen nicht bereit war. Er hegte keine Illusionen darüber, dass er mit der Entscheidung zur Rückkehr sein Leben aufs Spiel setzte. Doch der Einberufung zum Militär, die er mit der Verweigerung des Kriegsdienstes beantwortet hätte, kam sein Schwager Hans von Dohnanyi zuvor. Er vermittelte ihm eine Stellung im Amt Ausland/Abwehr, dem militärischen Geheimdienst im Oberkommando der Wehrmacht. Es stand unter der Leitung von Admiral Wilhelm Canaris. Oberst Hans Oster, seit 1942 Generalmajor, leitete die Zentralabteilung. Dohnanyi, der als

Persönlicher Referent mehrerer Reichsjustizminister das NS-Regime seit dem «Röhm-Putsch» vollständig ablehnte und dessen Verbrechen in persönlichen Aufzeichnungen für eventuelle gerichtliche Verfahren nach einem Umsturz festhielt, war seit Kriegsbeginn Osters engster Mitarbeiter. In diesen Kreis, dem eine Schlüsselbedeutung für den militärischen Teil des Widerstands gegen Hitler zukam, wurde Bonhoeffer einbezogen. Er sollte insbesondere seine ökumenischen Kontakte in andere europäische Länder im Dienst der Abwehr, zugleich aber auch des Widerstands nutzen; in diesem Auftrag reiste er nach Italien und in die Schweiz, nach Norwegen und Schweden. Formal war er der Münchener Außenstelle zugeordnet; mit seiner offiziellen Funktion verband sich die Möglichkeit, seine theologische Arbeit fortzusetzen. Diese Möglichkeit nahm er an unterschiedlichen Orten wahr, von Berlin aus im pommerschen Klein Krössin, wo Ruth von Kleist-Retzow wohnte, die Großmutter seiner späteren Braut Maria von Wedemeyer, von München aus in der bayerischen Benediktinerabtei Ettal. Vom Kriegsdienst war Bonhoeffer auf diese Weise befreit; der lebensgefährliche Konflikt auf Leben und Tod war dadurch allerdings nur vertagt.

Zuversicht ohne Ende

Bonhoeffers Beteiligung an der Konspiration wird uns an anderem Ort noch genauer beschäftigen. Erstaunlich ist die Art, in der er sich zugleich auf seine theologische Arbeit konzentrieren konnte. Die Blätter seiner Entwürfe zur *Ethik*, an denen er gerade geschrieben hatte, fanden sich auf dem Schreibtisch im elterlichen Haus, als die Gestapo ihn am 5. April 1943 abführte. Überraschend kam die Festnahme nicht, die gleichzeitig mit derjenigen Hans von Dohnanyis erfolgte. Auch dessen Ehefrau Christine, eine von Dietrichs Schwestern, wurde bis Ende April inhaftiert. Bonhoeffer wurde unterstellt, er habe sich aus wahrheitswidrigen Gründen vom Kriegsdienst freistellen lassen; Dohnanyi habe ihn dabei unterstützt. Beiden wurde somit «Wehrkraftzersetzung» vorgeworfen (Tödt 1997: 374 f.). Ein weiterer Vorwurf bezog sich auf angebliche Devisenvergehen im Zusammenhang mit dem «Unternehmen Sieben», durch das dreizehn Jüdinnen und Juden in der Schweiz in Sicherheit gebracht werden konnten. Andere Vorwürfe traten im Lauf der Vernehmungen hinzu. Im Hintergrund spielte der Machtkampf zwischen Heinrich Himmlers Reichssicherheitshauptamt und der Militärischen Abwehr des Admirals Canaris eine wichtige Rolle. Ein förmliches Verfahren wurde während der gesamten Haftzeit nicht eröffnet. Immer wieder zerstob die Hoffnung auf Befreiung.

In der Einsamkeit des Gefängnisses, getrennt von seiner Verlobten Maria von Wedemeyer, abgeschieden von der Möglichkeit aktiven Wirkens, suchte Bonhoeffer, der gerade in der ersten Haftzeit oft der Verzweiflung nahe war, einen Weg, seinen Tagen auch unter solchen Bedingungen einen Sinn und eine Form zu geben. Im Schreiben fand er zu sich selbst: Literarische Versuche, Gedichte, theologische Entwürfe und vor allem Briefe an den Freund, die Verlobte, die Eltern gehören zum Vermächtnis dieser Zeit. Ein Zentrum aller Überlegungen schält sich deutlich heraus: Die Weltlichkeit der Welt ernst zu nehmen, die Mündigkeit des modernen Menschen anzuerkennen und auf dieser Grundlage glaubwürdig von Christus und der Kirche zu sprechen – das war sein Ziel.

Lange Zeit blieb Bonhoeffers Verbindung zum Widerstand unentdeckt. Bei den Verhören präsentierte er sich als ein penibel um Korrektheit bemühter und im Übrigen weltfremder Geistlicher.

Tatenlos musste Bonhoeffer auf die entscheidenden Schritte der Verschwörer warten. In dieser Zeit sah er sich zur Rechenschaft darüber genötigt, wer er war – wie andere ihn sahen und wie er sich selbst wahrnahm.

Wer bin ich? Sie sagen mir oft,
ich träte aus meiner Zelle
gelassen und heiter und fest,
wie ein Gutsherr aus seinem Schloss.

Wer bin ich? Sie sagen mir oft,
ich spräche mit meinen Bewachern
frei und freundlich und klar,
als hätte ich zu gebieten.
Wer bin ich? Sie sagen mir auch,
ich trüge die Tage des Unglücks
gleichmütig, lächelnd und stolz,
wie einer, der Siegen gewohnt ist.
Bin ich das wirklich, was andere von mir sagen?
oder bin ich nur das, was ich selbst von mir weiß?
unruhig, sehnsüchtig, krank, wie ein Vogel im Käfig,
ringend nach Lebensatem, als würgte mir einer die Kehle,
hungernd nach Farben, nach Blumen, nach Vogelstimmen,
dürstend nach guten Worten, nach menschlicher Nähe,
zitternd vor Zorn über Willkür und kleinlichste Kränkung,
umgetrieben vom Warten auf große Dinge,
ohnmächtig bangend um Freunde in endloser Ferne,
müde und leer zum Beten, zum Denken, zum Schaffen,
matt und bereit, von allem Abschied zu nehmen?
Wer bin ich? Der oder jener?
Bin ich denn heute dieser und morgen ein andrer?
Bin ich beides zugleich? Vor Menschen ein Heuchler
und vor mir selbst ein verächtlich wehleidiger Schwächling?
Oder gleicht, was in mir noch ist, dem geschlagenen Heer,
das in Unordnung weicht vor schon gewonnenem Sieg?
Wer bin ich? Einsames Fragen treibt mit mir Spott.
Wer ich auch bin, Du kennst mich, Dein bin ich, o Gott!
(8: 513 f.)

Als nach anderen vergeblichen Versuchen auch Stauffenbergs
Attentat auf Hitler am 20. Juli 1944 misslang, erhöhte sich die
Lebensgefahr für die Inhaftierten. Die Hoffnung auf Rettung
zerrann. Zwar gelang es Bonhoeffer und Dohnanyi zunächst, den
Vorwurf einer Beteiligung an der Verschwörung von sich zu wei-
sen; doch mit neuen Aktenfunden in Zossen im Herbst 1944 so-

wie im Frühjahr 1945 zog sich die Schlinge zu. Nach anderthalb Jahren im Wehrmachtsuntersuchungsgefängnis Tegel brachte Bonhoeffer die Zeit von Oktober 1944 bis Februar 1945 im Berliner Hausgefängnis der Gestapo zu. Auf dem Gelände an der Niederkirchner Straße, die damals Prinz-Albrecht-Straße hieß, wird heute die Ausstellung *Topographie des Terrors* gezeigt. Dann wurde er für zwei Monate in das Konzentrationslager Buchenwald bei Weimar transportiert. Die Gruppe von Gefangenen, zu der er gehörte, landete schließlich im Schulhaus von Schönberg im Bayerischen Wald. Nun war durch den Zossener Aktenfund eindeutig geklärt, wie eng Dohnanyi, Bonhoeffer und andere an der Konspiration gegen Hitler beteiligt waren. Der «Führer» selbst befahl am 5. April 1945 ihre alsbaldige Exekution.

Am 8. April, dem Sonntag nach Ostern, hielt Dietrich Bonhoeffer im Schönberger Schulhaus auf Bitten seiner Mitgefangenen einen Gottesdienst. Kurz darauf kamen zwei Polizisten, um ihn mitzunehmen. Die österliche Hoffnung des Sonntags Quasimodogeniti zerbrach. Doch Bonhoeffer hoffte weiterhin, ein neu geborenes Kind Gottes zu sein. Seine letzten, an seinen Freund George Bell, den Bischof von Chichester, gerichteten Worte vor dem Abschied lauteten: «Wollen Sie diese Botschaft von mir dem Bischof von Chichester ausrichten: Sagen Sie ihm, dass dies für mich das Ende ist, aber auch der Beginn. Mit ihm glaube ich an den Grundsatz unserer universalen christlichen Geschwisterschaft, die sich über alle nationalen Hassgefühle erhebt, und daran, dass unser Sieg gewiss ist. Sagen Sie ihm auch, dass ich nie seine Worte bei unserer letzten Begegnung vergessen habe.» (16: 468, meine Übersetzung; zu den unterschiedlichen Versionen dieser Worte vgl. Lorentzen 2013: 29 f.)

Doch worin bestand das Ende? Bonhoeffer wurde in das Konzentrationslager Flossenbürg bei Weiden in der Oberpfalz gebracht und dort noch am selben Tag einem standgerichtlichen Verfahren unterworfen. Am folgenden Tag, dem 9. April 1945, morgens zwischen 6 und 7 Uhr, wurde er als letzter von sieben zum Tode Verurteilten ums Leben gebracht.

Immer wieder werden die Sätze zitiert, mit denen der zuständige KZ-Arzt Bonhoeffers Tod später schilderte. In einem Nebenraum sah er «Pastor Bonhoeffer in innigem Gebet mit seinem Herrgott knien» und war erschüttert von der «hingebungsvolle[n] und erhörungsgewisse[n] Art des Gebetes dieses außerordentlich sympathischen Mannes». Auch ein weiteres kurzes Gebet erwähnt er, nach dem Bonhoeffer «dann mutig und gefasst die Treppe zum Galgen» beschritt. «Der Tod erfolgte nach wenigen Sekunden.» (Bethge 2005: 1038)

Diese Schilderung soll anrührend sein; sie ist jedoch eine dreiste Beschönigung. Einen Galgen gab es aller Wahrscheinlichkeit nach im Konzentrationslager Flossenbürg nicht; es führte auch keine Treppe zum Ort der Exekution. Ähnlich wie in Berlin-Plötzensee, wo viele Verschwörer des 20. Juli 1944 ermordet wurden, muss man eher von einem Haken an einem aus der Wand herausragenden Balken ausgehen, in den die Hinrichtungsstricke eingehängt wurden. Die Stiege, auf der die Verurteilten nackt ihre letzten Schritte zurückzulegen hatten, kann man sich nicht provisorisch genug vorstellen. Dass der Tod tatsächlich innerhalb von Sekunden eintrat, ist wenig wahrscheinlich; denn die Haken gaben nach, der Todeskampf, bei dem die Verurteilten sich durch ihr Gewicht selbst erdrosselten, konnte längere Zeit dauern. Kein Wunder, dass die sieben Hinrichtungen eine ganze Stunde in Anspruch nahmen.

Ein grausames Sterben war es, das auf einen Justizmord folgte. Denn darum handelte es sich bei dem standgerichtlichen Verfahren gegen Bonhoeffer und seine Mitgefangenen ebenso wie bei dem am Vortag durchgeführten Verfahren gegen Hans von Dohnanyi in Sachsenhausen. An beiden Verfahren, die auf Befehl Hitlers durch eine Anordnung des Leiters des Reichssicherheitshauptamts Ernst Kaltenbrunner in Gang gesetzt wurden, war der SS-Standartenführer Walter Huppenkothen als Ankläger beteiligt; der SS-Sturmbannführer Otto Thorbeck amtierte in Flossenbürg als Richter.

Auch nach den damaligen Regeln für standgerichtliche Verfahren wies der Prozess eine Fülle von Formfehlern auf. Allein schon wegen dieser offenkundigen Rechtsbeugung hätten die Beteiligten nach 1945 bestraft werden müssen. Wie in anderen Beispielen zeigte sich jedoch auch in diesem Fall, dass sich die Nachkriegs- justiz scheute, Prozesse wie den gegen Dietrich Bonhoeffer in all ihrer Schändlichkeit ans Licht zu bringen, die gefällten Urteile aufzuheben und die an den damaligen Verfahren Beteiligten zu bestrafen. Stattdessen waren viele Angehörige der NS-Justiz auch in der Bundesrepublik weiterhin als Richter, Staatsanwälte oder – wie Otto Thorbeck – als Rechtsanwälte tätig. Den Abschluss der Serie von Verfahren gegen Huppenkothen und Thorbeck bildete ein höchstrichterliches Urteil des Bundesgerichtshofs vom 19. Juni 1956. Thorbeck wurde freigesprochen; Huppenkothen wurde nur wegen seiner rechtswidrigen Teilnahme an der Hinrichtung der zum Tode Verurteilten mit einer Freiheitsstrafe von sechs Jah- ren belegt, die um die Untersuchungshaft verkürzt wurde. Offen- kundig war das Urteil des Bundesgerichtshofs von der Überzeu- gung geprägt, dass es sich bei den Widerstandskämpfern um Hoch- und Landesverräter handelte. Dass der bayerische Lan- desbischof Hans Meiser sich 1953 weigerte, an der Enthüllung einer Gedenktafel für Dietrich Bonhoeffer in Flossenbürg teilzu- nehmen, da er nicht als Pastor, sondern als Widerstandskämp- fer hingerichtet worden sei, verlieh traurigerweise einer solchen Herabwürdigung des Widerstands eine kirchliche Rechtferti- gung.

Erst im Jahr 2002 bezeichnete der Präsident des Bundes- gerichtshofs Günther Hirsch das Urteil seines Gerichts aus dem Jahr 1956 als «beschämend». In einer Ansprache zum hunderts- ten Geburtstag von Hans von Dohnanyi beklagte er, der Bundes- gerichtshof habe auf diese Weise «Justizmorde» ungesühnt gelas- sen, und fügte hinzu: «Dieses Versagen der Nachkriegsjustiz ist ein dunkles Kapitel in der deutschen Justizgeschichte und wird dies bleiben.» (Limbach u. a. 2003: 15)

Am selben Morgen wie Dietrich Bonhoeffer wurden in Flossen- bürg auch Hans Oster und Wilhelm Canaris erhängt. Hans von

Dohnanyi wurde, ebenfalls am 9. April, im Konzentrationslager Sachsenhausen ums Leben gebracht. Dietrichs Bruder Klaus, der sich von seiner Funktion als Chefsyndikus der Lufthansa aus am Widerstand beteiligt hatte, war schon am 2. Februar 1945 durch den Volksgerichtshof zum Tode verurteilt worden. Als die sowjetische Armee bereits die Außenbezirke Berlins erreicht hatte, wurde er zusammen mit zwölf Mitgefangenen, darunter sein Schwager Rüdiger Schleicher und der Justitiar der Bekennenden Kirche Friedrich Justus Perels, in der Nacht zum 23. April durch einen Genickschuss ermordet.

Keiner der so ums Leben Gebrachten bedurfte nach dem Krieg einer formellen Rehabilitierung, denn sie waren durch ihr eigenes Handeln ins Recht gesetzt. Nicht vor ihnen, sondern vor der Gerechtigkeit hat die deutsche Justiz nach 1945 versagt. Aber mit ihrem Mangel an Selbstkritik behielt sie nicht das letzte Wort. Öffentlich setzte sich nicht nur in Deutschland, sondern auch in anderen Ländern allmählich die Einsicht durch, dass die Angehörigen des deutschen Widerstands, die durch derartige Justizmorde ihr Leben lassen mussten, keine Verräter waren, sondern ihr Leben für ein besseres Deutschland gelassen hatten.

Modern und zugleich liberal

Bonhoeffers Glaubensgewissheit, dass dies für ihn der «Beginn» war, erfüllte sich in einer Weise, mit der er selbst nicht gerechnet hatte. Selbst in den letzten Tagen seines Lebens konnte er nicht ahnen, dass er in der Nachwelt Spuren hinterlassen und sein Tod auf diese Weise ein Beginn sein würde. Schon wenige Monate nach seinem Tod änderte sich das. Die Einheit von Leben und Glauben, von Theologie und Biographie begann auch Menschen zu überzeugen, die ihm nie begegnet waren. Am 27. Juli 1945 hielt der Bischof von Chichester, George Bell, einen Gedenkgottesdienst für Dietrich Bonhoeffer. Bei diesem Anlass bezeichnete er ihn zum ersten Mal als Märtyrer, also als Glaubenszeugen. Zwei Seiten seines Zeugnisses gehörten unmittelbar zusammen: «der Widerstand der gläubigen Seele im Namen Gottes gegen den Angriff des Bösen, und ebenso die moralische und politische Erhebung des menschlichen Gewissens gegen Unrecht und Grausamkeit» (Bethge 2005: 1041 f.).

Immer deutlicher wurde Bonhoeffers Lebenswerk zu einem der stärksten theologischen Impulse, die aus dem vergangenen Jahrhundert in unsere Gegenwart hinüberwirken. Sein Einsatz im Widerstand, über dessen Reichweite er sich selbst keinerlei Illusionen machte, ermutigte viele zu Widerständigkeit und politischem Engagement. Das gilt nicht nur für das geteilte Deutschland vor und das vereinigte Deutschland nach der Friedlichen Revolution von 1989. Es gilt für Japan ebenso wie für Südafrika, für Südkorea wie für die Vereinigten Staaten von Amerika. Über dem Westportal der Westminster Abbey in London steht Bonhoeffer seit 1998, in Stein gehauen, als einer von zehn Märtyrern des zwanzigsten Jahrhunderts, die aufgeschlagene Bibel in der Hand, ein Zeuge des Glaubens für unsere Zeit. Diejenigen, die seinem Leben mit einem Justizmord ein Ende bereiteten, hatten nicht geahnt, was auf ihr skrupelloses Handeln folgen sollte.

In der Einheit von Glauben, Lehre und Leben wusste Bonhoeffer sich getragen von dem Wissen, «wunderbar geborgen» zu sein – und dies auch noch in der äußersten Einsamkeit der Gefängniszelle. Das macht ihn zu einem Vorbild, von dem sich lernen lässt: zu glauben, für andere da zu sein, Verantwortung zu übernehmen – kurz: als Christ in der Welt zu leben. Den Glauben, der ihn trug, beschrieb er so: «Ich glaube, dass Gott auch aus dem Bösesten Gutes entstehen lassen kann und will. Dafür braucht er Menschen, die sich alle Dinge zum Besten dienen lassen. Ich glaube, dass Gott uns in jeder Notlage so viel Widerstandskraft geben will, wie wir brauchen. Aber er gibt sie nicht im Voraus, damit wir uns nicht auf uns selbst, sondern allein auf ihn verlassen. In solchem Glauben müsste alle Angst vor der Zukunft überwunden sein.» (8: 30) In dieser Haltung kann Dietrich Bonhoeffer auch heute ein Vorbild sein.

Sein ganzes Leben hindurch dachte Bonhoeffer nach vorn. Seine Theologie war von Anfang bis Ende zukunftsorientiert. Sein frühes Nachdenken über die Kirche, die Meditationen über die Nachfolge Jesu während der Jahre in Finkenwalde, die Arbeit an der *Ethik* während der Jahre im Widerstand sind Beispiele dafür. Noch intensiver ist die Zukunftsorientierung in den Briefen und Texten aus der Gefängniszeit. Ein Teil der Briefe war erlaubt und ging durch die Zensur. Vor allem die Briefe an Eberhard Bethge wurden durch einen wohlgesinnten und mutigen Wachmann aus dem Gefängnis geschmuggelt. Bethge hat sie 1951 unter dem Titel *Widerstand und Ergebung* zugänglich gemacht. 1992 wurde der Briefwechsel mit Maria von Wedemeyer unter dem Titel *Brautbriefe Zelle 92* veröffentlicht, ein ebenfalls bewegendes Dokument. Unter den literarischen Texten sind vor allem die zehn Gedichte hervorzuheben, die in der Zeit zwischen Juni und Dezember 1944 entstanden. Die Versuche und Entwürfe dieser Monate enthalten einen Neuansatz theologischen Nachdenkens, der sich unerschrocken um ein neues, nichtreligiöses Verständnis des christlichen Glaubens bemüht.

Wie zukunftsorientiert Bonhoeffer in dieser Zeit dachte, zeigt sich exemplarisch an dem *Entwurf einer Arbeit,* den er am 3. August 1944, zwei Wochen nach dem Scheitern des Attentats vom 20. Juli, an Eberhard Bethge schickte. Von einem Gelingen des Anschlags auf das Leben des Diktators hatte Bonhoeffer nicht nur die Befreiung Deutschlands von der Diktatur, sondern auch seine persönliche Befreiung aus dem Gefängnis erhofft; die tiefe Krise, in die ihn der Fehlschlag stürzte, hielt ihn nicht davon ab, nach vorn zu schauen. Nun galt sein Nachdenken erst recht den Zukunftsaufgaben der Kirche, deren Wesen Bonhoeffer in bewusster Zuspitzung darin sah, «für andere dazusein». An der Zielsetzung dieses Vorhabens ließ er in einem Brief an Eberhard Bethge keinen Zweifel: «Die Kirche muss aus ihrer Stagnation heraus. Wir müssen auch wieder in die freie Luft der geistigen Auseinandersetzung mit der Welt. Wir müssen es auch riskieren, anfechtbare Dinge zu sagen, wenn dadurch nur lebenswichtige Fragen aufgerührt werden.» Diese Beschreibung seines Vorhabens

verband der Autor mit einer ebenso klaren Charakterisierung
seines eigenen theologischen Orts: «Ich fühle mich als ein ‹moderner› Theologe, der doch noch das Erbe der liberalen Theologie
in sich trägt, verpflichtet, diese Fragen anzuschneiden. Es wird
unter den Jüngeren nicht viele geben, die das beides in sich verbinden.» (8: 555) «Modern» meint hier: bestimmt von dem Feuer
der Kritik, das nach dem Ende des Ersten Weltkriegs vor allem
durch den Schweizer Theologen Karl Barth in seiner Auslegung
des Römerbriefs entfacht worden war, dem Feuer einer Kritik
also, die über die Kulturfrömmigkeit einer an die bürgerliche Gesellschaft angeschmiegten Kirche hinausdrängte und die Offenbarung Gottes in Jesus Christus neu zur Sprache bringen wollte.
«Liberal» aber meint: hindurchgegangen durch Aufklärung, Religionskritik und die Relativierung absoluter Wahrheitsansprüche
in der historisch-kritischen Forschung. Das Wort «liberal» steht
also für eine Theologie, die sich der Infragestellung durch das
neuzeitliche Wahrheitsbewusstsein aussetzt; das Wort «modern»
verweist auf eine Theologie, die neuzeitliche Selbstverständlichkeiten im Licht der biblischen Botschaft in Frage stellt. Bonhoeffer ging es um eine Theologie, die diese beiden Zugänge miteinander verknüpft, statt sie gegeneinander auszuspielen. Dass er
beide Richtungen der Kritik miteinander verband – die «moderne»
Kritik an einer Verschmelzung von Religion und Kultur und die
«liberale» Kritik an einer unhistorischen Verabsolutierung der
Offenbarung –, zeichnet seine Theologie aus.

Dieser besondere Charakter seines theologischen Projekts ver-
führt Bonhoeffers Interpreten immer wieder zu Einseitigkeiten.
Die einen sehen ihn einfach im Fahrwasser der Dialektischen
Theologie, einer durch Karl Barth nach dem Ende des Ersten
Weltkriegs initiierten theologischen Richtung. Manche deuten
Bonhoeffer sogar im Sinn eines naiven Biblizismus und rücken
ihn damit in die Nähe evangelikaler Theologie. Die anderen stützen sich ganz auf die religions- und kirchenkritische Wendung in
den theologischen Fragmenten der Gefängniszeit und deuten sie
im Sinn einer Abkehr von der Offenbarung Gottes in Christus als

entscheidendem theologischem Maßstab. Die eine wie die andere
Interpretation wird jedoch dem theologischen Programm Dietrich
Bonhoeffers nicht gerecht. Es hat seine Grundlage in einer doppelten Kritik: Der christliche Glaube wird am Maßstab des neuzeitlichen Wahrheitsbewusstseins geprüft, dieses Wahrheitsbewusstsein aber ebenso am Maßstab des christlichen Glaubens.
Dieser Prozess einer doppelten Kritik wird auf die Frage ange-
wandt, was der christliche Glaube für Gegenwart und Zukunft
bedeutet.

Um dieses Programms willen lohnt es sich auch heute, sich
mit dem Theologen Dietrich Bonhoeffer auseinanderzusetzen.
Bonhoeffer war nicht nur ein Christ, der für das einstand, was er
glaubte; er war zugleich ein Theologe, der durchdachte, was ihm
am christlichen Glauben wichtig war. Es ist diese Einheit von
Lebensgeschichte und Denkweg, von Theologie und Biographie,
die an Bonhoeffer fasziniert.

In einer Zeit, die meint, es sei nur noch interessant, was sich
erzählen lässt, ist die Gefahr allerdings groß, dass eine solche
Einheit aufgelöst und dem *Narrativ* einseitig der Vorrang eingeräumt wird. Doch der Person Dietrich Bonhoeffers wird man damit nicht gerecht. Bei ihm gehören der Mut des Glaubens und
der Mut des Denkens zusammen.

In der Beschäftigung mit dem Denken Bonhoeffers habe ich
die Erfahrung gemacht, dass seine großen Themen gerade dann
zu leuchten beginnen, wenn sie in seiner Lebensgeschichte ver-
ortet werden. Zugleich lässt sich das Anregungspotential dieser
Theologie für das eigene Denken wie für heutige Verantwortung
auf diesem Weg deutlicher herausarbeiten als bei der Beschränkung auf eine biographische Erzählung auf der einen Seite oder
eine dogmatische Rekonstruktion inhaltlicher Themen auf der
anderen.

Die folgenden Kapitel zeigen, wie die entscheidenden Frage-
stellungen in Bonhoeffers Theologie mit seiner Lebensgeschichte
verwoben sind. Die Darstellung folgt dabei nicht einfach den
Etappen von Bonhoeffers Biographie. Vielmehr orientiere ich

mich an Schlüsselthemen, die ich in ihrer Beziehung zu wichtigen Stationen in Bonhoeffers Leben behandle. Leserinnen und Leser begegnen einem Theologen, der zu ungewohnten Denkwegen anregt und zugleich die Bereitschaft zu verantwortlichem Handeln stärkt.

2. Bildungswege

Die Familie als Bildungsort

Eine Familie mit acht Kindern bildet einen eigenen Bildungskosmos. Der Altersabstand zwischen dem ältesten Bruder Karl-Friedrich und der jüngsten Schwester Susanne betrug zehn Jahre – dicht genug, um gemeinsam aufzuwachsen, miteinander zu spielen und mühelos voneinander zu lernen. Darüber hinaus schloss diese Familie die Schule von vornherein mit ein. Die aus einer Theologenfamilie stammende Mutter, Paula Bonhoeffer, hatte in ihrer Jugend durchgesetzt, dass sie eine Ausbildung zur Lehrerin durchlaufen und mit dem Examen abschließen konnte. So war sie darauf vorbereitet, ihre Kinder zusammen mit Gleichaltrigen aus befreundeten Familien im eigenen Haus zu unterrichten, in dem dafür ein besonderes Schulzimmer eingerichtet war. Dies war möglich, weil es im Deutschen Reich bis 1919 zwar eine Unterrichtspflicht, aber keine Schulpflicht gab. Jahr für Jahr bestanden ihre Schülerinnen und Schüler die erforderlichen staatlichen Prüfungen mit Bravour. Die intensive Förderung im Elternhaus ermöglichte es den Kindern, Klassen zu überspringen und die Schule früher als andere hinter sich zu lassen; auch Dietrich absolvierte das Abitur bereits kurz nach seinem siebzehnten Geburtstag. Auch den Religionsunterricht übernahm die Mutter für drei Jahre selbst; zu der eher agnostischen Haltung des Vaters bildete ihre undoktrinäre Frömmigkeit einen wichtigen Gegenpol.

Später traten Käthe Horn und ihre Schwester Maria als Erzieherinnen neben die Mutter. Formalisierter Unterricht und Lernen im Alltag bildeten eine Einheit. Von der Mutter selbst hieß es, das Menschliche sei ihr wichtiger gewesen als das Naturwissenschaftliche. Doch diese Welt war durch den Vater, den ältesten Bruder Karl-Friedrich, der ein renommierter Physikochemiker wurde, oder die Schwester Christine, die sich schon im Alter von dreizehn Jahren zum Studium der Zoologie entschloss, sehr präsent. Der schulische Bildungsgang war indessen humanistisch geprägt. Das große Latinum war auch für das naturwissenschaftliche Studium erforderlich. Dietrich Bonhoeffer, der wie seine Schwester Christine schon mit dreizehn Jahren wusste, was er studieren wollte, konnte bereits auf dem Gymnasium neben dem Lateinischen auch die beiden anderen für das Theologiestudium erforderlichen alten Sprachen, Griechisch und Hebräisch, lernen. Zunächst besuchte er das Friedrichswerdersche Gymnasium, seit Ostern 1919 das Grunewald-Gymnasium (die spätere Walther-Rathenau-Oberschule). Die Jugendlichen wuchsen in einer Atmosphäre auf, die zur *Ritterlichkeit* anhielt. Emmi Delbrück, die später mit Dietrichs Bruder Klaus verheiratet war, erlebte diese Haltung so: «Ich glaube, dass die Erziehung der Söhne in den Familien, in denen der Widerstand aufkam, die Erziehung, schon auf dem Schulhof selbstverständlich den Schwachen vor dem Brutalen zu schützen, es ihnen später unmöglich machte, staatlich sanktioniertes Verbrechen mit anzusehen und sich aufs Abwarten zu verlegen. Nichts galt damals als schändlicher, als sich ‹unritterlich› verhalten zu haben; so nannte man das.» (E. Bonhoeffer 2005: 22)

Eine mögliche Alternative zum Studium der Theologie wäre für Dietrich die Musik gewesen. Schon jung erwies er sich als ein hervorragender Pianist; auch eigene Klavierbegleitungen zu gemeinsam gesungenen Liedern gingen ihm leicht von der Hand. In der kurzen Zeit zwischen dem Sommer 1919 und dem Frühjahr 1920, in der er zu einer Pfadfindergruppe gehörte, kamen ihm seine musikalischen Fähigkeiten zugute. Die Idee eines Musikstudiums wurde erwogen, konnte sich jedoch gegenüber dem Vorhaben des Theologiestudiums nicht behaupten. Dieser Plan stieß in der Familie keineswegs auf einhellige Zustimmung, wurde jedoch von der Mutter deutlich erkennbar unterstützt. Sie las theologische Bücher, die ihm wichtig waren. Bonhoeffers erste Predigt, die er im Alter von neunzehn Jahren in Stahnsdorf südlich von Berlin hielt, schrieb sie mit eigener Hand ab und arbeitete dabei alle Korrekturen des Predigers ein (9: 485–491).

Nietzsche und andere Schulmänner

Früh entwickelte der Schüler ein ausgeprägtes literarisches Interesse; Theodor Fontanes *Stechlin* las er im Alter von vierzehn Jahren. Schon im Gymnasium wurden auch seine philosophischen Neigungen gefördert. Der Deutschlehrer Martin Havenstein war bereits zu Bonhoeffers Schulzeit als profilierter Nietzsche-Kenner bekannt. Er hatte Philologie, Philosophie und Theologie studiert und sich zu einem engagierten Pädagogen entwickelt (vgl. Hammerstein 1988; zum Lebenslauf 330 f.). Im Jahr 1906 hatte er Nietzsche gegen den Vorwurf verteidigt, ein «Jugendverderber» zu sein. 1921 veröffentlichte er in einer Festschrift für Elisabeth Förster-Nietzsche, die Schwester des Philosophen, einen Essay über *Nietzsche als Erzieher*, in dem seine Faszination durch das viel gelesene Nietzsche-Buch Ernst Bertrams (1918, 2. Aufl. 1922) deutlich zu erkennen ist. Bertram gehörte dem Kreis um Stefan George an, war aber zugleich mit Thomas Mann befreundet. Seine Nietzsche-Verehrung trug unverkennbar völkische und elitäre Züge. Auch Havenstein huldigte solchen Vorstellungen; er war davon überzeugt, dass der Pädagoge ein *Führer* zu sein habe. Als Bonhoeffer sich am 1. Februar 1933 in einem Rundfunkvortrag mit der Gestalt des Führers auseinandersetzte, wird er sich an das «Führen der Jugend» erinnert haben, das ihm in der Gestalt seines Lehrers begegnet war (12: 242–260). Die Orientierung an dieser Aufgabe charakterisierte nach Havensteins Auffassung auch den Erzieher Nietzsche selbst, der nach Meinung von Bonhoeffers Lehrer genau dadurch aller zeitgenössischen pädagogischen Literatur haushoch überlegen war. Die Erziehungsvorstellung Nietzsches zeigte für Havenstein ihre Modernität ge-

rade darin, dass sie Wissen oder Denken nicht als einen Selbstzweck ansah, sondern der Entfaltung der Persönlichkeit unter-
ordnete. «‹Wirf den Helden in deiner Seele nicht weg!› das ist die
Mahnung, die dem, der Nietzsche wirklich kennt, aus allen seinen Schriften zuerst und am stärksten entgegenschallt.» (Havenstein 1921: 101)

Der junge Bonhoeffer machte sich das nietzscheanische Lebens-
gefühl durchaus zu eigen; in einer Ansprache für eine Schüler-
gruppe aus seiner Heimatgemeinde im Berliner Grunewald meinte
er in lakonischer Kürze, wer den Zwang mehr liebe als die Freiheit, habe «eine Sklavenseele und die wollen wir doch nicht haben» (9: 491). Nietzsches Abwehr der «Sklavenmoral» wird in der
Einführung in den Dekalog, die Bonhoeffer in dieser Ansprache
unternimmt, als Gemeingut unterstellt. Nur eine Pflicht, die allen
Menschen gemeinsam ist, kann für sich in Anspruch nehmen,
keine «Sklavenmoral» zu sein; dies aber ist die Pflicht gegen Gott,
der doch der Vater aller Menschen ist (9: 492).

Noch Jahre später, in Bonhoeffers Gemeindevorträgen als Vikar
in Barcelona 1928/29, fällt auf, dass er in Nietzsches Umwertung
aller Werte, die zu einer Position *jenseits von Gut und Böse* führt,
und sogar in der Rede vom *Übermenschen* – ganz gegen Nietzsches ausdrückliche Intention – nicht einen dem Christentum
feindlichen, sondern einen ihm geradezu adäquaten Sinn entdeckt. Nietzsche befand sich, so urteilt Bonhoeffer, durchaus im
Irrtum, wenn er im Übermenschen das Gegenbild des Christen
sah. In der Befreiung von der hergebrachten Moral und vom Diktat der öffentlichen Meinung sah Bonhoeffer vielmehr ein Kennzeichen der christlichen Ethik (10: 331). Die eigenständige Rezeption Nietzsches setzte sich bis in die Manuskripte der *Ethik* und
die Briefe aus der Haft fort, wenn auch in der späteren Zeit weit
deutlicher durch neue theologische Einsichten gefiltert und geklärt. Da Bonhoeffer nun in der Eröffnung des «Blicks von unten» ein «Erlebnis von unvergleichlichem Wert» sah (8: 38),
konnte der Begriff des Übermenschen für ihn keine tragende Bedeutung mehr haben; doch Nietzsches Hinweis darauf, dass eine

angemessene ethische Reflexion *jenseits von Gut und Böse* ange-
siedelt sei, prägte Bonhoeffers Denken bis zum Schluss.
Auch andere bedeutende Schulmänner gehörten zu Bonhoeffers Lehrern. Hebräisch lernte er von Carl Kappus, der mindestens zwölf Sprachen beherrschte, Mitautor eines bekannten Un-
terrichtswerks für Latein *(Ludus Latinus)* war und später zwei
Jahrzehnte lang das Ernst-Moritz-Arndt-Gymnasium in Berlin-
Dahlem leitete. In Griechisch unterrichtete ihn Walther Kranz,
wie Kappus ein Schüler des berühmten Berliner Altphilologen Ulrich von Wilamowitz-Moellendorf. Er übernahm 1922 die Verantwortung für die von Hermann Diels begründete Ausgabe der
Fragmente der Vorsokratiker, die als *Diels/Kranz* zu den altphilo-
logischen Klassikern gehört. Wie Kappus wurde auch Kranz
Schulleiter, nämlich an der renommierten Internatsschule in
Schulpforta. Da seine Ehefrau Jüdin war, brach seine Laufbahn
jäh ab; einige Zeit unterrichtete er an einer Hauptschule, dann
fand er an der Universität Istanbul Zuflucht und kehrte erst in
den fünfziger Jahren nach Deutschland zurück. Populärwissen-
schaftliche Arbeiten zur griechischen Philosophie und Literatur
dokumentierten seine ungewöhnliche Bildung. Richard Czeppan
schließlich war ein Experte für die Altertümer Roms, der Bonhoeffer zudem Italienisch beibrachte (9: 81); durch seine Ehe mit
Maria Horn war er der Familie Bonhoeffer – trotz rechtslastiger
politischer Auffassungen – eng verbunden. Kein Wunder, dass
man von der humanistischen Bildung am Grunewald-Gymnasium
sagte, sie sei für die interessierten Schülerinnen und Schüler
von universitärem Rang gewesen. Die Selbstverständlichkeit, mit
der Bonhoeffer sich als Student und Hochschullehrer in philosophischen Argumentationsgängen bewegte, war in dieser ungewöhnlichen Schulbildung angelegt.
Dass dabei der Gefühlsüberschwang des Nietzscheaners Havenstein gegenüber der begrifflichen Klarheit des Philologen Kranz
überwog, ließ sich der freiwilligen Abiturarbeit über *Catull und
Horaz als Lyriker* entnehmen, mit der Bonhoeffer sich vom Gymnasium verabschiedete. Seine abschließende Wertung war ein-

deutig: «Eine Gedankenlyrik im Sinne Horaz' ist für mich rein gefühlsmäßig ein Unding und eine Züchtung später Kultur. Reflexionen haben noch nie die Welt erobert, aber Gefühle. Selbst die größten Gedanken müssen vergehen, große Gefühle bleiben ewig.» (9: 218) Kranz konterte: «Gefühl ist ‹Schall und Rauch›. *Kunst* bleibt ewig. *Kunst* aber kann auch der Reflexion den Charakter des Ewigen geben. Und es gibt auch ewige *Wahrheit!*» (9: 218, Anm. 154)

Rom, die Kirche und die Theologie

Bonhoeffer begann sein Theologiestudium, einer Familientradition folgend, in Tübingen; sein damit beginnender akademischer Bildungsgang ist mehrfach sorgfältig untersucht worden (Frick 2008, 2017; DeJonge 2012, 2017). Die Mitgliedschaft in der Studentenverbindung des Vaters, dem «Igel», und zwei Wochen soldatischer Ausbildung in der Schwarzen Reichswehr spielten in den beiden Tübinger Semestern eine ebenso wichtige Rolle wie der Lehrbetrieb. Das philosophische Interesse hielt an und trat gleichberechtigt neben die Theologie. Der Philosoph Karl Groos war für diese Anfangssemester der wichtigste akademische Lehrer. Bonhoeffer hörte bei ihm Vorlesungen zur Logik und zur Geschichte der Philosophie; zudem besuchte er ein Seminar zu Kants *Kritik der reinen Vernunft*. Unter den Theologen zog ihn der Neutestamentler Adolf Schlatter am meisten an; daneben wurde er auf den Systematischen Theologen Karl Heim aufmerksam. Aber eigenständige theologische Interessen entwickelten sich bei diesen Lehrern noch nicht.

Von größerer Bedeutung war die Bildungsreise, zu der die Brüder Klaus und Dietrich im Frühjahr 1924 gemeinsam nach Rom und Nordafrika aufbrachen. Von seinem bisherigen Bildungsgang her war ihm das antike Rom vertrauter als das katholische. Vorbereitet hatte er sich auf beide Seiten der Ewigen Stadt. Als er die Reise antrat, kannte er den Baedeker über Rom – so behaup-

Dietrich Bonhoeffer
(stehend, Dritter von
rechts) als Mitglied der
Studentenverbindung
«Igel», 1923

tete er jedenfalls – auswendig (9: 81). Zum Bildungserlebnis
wurde diese Reise vor allem dadurch, dass der junge Protestant
zum ersten Mal dem katholischen Ritus und in ihm der katholischen Kirche begegnete. Im Alter von vierzehn Jahren hatte
er zum ersten Mal eine katholische Kirche von innen gesehen,
nämlich den Dom zum Heiligen Kreuz in Nordhausen. An diesem
romanischen Bauwerk fiel ihm vor allem die prächtige Ausstattung mit einem vergoldeten Altar und zahlreichen Heiligen- und
Marienbildern auf. Mit ebenso jugendlicher wie bildungsbürger-
licher Arroganz kommentierte er in einem Brief an die Eltern:
«Da versteht man erst, wie so etwas die kleinen Leute ziehen
kann.» (28) Nun, nicht einmal vier Jahre später, nahm er die
Chance wahr, sich tiefer auf die Gestalt katholischer Frömmigkeit einzulassen. Von einem Gottesdienst in der Kirche Santissima Trinità dei Monti mit vierzig (von Bonhoeffer als Novizinnen

Dietrich Bonhoeffer in
Rom, 1924

angesehenen) Internatsschülerinnen bemerkte er, dass «der Ritus
nicht mehr nur Ritus war, sondern Gottesdienst in wahrem Sinn».
Von diesem Erlebnis, an das er sich noch zwanzig Jahre später
im Tegeler Gefängnis intensiv erinnern sollte (8: 335), blieb ihm
ein «unerhört unberührte[r] Eindruck tiefster Frömmigkeit». Das
verband ihn (ohne dass er das ahnte) mit Felix Mendelssohn
Bartholdy, der auf einer Bildungsreise nach Rom im Jahr 1830
vom Gesang der «Nonnen» in ebendieser Kirche genauso begeis-
tert war wie Bonhoeffer mehr als neunzig Jahre später und sich
vornahm, etwas für sie zu komponieren (Mendelssohn Bartholdy
2009: 175). Die musikalische Aura dieses Orts, über den «[i]m
dicken Kunstreiseführer [...] ganze elf Zeilen» stehen, beschäftigte
im Jahr 2008 auch noch den Romreisenden Navid Kermani, der

allerdings nur «vier Brüder[n] und sieben Schwester[n]» dabei zuhörte, wie sie anfingen, «im Chor zu singen, italienische, französische und lateinische Gesänge [...], klar, traurig und demütig im Tonfall, [...] Herzweh des Mittelmeeres». Kermani entdeckte nicht nur Parallelen zu sephardischen Liedern, sondern war neidisch auf die, «die jeden Tag dreimal Lieder singen, die selbst einen Ungläubigen wie mich berücken» (Kermani 2011: 243–247). Er spürte den egalitären, gottesfürchtigen Geist des frühen Christentums in dieser Kirche stärker als irgendwo sonst und entschied sich in Rom deshalb für die Santissima Trinità dei Monti, um in ihr die katholischen Riten «wenigstens [...] nachzuahmen» (Kermani 2015: 74).

Es war dieser Kirchenbau oberhalb der Spanischen Treppe, in dem Bonhoeffer bereits vierundachtzig Jahre zuvor zum ersten Mal «etwas Wirkliches vom Katholizismus aufging», und er begann, «den Begriff ‹Kirche› zu verstehen» (9: 89). Tagelang ging er außerdem in die Peterskirche, wo er die Gottesdienste der Karwoche erlebte, sowie nach Santa Maria Maggiore, nicht so sehr aus kunstgeschichtlichem Interesse, sondern «um kirchliches Leben zu beobachten» (90). Gegenüber den Versuchen des katholischen Priesteramtskandidaten Platte-Platenius, ihn zu «bekehren», erwies er sich allerdings als resistent; er fand, die katholische Dogmatik «verhäng[e] alles Ideale am Katholizismus» (94).

«Ich fange an, den Begriff ‹Kirche› zu verstehen.» Die beiläufig klingende Bemerkung signalisiert eine Weichenstellung. Die Wirklichkeit der Kirche wird, in Rom beginnend, für lange Zeit zum bestimmenden Thema der Theologie Dietrich Bonhoeffers. Nach einem Abstecher, der die Brüder nach Sizilien, Malta und Libyen führte, blieb Dietrich noch einmal für drei Wochen in Rom, hörte Vorlesungen, nahm an einer Papstaudienz teil und suchte seine Gedanken zu ordnen. In Rom begegnete ihm ein Katholizismus, der scheinbar ohne jeden Bezug auf ein protestantisches Gegenüber existierte. Das löste in ihm die Frage aus, worin denn die Bedeutung des Protestantismus für Gegenwart und Zukunft bestehen könne. Die landeskirchliche Struktur gehörte, soweit sie sich auf die bischöfliche Funktion der Landesherren stützte, der Vergangenheit an. Doch eine Bereitschaft, daraus entschlossene Konsequenzen zu ziehen, konnte der angehende evangelische Theologe nicht erkennen. Einen «Weg zur Abhilfe der schrecklichen Not der Kirche» sah er am ehesten in der Bereitschaft, sich vom Staat zu trennen, ja sogar den Religionsunterricht an staatlichen Schulen aufzugeben. Als Alternative schien ihm nur eine Rückkehr-Ökumene möglich zu sein, bei der sich die evangelischen Kirchen mit der katholischen Kirche unter deren Dach vereinigen würden (109 f.). Etwas anderes konnte Bonhoeffer nur für den Fall erwarten, dass ihm eine eigenständige, überzeugende Gestalt evangelischer Theologie begegnete. Darum ging es in den folgenden drei Jahren, in denen er sein Studium in Berlin fortsetzte.

Unter den Professoren der Theologischen Fakultät muss an erster Stelle Adolf von Harnack genannt werden. Als Bonhoeffer nach Berlin zurückkehrte, hatte der Nestor der Fakultät zwar schon längst das siebzigste Lebensjahr vollendet, und Hans Lietzmann war zu seinem Nachfolger berufen worden. Aber Harnack blieb für Bonhoeffer eine wichtige Bezugsperson. Er nahm an dessen Privatseminar teil und wurde am Ende der Senior des Seminars, der letzte, dem diese Funktion zufiel. Als Harnack seine Lehrtätigkeit endgültig beendete, war es deshalb auch Bonhoeffers Aufgabe, den Dank der Studierenden zum Ausdruck zu bringen: «Dass Sie unser Lehrer in vielen Stunden waren, ging vorüber, dass wir uns Ihre Schüler nennen dürfen, bleibt.» (10:158) Für Bonhoeffer war dies mehr als eine Floskel, wie eine Notiz für seinen persönlichen Dank gegenüber der Fakultät nach dem Abschluss der Promotion zeigt. Die Worte, die er bei dieser Gelegenheit an Harnack richten wollte, lauteten: «Zu eng mit meiner ganzen Person verbunden ist das, was ich in Ihrem Seminar gelernt und verstanden habe, als dass ich es je vergessen könnte.» (9:477) So unbestritten war Dietrich Bonhoeffers Rolle als letzter Senior von Harnacks Seminar, dass er bei der Gedenkfeier für den 1930 Verstorbenen im Goethe-Saal des Harnack-

Hauses «für den letzten Schülerkreis des Heimgegangenen» das Wort erhielt. Ein Schülerkreis war das, der von dem Lehrer durch zwei Generationen getrennt war: «Wir kennen ihn nur als den greisen Meister, auf dessen Urteil die gesamte kulturelle Welt aufmerksam hörte, der jeden, wem auch immer er begegnete, zur Ehrfurcht zwang vor einem Leben, das im Geist und im Kampf um die Wahrheit geführt wurde.» Ausdrücklich hob Bonhoeffer seinen Respekt vor Harnack als Theologen hervor: «In Harnack dem Theologen sahen wir die Einheit der Welt seines Geistes beschlossen, hier fanden Wahrheit und Freiheit ihre echte Bindung, ohne die sie zur Willkür würden. Es entsprach seiner Art, hier nur wenig zu sagen; lieber viele Worte zu wenig, als in diesen Dingen ein Wort zu viel.» (10: 346, 348) Damit sprach Bonhoeffer an, was andere – zum Beispiel den märkischen Generalsuperintendenten Otto Dibelius – dazu veranlasste, in Harnack nicht den Theologen zu sehen: «Ich lernte bei Harnack viel – nur Theologie lernte ich bei ihm nicht.» (348, Anm. 5) Wie anders Bonhoeffer: Obwohl er theologisch andere Wege ging als Harnack, sprach er diesem die theologische Existenz nicht ab. Er bejahte auf seine Weise das Liberale an Harnacks Theologie und unterstrich dies mit den Worten: «[E]s wurde uns an ihm deutlich, dass Wahrheit nur aus Freiheit geboren wird.» (347)

Während Harnack den jungen Bonhoeffer mit den Schlüsseltexten des frühen Christentums vertraut machte, begegnete ihm in Karl Holl der Repräsentant der Luther-Renaissance, die zu den prägenden theologischen Bewegungen der zwanziger Jahre zählte. Hatte sich ihm in Harnack die Weite eines kulturprotestantisch geprägten Bildungshorizonts, verbunden mit der wachen Beteiligung an den politischen und gesellschaftlichen Herausforderungen der Zeit, erschlossen, so trat ihm in Holl die beharrliche Suche nach dem unverlierbaren Kern der reformatorischen Erneuerung entgegen. Das Verständnis des christlichen Glaubens als Gewissensreligion, die sich nicht auf die Innerlichkeit des frommen Subjekts verlässt, sondern ganz und gar auf die göttliche Gnade stützt, war die charakteristische Form, in der evan-

gelische Theologie Bonhoeffer in der Gestalt des Lehrers Karl
Holl entgegentrat. Auch wenn er im Konzept der Gewissensreligion noch immer zu viel menschliche Subjektivität am Werk sah,
verdankte er es vor allem Karl Holl, dass er in Luther zeitlebens
seinen wichtigsten theologischen Gewährsmann sah.

Doch Dietrich Bonhoeffer beschränkte seine theologischen
Suchbewegungen nicht auf die Berliner Theologie. Vielmehr
nahm er auch das Beben wahr, das die deutschsprachige evange-
lische Theologie durch Karl Barth ergriff, und beschäftigte sich
mit dessen Schriften. Barth wurde in den Jahren vor dem Ersten
Weltkrieg von der deutschen liberalen Theologie geprägt; im
Schweizer Pfarramt beschäftigte er sich mit der Situation der
Arbeiterschaft, wurde Sozialdemokrat und nahm Kontakt zur Bewegung der Religiösen Sozialisten auf. Theologisch erschütterte
ihn der Bankrott, in den die europäischen Kirchen durch den
Ersten Weltkrieg gerieten. Die Verknüpfung von Glauben und
Nationalstolz, die Inanspruchnahme Gottes für die Kriegsziele
der eigenen Nation erlebte er als Zeichen für einen theologischen
Ausverkauf, den er mit der Auslieferung der Theologie an die
Anthropologie in Verbindung brachte. Seinen Protest hiergegen
artikulierte er in einem Kommentar zum Römerbrief des Apostels Paulus, der schon in seiner ersten Auflage von 1919 Auf-
sehen erregte. Umso erstaunlicher war es, dass Barth sich schon
1920 an eine gründliche, 1922 veröffentlichte Neubearbeitung
machte, die ein noch größeres Echo auslöste. Zu diesem Zeitpunkt war Barth bereits Honorarprofessor auf einer für ihn eingerichteten Professur in Göttingen; Rufe nach Münster und Bonn
schlossen sich an, bis Barth 1935 infolge der Auseinandersetzung
um den Treueid der Beamten auf Adolf Hitler Deutschland verließ und fortan in Basel lehrte.

Barths Theologie wurde schon früh als dialektisch bezeichnet;
in der Zeit der Römerbrief-Auslegungen lässt sie sich auch als
eine Theologie der Gegensätze bezeichnen. Der Gegensatz von
Gott und Mensch steht im Zentrum. Dass der *ganz Andere* sich
in Jesus Christus selbst offenbart, hebt die Fremdheit nicht auf,

sondern rückt diese nahe an die Menschen heran. Barths Vorwurf gegen den Kulturprotestantismus seiner Zeit besteht im Kern darin, dass er es am nötigen Respekt für diese Fremdheit fehlen lasse. Gerade darin ist Barth ein durch und durch reformierter Theologe, der durch die Schule des Reformators Calvin gegangen ist. Dass das Endliche nicht imstande ist, das Unendliche in sich aufzunehmen, war seine feste Überzeugung, an der er erst gegen Ende seines Lebens Abstriche vornahm.

Zustimmung und Widerspruch gegen Barths Theologie waren seit der Veröffentlichung des *Römerbriefs* gleichermaßen vehement. In Berlin überwog der Widerspruch. Karl Holl sah, wie er 1920 in einem Brief an Adolf Schlatter schrieb, in Barths Theologie Willkür am Werk, die der eigenen «Erfahrung», dem eigenen «Erlebnis» folgend im einen Fall mit dem biblischen Text frei schaltet und sich im andern Fall an den Buchstaben klammert; auf diese Weise könne man sich zugleich «als Mann der Zukunft und als konservativer Theologe» vorkommen (Stupperich 1967: 231). Adolf von Harnack stellte sich ebenfalls schon 1920 der direkten Konfrontation mit Karl Barth; der Kern ihres Streits lag in der Frage, ob die Wissenschaft einen angemessenen Zugang zur Erkenntnis der Wirklichkeit eröffne oder ob man sich anstelle von wissenschaftlicher Erkenntnis einer Wahrheitsgewissheit anvertrauen solle, die auf göttlicher Erwählung beruhe (Harnack 1951: 171-204; Barth in Moltmann 1977: 49-76). Harnack argwöhnte von Anfang an, dass die Theologie sich damit aus dem Zusammenhang wissenschaftlicher Kommunikation verabschiede und einem romantisierenden Irrationalismus anvertraue. 1923 fasste er seine Einwände in *Fünfzehn Fragen an die Verächter der wissenschaftlichen Theologie unter den Theologen* zusammen; Barth erwiderte mit *Fünfzehn Antworten an Herrn Professor von Harnack*; ein Briefwechsel zwischen den Kontrahenten schloss sich an (Moltmann 1977: 323-347). Zu einer Verständigung kam es nicht.

Bonhoeffer begann spätestens im Sommer 1925, also noch vor der Arbeit an seiner Dissertation, sich mit Barths Veröffentlichungen zu beschäftigen (Feil 2010: 312). Er spürte in ihnen eine neuartige theologische Konzentration, die er bei seinen Berliner Lehrern vermisste. Das Gewicht, das die Begegnung mit Barths Texten für ihn gewann, motivierte auch seine Mutter dazu, sich im Anschluss mit Barths Vorträgen zu beschäftigen (9: 155). Von Kommilitonen ließ er sich die Leitsätze zu Barths Dogmatik-Vorlesung in Göttingen während des Studienjahrs 1924/25 schicken. Dass sein Vetter Hans Christoph von Hase zum Studium der Physik nach Göttingen gegangen war und unter dem Eindruck von Barths Vorlesungen zur Theologie wechselte, konnte auch Bonhoeffer nicht kaltlassen. Doch er blieb in Berlin; in den akademischen Qualifikationsarbeiten, die er sich vornahm, setzte er sich weiterhin den wissenschaftlichen Ansprüchen aus, die in der Fakultät Harnacks und Holls auch nach dem Auftreten Barths fortgalten. Die historische Exegese, davon war er überzeugt, durfte nicht zur Folge haben, dass das biblische Wort nicht mehr unmittelbar zum Hörer als Gottes Wort sprechen konnte. Doch die Gewissheit, im biblischen Wort dem Wort Gottes zu begegnen, konnte wiederum nicht das Bemühen um historische Genauigkeit obsolet machen.

Weil es ihm auf diese Verbindung ankam, erwartete er von Harnacks Seminar weiterführende Reaktionen auf Karl Barth und war enttäuscht, als es nicht dazu kam. Seinen Mitstudenten fiel auf, wie Bonhoeffer Harnack gegenüber höflich, aber unerschrocken immer wieder nachfragte. Er nahm sich vor, selbst einen Beitrag zur Klärung zu leisten.

Abschlüsse und Aufbrüche

Die Absicht, zur Verhältnisbestimmung zwischen der historisch-kritischen Haltung der liberalen Theologen und Karl Barths Dialektischer Theologie beizutragen, veranlasste Dietrich Bonhoeffer schon mit Blick auf die Dissertation dazu, nicht in der Disziplin seiner beiden wichtigsten akademischen Lehrer – Harnack und

Holl – zu bleiben, sondern historische und systematische Theologie miteinander zu verbinden. Deshalb wandte er sich für das Vorhaben der Promotion an Reinhold Seeberg, dessen Arbeit durch ebendiese Verbindung von historischer und systematischer Perspektive geprägt war. Seit dem Sommer 1925 hatte er regelmäßig an Seebergs Seminaren teilgenommen. Aber er hatte bereits so viel theologische Selbständigkeit erworben, dass er bei aller Rücksichtnahme auf den akademischen Mentor einen eigenständigen Weg einschlug. Es ging ihm darum, die neue Art theologischer Konzentration, wie er sie von Barth übernehmen wollte, mit methodisch geklärtem Wirklichkeitssinn zu verbinden. Das geschah in der Dissertation, die bei der Einreichung in der Fakultät nur den Titel trug: *Sanctorum Communio. Eine dogmatische Untersuchung.* Erst für die Veröffentlichung wurde der Untertitel erweitert. Er lautete nun: *Eine dogmatische Untersuchung zur Soziologie der Kirche.* Die Kühnheit des Vorhabens lag damit zutage.

Im Alter von einundzwanzig Jahren konnte Bonhoeffer das Promotionsvorhaben vor der Theologischen Fakultät der Friedrich-Wilhelms-Universität mit dem höchsten Prädikat *summa cum laude* abschließen; einen Monat später folgte das Erste Theologische Examen vor dem Konsistorium der Mark Brandenburg, das mit *recht gut* bewertet wurde. Zunächst absolvierte er das Vikariat in der deutschsprachigen evangelischen Gemeinde von Barcelona, die den jungen Theologen nicht nur pastoral herausforderte. So bot er ihr neben seinen Predigten drei Gemeindevorträge an, die zeigten, was ihn theologisch bewegte: der bleibende Sinn des Prophetentums, Jesus Christus und das Wesen des Christentums sowie Grundfragen einer christlichen Ethik (10: 285–345).

Bereits nach einem Dreivierteljahr konfrontierte die Gemeinde den jungen Vikar mit der Frage, ob er nicht bleiben wolle. Doch es zog ihn wieder an die Universität. Das wissenschaftliche Vorhaben, mit dem er sich nun beschäftigen wollte, knüpfte an die theologische Problemstellung an, zu der ihn sein bisheriges Stu-

Heidewanderung im April 1927: Walter und Ilse Dreß, Dietrich und Susanne Bonhoeffer, Grete von Dohnanyi auf dem Kalkberg in Lüneburg

dium geführt hatte: den theologischen Neuaufbruch der dialektischen Theologie mit wissenschaftlicher Genauigkeit zu verbinden. Doch nun sollte nicht mehr, wie in der Dissertation, ein inhaltliches Einzelthema der Theologie den Ausgangspunkt bilden. Nun ging es vielmehr um das Erkenntnisproblem der Theologie als solches. Bonhoeffer machte sich Barths Verständnis der göttlichen Offenbarung als Infragestellung aller menschlichen Verstehensbemühungen zu eigen. Doch er teilte nicht die Gleichgültigkeit der dialektischen Theologen gegenüber der Denkform, in der sich die Theologie mit der göttlichen Offenbarung auseinandersetzt. Auch in dieser Hinsicht bewahrte er das Erbe der wissenschaftlich verantworteten liberalen Theologie. In Auseinandersetzung mit philosophischen Konzeptionen wollte er Rechenschaft von den Kategorien ablegen, in denen er den neuen theologischen Impuls aufzunehmen bereit war. Sie betrachtete er in der Alternative zwischen Transzendentalphilosophie und Ontologie oder

noch zugespitzter: in der Alternative von *Akt* und *Sein.* Bei der
Bearbeitung dieses großen Themas verfuhr er mit der Breite
zeitgenössischer Positionen so, wie er es schon in seiner Schulzeit begonnen hatte: nicht in detaillierter Einzelinterpretation
komplizierter Texte und Begriffe, sondern in dem Versuch, jeweils
den elementaren Kern einer Position herauszuarbeiten. In diesem Geist bezog er auch Heideggers 1927 erschienene, Fragment
gebliebene Schrift über *Sein und Zeit* ein; von ihr ließ er sich
dazu anregen, die Freiheit Gottes nicht formal als ein *Für-sich-
sein,* sondern inhaltlich als eine aus Freiheit vollzogene Bindung
an den Menschen zu verstehen. Damit war zugleich die Brücke
zu der Dialogphilosophie Martin Bubers und Eberhard Grisebachs
geschlagen. Für Bonhoeffer sollte es auch weiterhin charakteristisch sein, dass er die Existenz Gottes wie die Existenz des Menschen relational verstand, als Sein in Beziehung.

Darin sah Bonhoeffer den entscheidenden Ansatzpunkt dafür,
den Konflikt zwischen den beiden theologischen Denkformen zu
lösen, die in ihm selbst um Vorherrschaft rangen: Auf der einen
Seite stand eine Orientierung am Akt der göttlichen Offenbarung
in der Person Jesu Christi, also die Konzentration auf die Kontingenz der Offenbarung. Auf der anderen Seite stand das Interesse an der Kontinuität christlicher Existenz in der Geschichte,
also am Sein der Kirche wie des einzelnen Glaubenden. Zwar
übernahm Bonhoeffer die Kritik Barths, Karl Holl mache mit seiner Vorstellung von der Gewissensreligion die göttliche Offenbarung zu einer menschlichen Möglichkeit. Doch Barths Konzentration auf den bloßen Ereignischarakter der göttlichen Offenbarung
überzeugte ihn nicht; ihm fehlte die Aufmerksamkeit dafür, dass
auch der von der göttlichen Offenbarung betroffene Mensch nicht
nur im Akt der Begegnung, sondern auf Dauer Gottes Gegenüber
bleibt. Er suchte die Lösung in einer Theologie der Person, die
sich an der Einheit von Gott und Mensch in Jesus Christus orientiert. Die Zusammengehörigkeit von Einheit und Unterschie-
denheit prägte für ihn auch das Verständnis des menschlichen
Selbst. Menschen treten einander nicht nur als Fremde gegen-

über; sondern in der Begegnung mit anderen konstituiert sich die Person. Die Beziehung zum anderen ist nicht ein isolierter Akt, sondern hat prägende Bedeutung für das Sein der beteiligten Personen. Von solchen Denkformen hatte Bonhoeffer schon in seiner Dissertation über die Kirche Gebrauch gemacht. Dadurch konnte er individuelle und kollektive Aspekte des Menschseins in gleicher Weise in den Blick nehmen und die Kirche als Kollektivperson interpretieren. Doch nun fasste er den dialogischen Ansatz grundsätzlicher; er half ihm dabei, die vermeintliche Kluft zwischen Akt und Sein zu überwinden. Ebenso wie der dialogische Charakter der Person es erleichtert, die Einheit von Gott und Mensch in der Person Jesu Christi zu verstehen, bildet er einen wichtigen Ausgangspunkt dafür, die Kontingenz der Offenbarung mit der Kontinuität der menschlichen Geschichte zu verbinden, ohne doch die Offenbarung einfach zu einer menschlichen Möglichkeit zu machen. Auf diesem Weg entwickelt sich Bonhoeffers Alternative zu Barths reformierter Offenbarungstheologie auf der einen und Holls lutherischer Gewissenstheologie auf der anderen Seite, nämlich eine «lutherische Person-Theologie, die in gleicher Weise am *Wort* und an der *Welt* orientiert sein kann, weil sie beide in der Person Christi versöhnt sind» (DeJonge 2012: 13). Mit dieser Weichenstellung setzt sich Bonhoeffer klar von einem dialektischen Konzept der Theologie ab, das sich auf das Anderssein Gottes gegenüber der Welt konzentriert; mit ihr kündigt sich vielmehr die hermeneutisch-ethische Orientierung seiner Theologie an. In deren Zentrum steht die Einsicht, dass «in Jesus Christus ... die Gotteswirklichkeit in die Wirklichkeit dieser Welt eingegangen» ist (6: 39).

Der grundsätzliche Charakter des Themas, dem Dietrich Bonhoeffer sich in seiner Habilitationsschrift über *Akt und Sein* widmete, änderte nichts daran, dass er in einer aktuellen Diskussion Position beziehen wollte. Doch der Diskussionsstand wandelte sich schnell; deshalb war es schon für zeitgenössische Leserinnen und Leser nicht leicht herauszufinden, worauf der Verfasser hinauswollte. Nahezu neun Jahrzehnte nach der Publikation ist es erst recht schwer, sich das Gewicht und die Tragweite von Bonhoeffers Entwurf zu erschließen. Man muss berücksichtigen, dass der Autor diesen Versuch, die widerstrebenden theologischen Impulse seiner Studienzeit miteinander zu versöhnen, in der abenteuerlich kurzen Zeit von zehn Monaten zu Papier brachte und im Alter von vierundzwanzig Jahren abschloss. Das rechtfertigt auch die gelassene Großzügigkeit, mit der Hans-Richard Reuter als Herausgeber von Bonhoeffers Schrift im Blick auf manche ihrer Teile hinnimmt, «dass der Autor seine Sache nicht argumentativer mitteilen konnte oder wollte» (2: 164). Der Autor war sich selbst gegenüber vergleichbar kritisch; an Erwin Sutz, seinen Studienfreund aus der Zeit in New York, schrieb er im Februar 1932 über das 1931 veröffentlichte Buch: «Mir ist dies Produkt inzwischen ziemlich unsympathisch geworden.» (11: 63)

Damit legte Bonhoeffer eine Bereitschaft zur Selbstkritik an den Tag, die sich in späteren Fällen wiederholen sollte. Ihm kam es nicht darauf an, auf jeder Etappe die Kontinuität seines Werks zu wahren und zu erweisen; vielmehr war er immer wieder zur kritischen Selbstprüfung und zu neuen Anfängen bereit. Gerade diese Revisionsbereitschaft kennzeichnet die Einheit seines Werks. Bei allen Neuansätzen griff er immer wieder auf den Bildungsfundus zurück, den er sich in jungen Jahren erarbeitet hatte und den er Schritt für Schritt erweiterte.

Beeindruckend sind Fülle und Weite des wissenschaftlichen Materials innerhalb wie außerhalb der Theologie, das Bonhoeffer sich auf den Stationen seines Bildungswegs erschloss. Seine Neugier erlahmte nicht. Das an die Habilitation anschließende Studienjahr in New York führte ihn erneut in eine theologisch fremde Welt.

Selbstbewusst brachte er in diese Welt ein, was ihm besonders wichtig war. Dazu gehörte eine Einführung in das Denken Karl Barths, die er mit der befremdlichen, ja anmaßenden Aufforderung begann, jedenfalls für die Zeit seines Vortrags sollten die Mitstudierenden alles vergessen, was sie bisher gelernt hätten

(10: 435). Doch der erkennbare Stolz auf das intellektuelle Ge-
päck, das er mitbrachte, verband sich mit einer schier unbändigen
Neugierde auf das, was er in New York lernen und aufnehmen
konnte. Insbesondere ließ er sich auf die Philosophie des amerikanischen Pragmatismus ein, aus dem für ihn vor allem das Werk
von William James und dessen Buch über die Vielfalt religiöser
Erfahrung herausragte (10: 408–410). Der Vorstoß des amerikanischen Denkers zu einer Religionspsychologie, die den Gegenstand der Religion keineswegs wissenschaftlich auflöst, sondern
der religiösen Erfahrung einen eigenständigen Raum zuerkennt,
faszinierte den jungen Deutschen. Doch einstweilen ließ er sich
nicht davon überzeugen, dass die Beschäftigung mit der religiösen Erfahrung geeignet sei, zwischen Religion und Wissenschaft
zu vermitteln. Ohne Zweifel war es Karl Barths «Dialektik»,
die ihn daran hinderte. Gleichwohl erschloss die Beschäftigung
mit dem Pragmatismus ihm den Zugang zu der unbefangenen,
bisweilen naiv wirkenden politischen Ausrichtung des *social gospel* und den starken empirischen Akzenten in den ethischen
Lehrveranstaltungen. Exkursionen zu sozialen Brennpunkten und
zivilgesellschaftlichen Initiativen gehörten ebenso zum Lehrpro-
gramm wie Studien zur Lage der Arbeiterschaft, zur Jugendkri-
minalität und zu vergleichbaren Fragen. Kirchliche Handlungs-
konzepte wurden intensiv erörtert; nach der Rückkehr aus New
York versuchte Bonhoeffer, manches davon in seinen akademischen Unterricht wie in seine gemeindliche Arbeit zu übernehmen.

Ebenso wichtig wie die Begegnung mit akademischen Lehrern
war ihm in den USA das Zusammensein mit amerikanischen und
europäischen Studierenden. Der Schweizer Erwin Sutz und der
Franzose Jean Lasserre wurden ebenso zu Freunden, die ihn
lange begleiteten, wie die Amerikaner Frank Fisher und Paul
Lehmann. Mit Lasserre reiste er am Ende des Studienjahrs bis
nach Mexiko. Als Erwin Sutz am 6. Juni 1945 die traurige Nachricht von Bonhoeffers Tod an Paul Lehmann weitergab, mischten
sich wehmütige Erinnerungen mit der Feststellung: «Für uns war

er doch The Big one, ohne den sich jenes Jahr in Union Seminary gar nicht denken ließ.» (17: 143)

Auch mit diesem Jahr in New York war Bonhoeffers Bildungshunger nicht am Ende. Direkt nach seiner Rückkehr aus den USA stattete er im Juli 1931 Karl Barth in Bonn einen ausführlichen Besuch ab. Bei dieser Gelegenheit begegnete er ihm zum ersten Mal persönlich; eine Zusammenkunft in Barths Schweizer Feriendomizil auf dem «Bergli» am Zürichsee schloss sich im folgenden Sommer an. Diese Begegnungen verstärkten seine Überzeugung, dass Barths Sicht der Dinge «in die unmittelbare Nähe der Sache» führe, um die es in der Theologie gehe (12: 37). Doch zugleich wurden ihm Differenzen bewusst, die vor allem mit dem Wirklichkeitsbezug der Verkündigung wie der Ethik zu tun hatten (11: 100).

Gleichzeitig blieb Bonhoeffers Wunsch ungebrochen, durch die Begegnung mit der Fremde und den Fremden mehr Klarheit über den eigenen Standort zu gewinnen. Provinzialität vertrug sich mit den Erfahrungen nicht, die er durch seinen Bildungsgang gewonnen hatte. In Jean Lasserre war er zum ersten Mal einem Pazifisten begegnet. Neue Orientierungen kündigten sich an. An entsprechenden Herausforderungen sollte es nicht fehlen.

3. Die Kirche als Vorzeichen vor der Klammer

Individuelle Spiritualität oder Gemeinschaft

Im zweiten Semester seiner Lehrtätigkeit als Privatdozent für Systematische Theologie an der Berliner Universität hielt Dietrich Bonhoeffer im Sommer 1932 eine Vorlesung über das *Wesen der Kirche* (11:240–303). Dahinter steht eine programmatische Entscheidung. Die wirkliche, erfahrbare Kirche bildet nach der Auffassung des jungen Dozenten das Vorzeichen vor der Klammer, innerhalb deren alle anderen Themen der Theologie ihren Ort haben. Denn in der Kirche als der Gemeinschaft der Glaubenden wird die Offenbarung Gottes durch die Predigt und die Feier der Sakramente erfahrbar. Bonhoeffer sieht den Protestantismus vor der Alternative, ob vor der Klammer eine individualistische Religiosität oder die Gemeinschaft der Glaubenden steht (253). An den Beispielen von Friedrich Schleiermacher, Adolf von Harnack und Otto Dibelius lässt sich die Problemkonstellation verdeutlichen, von der er ausgeht.

Als der junge Theologe Friedrich Schleiermacher an der Schwelle zum neunzehnten Jahrhundert in Berlin und Potsdam seine Schrift *Über die Religion. Reden an die Gebildeten unter ihren Verächtern* verfasste, wandte er sich der Kirche erst in der vierten dieser fünf Reden zu. Er befürchtete, mit dem Thema der Kirche auf noch größere Vorbehalte zu stoßen als mit dem Thema der Religion. «Daher» – so Schleiermacher 1799 – «ist Euer Widerwille gegen die Kirche, gegen jede Veranstaltung, bei der es auf Mitteilung der Religion angesehen ist, immer noch größer als der gegen die Religion selbst, daher sind Euch die Priester, als die Stützen und die eigentlich tätigen Mitglie-

Dietrich Bonhoeffer mit Berliner Studenten bei einer Freizeit in Prebelow, 1932

der solcher Anstalten, die Verhasstesten unter den Menschen. Aber auch diejenigen unter Euch, welche von der Religion eine etwas gelindere Meinung haben und sie mehr für eine Sonderbarkeit als eine Zerrüttung des Gemüts, mehr für eine unbedeutende als gefährliche Erscheinung halten, haben von allen geselligen Einrichtungen für dieselbe vollkommen ebenso nachteilige Begriffe.» (Schleiermacher 1999: 134)

Das Urteil der gebildeten Religionsverächter, an die Schleiermacher sich wandte, schwankte seinem Eindruck nach zwischen zwei Auffassungen. Die schärfere Form der Kritik hielt Religion und Kirche für gleichermaßen schädlich; das mildere Urteil bejahte eine selbstbestimmte und aufgeklärte Religion, warf aber der Kirche vor, dass sie die Menschen gerade durch geistlose Riten, sinnlose Gebräuche und verkrustete Lehren von einem eigenständigen Zugang zur Religion abhielt. Beide Positionen führten übereinstimmend zu dem Ergebnis, dass eine positive Einstellung zur Kirche unter den damaligen Gebildeten kaum zu finden war. Schleiermachers Ziel war es, dieses Vorurteil aufzulösen. Das entscheidende Argument gegen die Geringschätzung der Kirche lag für ihn im kommunikativen Charakter der Religion, insbesondere in Gestalt des christlichen Glaubens. Er drängt auf Mitteilung und Gemeinschaft. Wer ihn recht verstanden hat, kann ihn nicht für sich behalten. Deshalb ist die Kirche ein notwendiger Ausdruck der christlichen Religion.

Vergleichbar epochal wie Schleiermachers *Reden über die Religion* von 1799 waren hundert Jahre später Adolf Harnacks Vorlesungen über das *Wesen des Christentums*. Als Bonhoeffers späterer Lehrer die Wende vom neunzehnten zum zwanzigsten Jahrhundert zum Anlass nahm, in sechzehn Vorlesungen für Hörer aller Fakultäten an der Berliner Friedrich-Wilhelms-Universität darzulegen, worin er das Wesen des Christentums sah, bildete die Frage nach der Kirche kein eigenständiges Thema.

Der Berliner Gelehrte war Kirchenhistoriker. Er gehörte zu den führenden und anerkannten Intellektuellen seiner Zeit. Seine wissenschaftliche Arbeit verband er mit großen wissenschaftsorganisatorischen Leistungen und Aufgaben. Entsprechend groß war das Echo, das seine Vorlesungen fanden. Die Verkündigung Jesu bildet für ihn den Ausgangspunkt, von dem aus er das Wesen des Christentums beschreibt. Von der Predigt Jesu kann er sprechen, ohne dass von der Kirche die Rede ist. Die *Hauptbeziehungen des Evangeliums* kann er erörtern, ohne die Wirklichkeit der Kirche einzubeziehen. Denn den Kern des Christentums sieht er im Verhältnis zwischen Gott dem Vater und dem unendlichen Wert der Menschenseele. Harnack findet den Schlüssel zur Verkündigung Jesu in dem Satz: «Was hülfe es dem Menschen, wenn er die ganze Welt gewönne und nähme doch Schaden an seiner Seele.» (Markus 8,36) In der Ehrfurcht vor dem Menschlichen sieht er «die praktische Anerkennung Gottes als des Vaters» (Harnack 1999: 101).

Dieser Verselbständigung des Evangeliums als einer geistigen

Größe widersprach Harnacks Zeitgenosse und Kontrahent, der katholische Theologe Alfred Loisy, scharf. Für ihn ist es geradezu ein Axiom, dass das Evangelium in sozialen Bezügen Gestalt annimmt: «Jesus hatte das Reich angekündigt, und dafür ist die Kirche gekommen.» (Loisy 1904: 112 f.) Harnack geht es hingegen darum, das «immer Gültige» herauszuarbeiten, das sich in den «geschichtlich wechselnden Formen» gleich bleibt. «Von Anfang an galt es Formeln abzustreifen, Hoffnungen zu korrigieren und Empfindungsweisen zu ändern, und dieser Prozess kommt niemals zur Ruhe.» (Harnack 1999: 61)

Erst bei der Schilderung des Gangs der christlichen Religion durch die Geschichte kommt Harnack auf die Kirchen zu sprechen. Das geschieht in scharfer konfessioneller Kontrastierung. Den Protestantismus verbindet er mit einer Kirchenauffassung, die alle «grobsinnlichen Merkmale» ablehnt und «die sinnenfällige Sichtbarkeit» ausschließt (243). Denn für die Kirche im evangelischen Verständnis gilt nur ein Merkmal: Als «gottesdienstliche Gemeinde soll (sie) in Dank und Lob Gott verkündigen, und sie soll ihn anrufen» (242). Harnack lässt mit diesen Worten den berühmten Artikel 7 des Augsburgischen Bekenntnisses von 1530 anklingen, der für das evangelische Kirchenverständnis von grundlegender Bedeutung ist. Doch in diesem Artikel werden als Kennzeichen der Kirche nicht nur die «rechte Predigt des Evangeliums», sondern auch die evangeliumsgemäße Verwaltung der Sakramente Taufe und Abendmahl genannt. Harnack jedoch erwähnt die Sakramente in diesem Zusammenhang nicht; denn sie empfangen nach seinem Verständnis ihre Bedeutung allein vom Wort und können ihm gegenüber keinen eigenständigen Rang beanspruchen. Er hängt wie viele seiner Zeitgenossen einem spiritualisierten, von der unmittelbaren Erfahrbarkeit gelösten Kirchenverständnis an. Plausibilität gewinnt der christliche Glaube für ihn gerade nicht in der gelebten Gemeinschaft der Glaubenden selbst, sondern darin, wie sich dieser Glaube im Alltag der Christen bewährt: in der Berufserfüllung ebenso wie in der Beteiligung an den sozialen Aufgaben der eigenen Gegenwart.

Harnacks Leben bietet dafür ein beeindruckendes Beispiel. Er war ein herausragender Gelehrter in seinem Fach, bis ins hohe Alter ein Vorbild seiner Studierenden, aber zugleich rastlos zur Übernahme weiterer Verpflichtungen für das Gemeinwohl bereit. Ihm lag viel an der kulturellen, aber auch an der sozialen Präsenz des Christentums. Für mehrere Jahre amtierte er als Präsident des Evangelisch-Sozialen Kongresses. Doch dieser war eine Gestalt des freien Protestantismus. Die kulturelle und soziale Präsenz des Christentums hing also nicht an der Kirche. Deswegen kam das von dem Berliner Theologen beispielhaft vertretene kultur- wie gesellschaftsbezogene Christentum mit einem äußerst schwachen Begriff der Kirche aus. Die Kulturprotestanten vom Schlage Harnacks konnten zwar ihrem Protestantismus eine einleuchtende individuelle Gestalt geben, doch der fortschreitenden Entfernung vieler Menschen, gerade auch aus der Bildungsschicht, von der Kirche konnten sie nur schwer etwas entgegensetzen. Es musste jedoch schon zu Harnacks Zeit als fraglich erscheinen, ob die individuelle Aneignung einer protestantischen Lebensform für die Weitergabe dieser Tradition stark genug ist. Ob es richtig ist, die individuelle Gestalt des Christentums seiner kirchlichen Gestalt so eindeutig vorzuordnen, war schon damals zu bezweifeln.

Die faktische Lage der evangelischen Kirchen in Deutschland arbeitete freilich einem minimalistischen Kirchenverständnis in die Hände. Denn bis in das zwanzigste Jahrhundert hinein hatten sie nur in sehr begrenztem Umfang eigenständige soziale und rechtliche Strukturen entwickelt. Anlässe dazu, über ein eigenständiges Kirchenverständnis nachzudenken, hatten sich zwar schon gezeigt, seit die konfessionell geschlossenen Territorien des Deutschen Reichs durch die Gebietsveränderungen des achtzehnten und frühen neunzehnten Jahrhunderts in sich konfessionell plural wurden. Doch trotz dieser Pluralisierung hatten die evangelischen Kirchen auch weiterhin den Charakter staatsabhängiger Behörden und standen in Preußen, obwohl überwiegend lutherisch, unter der obersten Leitung eines Landesherrn, des preußischen Königs, der evangelisch-reformierter Konfession war, während in Bayern der katholische König die Verantwortung für die Angelegenheiten der evangelischen Kirche trug. Der eine wie der andere fungierte als *summus episcopus*, als oberster Bischof, der evangelischen Kirche im jeweiligen Herrschaftsgebiet. Weitsichtige Beobachter wie Friedrich Schleiermacher drängten schon zu Beginn des neunzehnten Jahrhunderts auf eine Reform der evangelischen Kirchenverfassung. Schrittweise kam es zur Einführung synodaler Verfassungselemente und zur Stärkung der finanziellen Eigenständigkeit der evangelischen Kirche, insbesondere durch die Etablierung der Kirchensteuer als einer an die Mitgliedschaft gebundenen kirchlichen Einnahmequelle. Doch das landesherrliche Kirchenregiment bestand fort. Die Frage nach einer selbständigen Gestalt der evangelischen Kirche stellte sich auf eine unausweichliche Weise erst, als die Träger dieses landesherrlichen Kirchenregiments nicht mehr verfügbar waren: mit dem Ende der Monarchie im November 1918.

Nun begann die Epoche, der Otto Dibelius, seit 1925 Generalsuperintendent der Kurmark und von 1945 an evangelischer Bischof von Berlin-Brandenburg, schon 1926 den bombastischen Titel gab: *Das Jahrhundert der Kirche.* Der Wehleidigkeit, mit der viele Protestanten den Abschied von der Monarchie betrauerten und sich über die Schmach des Versailler Friedensvertrags empörten, stellte Dibelius den Stolz auf die neue Selbständigkeit der Kirche entgegen. Sie zeigte sich zunächst gegenüber dem Staat: «An die Stelle der überlieferten Regierungstreue tritt eine selbständige Haltung gegenüber den Staatsgewalten.» (Dibelius 1927: 76) Nachdem die staatsabhängige Kirche im Blick auf ihr Selbstverständnis unter einem Vakuum gelitten hatte, konnte sich nun ein klareres Bewusstsein von Auftrag und Gestalt der Kirche entfalten. Unter diesem Gesichtspunkt betrachtete Dibelius – politisch nationalkonservativ und keineswegs revolutionär – die Novemberrevolution von 1918 als ein «befreiendes Gewitter», durch welches die Kirche äußerlich und innerlich unabhängig wurde. Der Generalsuperintendent scheute sich nicht, die antirepublikanische Stimmung in der Kirche für die Ausrufung des Jahrhunderts der Kirche fruchtbar zu machen: «Einem republikanischen Staat gegenüber konnten die Rücksichten nicht mehr gelten, die auf den König genommen werden mussten.» (Dibelius 1927: 75)

Der triumphalistische Ton des jungen kurmärkischen Generalsuperintendenten ist uns heute ferngerückt. Das könnte dazu verleiten, für den Wahrheitskern seiner Bemühung blind zu werden. Er besteht darin, dass der Protestantismus damals dringend ein eigenständiges Verhältnis zu seiner sozialen Gestalt entwickeln musste; diese Notwendigkeit ist seitdem keineswegs geringer geworden. Nicht nur der Katholizismus, sondern auch das reformatorische Christentum braucht einen theologischen Sinn für die Kirche als Institution. Auch in seiner evangelischen Gestalt ist der christliche Glaube nur unvollkommen begriffen, wenn er nicht in seiner Gemeinschaftsgestalt gesehen wird, also einladend und einleuchtend ist. Wer die Botschaft von Gottes Gnade den Menschen ausrichten will, kann gegenüber dieser Gemeinschaftsgestalt nicht gleichgültig sein. Gerade wer das Kirchenverständnis – wie beispielsweise Adolf Harnack das tat – ganz auf das Wort stützen will, darf das Verständnis der Kirche nicht von aller sinnlichen Erfahrung befreien wollen. Denn «das Wort ward Fleisch» (Johannes 1,14); es braucht einen Erfahrungsraum, in dem es in sinnlichen Formen wirken kann.

Die soziale Gestalt des Glaubens

Als Otto Dibelius 1925/26 sein *Jahrhundert der Kirche* schrieb, nahm sich der knapp zwanzigjährige Student Dietrich Bonhoeffer vor, eine Dissertation über die Kirche zu schreiben. Durch die Begegnung mit dem Katholizismus in Rom war er auf die Frage nach einem evangelischen Kirchenverständnis gestoßen. In Rom war ihm die Sichtbarkeit der Kirche entgegengetreten. Das weckte in ihm das Interesse an der empirischen, erfahrbaren Kirche. Er zweifelte zunehmend an den Auffassungen eines Teils seiner akademischen Lehrer, die, wie der 1914 geadelte Adolf von Harnack, die sichtbare Kirche für unerheblich hielten, und suchte nach einem evangelischen Verständnis der empirischen Kirche. Offenheit gegenüber dieser Fragestellung konnte er unter den Berliner Professoren am ehesten bei Reinhold Seeberg erwarten; also wandte er sich an ihn. Mitte September 1925 begleitete er den Professor morgens um 7 Uhr auf dem Weg zum Bahnhof; dabei wurde das Dissertationsthema mit dem Begriff der «religiösen Gemeinschaft» recht vage umrissen (9: 156).

Befremdlich konnte auf Bonhoeffers Umgebung nicht nur die Wahl des Themas, sondern auch die Entscheidung für diesen Doktorvater wirken. Bedenkt man, wie nah Bonhoeffer und seine Familie mit Adolf von Harnack verbunden waren, musste die Wahl Seebergs überraschen. Seeberg war 1898 ausdrücklich als Gegengewicht zum liberalen Harnack von Erlangen nach Berlin berufen worden; man sprach deshalb von einer «Strafprofessur» (Dietzel 2013: 70). Die Rivalität zwischen beiden zeigte sich schon bald nach Seebergs Ankunft in Berlin. Kaum hatte Harnack zur Jahrhundertwende seine öffentlichen Vorlesungen über das *Wesen des Christentums* präsentiert, hielt sein Kollege mit Vorlesungen für eine vergleichbare Zielgruppe über die *Grundwahrheiten der christlichen Religion* dagegen. Zusätzlich trug er seine Vorlesungen Woche für Woche der Kaiserin Auguste Victoria und ihren Hofdamen vor (Graf 2011: 232) – eine Beziehung, die ein Gegengewicht gegen Harnacks direkten Zugang zu Kaiser Wilhelm II. bilden sollte. Auch bei vielen anderen Gelegenheiten betätigte er sich als Parteiführer des konservativen Luthertums; Harnacks Freund und liberaler Bundesgenosse Martin Rade prägte dafür den Begriff *System Seeberg* (Rade 1908; vgl. Seeberg 1908). Der bedeutende liberale Theologe Ernst Troeltsch fühlte sich nicht zuletzt deshalb dazu verpflichtet, 1915 von seinem theologischen Lehrstuhl in Heidelberg auf einen philosophischen Lehrstuhl in Berlin zu wechseln, um dem System Seeberg etwas entgegenzusetzen und Harnack zur Seite zu treten. Sein früher Tod 1923 im Alter von siebenundfünfzig Jahren bereitete weitergehenden Hoffnungen, die sich an diesen Wechsel geknüpft hatten, ein jähes Ende. Für Bonhoeffer ergab sich nicht mehr die Chance, ein Troeltsch-Schüler zu werden.

Nicht zuletzt der Erste Weltkrieg offenbarte die gegensätzliche Haltung von Harnack und Seeberg. Zwar waren beide deutschbaltischer Herkunft und gerade vor diesem Hintergrund national gesinnt; beide wollten im Krieg die *deutsche Sache* vertreten. Doch während Harnack die Verständigungspolitik des Reichskanzlers Bethmann Hollweg verteidigte und noch während des Kriegs zum Anwalt parlamentarischer Reformen wurde, tat Seeberg sich als Protagonist von Maximalannexionen hervor und entwickelte sich zum Wortführer des akademischen Bellizismus (Brakelmann 1974). Entsprechend konträr waren die Haltungen der beiden Professoren zur Weimarer Republik. Während Harnack sich an den Weimarer Verfassungsberatungen unmittelbar beteiligte und auf die Seite der parlamentarischen Demokratie trat, demonstrierte Seeberg, beispielsweise in der zweiten Auflage seiner *Ethik* von 1920, überdeutlich, dass er den Übergang zur Republik nicht akzeptierte. Sein Leitbild blieb ein starker obrigkeitlicher Staat; damit verband er die Forderung nach einer Verstaatlichung der Wirtschaft. Harnack starb 1930 und erlebte den Beginn der nationalsozialistischen Herrschaft nicht mehr; doch dass er zu den «politischen und geistigen Kräften des heutigen Deutschlands» in deutlicher Distanz gestanden hätte, wurde ihm nicht zuletzt von Reinhold Seebergs Sohn Erich ausdrücklich und in vorwurfsvollem Ton bestätigt (Seeberg 1937: 20). Über Reinhold Seeberg hat Thomas Kaufmann zusammenfassend gesagt, er sei ein «einflussreicher Untergangsprophet der Weimarer Republik am äußersten rechten Rand des Nachkriegsprotestantismus» gewesen und habe einen entscheidenden Anteil daran gehabt, «evangelische Christen dem Nationalsozialismus zuzuführen und ihnen dabei ein vermeintlich gutes christliches Gewissen zu verschaffen» (Kaufmann 2005: 214, 216). Deshalb kann es nicht verwundern, dass die dritte Auflage von Reinhold Seebergs *Ethik*, die 1935 kurz nach seinem Tod erschien, das nationalsozialistische Regime ausdrücklich befürwortete; weitgehender Änderungen bedurfte es dafür nicht.

Dietrich Bonhoeffer identifizierte sich nicht mit Seebergs politischen Auffassungen; er machte sich auch nicht dessen «modernpositive» Theologie insgesamt zu eigen. Als *modern* bezeichnete Seeberg sein Denken, weil er den Anspruch erhob, auf der Höhe der zeitgenössischen Wissenschaft zu argumentieren; *positiv* behauptete er darin zu sein, dass er die Gehalte des christlichen Glaubens nicht zerstörte, sondern zu bewahren suchte. Das lief auf eine neue Form des Konservativismus hinaus, wie sie sich in den Jahren der Weimarer Republik in vielen intellektuellen und publizistischen Variationen breitmachte. Seebergs Variante war, wie wir sahen, durch ein orthodox geprägtes Luthertum bestimmt. Zwar hatte auch Bonhoeffer eine Neigung zu konservativem, bewahrendem Denken. Bis in die Zeit seines Vikariats in Barcelona neigte er noch zu völkisch-nationalen Tönen. Doch mit Seebergs Bellizismus, seiner Ablehnung der Weimarer Republik und seinem Antisemitismus hatte er nichts zu tun.

Indessen gab es für sein Interesse, eine systematisch-theologische Arbeit zur Sozialgestalt der Kirche zu schreiben, in der Berliner Theologischen Fakultät keinen anderen Ansprechpartner. Ausdrücklich, wenn auch nur in einer Anmerkung, würdigt Bonhoeffer, dass «erst R. Seeberg [...] den Gedanken der Sozialität, als zum ursprünglichen menschlichen Wesen gehörig, dargestellt und damit eine wichtige Lehre wieder in die Dogmatik hineingetragen» habe, ohne welche die Idee der Kirche nicht voll verstanden werden könne (1: 38). Genau dieses Thema aber lag Bonhoeffer so sehr am Herzen, dass ihm sogar vorschwebte, die Lehre vom christlichen Glauben nicht wie üblich mit der Gotteslehre, sondern mit der Lehre von der Kirche zu beginnen; das würde nach seiner Überzeugung der «inneren Logik» des Nachdenkens über den christlichen Glauben zu mehr Klarheit verhelfen als die übliche Vorgehensweise (1: 85).

Die Nähe zum Denken Seebergs hängt zugleich mit dessen *Voluntarismus* zusammen, einer Denkweise, die unter anderem durch den Einfluss Arthur Schopenhauers an der Wende vom neunzehnten zum zwanzigsten Jahrhundert in Philosophie und Theologie Anhänger fand. Das Interesse an der Geschichte des Voluntarismus prägt bereits Seebergs *Lehrbuch der Dogmengeschichte*, das neben der gleichzeitigen Behandlung desselben Themas durch Adolf von Harnack und Friedrich Loofs mit guten Gründen als Standardwerk gilt. In dieser Darstellung bereits kehrt er die voluntaristische Tradition in der Theologie gegenüber der intellektualistischen stark hervor. Gemeint ist damit eine Auffassung, die Gottes Wesen vorrangig als Willen und nicht als Erkenntnis interpretiert; für diese Tradition beruft Seeberg sich auf theologiegeschichtliche Autoritäten wie den Kirchenvater Augustin und den großen scholastischen Theologen Duns Scotus, dem er deshalb eine eigene Monographie widmete. Nirgendwo beschäftigt Seeberg sich ausführlicher mit dem Begriff des Willens als solchem; er versteht ihn als «Drang zur Verwirklichung» (Dietzel 2013: 142). Nicht das Sein Gottes, sondern sein Wirken bestimmt Seebergs Gottesbegriff. Deshalb sieht er den alle Religionen verbindenden Gottesgedanken am besten durch das Wort *Urwille* ausgedrückt (Seeberg 1924: I, 75). Gottes Willen ins Zentrum des Gottesverständnisses zu rücken ermöglicht es, Gottes ursprüngliches Schöpferhandeln und sein gegenwärtiges Wirken zusammenzudenken. Zugleich aber wird der Wille zur beherrschenden Kategorie der theologischen Anthropologie. Sie schwankt dabei zwischen einem Hang dazu, den Willen zum Leben als grundlegend anzusehen, und der Neigung, die Liebe zum Nächsten als anthropologische Entsprechung zum göttlichen Willen zu betrachten. Da diese Liebe allerdings Ausdruck des Gehorsams gegenüber dem göttlichen Willen ist, führt Seebergs theologischer Voluntarismus dazu, dass die Vertrauensbeziehung des Menschen zu Gott durch eine Gehorsamsbeziehung überlagert wird. Immer wieder interpretiert er deshalb das Gottesverhältnis des Menschen zuallererst als «Unterwerfung» (Seeberg 1925: II, 504 u. ö.; vgl. Tietz-Steiding 1999: 204–206). Darin liegt ein starkes Motiv für die «Brutalisierung» von Seebergs theologischem Denken, die sich im ungehemmten Bellizismus genauso zeigt wie in dem bereits 1920 vollzogenen Übergang zur Bejahung einer eugenischen Bevölkerungspolitik (Dietzel 2013: 184–191).

Zugleich aber ermöglicht ihm der voluntaristische Ansatz, Anschluss an zeitgenössische psychologische und soziologische Debatten zu finden. Denn insbesondere in diesen Disziplinen fällt die Idee auf fruchtbaren Boden, dass sowohl für das Selbstverständnis des einzelnen Menschen als auch für die Bildung von Gemeinschaften dem Willen eine konstitutive Bedeutung zukomme. Charakteristisch dafür ist beispielsweise das Werk des Soziologen Ferdinand Tönnies, dessen 1887 erschienenes Buch *Gemeinschaft und Gesellschaft* auch Theologen beschäftigt, die an Fragen der menschlichen Sozialität Interesse haben. Nach Tönnies konstituiert der *Wesenwille,* der sich an einem größeren Ganzen orientiert, die Gemeinschaft, der *Kürwille* dagegen, mit dem individuelle Zwecke verfolgt werden, die Gesellschaft.

All das findet in Seebergs zweibändiger *Christlicher Dogmatik* (1924/25) seinen Niederschlag, die gerade erschien, als Bonhoeffer Seebergs Lehrveranstaltungen zu besuchen begann. Dietrich Bonhoeffers starkes Interesse an den Werken führender Soziologen wie Tönnies, Simmel, Weber und Troeltsch, aber auch Vierkandt, von Wiese und Freyer hängt nicht zuletzt mit Seebergs interdisziplinärer Denkweise zusammen. Wie beherzt Bonhoeffer sich auf den Dialog mit diesen Gelehrten einließ, belegt die Überschrift, die er dem ersten Kapitel seiner Dissertation gab: *Zur Begriffsbestimmung von Sozialphilosophie und Soziologie* (1: 15–18).

Dietrich Bonhoeffers Doktorarbeit belegt auch an anderen Stellen, wie stark Seeberg ihn angeregt hat. Der Löwenanteil der einschlägigen Bezugnahmen in der Dissertation betrifft dessen *Christliche Dogmatik*; ein kleinerer Teil verweist auf die *Dogmengeschichte.* Der Einfluss von Seebergs Voluntarismus zeigt sich exemplarisch in Bonhoeffers dogmatischer Ausgangsthese: «Die

Kirche ist der neue Wille Gottes mit den Menschen.» (1: 87) Der Autor geht vom *Willen* Gottes aus, der sich in der Heilsgeschichte insgesamt entfaltet: vom Urstand der Menschheit über den Fall bis hin zur Neuschaffung der Gottesbeziehung der Menschen in Christus. In ihm manifestiert sich der *neue* Wille, der allein das Zerbrechen der Gemeinschaft zwischen Gott und der Menschheit zu heilen vermag. Deshalb gewinnt die Vorstellung von der Kirche als Leib Christi entscheidende Bedeutung, die Bonhoeffer, einen Ausdruck Hegels variierend, in die Formel fasst, die Kirche sei «Christus als Gemeinde existierend» (1: 87, 139 u. ö.). Bei Hegel lautet die Formel «Gott als Gemeinde existierend» (Hegel 1832: II, 261) beziehungsweise nach einer anderen Überlieferung «Gott in seiner Gemeinde wohnend» (Hegel 1986: XVII, 205). Seeberg übernimmt die erste dieser beiden Fassungen (Seeberg 1925: II, 299). Erst Bonhoeffer formt dieses Zitat christologisch um; auf diese Zuspitzung kommt es für ihn entscheidend an.

Denn durch sie wird deutlich: Der *neue* Wille Gottes ist an die Selbstoffenbarung Gottes in Jesus Christus gebunden; in ihm wird dieser neue Wille real. Doch aktuell, das heißt geschichtlich erfahrbar, ist dieser neue Wille nur in der Gemeinschaftsgestalt, die er annimmt – in der Kirche. Diese Aktualisierung der Realität Jesu Christi ist das Werk des Heiligen Geistes. Sie zeigt sich in einem bestimmten Gemeinschaftsverhältnis der Glaubenden zueinander, nämlich der Stellvertretung, also dem Füreinander-Eintreten im Gebet und in der Tat. Dieses Für-andere-da-Sein ist das grundlegende Geschehen in einer Kirche, in der Christus als Gemeinde existiert. Schon der junge Bonhoeffer hat so gedacht; und der Achtunddreißigjährige bekräftigte es 1944 ausdrücklich in dem *Entwurf einer Arbeit,* den er im Tegeler Wehrmachtsuntersuchungsgefängnis zu Papier brachte (8: 560 f.).

Dietrich Bonhoeffer ebnet allerdings nicht, wie ihm beispielsweise Friedrich Wilhelm Graf unterstellt, die Differenz zwischen Individuum und Gesellschaft ein, um dadurch einem «potentiell totalitären Sozialkonzept» den Weg zu bereiten (Graf 1988: 391). Vielmehr betrachtet er Individualität und soziale Verbundenheit als gleichrangig. Die Gemeinschaft wird durch die beteiligten Personen immer wieder neu erzeugt, führt aber ihrerseits auch zu einer Verwandlung und Erneuerung der Personen (1: 113). Bonhoeffer kann von einer «restlosen Hingabe aneinander» dank des Wirkens des Heiligen Geistes sprechen; aber die dadurch entstehende Gemeinschaft entlässt die Beteiligten als «neue Personen» aus sich (1: 115). Genau deshalb ist die Verbindung der Personen zueinander nicht als Mittel zum Zweck und damit auch nicht im Sinn von Ferdinand Tönnies als *Gesellschaft* zu verstehen. Vielmehr hat sie ihren Sinn in sich selbst und ist deshalb *Gemeinschaft* oder, wie Bonhoeffer noch lieber sagt: *Kollektivperson*. Zwar hat man im Erschrecken über die nationalsozialistische Form der Entgegensetzung von Gemeinschaft und Gesellschaft allen, die mit dieser Unterscheidung gearbeitet haben, eine sozialromantische, modernitätsfeindliche und tendenziell totalitäre Auffassung von Gemeinschaft unterstellt. Aber gerade Bonhoeffer war diese Gefahr bewusst, wie er 1933 am Beispiel der Jugendbewegung und des in ihr grassierenden Führerkults deutlich machte. Ihm stellte er ausdrücklich einen Begriff der Gemeinschaft entgegen, «der auf der Verantwortlichkeit, dem einander verantwortlich gehören der Einzelnen beruht» (12: 254). Das ist unbeholfen formuliert; doch der Abstand zu einem Gemeinschaftsverständnis, das die Selbständigkeit des Einzelnen in totalitärer Weise aufhebt, ist unverkennbar.

Bonhoeffers Dissertation ist durch kühne Konstruktionen geprägt. Beispielhaft ist dafür die Unterscheidung von vier Kirchentypen, die er aus der Differenz von Taufe, Predigtgottesdienst und Abendmahl ableitet. Diesen drei gottesdienstlichen Handlungen ordnet er unterschiedliche kirchliche Situationen zu – und zwar nicht nur drei, sondern vier; denn im äußersten Kreis der Taufgemeinde begegnen zwei unterschiedliche Grundsituationen. Im volkskirchlichen Fall, in dem die Zugehörigkeit zur Kirche von Generation zu Generation weitergegeben wird, herrscht die Kindertaufe vor; sie ist aber nur so lange zu verantworten, solange die Kirche die Kraft hat, das Kind zu «tragen»

und damit auf dem Weg zum bewussten Glauben zu begleiten.
Die Grenze dieser volkskirchlichen Praxis ist dort erreicht, «wo
die Kirche innerlich zerrüttet ist und es gewiss ist, dass das
Kind mit der Taufe das erste und letzte Mal mit ihr in Berüh-
rung tritt» (1: 165). Es kommt alles darauf an, rechtzeitig zu erkennen, wo eine Kirche den Status der Volkskirche hinter sich
lässt und zur Missionskirche wird. Im Blick auf die Taufgemeinde
ist also zwischen volkskirchlicher und missionskirchlicher Situation zu unterscheiden.

Den mittleren Kreis bildet die Predigtgemeinde. Sie ist «allein
auf das Wort gestellt»; dieses Wort richtet sich an «geistig ‹er-
wachsene›, d. h. entscheidungsfähige Menschen» (163). Der Predigt korrespondiert deshalb die «personalistische Gemeinde»; der
Modus der Zugehörigkeit ist durch die persönliche Haltung bestimmt, mit welcher der Hörer die Predigt aufnimmt.

Den innersten Kreis bildet die Abendmahlsgemeinde. Diese sich
um den Altar versammelnde Gemeinde ist «Bekennergemeinde»
(167). Zu diesem innersten Kreis gehören Menschen kraft eigener
Entscheidung und immer wieder erneuerten Bekenntnisses.

Geläufige Typologien pflegen Volkskirche und Freiwilligkeitskirche einander gegenüberzustellen. Bonhoeffer hält das empi-
risch wie theologisch für einen Fehler. Zunächst ist sorgfältig auf
die gegebene kirchliche Situation und das in ihr gegebene Verhältnis zwischen volkskirchlichen und missionskirchlichen Ele-
menten zu achten. Das kirchliche Handeln hat sich an den Gege-
benheiten der kirchlichen Situation auszurichten. Doch in jedem
Fall hat es auf diese Situation so zu reagieren, dass Menschen die
Chance erhalten, zum Evangelium eine eigene Haltung zu entwickeln – das ist das personalistische Moment der auf die Predigt
hörenden Gemeinde – und sich in der Gemeinschaft des Abend-
mahls zu Christus zu bekennen, der als Gemeinde existiert.

Sodann müssen die beiden kirchlichen Grundsituationen – die
volkskirchliche wie die missionskirchliche – daraufhin befragt
werden, ob sie die Möglichkeit der Freiwilligkeitskirche in sich
enthalten, also Menschen Raum zum eigenen Bekenntnis geben

können. Bonhoeffer sieht persönliches Bekenntnis und Stellvertretung, also Personalität und Sozialität, in der Sozialgestalt der Kirche gleichberechtigt miteinander verbunden. Darin kann man den entscheidenden Zug seines Zugangs zur Kirche als Aktualisierung der in Christus gegebenen Realität sehen.

Weltkirche und Wortkirche

Otto Dibelius setzte am Reformationstag 1926 den Schlusspunkt unter sein *Jahrhundert der Kirche*. Bereits im Dezember war das Buch auf dem Markt. Ein halbes Jahr später, im Juli 1927, reichte Dietrich Bonhoeffer seine Dissertation über die Kirche bei der Berliner Theologischen Fakultät ein. Ein Bezug auf das Buch des Generalsuperintendenten findet sich dort nicht. Dibelius sollte ihn später im Zweiten Theologischen Examen prüfen und ihm den Weg ins Berliner Studentenpfarramt ebnen. In der Zeit des Kirchenkampfs entwickelte Bonhoeffer zu dem zwangspensionierten Generalsuperintendenten sogar ein solches Vertrauensverhältnis, dass er in der Zeit der Inhaftierung und Lebensgefährdung sogar Dibelius als einen derjenigen nannte, die man im Fall seines Todes um die Trauerpredigt bitten könne (8: 164). Aber mit der *violetten Kirche* hatte Bonhoeffer nichts im Sinn. Nicht von ungefähr war das *Jahrhundert der Kirche* violett eingebunden; denn violett war die Farbe der Kirchenfahnen, die bei feierlichen Anlässen aufgezogen wurden. Mit dem Spitznamen der *violetten Kirche* war also nicht nur die Veröffentlichung des kurmärkischen Generalsuperintendenten, sondern zugleich dessen amtskirchlich geprägtes Kirchenverständnis gemeint.

Diese *Dibelius-Kirche* kritisierte Bonhoeffer offen. Mit großer innerer Beteiligung verfolgte er den Disput, der 1931 in Berlin auf Schleiermachers Katheder zwischen Karl Barth und Otto Dibelius über die *Not der evangelischen Kirche* ausgetragen wurde. Auf einen Vortrag Karl Barths zu diesem Thema (Barth 1964:

22–62) antwortete Dibelius mit einer Schrift über die *Verantwortung der Kirche* (Dibelius 1931). Orientierung an der Selbstwirksamkeit des Wortes Gottes, wie Barth sie forderte, oder Ausrichtung an der selbstbewussten Präsenz der Kirche in der Öffentlichkeit, wie Dibelius sie propagierte: so hieß die Alternative, um die es in diesem Streit ging.

Bonhoeffers Haltung in dieser Kontroverse schlug sich in seinen Lehrveranstaltungen an der Berliner Theologischen Fakultät mit wünschenswerter Deutlichkeit nieder. Schonungslos deckte er auf, dass die Vorstellung von der Kirche, an der Dibelius sich ausrichtete, sich nach wie vor an dem Kulturchristentum orientierte, für das Harnack eingetreten war. In seiner Vorlesung zur *Geschichte der systematischen Theologie des 20. Jahrhunderts* sagte er im Wintersemester 1931/32 mit Blick auf Dibelius, die Kirche sei bei diesem «durchaus Geschenk der Kultur, sie legt Wert auf den Kulturanschluss». Darin sah er ein rückwärtsgewandtes Kirchenprogramm, wie es schon am Übergang vom neunzehnten zum zwanzigsten Jahrhundert geläufig war. Hier sei also noch keine «Wende» eingetreten (11: 193 f.). Der These von Dibelius, mit ihrer Unabhängigkeit vom Staat habe die Kirche zugleich ihren Ort gefunden, widersprach Bonhoeffer im folgenden Semester in der Vorlesung über das *Wesen der Kirche* schroff: Dieser vermeintlich seit 1918 gewonnene Ort «ist nicht ihr eigentlicher Ort». Die kulturhörige, in die Kultur eingebaute Kirche sei vielmehr «ortlos». (247) Denn der eigentliche Ort der Kirche lasse sich nicht von ihr selbst aus, vom Menschen aus bestimmen. Dieser Ort «muss qualifiziert sein durch Gottes gnädige Gegenwart». Dann aber könne es gerade keine bevorzugten Orte der Kirche geben. Gerade wenn die Kirche sich an den Rand, an die Peripherie begebe, sei sie, so betrachtet, in der «kritischen Mitte der Welt». Jesus wirkte in Galiläa – einer Landschaft am Rande. Luther wirkte in der Kleinstadt Wittenberg mit ihrer soeben erst gegründeten Universität. Für das Römische Reich zur Zeit des Kaisers Augustus war Galiläa ähnlich marginal wie Wittenberg im Heiligen Römischen Reich deutscher Nation zur Zeit der Reformation (248 f.). Trotzdem erwiesen sich beide Orte als «kritische Mitte der Welt».

Die Warnung davor, die gesellschaftlichen Bedingungen der eigenen Zeit mit dem *Ort* der Kirche zu identifizieren, erwies sehr bald ihre Dringlichkeit. Angesichts der ersten Maßnahmen des nationalsozialistischen Regimes nach der Machtübergabe am 30. Januar 1933 sah Bonhoeffer sich genötigt, zwischen der *Weltkirche* und der *Wortkirche* zu unterscheiden. Den Übergang von der Selbstvergötzung der Kirche zur Anbetung des einen Gottes betrachtete er als die grundlegende Aufgabe der eigenen Gegenwart (12: 464). Beschwörend hielt er der Gemeinde die Gestalt des gekreuzigten Christus vor Augen, in dem sie allein darauf hoffen kann, «dass der Gott, der keine anderen Götter neben sich duldet», zugleich der Gott ist, der «vergibt ohne Grenzen» (465). Angesichts des politischen Wandels forderte Dietrich Bonhoeffer die Kirche zu einem Wandel auf, der gerade nicht in der Anpassung an die Bedingungen der Zeit, sondern im Widerstand gegen sie besteht.

Die Frage nach der Eigenständigkeit der Kirche, in der allein sie zum Subjekt des nun gebotenen widerständigen Handelns werden kann, sollte von nun an Bonhoeffers Nachdenken über die Kirche bestimmen. Ein ums andere Mal sah er sich dazu genötigt, falschen Kompromissen eine Absage zu erteilen. Der Umgang mit Jüdinnen und Juden im Staat und mit getauften Christen jüdischer Herkunft in der Kirche wurde zur ersten Bewährungsprobe. Wie leicht man an dieser Probe scheitern konnte, erlebte er am eigenen Leib. Unmittelbar nach dem Boykott jüdischer Geschäfte am 1. April 1933 und der Einführung des staatlichen «Arierparagraphen» durch das «Gesetz zur Wiederherstellung des Berufsbeamtentums» vom 7. April 1933 starb am 11. April der Vater von Gerhard Leibholz, dem Schwager Bonhoeffers. Der Bitte, den ungetauften Juden Leibholz zu beerdigen, entsprach Bonhoeffer nicht – eine Entscheidung, die er schon bald bereute; im Nachhinein war ihm klar: «Ich hätte es anders machen sollen.» (13: 35)

Schon im April 1933, unmittelbar nach dem Boykott jüdischer
Geschäfte und dem Ausschluss von Juden vom staatlichen Beamtenstatus, erklärte Bonhoeffer den Umgang mit der Frage, ob getaufte Juden in der Kirche gleiche Rechte haben wie Christen
nichtjüdischer Herkunft, zum Bekenntnisfall, an dem sich entscheidet, «ob Kirche noch Kirche ist oder nicht» (12: 358).
Drei Monate später fasste er im Zusammenhang mit den Auseinandersetzungen über die neue Verfassung der Deutschen Evangelischen Kirche diese Einsicht in einem englischsprachigen Memo-
randum für ökumenische Partner zusammen. In beiden Äußerungen erklärte er, der Ausschluss vom geistlichen Amt oder von
kirchlichen Leitungspositionen aus «rassischen» Gründen sei un-
haltbar, weil sich die evangelische Kirche gerade dadurch zu einer
«judenchristlichen» Kirche mache (356 f., 360). Diese Redeweise
ist befremdlich und hat noch Jahrzehnte später dazu beigetragen, dass ihm von den Autoritäten der Gedenkstätte Yad Vashem
in Jerusalem der Status eines *Gerechten unter den Völkern* ver-
wehrt wurde.

Nicht von der Familie oder den Herausgebern seiner Werke,
sondern von amerikanischen Initiatoren ging der Vorschlag aus,
Dietrich Bonhoeffer diese Ehrung zuteilwerden zu lassen. Doch
diese Anerkennung wurde seit 1986 mehrfach von den Autoritäten von Yad Vashem abgelehnt, zuletzt sogar mit höchstrichter-
licher Bestätigung. Als entscheidendes Kriterium gilt nach dem
Gesetz des Staates Israel über Yad Vashem, dass jemand sein Leben aufs Spiel gesetzt habe, um Juden zu retten. Bei Diplomaten
allerdings genügt es, dass sie gegen die Anweisungen ihrer Regierung verstießen, auch wenn dadurch ihr Leben nicht gefährdet
war. Ein Diplomat war Dietrich Bonhoeffer nicht. Dieser mil-
dernde Umstand lässt sich für ihn nicht geltend machen. In bestimmten Fällen kann auch der öffentliche Widerspruch gegen
die Verfolgung der Juden als Grund dafür gelten, in diese Kategorie aufgenommen zu werden. Bonhoeffer rechnete, wie sein
Aufsatz über die Kirche vor der Judenfrage vom April 1933 bezeugt, schon unmittelbar nach dem Beginn des nationalsozialis-

tischen Regimes damit, dass es notwendig sei, um der Rechte der
jüdischen Mitbürgerinnen und Mitbürger willen nicht nur die Opfer unter dem Rad zu verbinden, sondern dem Rad selbst in die
Speichen zu fallen. Aber in der Sprache der Zeit schien er vor-
auszusetzen, dass es überhaupt so etwas wie eine «Judenfrage»
gab. So legten die Autoritäten von Yad Vashem ihm diese frühe
Äußerung eher zum Nachteil aus. Er, der später erklärte, nur
wer für die Juden schreie, dürfe auch gregorianisch singen,
wurde in das Licht der Zweideutigkeit gerückt, was den Umgang
des Naziregimes mit dem europäischen Judentum betrifft. Anders als er wurde sein Schwager Hans von Dohnanyi von Yad
Vashem als *Gerechter unter den Völkern* anerkannt, allerdings
erst im Jahr 2003.

Wie kam es zu der verwirrenden Aussage über die «juden-
christliche Kirche»? Bonhoeffer verwendet in seinem Aufsatz von
1933 das Wort *judenchristlich* in einem doppelten Sinn: Zum einen
bezeichnet er damit zeitgenössische Christen jüdischer Herkunft;
zum andern bezieht er sich auf die Gruppe in der frühen Christenheit, die im Judesein die Voraussetzung dafür sah, zur christlichen Kirche zu gehören. Diese Position, die in Petrus ihren
wichtigsten Vertreter und in Paulus ihren wichtigsten Gegner
hatte, machte in Bonhoeffers Interpretation den Zugang zu Christus von einer «gesetzlichen» Voraussetzung abhängig. Ein Merkmal, das im Verhältnis zur Gemeinschaft mit Gott äußerlich ist,
wurde zur Voraussetzung von Taufe und Kirchenzugehörigkeit
gemacht. Hierin sieht er die Analogie zu den Deutschen Christen, die den «Ariernachweis» zur Voraussetzung für die Kirchenmitgliedschaft und den Zugang zum kirchlichen Amt machen
wollten. Doch dass er damit den Ausschluss von Judenchristen
aus der Kirche als «judenchristlich» bezeichnet, kann man auch
im Rückblick nur als einen Missgriff bezeichnen. So berechtigt
Bonhoeffers scharfe Kritik am «Arierparagraphen» ist, so irre-
führend ist seine These, wer «die Zugehörigkeit zum Volk Gottes, zur Kirche Christi *bedingt* sein lässt durch die Beobachtung
eines göttlichen Gesetzes» (in diesem Fall eines rassistisch be-

stimmten Persönlichkeitsmerkmals), mache die Kirche «juden-christlich». Bonhoeffers Versuch, diesen Ausdruck kritisch gegen die Diskriminierung von Judenchristen in der evangelischen Kirche zu wenden, befremdet noch heute. Er erweckt dadurch den Anschein, als ob er zu diesem Zeitpunkt selbst noch in einer Denkweise befangen war, deren Folgen er gegen die Majorität in der eigenen Kirche bekämpfen wollte.

Vergeblich versuchte Bonhoeffer, seine Einsicht, es handle sich beim «Arierparagraphen» um einen Bekenntnisfall, in einem Dokument der Bekennenden Kirche zu verankern. Mit diesem Ziel beteiligte er sich im August 1933 an den Vorarbeiten zum Betheler Bekenntnis. Nach seiner Überzeugung musste die erforderliche Klarheit mit der Einsicht beginnen, dass die empirische Gestalt der Kirche von unmittelbarer theologischer Relevanz ist. Er versuchte deshalb, diese Einsicht, an der er seit seiner Dissertation gearbeitet hatte, in den geplanten Bekenntnistext einzubringen. Doch das misslang. Leider ist der Brief, in dem Bonhoeffer die weitere Mitarbeit ablehnte, verschollen, so dass wir über die Gründe dafür nur Mutmaßungen anstellen können (vgl. 12: 488 f.; Müller 1990: 68–70). Doch vermutlich war die Nachgiebigkeit gegenüber dem zur Herrschaft in der Kirche drängenden Rassismus entscheidend. Die Endfassung des Textes, der nun den umständlichen Titel *Das Bekenntnis der Väter und die bekennende Gemeinde* trug und von Martin Niemöller herausgegeben wurde, vermeidet es, den Rassismus kategorisch abzulehnen, und spricht stattdessen vom «Wahrheitsgehalt der modernen Rassenlehre»; kritisiert wird lediglich der Versuch, das «Naturphänomen der Rasse» mit den «institutionellen Ordnungen» von Ehe, Obrigkeit oder Volk «auf eine Stufe zu stellen». Auch die im Entwurf noch vorgesehene Warnung vor der anmaßenden Absicht, «an den Juden den Mord von Golgatha zu rächen», ist entfallen (Müller 1989: 171–193). Damit aber war der Umgang mit der «Judenfrage» aus einer Angelegenheit des Bekenntnisses zu einem Thema des kirchenpolitischen Kalküls geworden. Von einem solchen «abgeklärten» Standpunkt aus konnte Bonhoeffers Drängen

auf Klarheit seinem jugendlichen Alter und seiner «akademischen» – also übertrieben grundsätzlichen – Orientierung zuge-
schrieben werden (12: 506). Sein Versuch, die Formulierung des
Betheler Bekenntnisses zu beeinflussen, scheiterte. Aus konfessi-
onellen Gründen waren auch andere Mitarbeiter nicht mehr zur
Unterschrift bereit. Als der Text um die Jahreswende 1933/34
schließlich veröffentlicht wurde, blieb ihm jede weiterreichende
Wirksamkeit versagt. Bonhoeffer stellte resigniert fest: «Viele Kö-
che verderben den Brei.» (12: 507)

Konflikte dieser Art wiederholten sich während des Kirchenkampfs mehrfach. Einer dieser Konflikte bezog sich auf die
Frage, ob die Bekennende Kirche es in der entstehenden ökumenischen Bewegung hinnehmen solle, dass die Organe der Reichs-
kirche in deren Konferenzen genauso vertreten waren wie die Bekennende Kirche. Bonhoeffer versuchte auf der einen Seite, die
ökumenische Bewegung zur klaren Parteinahme für die Bekennende Kirche zu veranlassen; das ist das Thema eines Aufsatzes
über die Bekennende Kirche und die Ökumene vom August 1935
(14: 378–399). Von der Bekennenden Kirche selbst verlangte er,
ihren Anspruch einzulösen und kompromisslos in die Verantwortung für die evangelische Kirche einzutreten; davon handelt ein
Aufsatz zur Frage nach der Kirchengemeinschaft vom Juni 1936
(655–680). Den berühmten Satz des Kirchenvaters Cyprian, außerhalb der Kirche sei kein Heil *(extra ecclesiam nulla salus)*,
wandte Bonhoeffer auf die eigene Gegenwart an: «Wer sich wissentlich von der Bekennenden Kirche in Deutschland trennt,
trennt sich vom Heil.» (676)

Solche Klarheit war unbequem. Bonhoeffers Aufsatz löste Widerspruch aus. Sogar Helmut Gollwitzer, zwei Jahre jünger als
Dietrich Bonhoeffer und in der Bekennenden Kirche ebenso
klar verankert wie er, mahnte zur Vorsicht. Bonhoeffers Aussage, wer sich von der Bekennenden Kirche trenne, trenne sich
vom Heil, dürfe nicht auf den «sichtbaren Personenkreis» bezogen werden, der zur Bekennenden Kirche gehöre, sondern
müsse auf das ihn verbindende Bekenntnis selbst gerichtet sein

Dietrich Bonhoeffer
während der Konferenz
des Weltbunds für
Freundschaftsarbeit der
Kirchen in Gland am
Genfersee, August 1932

(682). Doch Bonhoeffer wandte ein, dass man so nicht trennen könne. Er berief sich dafür auf die Situation der Seminaristen, die er für den Pfarrberuf ausbildete. Wenn der Zusammenhang zwischen dem Bekenntnis und dem «sichtbaren Personenkreis», der sich zu ihm hält, gleichgültig sei, wäre es «nicht einzusehen, warum junge Theologen ihre Existenz aufs Spiel setzen sollen, um von der Bekennenden Kirche geprüft, ordiniert und ins Pfarramt gewiesen zu werden» (693). Genau diese Bereitschaft zum Weg in die Illegalität mutete Bonhoeffer seinen Kandidaten zu; um sie darauf vorzubereiten, stellte er die Frage nach der Kirche ins Zentrum der Ausbildung.

Die Klarheit, dass es sich bei dem Weg in die Illegalität um die Nachfolge Jesu handelt, und das Bemühen um eine Lebensform, die diesem Weg gemäß ist, bestimmten Bonhoeffers Lebensjahre von 1935 bis 1940. Es ist deshalb ein groteskes Missverständnis, wenn man in dieser Konzentration eine Abkehr Bonhoeffers von der «Welt» hin zur Kirche, eine Wendung vom politischen Widerstehen zur Innerlichkeit des Glaubens sieht. Hanfried Müller hat diese Auffassung 1961 im Namen einer angepassten DDR-Theologie vertreten, um auf dieser Grundlage Bonhoeffers Beteiligung an der Konspiration gegen Hitler als einen Weg *von der Kirche zur Welt* beschreiben zu können. Im Interesse einer evangelikal-konservativen Vereinnahmung Bonhoeffers hat neuerdings der amerikanische Autor Eric Metaxas Bonhoeffer eine vergleichbare Wendung nach innen unterstellt. Dabei zeigen die Texte aus der Zeit des Predigerseminars und der Sammelvikariate deutlich: Bonhoeffer hält in dieser Zeit am unlöslichen Zusammenhang zwischen dem Wesen der Kirche und ihrer sichtbaren Gestalt fest. Das geschieht ebenso aus grundsätzlichen theologischen Überlegungen wie aus praktischen Notwendigkeiten. Denn es geht für ihn darum, dass sich die Kirche in ihrem Bekenntnis wie in ihrer sozialen Verfasstheit als Gemeinschaft erkennbar macht, in der Christus als Gemeinde existiert und die deshalb ihren Auftrag nach innen wie nach außen wahrzunehmen imstande ist.

Das Gerechte tun und auf Gottes Zeit warten

Von Bonhoeffers frühen Ortsbestimmungen spannt sich der Bogen seiner Überlegungen zur Sichtbarkeit der Kirche bis hin zum *Entwurf einer Arbeit*, den er im August 1944 im Tegeler Gefängnis zu Papier bringt. Seine Überlegungen werden immer elementarer, immer ungesicherter in einem einfachen Sinn des Wortes. Der Beamtenstatus der Pfarrer mit seinem Alimentationsprinzip, die Sorge um den kirchlichen Bestand, der Rückzug auf eine vermeintlich rein religiöse Sphäre, in welcher Gott noch als Lückenbüßer in Anspruch genommen werden könne – all dies lässt Bonhoeffer hinter sich.

Diese Elementarisierung hat zum einen viel mit seiner persönlichen Lebenssituation zu tun. Die Bereitschaft, sich selbst auf ein ungesichertes Leben einzulassen, das Wagnis der Freiheit, das Bonhoeffer um seines Glaubens willen auf sich genommen hat, führt zu Konsequenzen bis in das Verständnis der Kirche hinein. Der Zusammenhang zwischen Zivilcourage und Kirchenverständnis ist eng. Diese Elementarisierung ist zum andern in der Zentrierung auf Christus begründet, die Bonhoeffers Kirchenverständnis von Anfang an prägt. Dass Christus «der Mensch für andere» ist, bildet die entscheidende Begründung dafür, dass er die Kirche in der Nachfolge Christi als eine «Kirche für andere» versteht. Ja, er kann mit einem für seinen Denkstil charakteristischen «nur» zugespitzt sagen: «Die Kirche ist nur Kirche, wenn sie für andere da ist.» (8: 560)

Die Formel von der *Kirche für andere* ist ein Appell: Die Kirche soll sich aus dem Kreisen um sich selbst und um die eigene Bestandssicherung lösen und ihre Aufmerksamkeit denen zuwenden, die in ihrem Leben elementar bedroht und gefährdet sind. Bonhoeffer denkt dabei zuallererst an das Schicksal von Jüdinnen und Juden. An der Bereitschaft, sich für sie einzusetzen, entscheidet sich das Kirchesein der Kirche. Doch wenn man diese Formel unabhängig von solchen konkreten Herausforderungen als Leitformel für die Existenz und das Handeln der Kirche schlechthin versteht, gewinnt sie ein problematisches Gefälle. Denn dann wird das *Dasein für andere* nicht mehr in zureichender Weise an die Kirche als Gemeinschaft der Glaubenden zurückgebunden. Dass diese Gemeinschaft gebildet und gestärkt werden muss, tritt bei einer Verselbständigung der Bonhoeffer'schen Formel allzu sehr in den Hintergrund. Als Leitformulierung für das Kirchenverständnis im Ganzen liegt ihre Grenze in der Einseitigkeit ihres aktivistischen Tons.

Demgegenüber ist festzuhalten, dass die Kirche eine Kirche *mit anderen* ist, bevor sie eine Kirche *für andere* sein kann. Auch Bonhoeffer spricht von einer Kirche, deren Glieder wechselseitig füreinander eintreten, im Beten wie im Tun. Schon in seiner Dissertation gewinnt der Begriff der *Stellvertretung* dafür eine zentrale Bedeutung. Besser als in der Formel von der *Kirche für andere* ist das Kirchenverständnis der Gefängnisbriefe in der Aussage zusammengefasst, dass es auch künftig «Menschen geben» werde, «die beten und das Gerechte tun und auf Gottes Zeit warten» (436). Sie rückt das menschliche Handeln in einen Horizont, in dem Menschen nicht nur Handelnde, sondern auch Wartende und Hoffende sind. Indem das Tun des Gerechten in Beten und Warten eingefügt ist, verbinden sich Empfangen und Tätigsein, Passivität und Aktivität miteinander. Diese Verbindung sollte für Bonhoeffer bis in die Zeit seiner Inhaftierung unentbehrlich bleiben – für sein persönliches Leben ebenso wie für sein Verständnis der Kirche.

4. Billige oder teure Gnade

Immer wieder Luther

Dietrich Bonhoeffer war ein am Denken Martin Luthers geschulter Theologe. Seit seinem Studium bei dem Berliner Kirchenhistoriker Karl Holl spielte der Reformator für ihn eine herausragende Rolle. Die mit Holls Namen verbundene Luther-Renaissance der 1920er-Jahre vollzog sich während Bonhoeffers Studienzeit und fiel bei ihm auf wahrhaft fruchtbaren Boden. Schon der Löwenanteil seiner studentischen Arbeiten hat direkt oder indirekt mit Luthers Theologie zu tun: Luthers Stimmungen gegenüber seinem Werk, seine Schrifthermeneutik, seine Römerbriefvorlesung, sein Verständnis des Heiligen Geistes sind Themen, mit denen sich Bonhoeffer beschäftigte. Nicht nur die akademischen Qualifikationsschriften, sondern auch die Vorlesung zu den ersten Kapiteln der Genesis (*Schöpfung und Fall*, veröffentlicht 1933) dokumentieren, wie durchgängig Bonhoeffer gerade in seinen theologisch prägenden Jahren auf Luther Bezug nahm.

Doch Luthers Bedeutung für Bonhoeffers Theologie geht über diese Anfangszeit weit hinaus. Er blieb zeitlebens ein Theologe auf den Spuren Luthers. Er zitierte ihn oder verwies auf ihn in insgesamt rund 870 Fällen. Der Autor, auf den er nach Luther am häufigsten Bezug nimmt, ist Karl Barth. Doch das geschieht an weniger als 300 Stellen. Das Verhältnis zwischen den beiden beträgt also ungefähr drei zu eins. Andere wichtige Autoren wie Augustin, Thomas von Aquin, Johannes Calvin oder Søren Kierkegaard werden nur jeweils an einigen Dutzend Stellen zitiert. Dieses Ergebnis ist so beeindruckend, dass Michael DeJonge, der die entsprechenden Daten zusammengestellt hat, von einer «Allgegenwart» Luthers in Bonhoeffers Werk spricht (DeJonge 2017: 1).

Noch wichtiger als eine derartige Statistik ist die Feststellung, dass diese Bezugnahmen in der Regel zustimmend sind. Häufig wird die positive Haltung zu Luthers Auffassungen dadurch unterstrichen, dass sie von pseudolutherischen Verfremdungen unterschieden werden. In seinem fragmentarischen Hauptwerk, der *Ethik*, knüpft Bonhoeffer immer wieder an Luther an. Wenn er Arbeit (bzw. Kultur), Ehe, Obrigkeit und Kirche als vier göttliche Mandate bezeichnet, steht die lutherische Lehre von den drei Ständen – Kirche, Staat und Ökonomie (einschließlich Ehe und Familie) – im Hintergrund (6: 54–60; 392–412). Aber auch den Begriff der Verantwortung – einen zentralen Begriff seiner *Ethik* – entwickelt er von Luther her, nämlich aus dessen Berufsverständnis (289–299).

Auch in Bonhoeffers Briefen aus dem Gefängnis finden sich Bezüge auf Luther. Einer von ihnen sei beispielhaft zitiert. In einem Brief vom 31. Oktober 1943 an seine Eltern kommt er auf die Bedeutung des Reformationsfests zu sprechen. Dieser Tag, so meint er, müsse deshalb nachdenklich stimmen, weil Luthers Tat Folgen hatte, die seinen Zielen diametral widersprachen. «Er wollte eine echte Einheit der Kirche und des Abendlandes, d. h. der christlichen Völker, und die Folge war der Zerfall der Kirche und Europas; er wollte die ‹Freiheit eines Christenmenschen› und die Folge war Gleichgültigkeit und Verwilderung; er wollte die Aufrichtung einer echten weltlichen Gesellschaftsordnung ohne klerikale Bevormundung und das Ergebnis war der Aufruhr schon im Bauernkrieg und bald danach die allmähliche Auflösung aller echten Bindungen und Ordnungen des Lebens.» (8: 178 f.) Bonhoeffer war, wie diese Überlegung zeigt, sehr aufgeschlossen für den Gedanken, dass man über Luther hinausgehen müsse, wenn man seinen Intentionen treu bleiben wolle. Doch worauf zielte Luther? Von welcher Frage war seine Theologie bestimmt?

Unendliche Leiter und guter Baum

«Wie kriege ich einen gnädigen Gott?» So heißt nach einem landläufigen Urteil Luthers Kernfrage. Noch Papst Benedikt XVI. sagte 2011 bei seinem Besuch im Augustinerkloster in Erfurt von dieser Frage, sie habe Luther «ins Herz getroffen», ja sie stehe «hinter all seinem theologischen Suchen und Ringen». Papst Franziskus ging noch darüber hinaus und bezeichnete bei der gemeinsamen Feier mit dem Lutherischen Weltbund am Reformationstag 2016 in der schwedischen Stadt Lund die häufig zitierte Formulierung «Wie kriege ich einen gnädigen Gott» als «die entscheidende Frage des Lebens». Doch auch wenn diese Frage noch so oft wiederholt wird, ist zu bezweifeln, dass man Luthers Theologie auf sie reduzieren kann (Härle 2008: 69 f.). Fraglich ist ebenso, ob es sich um eine glückliche Formulierung für die «entscheidende Frage des Lebens» handelt. Für Luther jedenfalls kennzeichnet eine derartige Fragestellung eher einen Irrweg menschlicher Heilssuche, weil sie von dem Interesse daran bestimmt ist, wie der Mensch von sich aus Zugang zum gnädigen Gott erlangen kann. Genau aus dieser Verstrickung in das eigene Bemühen soll Luthers Einsicht in den – vom Menschen her betrachtet – passiven Charakter der Gerechtigkeit Gottes herausführen. Die Gerechtigkeit, deren Urheber der gnädige Gott ist, kann der Mensch gerade nicht «kriegen» oder «bekommen», sondern nur «hören», also sich im Glauben widerfahren lassen.

Dass zu Luthers reformatorischer Wende gerade eine Abkehr von der Frage nach der eigenen Leistung gehört, zeigt sich auch, wenn man in seinem Werk nach Belegstellen für die sogenannte reformatorische Kernfrage sucht. Häufig sind solche Belege nicht; und sie begegnen auch nicht in Luthers zentralen reformatorischen Schriften. Der wichtigste Beleg findet sich in einer Predigt vom 1. Februar 1534, in der Luther rückblickend sagt: «Ich bin selbst fünfzehn Jahre ein Mönch gewesen [...] und habe fleißig alle ihre Bücher gelesen und alles getan, was ich konnte, dabei konnte ich mich nie einmal meiner Taufe trösten, sondern

dachte immer: O wann willst du einmal fromm werden und genug tun, so dass du einen gnädigen Gott kriegst?» (Luther, WA
37: 661; Schwambach 2004: 25) Die Frage, wie man «einen gnädigen Gott kriegt», ist nach diesem Selbstzeugnis Luthers eine
Leitfrage für alles menschliche Bemühen, fromm zu werden und
genug fromme Werke zu vollbringen. Genau davon hat sich Luther
abgewandt; darin besteht seine entscheidende reformatorische
Erkenntnis. Wüssten wir den Tag, an dem er sie gewann, würden
wir den Beginn der Reformation mit noch besseren Gründen an
ihm als am 31. Oktober feiern.

In der Vorrede zum ersten Band seiner lateinischen Schriften
blickt der Reformator kurz vor seinem Tod noch einmal auf diese
reformatorische Erkenntnis zurück. Die Lektüre des Römerbriefs
führte ihn zu der umwerfenden Feststellung, dass die Gerechtigkeit Gottes nach der Auffassung des Paulus keine «aktive» Gerechtigkeit ist, die der Mensch sich durch eigenes, beharrliches
Handeln erwerben könne; vielmehr handle es sich um ein passives
Widerfahrnis und somit um eine «passive» Gerechtigkeit (Luther
1982: I, 23). Das ergab sich für Luther bereits aus der Formulierung im Römerbrief (1,17), dass der Gerechte aus Glauben lebt.
Die Gerechtigkeit, die vor Gott gilt, ist eine Gerechtigkeit, die
Gott selbst schafft. Es geht also nicht darum, wie der Mensch
einen gerechten Gott «kriegen» oder «bekommen» kann. Entscheidend ist vielmehr die Gewissheit, dass Gott den Menschen
von seiner Sünde freispricht. Mit den Worten des Paulus: «Ich
rede aber von der Gerechtigkeit vor Gott, die da kommt durch
den Glauben an Jesus Christus zu allen, die glauben. Denn es ist
hier kein Unterschied: sie sind allesamt Sünder und ermangeln
des Ruhmes, den sie vor Gott haben sollen, und werden ohne
Verdienst gerecht aus seiner Gnade durch die Erlösung, die durch
Christus Jesus geschehen ist.» (Römer 3,22–24)

An den Rand seiner Bibelübersetzung aus dem Jahr 1522
schrieb Martin Luther zu dieser Stelle: «Merke, dies [...] ist das
Hauptstück und der Mittelplatz dieser Epistel und der ganzen
[Heiligen] Schrift.» (Luther 1972: 2274)

Für die spätmittelalterliche Theologie und Frömmigkeit verband sich der Gedanke, dass der Gerechte aus Glauben lebt, mit der Vorstellung, dass diese Gerechtigkeit mit dem Glauben beginnt. Der Glaube stellt den Anfang der frommen Existenz dar; doch er muss durch eine gerechte Lebensweise ergänzt werden, die in einen «umfassenden Heilsprozess» mündet. Das Leben der Einzelnen ist eingezeichnet in den «großen Rahmen der Heilsgeschichte, die von der Schöpfung bis zum Weltende reicht» (Korsch 2017: 418). Im individuellen Leben zwischen der Geburt und dem Gericht nach den Werken spiegelt sich dieser weltumspannende Zusammenhang.

Die Auswirkungen dieser Auffassung auf das Leben der Einzelnen lassen sich in das Bild einer Leiter fassen, deren ungezählte Sprossen den Gläubigen dem Himmel näher bringen; doch die Gewissheit, ihn von sich aus zu erreichen, stellt sich nie ein. Beichten und Bußübungen, Gottesdienste und Privatmessen, Ablassbriefe und gute Werke, die Orientierung des Lebens am Liebesgebot und die Verehrung von Reliquien bilden Leitersprossen, deren Zahl niemand bestimmen kann und deren Ende keiner kennt. Die Heilsgewissheit der Einzelnen ist deshalb über all ihre frommen Handlungen hinaus auf eine Ergänzung durch die Eingliederung in die Kirche angewiesen; durch ihren stellvertretenden Glauben verleiht sie die erhoffte Gewissheit und Stabilität.

Der Glaube, aus dem der Gerechte lebt, bleibt nach dieser Vorstellung zeitlebens ein anfänglicher, auf ständige Vervollkommnung und kirchliche Ergänzung angelegter Glaube. Das hat eine «verheerende Komplexitätskrise» zur Folge (Hamm 2005: 64): Der Glaubende müht sich und kommt nie ans Ziel. Auf diese Krise antwortet die Reformation mit einer «normativen Zentrierung» auf die Gnade Gottes, in der allein die Heilsgewissheit der Glaubenden gründet. Die Reformatoren des sechzehnten Jahrhunderts waren nicht die Ersten, die das versuchten. Auch vor ihnen gab es Bemühungen dieser Art, auf die Luther zurückgreifen konnte, etwa in der Mystik oder in der Frömmigkeitsbewegung der *Devo-*

tio moderna. Aber Luthers Versuch ist von unvergleichlicher, epochemachender Wirkung.

«Der Gerechte lebt aus Glauben.» Dass dieser Satz nicht eine halbe, sondern eine ganze Wahrheit enthält, war entscheidend dafür, dass Luthers normative Zentrierung die Schwachstellen überwinden konnte, die der Reformator in der herrschenden Frömmigkeitspraxis und der sie legitimierenden Theologie entdeckte. Das Hauptproblem dieser Konzeption besteht in der bleibenden Ungewissheit darüber, wie das göttliche Urteil über das eigene Leben ausfällt. Wegen dieser Unsicherheit wird die eigene religiöse Lebensgestaltung auf der einen Seite in ihrer Bedeutung gesteigert, doch auf der anderen Seite zugleich abgewertet. Zwar muss der Glaube in der Liebe seine Form finden; doch ob das Handeln aus Liebe gelingt, bleibt ungewiss; dies wirkt unweigerlich schwächend auf den Glauben zurück. Die unendliche Länge der von dem Einzelnen zu bewältigenden Glaubensleiter wird am Ende nur durch das stellvertretende Eintreten der Kirche und der Heiligen erträglich. Damit verwandelt sich das Vertrauen auf die göttliche Gnade in eine Abhängigkeit vom stellvertretenden Glauben und Handeln der Kirche.

Vor diesem Hintergrund gewinnt das Verhältnis von Glauben und Liebe oder von Glauben und Werken eine besondere Bedeutung. Dabei kommt es darauf an, ob die Reformatoren den Zugang zum Heil so in der Entsprechung von Gnade und Glauben verankern, dass dadurch ein Leben aus Liebe nicht bedeutungslos wird. Daran entscheidet sich, ob der Übergang von der endlosen Leiter zur normativen Zentrierung auch lebenspraktisch gelingen kann.

Luther verwendet zur Klärung dieser Frage ein schlichtes Bild. Er vergleicht das christliche Leben mit einem guten Baum, der gute Früchte hervorbringt. Dieser Baum kann gar nicht ohne gute Früchte sein; aber die guten Früchte bewirken nicht, dass der Baum gut ist. In diesem Sinn gehören die guten Werke – Luther scheut vor diesem Ausdruck keineswegs zurück – unlöslich zum christlichen Leben. Drastisch heißt es bei ihm über die guten Werke: «Folgen sie aber nicht, so ist gewisslich dieser Glaube nicht da; denn wo der Glaube ist, da muss der heilige Geist dabei sein, Liebe und Güte in uns wirken.» (Luther 1940: 34) Der reformatorische Grundsatz heißt: «Gute Werke machen keinen guten Menschen, sondern ein guter Mensch schafft gute Werke.» (Luther 2006: I, 153) Vergleichbar bildkräftig fasst Luther dieses Verhältnis in seiner Schrift *Von der Freiheit eines Christenmenschen* zusammen. Sie ist für unser Thema nicht nur wegen ihrer bekannten Doppelthese wichtig, der zufolge ein Christenmensch «ein freier Herr über alle Dinge und niemandem untertan» und zugleich «ein dienstbarer Knecht aller Dinge und jedermann untertan» ist (Luther 1982: I, 239). Noch einschlägiger ist diese Schrift wegen einer anderen Formulierung: «Ein Christenmensch lebt nicht in sich selbst, sondern in Christus und in seinem Nächsten; in Christus durch den Glauben, im Nächsten durch die Liebe. Durch den Glauben fährt er über sich in Gott, aus Gott fährt er wieder unter sich durch die Liebe und bleibt doch immer in Gott und göttlicher Liebe.» (263) Die Weltzuwendung des christlichen Glaubens hat dieser Überlegung zufolge ihren tiefsten Grund darin, dass dem Handeln aus Liebe jede Heilsbedeutung genommen, aber zugleich ihre unverwechselbare Würde gegeben wird. Sie besteht darin, im Auftrag Gottes dem Nächsten zugute tätig zu sein. Dieser Gedanke kommt besonders klar in Luthers Berufsbegriff zur Geltung: Ein Christ hat die ihm von Gott gegebenen Gaben an dem Ort, an den Gott ihn stellt, so einzusetzen, dass sein Handeln nicht nur ihm selbst zugutekommt, sondern auch seinem Nächsten dient. Die spezifische Würde menschlichen Welthandelns liegt eben nicht darin, dass dieses Handeln um des menschlichen Heils willen notwendig ist; unentbehrlich ist es vielmehr als Folge dieses Heils.

Eine andere Form, denselben Zusammenhang zum Ausdruck zu bringen, findet sich bei Calvin und im Heidelberger Katechismus von 1563. Sie stellen das christliche Leben unter das Vorzeichen der Dankbarkeit. Den Vorrang hat nicht, was ich anstrebe, sondern was mir anvertraut ist, nicht was ich fordere, sondern wofür ich danke. Das christliche Leben vollzieht sich als Antwort auf die göttliche Gnade; Gottes Liebe zum Menschen findet in der menschlichen Liebe zu Gott, zum Nächsten und zu sich selbst ein Echo.

Nachfolge und Widerstand

Sosehr wir Dietrich Bonhoeffer als lutherischen Theologen zu betrachten haben, so deutlich stoßen wir auf Akzentunterschiede, ja Spannungen zu Luther, wenn es um das Verständnis der Rechtfertigung geht. Das zeigt sich einerseits an Bonhoeffers Widerspruch gegen Luthers Verständnis der Gerechtigkeit Gottes, andererseits in seiner Verhältnisbestimmung von Glauben und Gehorsam. Beide Akzentverschiebungen begegnen besonders deutlich in Bonhoeffers Buch *Nachfolge* von 1937. Sie haben aber eine längere Vorgeschichte.

Im Unterschied zu Luther versteht Bonhoeffer die Gerechtigkeit Gottes nicht unter dem Gesichtspunkt, dass Gott den Menschen gerecht spricht, sondern dass Gott sich selbst rechtfertigt. Schon in seiner Habilitationsschrift *Akt und Sein* vermeidet er es in der Regel, vom *gerechtfertigten* Menschen zu sprechen. Denn der Mensch kann nur Gott als gerecht anerkennen; sich selbst dagegen kann er nur als «gerichtet auf Christus hin» betrachten (2: 151–154). Diesen Gedanken entfaltet er in *Nachfolge*. Die Rechtfertigung der Menschen vollzieht sich nach seiner Auffassung gerade dadurch, dass Gottes eigene Gerechtigkeit durchgesetzt wird (4: 29–43, 270–274). Dazu bedarf es der Sühne für die Sünden der Menschen; diese Sühne vollzieht sich am Kreuz. Vor diesem Hintergrund stellt Bonhoeffer in seinem Buch *billige* und *teure Gnade* einander gegenüber und warnt vor einer verbreiteten Neigung dazu, die Sündenvergebung als Schleuderware anzusehen, die für den Menschen keinen Preis und keine Konsequenzen hat. Gottes Einsatz für den Menschen muss auch bei diesem selbst Folgen haben, also nicht nur für Gott, sondern auch für den Menschen eine teure Gnade sein. In der Nachfolge Jesu, wie sie in der Bergpredigt beschrieben ist, zeigt sich nach Bonhoeffer die Bereitschaft, Gottes teure Gnade ernst zu nehmen. Zentral ist für Bonhoeffer dabei der Gedanke, dass Gottes Gnade für ihn selbst teuer ist. Ein weiterer Beleg für diesen Gedanken findet sich in einer Mitschrift zu den Finkenwalder Homiletischen Übungen von 1935: «Kreuz als die Rechtfertigung Gottes ist Sühne – einer der sie leistet – einer der sie annimmt. Sühneleistung muss Schuld aufwiegen. Schuld ist Antastung der Gerechtigkeit Gottes. Sühne [ist] eigentlich Tod des Antastenden. Gott will sich aber so rechtfertigen, dass er den Sünder leben lässt. Die Sühne aber *muss* vollbracht werden. So tut Gott es selbst, tritt ins Mittel. Er entzweit sich um seiner eigenen Gerechtigkeit willen.» (14: 328) Aus dieser Perspektive ist die rechtfertigende Gnade eine *für Gott* teure Gnade: Er opfert sich in seinem Sohn selbst zur Sühne für die Sünde der Menschen, um sich selbst zu rechtfertigen, um sicherzustellen, dass seine Gerechtigkeit das letzte Wort behält – was dann auch dem Menschen zugutekommt.

Dieser Gedankengang steht im Bann der abendländischen Satisfaktionstheologie. Sie ist maßgeblich durch Anselm von Canterbury, einen Theologen des elften Jahrhunderts, geprägt. In seiner programmatischen Schrift *Cur Deus Homo – Warum Gott Mensch wird* stellt er die Frage, wie Gott angesichts der menschlichen Sündhaftigkeit versöhnt werden kann. Seine Antwort heißt: Die Versöhnung kann nur durch ein menschliches Opfer geschehen, denn um die menschliche Sündhaftigkeit geht es; zugleich kann diese Versöhnung nur von Gott kommen, denn er allein vermag eine solche Versöhnung zu bewirken. Aus diesem Grund wird Gott Mensch; nur so kann die Versöhnung von Gott her in der Form geschehen, dass ein menschliches Leben als Sühnopfer dargebracht wird. Von dieser Denkweise lässt Bonhoeffer sich leiten. Er folgt der Meinung, dass Gottes Gerechtigkeit nur durch eine angemessene Sühne Genüge getan werden kann.

Der Einwand, dass Gottes Freiheit gerade angetastet wird, wenn man ihm unterstellt, er sei auf ein Opfer angewiesen, taucht nicht auf. In diesem Einwand aber liegt der berechtigte Kern des Widerspruchs, der bis zum heutigen Tag gegen die Sühnopfertheologie vorgebracht wird. Manche Kritiker treiben die Ablehnung der Sühnopfervorstellung so weit, dass sie dem Kreuzestod Jesu jegliche Heilsbedeutung absprechen. Doch wenn das Kreuz Jesu seine theologische Bedeutung verliert, wird zugleich der Auferstehungsbotschaft der Bezugspunkt genommen. Deshalb weckt eine derartige Vergleichgültigung des Kreuzes Jesu ihrerseits Widerspruch. Ein solcher Abschied von der Kreuzestheologie ist auch keineswegs zwingend. Eine andere Deutung erschließt sich, wenn man das Kreuz Jesu nicht als Instrument der Selbstrechtfertigung Gottes, sondern als Zeichen für Gottes Versöhnung mit dem von ihm abgewandten Menschen versteht. Nur unter dieser Voraussetzung eröffnet sich vom Kreuz Jesu her ein Zugang dazu, dass die göttliche Versöhnung des Menschen diesen zugleich, unter den Bedingungen der irdischen Existenz, Sünder bleiben lässt. Solche Überlegungen können dazu beitragen, die Deutung des Kreuzes Jesu aus der Umklammerung durch den Satisfaktionsgedanken Anselms zu lösen.

Um Bonhoeffer weiterzudenken, liegt es nahe, an die Stelle der Sühnopfertheologie eine Versöhnungstheologie treten zu lassen. Sie versteht das Kreuz Jesu als Zeichen für die Versöhnung mit Gott, zu welcher der Mensch aus eigener Kraft nicht imstande ist. Wegen der Versöhnung zwischen Gott und Mensch bedarf es dieses göttlichen Zeichens, nicht wegen der Selbstrechtfertigung Gottes. Doch diese Versöhnung, die sich allein dem Handeln Gottes verdankt, würde geleugnet, wenn sie auf der Seite des Menschen ohne Konsequenzen bliebe. Deshalb behält die Warnung vor der billigen Gnade auch dann ihr Recht, wenn man sie nicht wie Bonhoeffer mit einer Theologie des Sühnopfers verbindet.

Von «billiger Gnade» muss nach seiner Auffassung geredet werden, wenn die Sündenvergebung als eine allgemeine Wahrheit ohne konkrete Konsequenzen verstanden wird. Die Rede von

Gottes Gnade wird dann zur Lehre, zum Prinzip oder zum System. Die Folge ist, dass *die Sünde* und nicht *der Sünder* oder *die Sünderin* gerechtfertigt wird. Billige Gnade verleugnet gerade das Zugleich von *gerecht* und *sündig* in der menschlichen Existenz. Der Glaube an Gottes Gnade wird damit zu einem guten Werk, durch das man der Annahme durch Gott sicher wird. Gnade und Glaube werden zu Instrumenten der Werkgerechtigkeit. Oder, wie man moderner sagen könnte: Die Berufung auf Gottes Gnade tritt in den Dienst der Selbstgerechtigkeit. Wenn man Bonhoeffers Widerspruch gegen die billige Gnade so versteht, kann man an dessen Aktualität nicht zweifeln.

Die Alternative zur billigen Gnade besteht in der Nachfolge, also der Bereitschaft, nicht nur den Glauben anzunehmen, sondern den Weg des Glaubens zu gehen. Bonhoeffer verwendet dafür eine zugespitzte Formel: «Nur der Glaubende ist gehorsam, und nur der Gehorsame glaubt.» (52) An diesem «existentiellen Zirkel» (Tietz 2005) ist zunächst die Begrifflichkeit, dann die semantische Form zu erörtern; anschließend ist zu fragen, wie weit diese Formel trägt.

Zunächst zur Begrifflichkeit: Dass die Rechtfertigung allein aus Gnade den Zusammenhang zwischen Glauben und Handeln nicht aufhebt, haben die Reformatoren vor allem in den Begriffspaaren von Glauben und Werken, von Glauben und Liebe sowie von Gesetz und Evangelium erörtert. Die nachreformatorische Theologie hat solche Überlegungen unter den Begriffen von Rechtfertigung und Heiligung weitergeführt. Zu Bonhoeffers Zeit war diese Redeweise noch geläufig (Köberle 1987). Dennoch spielt das etablierte Begriffspaar *Rechtfertigung und Heiligung* bei ihm auf Dauer keine prägende Rolle. In der Dissertation *Sanctorum Communio* (1: 75 f., 100, 103, 196, 275) sowie in seiner ersten akademischen Vorlesung im Winter 1931/32 über *Die Geschichte der systematischen Theologie im 20. Jahrhundert* knüpft er noch an sie an (11: 179–185). Auch das Vorhaben, das er mit seinem Buch *Nachfolge* verfolgt, charakterisiert er noch mit diesen Begriffen. So schreibt er an Karl Barth, in seiner aktuellen theo-

logischen Arbeit gehe es hauptsächlich um «die Fragen der Auslegung der Bergpredigt und der paulinischen Lehre von der Rechtfertigung und Heiligung» (14: 235 f.). Barth sollte diese traditionelle Bezeichnung des Themas langfristig viel ernster nehmen
als der Briefschreiber. Denn weil für Bonhoeffer die Auslegung
der Bergpredigt der entscheidende Punkt seines theologischen
Bemühens war, wählte er für sein Vorhaben schließlich den Titel
Nachfolge und griff in seinem Buch nur noch einmal auf die Formel von *Rechtfertigung und Heiligung* zurück (4: 275). Für Barth
dagegen kam der unumkehrbaren Abfolge von Versöhnung und
Heiligung eine Schlüsselbedeutung zu; die Nachfolge war für ihn
ein bloßes Unterthema in einem Paragraphen, der den Titel
trägt: *Des Menschen Heiligung* (Barth 1955: 603–626). In diesem
Rahmen allerdings würdigt er Bonhoeffers Bemühen um das
Thema in einem so hohen Maß, dass er sogar damit kokettiert,
Bonhoeffers Darstellung des Themas als großes Zitat in seine
Kirchliche Dogmatik einzufügen. Er unterlässt das allerdings und
hebt nur hervor, wie selten es vorkommt, dass er sich einmal so
eng «an einen Anderen anlehnen» kann (604).

Warum folgt Bonhoeffer nicht der vertrauten Begrifflichkeit?
Warum spricht er stattdessen so nachdrücklich von *Glauben und
Gehorsam?* 1932 stieß er in einem Buch des Zürcher Theologen
Emil Brunner über *Das Gebot und die Ordnungen* auf dieses Begriffspaar. Dort heißt es: «Das erste Gebot ist Verheißung und gerade das ist die Gnade, dass uns geboten ist, an diese Verheißung
zu glauben. Darum ist der Glaube *Gehorsam*, wie nur dann der
Gehorsam echt ist, wenn er *Glaube* ist.» (Brunner 1932: 68) In einer Mitschrift zu Bonhoeffers Vorlesung im anschließenden Wintersemester wird unter Bezug auf Emil Brunner lakonisch notiert: «Glaube und Gehorsam sind eins.» (4: 52)

Ebenso bemerkenswert ist allerdings, dass die Verbindung von
Glauben und Gehorsam 1934 in der Barmer Theologischen Erklärung, dem von Karl Barth entworfenen Schlüsseldokument der
Bekennenden Kirche, einen prominenten Platz erhält. In deren
dritter These findet sich der Satz: Die christliche Kirche «hat mit

ihrem Glauben wie mit ihrem Gehorsam, mit ihrer Botschaft wie mit ihrer Ordnung mitten in der Welt der Sünde als die Kirche der begnadigten Sünder zu bezeugen, dass sie allein sein [sc. Jesu Christi, des Herrn] Eigentum ist, allein von seinem Trost und von seiner Weisung in Erwartung seiner Erscheinung lebt und leben möchte» (EG 810). Ebenso wie der Zusammenhang von Botschaft und Ordnung wird die Zusammengehörigkeit von Glauben und Gehorsam als ein Charakteristikum hervorgehoben, das für Gestalt und Leben der in Jesus Christus gegründeten Kirche verbindlich ist. Dabei ist unverkennbar, dass die sprachliche Verbindung beider Wortpaare durch ein «wie» ein unumkehrbares Gefälle markieren soll. So wie die Botschaft der Kirche ihrer Ordnung vorgeordnet ist, geht auch der Glaube dem Gehorsam voran. An diesem Gefälle zeigt sich nach dem Verständnis der Barmer Theologischen Erklärung gerade, dass Jesus Christus der Herr der Kirche ist.

Genau an diesem Punkt weicht Bonhoeffer in *Nachfolge* von der Tonlage des Barmer Bekenntnisses auf markante Weise ab. An die Stelle des Gefälles tritt die wechselseitige Beziehung, der «existentielle Zirkel» von Glauben und Gehorsam. Die behauptete Gleichrangigkeit wirkt geradezu provokant: Nicht die Freiheit des Glaubens, sondern sein Gehorsam wird betont; nach Bonhoeffers Auffassung kann man nur so das Verständnis des Glaubens von der Bergpredigt und damit von der Nachfolge Jesu aus entwickeln. Diese Provokation wird sprachlich durch die doppelte Verwendung des Wörtchens «nur» verstärkt: «Nur der Glaubende ist gehorsam, und nur der Gehorsame glaubt.» Ausdrücklich hebt Bonhoeffer hervor, beide Sätze seien «in gleicher Weise wahr» (4: 52). Das deutet darauf hin, dass die Wahrheit des Gehorsams nicht etwa von der Wahrheit des Glaubens abhängt, sondern dass beide Wahrheiten zirkulär aufeinander verweisen. Bonhoeffer folgt damit einer Empfehlung, die schon Kierkegaard demjenigen machte, der die Intention Luthers unter den veränderten Bedingungen der Moderne erneuern wollte: «Jedoch denke dir Luther in unserer Zeit, aufmerkend auf unsern Zustand, meinest du nicht, [...] er würde sagen: der Apostel Jakobus muss ein wenig hervorgeholt werden, nicht für die Werke *gegen* den Glauben, [...] sondern um des Glaubens willen, [...] um womöglich zu verhindern, dass [...] der Glaube und die Gnade als das allein Erlösende [...] ganz und gar eitel genommen werde, ein Schalksdeckel werde für seine sogar raffinierte Weltlichkeit.» (Kierkegaard 1953: 59, zitiert 8: 179)

Nun erklärt sich, warum Dietrich Bonhoeffer für sein Buch den Titel *Nachfolge* gewählt hat. Er bringt den inneren Zusammenhang von Glauben und Gehorsam in einem Wort zum Ausdruck, das eine Bewegung beschreibt. Es geht darum, dass Menschen sich aus Glauben auf einen Weg begeben, der durch das im Evangelium enthaltene Gebot vorgezeichnet ist. Diesen Weg kann man nur aus innerer Überzeugung, also in Freiheit gehen. In der Nachfolge ist deshalb der Gegensatz von Gehorsam und Freiheit aufgehoben. Schon in der Londoner Zeit verdeutlicht Bonhoeffer seine Zielsetzung mit den Worten: «Nachfolge Christi – was das ist, möchte ich wissen – es ist nicht erschöpft in unserem Begriff des Glaubens.» (13: 129) Die Antwort findet er in der Aussage, nur der Glaubende sei gehorsam und nur der Gehorsame glaube.

Christian Gremmels hat darauf aufmerksam gemacht, dass das Wörtchen «nur» bei Dietrich Bonhoeffer von herausgehobener rhetorischer Bedeutung ist (Gremmels 2012: 24–36). Die drei Buchstaben prägen eine Redefigur, die mit dem Mittel der Übertreibung zu einer neuen Einsicht führen soll. Dass dieses Mittel in einem Buch über die Bergpredigt eingesetzt wird, ist alles andere als ein Zufall, denn die Bergpredigt selbst macht von vergleichbaren rhetorischen Mitteln Gebrauch. Das wird in ihren Antithesen, aber auch in den Beispielerzählungen über den Verzicht auf Vergeltung besonders deutlich. Bei Bonhoeffer ist es gerade die Exklusivität des «nur», mit der er der Bereitschaft zu neuem Denken, ja zur Umkehr den Boden bereiten will. «Nur wer für die Juden schreit, darf auch gregorianisch singen» und «Die Kirche ist nur Kirche, wenn sie für andere da ist» sind zwei markante Beispiele für diese häufiger auftretende sprachliche Strategie (Bethge 2005: 506; 8: 560). Die Schlüsselthese der *Nachfolge* ist ein weiteres Beispiel dafür.

Bonhoeffers Verwendung dieser sprachlichen Figur lässt sich mit Christian Gremmels als *situative Verschärfung* bezeichnen. Um eine der Situation geschuldete Zuspitzung handelt es sich auch bei der zitierten Verhältnisbestimmung von Glauben und Gehorsam. Bonhoeffers These reagiert auf Zeitumstände, in denen die Anpassung an die gesellschaftlichen Bedingungen der eigenen Gegenwart, bis hin zur Unterwerfung unter das nationalsozialistische Führerprinzip, nicht nur im Staat, sondern auch in der Kirche zur Herrschaft drängt. Ein erschreckendes Indiz dafür ist die Hinnahme von systematischer Entrechtung, wie sie am Schicksal des jüdischen Bevölkerungsteils seit 1933 offenkundig wird; bedrückend ist, in wie weiten Kreisen der evangelischen Kirche die Meinung vorherrschte, diese Entrechtung sei mit dem christlichen Glauben vereinbar. Dabei kann es sich nur um einen Glauben handeln, für den die Nachfolge Jesu im Geist der Bergpredigt und damit der Gehorsam gegenüber dem Ruf Jesu in der konkreten Situation vollständig irrelevant sind. In einer solchen Situation erscheint Bonhoeffer das reformatorische Bild viel zu schwach, dem zufolge die guten Werke auf den Glauben ebenso selbstverständlich folgen, wie die guten Früchte auf einem guten Baum wachsen. Das Gefälle vom Glauben zum Gehorsam, das in der Barmer Theologischen Erklärung angelegt ist, scheint geradezu den irreführenden Anschein zu erwecken, als ergäbe sich der Gehorsam aus dem Glauben wie von selbst. Genau davon kann nach den Erfahrungen der Zeit nicht die Rede sein. Gerade im Ernstfall muss die Notwendigkeit des Gehorsams verdeutlicht werden, auch mit den Mitteln der sprachlichen Übertreibung.

Daran, dass es sich um eine Übertreibung handelt, kann kein Zweifel bestehen. Für sich genommen kann die exklusive Formulierung zu unhaltbaren Konsequenzen führen. Sie spricht Menschen den Glauben ab, die zu Taten des Gehorsams gar nicht imstande sind, aus welchen Gründen auch immer. Solche ausweglosen Situationen, mit denen jede Seelsorgerin und jeder

Seelsorger vertraut sind, werden in den schroffen Formulierungen der *Nachfolge* nicht bedacht. Sie sind dadurch geprägt, dass der Bekenntnisfall eingetreten ist: Deshalb stehen Glauben und Gehorsam zusammen auf dem Spiel. Widerstand – angesichts kirchlicher ebenso wie angesichts politischer Vorgänge – wird zur konkreten Form des Gehorsams und damit zu einer Gestalt des Glaubens selbst. Zeitgenössische Leserinnen und Leser dieses Buchs, das 1937 erschien, kamen gar nicht umhin, solche Konsequenzen mitzudenken. Deshalb kann keine Rede davon sein, dass das Buch *Nachfolge* eine unpolitische, weltentrückte Phase von Bonhoeffers Denken repräsentiert. Die Zentrierung auf die Kirche ist nicht so gemeint, dass es Bonhoeffer nur um innerkirchliche Fragen geht. Sein Interesse gilt der Kirche als dem Akteur, der in der gegebenen Situation Gehorsam übt.

Sehr schnell wuchsen allerdings Bonhoeffers Zweifel daran, dass die Kirche zu dem erforderlichen politischen Widerstand bereit war. Deshalb wandte er sich dem Einzelnen und seinen Handlungsmöglichkeiten zu. Mit dem Übergang in die Konspiration ging er «von einem Nebeneinander zweier ‹christlicher› Wege aus: dem Zeugnis der Kirche [...] und dem Handeln einzelner Christen» (Strohm 1989: 333). Und er zog entschiedene Konsequenzen für sich selbst: Er wählte die Einsamkeit eines von der kirchlichen Gemeinschaft nicht mitgetragenen Widerstands.

Vor diesem Hintergrund ist die Weise, in der Dietrich Bonhoeffer den *existentiellen Zirkel* von Glauben und Gehorsam zeichnet, verständlich. Dennoch bleibt *Gehorsam* als theologischer Begriff hochproblematisch. Eine Theologie christlicher Freiheit kann mit ihm nicht so leicht ihren Frieden schließen, wie dies bei Bonhoeffer erscheint. Die Problematik verschärft sich noch dadurch, dass Glauben und Gehorsam bei ihm selbst – und folgerichtig auch bei manchen seiner Interpretinnen und Interpreten – in der Denkform der Entscheidung gedacht sind. Die innere Logik dieser Denkform nötigt zu der Frage, was am Anfang steht: die Entscheidung zum Glauben oder zum Gehorsam. Bei Bonhoeffer

Auf dem Weg zur Sommerkonferenz des Ökumenischen Rates im schweizerischen Chamby besuchte Dietrich Bonhoeffer seinen Freund Erwin Sutz in Wiesendangen, August 1936

selbst begegnen Formulierungen, die sowohl den Gehorsam als auch den Glauben als ersten Schritt darstellen; das provoziert die Frage, ob der Glaube dem Gehorsam vorangeht oder ob es sich umgekehrt verhält. Doch sowohl die Aussage, der Eintritt in den Zirkel von Glauben und Gehorsam geschehe im Glauben (Tietz 2005: 174), als auch die Behauptung, Bonhoeffer stelle das gehorsame Tun dem Glauben zeitlich und sachlich voran (Gütter 2000: 104), stehen in Spannung zu Bonhoeffers Intention. Denn ihm geht es nicht um die Reihenfolge der Entscheidungen zum Glauben und zum Gehorsam, sondern um die unlösliche Zusammengehörigkeit von Glauben und Handeln in der christlichen Existenz. Damit bahnen sich Bonhoeffers religionskritische Überlegungen an, in denen der Glaube nicht als ein religiöser Sonderbezirk des Lebens verstanden, sondern auf das Leben als Ganzes bezogen wird: «Jesus ruft nicht zu einer neuen Religion auf, sondern zum Leben.» (8: 537)

Seit seinen theologischen Anfängen hat Dietrich Bonhoeffer die Vorstellung kritisiert, die Religion sei von den anderen Lebensbereichen abgesondert. Anschaulich sprach er schon als Vikar in Barcelona von der Religion, die «die Rolle des sogenannten guten Zimmers [spielt], in das man sich gern auf ein paar Stunden zurückzieht, um dann aber wieder gleich darauf in seine Arbeitsstube zu treten» (10: 302). Auch in der Finkenwalder Zeit hielt er an der Auffassung fest, dass Gottesbeziehung und Leben zusammengehören. Das Beharren auf der Einheit von Glauben und Gehorsam schließt insbesondere auch die politischen Bezüge ein, aus denen der Direktor des Predigerseminars in Finkenwalde herkam und auf die er zuging. Die Kirche will er darauf verpflichten, aus ihrem Glauben Handlungskonsequenzen zu ziehen. Zugleich klingt in dieser Formel auch schon an, was ihn zu der religionskritischen Wendung seiner Theologie in den Gefängnisbriefen veranlassen sollte, die gegen die Abspaltung des Glaubens als besonderem, *religiösem* Bereich von anderen Lebensbereichen wendet.

Es bleibt jedoch zu fragen, ob die Denkformen Bonhoeffers in seinem Buch *Nachfolge* heute Bestand haben können. Er selbst war in dieser Hinsicht kritischer als Karl Barth. Dieser spielte mit dem Gedanken, ganze Passagen aus Bonhoeffers *Nachfolge* in seine *Kirchliche Dogmatik* aufzunehmen. Bonhoeffer dagegen sah auch die Schwächen seines Buchs (8: 542) und wiederholte die wechselseitige Inklusion von Glauben und Gehorsam in späteren Zusammenhängen nicht. Vielmehr tritt in der *Ethik* an deren Stelle eine Denkform, in der wieder ein unumkehrbares Gefälle zu erkennen ist, nämlich die Unterscheidung zwischen Letztem und Vorletztem, zwischen der Rechtfertigung des Sünders als Gottes qualitativ und zeitlich *letztem* Wort über unser Leben und der Bejahung des *Vorletzten* in Christus. Mit dem Vorletzten ist das Leben in seiner natürlichen wie geschichtlichen Bedingtheit gemeint. Für dessen Gestaltung sucht Bonhoeffer nach dem richtigen Weg. Dabei will er den Radikalismus, der meint, im Vorletzten schon das Letzte verwirklichen zu können, genauso vermeiden wie den Kompromiss mit dem Gegebenen, der es versäumt, Verhältnisse zu verändern, die dem Letzten, also der Gnade Gottes, im Wege stehen (6: 137–162).

Beten und das Gerechte tun

In seinen theologischen Aufzeichnungen während der Haft im Wehrmachtsuntersuchungsgefängnis Tegel wandte sich Bonhoeffer erneut der Frage zu, worin der Kern der christlichen Existenz zu sehen sei. Dabei fand er eine Formulierung, die mindestens so berühmt geworden ist wie der Satz der *Nachfolge* über die Zusammengehörigkeit von Glauben und Gehorsam. Diese Formulierung wird von vielen Christen und christlichen Gruppen als Leitmotiv des persönlichen Lebens wie auch als Motto des gemeinsamen Einsatzes für Gerechtigkeit, Frieden und die Bewahrung der Schöpfung aufgegriffen. «Beten und Tun des Gerechten» – so heißt die Formulierung, in der die Einheit von Glauben und Weltverantwortung in einer Weise zur Sprache kommt, die viele Menschen überzeugt.

Erstaunlich ist, dass Bonhoeffer selbst von seinen prägnanten Sätzen, die andere wieder und wieder zitieren, einen sehr sparsamen Gebrauch macht. Vom «Beten und Tun des Gerechten» ist in den Briefen und Texten aus dem Gefängnis nur ein einziges Mal die Rede, nämlich in den Gedanken zum Tauftag von Dietrich Bethge, dem Sohn von Eberhard und Renate Bethge. In diesem Text wird die Situation aller Christen in die Situation des Täuflings eingezeichnet; denn wir sind alle «wieder ganz auf die Anfänge des Verstehens zurückgeworfen» und müssen in den «überlieferten Worten und Handlungen» das «ganz Neue und Umwälzende» wahrnehmen. Doch dieses ist im Kampf der Kirche um ihre Selbsterhaltung unerkennbar geworden. So wurde die Kirche unfähig, «Träger des versöhnenden und erlösenden Wortes für die Menschen und für die Welt zu sein».

Direkt an diese Diagnose anschließend heißt es: «Darum müssen die früheren Worte kraftlos werden und verstummen, und unser Christsein wird heute nur in zweierlei bestehen: im Beten und im Tun des Gerechten unter den Menschen. Alles Denken, Reden und Organisieren in den Dingen des Christentums muss neugeboren werden aus diesem Beten und diesem Tun.» (8: 435 f.)

Da ist es wieder, das für Dietrich Bonhoeffer so charakteristische, steigernde und zuspitzende «nur». Erneut handelt es sich um einen Fall situativer Verschärfung durch eine rhetorische Übertreibung. Charakteristisch ist auch, wie sich die Anknüpfung an eine traditionelle Formel mit einer überraschenden Zuspitzung verbindet. Bonhoeffer greift die benediktinische Beschreibung der monastischen Lebensform – ora et labora, bete und arbeite – auf. Darin spiegelt sich die Überzeugung, dass in dieser Lebensform etwas aufbewahrt wird, was in der Beschäftigung der Kirche mit ihrer Selbstverteidigung oder Selbstbehauptung unterzugehen droht. In Finkenwalde versuchte Bonhoeffer deshalb, diese monastische Lebensform in das eigene Leben zu integrieren. Das Bruderhaus als der innere Kreis des Predigerseminars, aber auch die für alle Seminaristen verpflichtenden Formen des Gemeinsamen Lebens sollten eine evangelische Form geistlicher Disziplin entwickeln und erfahrbar machen. Deshalb lag die Anknüpfung an den monastischen Grundsatz des Betens und Arbeitens nahe. Doch in der theologischen Aufzeichnung aus der Haft gibt Bonhoeffer der traditionellen Formel Bete und arbeite eine unverwechselbare Zuspitzung, in der deutlich wird, worum es beim Arbeiten geht: Beten und Tun des Gerechten. In einem viel früheren Brief an seinen älteren Bruder Karl-Friedrich wirbt er bereits im Jahr 1935 um Verständnis für seinen eigenen Weg mit den Worten, es gebe doch Dinge, für die es sich lohne, «kompromisslos einzustehen. Und mir scheint, der Friede und soziale Gerechtigkeit, oder eigentlich Christus, sei so etwas.» (13: 273) Seinem skeptischen Bruder verdeutlicht er

seine Grundhaltung so, dass in ihr ein auf Christus bezogenes
und ein politisches Motiv unmittelbar miteinander verbunden
werden. Auch in den Gedanken zum Tauftag des Kindes, das seinen Vornamen trägt, will er diese Zusammengehörigkeit ein-
schärfen – und zwar so, dass ihre Dringlichkeit nicht zu übersehen und zu überhören ist. Das ist ihm ohne Zweifel mit Hilfe des
verschärfenden «nur» gelungen: «Unser Christsein wird heute
nur in zweierlei bestehen: im Beten und im Tun des Gerechten
unter den Menschen.»
Dass es sich dabei um eine Übertreibung handelt, merkt man
schnell. Die Exklusivität von *Beten und Tun des Gerechten* lässt
sich nicht durchhalten. Dass dies nicht alles ist, sagt Bonhoeffer
selbst wenige Zeilen später. Allerdings ist diese andere Fassung
seines Gedankens weithin in Vergessenheit geraten. Bonhoeffer
hält Ausschau nach einer Zeit, in der seine Hoffnung sich erfüllt
und die Kirche wieder die Kraft hat, den Frieden Gottes mit den
Menschen und das Nahen seines Reiches so zu verkündigen, dass
ihre Botschaft die Menschen erreicht, und fügt hinzu: «Bis dahin
wird die Sache der Christen eine stille und verborgene sein; aber
es wird Menschen geben, die beten und das Gerechte tun und
auf Gottes Zeit warten.» (8: 436)
Die zweigliedrige Formel verwandelt sich in eine dreigliedrige.
Das «nur» entfällt. Es wird nicht länger bestritten, dass Menschen im Glauben und aus dem Glauben auch mit anderem beschäftigt sind als mit dem Beten und dem Tun des Gerechten.
Ja, es wird sogar eingeräumt, dass auch ihr Beten und ihr Mü-
hen um Gerechtigkeit immer fragmentarisch und unvollkommen
bleiben. Deshalb schauen sie nicht nur auf die eigene Geschichts-
zeit und all das, was in ihr misslingt oder gelingt. In allem Beten
und Tun des Gerechten warten sie auf Gottes Zeit und blicken
damit in die Zukunft.
Bonhoeffer schreibt das in einer Zeit, in der er damit rechnen
muss, dass ihm zum Beten und zum Tun des Gerechten nur noch
wenig Zeit und Gelegenheit bleiben. Gerade in dieser Situation
hält er sich daran, dass der Glaubende aus der Hoffnung auf Got-

tes Zukunft lebt. Das verleiht dem Beten wie dem Tun des Gerechten seine Kraft. Um dieser Zukunft willen braucht er sich des fragmentarischen Charakters all seines Betens und Tuns nicht zu schämen.

5. Die Bibel im Leben und in der Theologie

Es gibt kein Christentum ohne Bibel. In seinen Ursprüngen bildete sich der christliche Glaube an der Auslegung der Hebräischen Bibel; er entfaltete seine Grundlagen in der Ausgestaltung eines eigenen christlichen Kanons mit Altem und Neuem Testament als seinen beiden Teilen. Christliche Reformbewegungen waren immer wieder durch eine neue Zuwendung zur biblischen Botschaft geprägt; für die protestantische Reformation gilt das in besonderem Maße. Mit ihrer Berufung allein auf die Schrift *(sola scriptura)* hat sie diese Konzentration auf eine bündige Formel gebracht.

In der Wirkungsgeschichte der Reformation verband sich die herausgehobene Bedeutung der biblischen Texte mit der Notwendigkeit historischer Kritik. Die beispielhaft von den Reformatoren Martin Luther und Huldrych Zwingli vorangetriebenen Projekte einer Bibelübersetzung, in denen sich eine möglichst genaue Orientierung am Urtext mit einer möglichst verständlichen Wiedergabe in der Zielsprache verband, machten die Notwendigkeit textkritischer Arbeit offenkundig. Kanonische Geltung konnte und kann allein der historisch ermittelte Text haben; dessen Sinn ist nur durch Auslegung zu erschließen. Diese Auslegung muss die Besonderheiten der einzelnen biblischen Texte mit einer gemeinsamen Sinn-Achse der Bibel verbinden. Die Spannung zwischen der historisch-kritischen Erschließung der einzelnen Texte und der theologischen Erfassung der biblischen Botschaft insgesamt bildet ein entscheidendes Kennzeichen evangelischer Theologie; sie kennt keine Möglichkeit, die aus dieser Spannung entstehende Bewegung durch endgültige dogmatische Festlegungen still zu stellen.

In Dietrich Bonhoeffers Leben spielte die Zuwendung zur Bibel eine entscheidende Rolle. Sie war für ihn nicht nur Gegenstand theologischer Studien, sondern Lebensgrundlage. Man muss deshalb der Bedeutung der Bibel sowohl für Bonhoeffers Leben als auch für seine Theologie nachgehen. Ja, mehr noch: Es hängt mit der Art der Zuwendung zur Bibel zusammen, dass und wie uns an der Person Dietrich Bonhoeffers der Zusammenklang von Leben und Werk, von Biographie und Theologie fasziniert. Deshalb soll zunächst von der Bedeutung der Bibel für Bonhoeffers Leben, dann von ihrer Bedeutung in seiner Theologie die Rede sein.

Von der Bergpredigt zu den Losungen

Seit seiner Kindheit beschäftigte sich Bonhoeffer mit der Bibel. Seiner Mutter war bei der religiösen Erziehung ihrer Kinder vor allem das freie Erzählen biblischer Geschichten wichtig. Schon der Konfirmand las eigenständig in der Bibel; schon in dieser Zeit entschied er sich für das Studium der Theologie.

Während des Studiums in Tübingen und Berlin waren ihm philosophische, kirchengeschichtliche und systematisch-theologische Lehrveranstaltungen allerdings wichtiger als die biblischen Fächer. Deshalb wirkte es auf ihn wie eine Offenbarung, als er sich nach der Rückkehr aus dem Studienjahr in den USA in neuer Intensität mit biblischen Texten beschäftigte. Die Bergpredigt stand im Mittelpunkt dieser Zuwendung zur Bibel, die er auf das Jahr 1932 datierte. Erst im Nachhinein und nur in knappen Andeutungen sprach Bonhoeffer von dieser Begegnung; er ließ jedoch keinen Zweifel daran, dass sie sein ganzes Leben veränderte. Die Hinwendung zur Bibel war kein Bruch mit dem Bisherigen, aber doch eine «Abkehr vom Phraseologischen zum Wirklichen», wie er 1944 an Eberhard Bethge schrieb (8: 397). Einige Jahre zuvor hatte er den Vorgang zwar noch dramatischer gedeutet, aber ebenfalls nicht als Bekehrung oder Berufungserlebnis, sondern als den Entschluss, mit den Worten der Bibel wirklich ernst zu machen.

Er hatte bereits in rastloser, auch von persönlichem Ehrgeiz getriebener Arbeit die akademischen Qualifikationsschriften abgeschlossen und war mit vierundzwanzig Jahren Privatdozent an der Berliner Theologischen Fakultät; er war zu Auslandsaufenthalten in Barcelona und New York gewesen und hatte alle Voraussetzungen für den kirchlichen Dienst erfüllt. Aber er war noch, wie er 1936, wenige Tage vor seinem dreißigsten Geburtstag, rückblickend an seine Freundin Elisabeth Zinn schrieb, «ganz wild und ungebändigt mein eigener Herr. [...] Daraus hat mich die Bibel befreit und insbesondere die Bergpredigt. Seitdem ist alles anders geworden.» (14: 113)

Praktische Konsequenzen aus dieser Begegnung mit der Bergpredigt zeigten sich bald. Nach lediglich zwei Jahren akademischer Lehre verließ Bonhoeffer im Oktober 1933 Berlin und trat ein Auslandspfarramt in London an. Die Manuskripte der Predigten, die er dort hielt, schickte er an Elisabeth Zinn; darunter befanden sich vier Predigten zum 13. Kapitel des 1. Korintherbriefs, dem *Hohen Lied der Liebe*. Sie zeigen, wie intensiv Bonhoeffer sich einem einzigen biblischen Text zuwenden konnte. Er tat es, weil er sich die Antwort auf die Fragen und Herausforderungen der eigenen Zeit – im Blick auf das persönliche Leben, auf aktuellen Zwist in der eigenen Gemeinde, auf den Kirchenkampf in Deutschland und nicht zuletzt mit Blick auf die großen politischen Herausforderungen der Zeit – von der Bibel geben lassen wollte. Bonhoeffers zusammenfassende Antwort hieß: Von allem, was uns beschäftigt, «bleibt [...] zuletzt nur eines, nämlich die Liebe, die wir in unseren Gedanken, Sorgen, Wünschen und Hoffnungen gehabt haben. Alles andere hört auf, vergeht, alles, was wir nicht aus Liebe gedacht und ersehnt haben, alle Gedanken, alle Erkenntnis, alles Reden ohne Liebe hört auf – *nur die Liebe höret nimmer auf.*» (13: 393)

Ganz offensichtlich hatte Dietrich Bonhoeffer zunächst Scheu davor, über die Veränderung seines Lebens zu sprechen, die sich mit der plötzlich erkannten und anerkannten Zentralstellung der Bergpredigt verband. Doch wie stark dies ein Grundthema wäh-

Dietrich Bonhoeffer
in London mit den
Konfirmanden Ingrid
und John Krusemann,
1934

rend der anderthalb Jahre in London vom 16. Oktober 1933 bis
zum 15. April 1935 war, zeigt sich in einer Reihe von wichtigen
Briefäußerungen aus dieser Zeit. So heißt es in einem Brief an
den Studienfreund aus der Zeit in New York, Erwin Sutz, vom
28. April 1934: «Ich glaube, [...] dass die ganze Sache an der
Bergpredigt zur Entscheidung kommt. Ich glaube, dass die Theologie Barths – aber ganz gewiss auch die Ethik Brunners – nur
noch einmal verzögert haben – und gewiss auch ermöglicht haben, dass das erkannt wird.» (13: 128 f.) Auch Reinhold Niebuhr,
dem akademischen Lehrer in der New Yorker Zeit, berichtete er
in einem Brief vom 13. Juli 1934 von seiner neuen Beschäftigung
mit der Bergpredigt: «Es ist jetzt der Zeitpunkt gekommen, wo
aufgrund einer bis zu einem gewissen Grad wiederhergestellten
reformatorischen Theologie die Bergpredigt – und zwar in einem
anderen als dem reformatorischen Verständnis – wieder in Erin-

nerung zu bringen ist. Und genau an dieser Stelle wird sich die gegenwärtige Opposition noch einmal aufspalten. Und ehe wir nicht dahin gekommen sind, ist alles nur Vorbereitung. Die neue Kirche, die in Deutschland werden muss, wird sehr anders aussehen, als die jetzige Oppositionskirche.» (171)

Welchen Akzent Bonhoeffer bei seinem neuen Verständnis der Bergpredigt setzen wollte, zeigt sich daran, dass er in beiden Briefen – an Sutz und an Niebuhr – im unmittelbaren Anschluss an diese Überlegungen einen Hinweis auf seine geplante Indienreise anfügte. Die geplante Begegnung mit Mahatma Gandhi hatte für das Verständnis der Bergpredigt offenbar entscheidende Bedeutung. An Gandhis Beispiel knüpfte Bonhoeffer die Hoffnung, dass die Gewaltfreiheit der Bergpredigt nicht länger als unpolitische, ja weltfremde Haltung eines individuellen Rechtsverzichts, sondern als Kraft realer Veränderung verstanden und verwirklicht werden könne. In dieser Perspektive sah er auch das Buch, das er über die Bergpredigt und verwandte Themen schreiben wollte (129, 171).

Markant verdeutlichte Dietrich Bonhoeffer die lebensbestimmende Bedeutung dieser neuen Einsichten gegenüber seinem Bruder Karl-Friedrich: «Ich glaube zu wissen, dass ich eigentlich erst innerlich klar und wirklich aufrichtig sein würde, wenn ich mit der Bergpredigt wirklich anfinge, Ernst zu machen. [...] Die Restauration der Kirche kommt gewiss aus einer Art neuen Mönchtums, das mit dem alten nur die Kompromisslosigkeit eines Lebens nach der Bergpredigt in der Nachfolge Christi gemeinsam hat.» (13:272 f.) Dietrich Bonhoeffer verstand die Begegnung mit der Bergpredigt als ein tiefes religiöses Erlebnis; doch dieses Erlebnis führte nicht zu einer Abwendung von der Welt, sondern brachte ihn der Wirklichkeit näher. Der Weg war vorgezeichnet, auf dem er die Wirklichkeit Gottes in der Wirklichkeit der Welt entdeckte. Dass dies sein persönliches Leben tiefgreifend verändern könne und wie dies mit der Bergpredigt und dem geplanten Besuch bei Gandhi zusammenhing, markierte Bonhoeffer gegenüber Sutz mit den knappen Worten: «Wie lange ich Pfarrer und in dieser Kirche bleibe, weiß ich nicht. Vielleicht nicht mehr lange. Ich möchte im Winter nach Indien.» (129)

Aus dem Empfehlungsbrief, den Bischof George Bell an Mahatma Gandhi schrieb, wissen wir, dass Bonhoeffer sich zu diesem Zeitpunkt nicht nur für Gandhis politische Ziele und gewaltlose Aktionen interessierte, sondern auch für das Gemeinschaftsleben und die Ausbildungsformen in Gandhis Ashram (210). Tatsächlich lud Gandhi ihn dazu ein, einige Zeit bei ihm zu wohnen und ihn auf seinen Reisen zu begleiten (213 f.). Doch inzwischen war die Gründung des neuen Predigerseminars zu nahe gerückt. Die Aufgabe, an der Veränderung der Kirche mitzuwirken, vereitelte den Besuch bei Gandhi. Bonhoeffer «reiste statt nach Indien nach Pommern, um seinen eigenen ‹Ashram›, das Seminar, ohne fernöstliche Erfahrungen aufzubauen» (Bethge 2005: 471). Er gab der Ausbildung der Pfarrerschaft die Priorität. Dass aus der Oppositionskirche mehr werden könne als eine Kirche, die das Bemühen um Selbsterhaltung mit politischen Halbheiten verband, wagte er nur unter der Voraussetzung zu hoffen, dass sie sich auf eine Pfarrerschaft stützen konnte, die sich die Orientierung an der Bergpredigt und damit die Haltung einer kompromisslosen Nachfolge Jesu zu eigen machte.

Aus diesem Grund sollte die starke biblische Orientierung, in die Bonhoeffer hineingewachsen war, auch die Ausbildung künftiger Pfarrer der Bekennenden Kirche prägen, mit der er im Frühjahr 1935 begann. In der neuen Lebensform, die er dafür entwickelte und für die er gern Anregungen aus Indien aufgegriffen hätte, spielte die Bibel eine zentrale Rolle. Getragen wurde das Leben im Predigerseminar durch eine Gruppe von ungefähr sechs Pastoren, die über den halbjährlichen Wechsel der Kursteilnehmer hinaus zusammenblieb. Diese Mitglieder des *Bruderhauses* beteiligten sich nicht nur am Unterricht, sondern waren durch eine «strenge, gottesdienstliche Ordnung des Tages» miteinander verbunden, die vom Wort der Bibel und vom Gebet bestimmt war (14: 78). Diesem Vorbild folgend, wurden auch die Seminaristen dazu ermutigt, der biblischen Meditation einen

**Dietrich Bonhoeffer (2. Reihe links) im zweiten Finkenwalder Kurs
1935/36 mit Bruderhausmitgliedern des ersten Kurses**

festen Platz in ihrem Tageslauf einzuräumen. Ein biblischer Text,
der gegebenenfalls eine ganze Woche lang Tag für Tag meditiert
wurde, sollte unter der Frage bedacht werden, was er dem Medi-
tierenden selbst sagt. Nicht die Weitergabe an andere, sondern
die Aneignung für sich selbst war das bestimmende Motiv.

Bonhoeffer beschränkte diese Art des Umgangs mit der Bibel
nicht auf angehende Pfarrer. Auch andere in seinem Umkreis
wollte er dafür gewinnen. Seinem Schwager Rüdiger Schleicher
brachte er die Zuwendung zur Bibel, bei der auf Gottes Wort
und deshalb auf maßgebliche Einsichten zu wichtigen Fragen
zu achten war, durch den Vergleich mit dem Wort eines geliebten
Menschen nahe, das «einfach von uns hingenommen wird und
[...] Tage lang in uns nachklingt» (145). Erneut bezog er sich indirekt auf das umstürzende Erlebnis, das für ihn die Lektüre
der Bergpredigt bedeutete, und fügte hinzu, dass ihm die Bibel
seitdem «täglich wunderbarer» werde. «Ich lese morgens und
abends darin, oft auch noch über Tag, und jeden Tag nehme ich
mir einen Text, den ich für die ganze Woche habe, vor, und ver-

suche mich ganz in ihn zu versenken, um ihn wirklich zu hören.» (147) Dietrich Bonhoeffer war davon überzeugt, man müsse sich für die Botschaft der Bibel Zeit nehmen, wenn sie sich im persönlichen Leben auswirken solle. Carl Friedrich von Weizsäcker hat eine vergleichbare Haltung auch in Bonhoeffers Gefängnistheologie gefunden: «Sein Leben sollte die Erfahrung durchmessen, dass christliches Leben nur weltlicher werden kann, wenn es geistlicher wird, nur geistlicher, wenn es weltlicher wird. Beide Schritte sind Abschütteln eines Schutzes gegen die eigene Angst vor sich selbst.» (Weizsäcker 1977: 468) Bonhoeffer selbst bekannte während der Zeit seiner konspirativen Tätigkeit gegenüber seinen Mitbrüdern im Kriegsdienst: «Die tägliche stille Besinnung auf das mir geltende Wort Gottes – und seien es nur wenige Minuten – will für mich zum Kristallisationspunkt alles dessen werden, was innere und äußere Ordnung in mein Leben bringt. Bei der Unterbrechung und Auflösung unseres bisherigen geordneten Lebens, wie diese Zeit sie mit sich bringt, [...] gibt die Meditation unserm Leben so etwas wie Stetigkeit.» (16: 241)

Dabei orientierte Bonhoeffer sich immer stärker an den kurzen Losungsworten aus dem Alten Testament und den ihnen zugeordneten Lehrtexten aus dem Neuen Testament, die seit 1731 Jahr für Jahr im Losungsbüchlein der Herrnhuter Brüdergemeine bereitgestellt werden. In den Kampfzeiten der Kirche sei deren Bedeutung vielen Mitgliedern der Bekennenden Kirche aufgegangen, notierte er in seinem Buch *Gemeinsames Leben*, in dem er die Erfahrungen der Finkenwalder Jahre zusammenfasste (5: 43). In der Gefängniszeit gewann diese Erfahrung für ihn eine zusätzliche existentielle Dichte.

Auf der einen Seite führte ihn die Teilnahme an der Konspiration in das Inkognito einer weltlichen Existenz, in die er so intensiv eintauchte, dass er sogar tagelang auf jede Bibellektüre verzichtete. Das nicht zuzulassen, wäre für ihn religiöse Autosuggestion gewesen. Auch die Lektüre biblischer Texte, so spürte er nun, konnte zu einer «religiösen Einkleidung» werden, der die notwendige Ernsthaftigkeit fehlte. Doch er fügte hinzu: «Aber an Gott, an Christus muss ich immerfort denken, an Echtheit, an Leben, an Freiheit und Barmherzigkeit liegt mir sehr viel.» (16: 325) In dieser Auseinandersetzung mit der eigenen Frömmigkeitspraxis aus dem Jahr 1942 kündigt sich schon jener Abschied von der religiösen Form des christlichen Glaubens an, der in den Gefängnisbriefen in die Forderung nach einer nichtreligiösen Interpretation biblischer Begriffe münden sollte.

Doch zugleich war die Gefängniszeit durch eine intensive Beschäftigung mit den Losungstexten für jeden Tag geprägt. Gerade in der aufgezwungenen Isolierung fühlte Bonhoeffer sich durch diese Lektüre mit seinen Freunden und Weggefährten verbunden; manchmal schrieb er für den Freund Eberhard Bethge einige Sätze dazu (8: 448). Jedes Jahr tauschten die beiden Freunde die Losungsbüchlein als Weihnachtsgeschenk (8: 254). Noch auf seiner letzten Reise hatte er die Losungen bei sich. Am Sonntag, dem 8. April 1945, legte er seinen Kameraden in einem improvisierten Gottesdienst in der Mädchenschule von Schönberg bei Zwiesel die biblischen Losungstexte für den Tag aus: «Durch seine Wunden sind wir geheilt» (Jesaja 53,5) und «Gelobt sei Gott und der Vater unseres Herrn Jesu Christi, der uns nach seiner großen Barmherzigkeit wiedergeboren hat zu einer lebendigen Hoffnung durch die Auferstehung Jesu Christi von den Toten» (1. Petrus 1,3). Kurz nach dem Ende dieses letzten Gottesdienstes wurde Bonhoeffer nach Flossenbürg transportiert, wo er am folgenden Morgen ums Leben gebracht wurde.

Die Bibel vergegenwärtigen

Die zentrale Stellung, die der Bibel in Bonhoeffers Leben zukam, spiegelt sich auch in seiner Theologie. Seine Veröffentlichungen dokumentieren zugleich den Übergang von einer akademisch-schulmäßigen zu einer biblischen Theologie.

Nach seinen beiden akademischen Qualifikationsarbeiten (*Sanctorum Communio* sowie *Akt und Sein*) veröffentlichte Dietrich Bonhoeffer vier selbständige Schriften. Drei von ihnen sind ganz oder in großen Teilen theologische Auslegungen biblischer Texte. *Schöpfung und Fall*, die bereits 1933 veröffentlichte Wiedergabe einer Vorlesung aus dem Wintersemester 1932/33, ist der theologischen Auslegung von 1. Mose 1–3 gewidmet. Im ersten Teil des Buchs *Nachfolge* (1937), mit dessen Erarbeitung Bonhoeffer bereits in der Londoner Zeit begann und dessen wesentlichen Inhalt er in Finkenwalder und teilweise auch Berliner Vorlesungen vortrug, werden Evangelientexte zur Nachfolge sowie die Bergpredigt Jesu (Matthäus 5 bis 7) und seine Aussendungsrede (Matthäus 10) ausgelegt; im zweiten Teil geht es um das Verhältnis von Nachfolge und Kirche, wobei Bezüge zur paulinischen Briefliteratur dominieren. Mit den beiden folgenden Schriften vollzieht Bonhoeffer den Übergang zur Gemeindeliteratur: *Gemeinsames Leben* (1939) fasst die Erfahrungen der Finkenwalder Zeit zusammen; die Unterscheidung zwischen dem *gemeinsamen* und dem *einsamen Tag* bestimmt die Struktur des Buchs, wobei in beiden Hinsichten neben dem Gebet das Hören auf das Wort der Bibel und dessen Meditation von entscheidender Bedeutung sind. Die Schrift *Das Gebetbuch der Bibel* (1940) enthält eine Einführung in die Psalmen, die nicht einzelne Psalmen auslegt, sondern sich an Schlüsselthemen von der Schöpfung über die Kirche bis zur Endzeit, dem Eschaton, orientiert. Die Psalmen werden strikt als Gebete der Kirche verstanden und demgemäß – aus heutiger Sicht muss man sagen: ungebrochen – von Christus her und auf ihn hin interpretiert. Die Zentrierung von Bonhoeffers Theologie auf Jesus Christus, in dem die Wirklichkeit Gottes in die Weltwirklichkeit eingeht, wirkt sich auf seinen Umgang mit dem Alten Testament aus; eine Reflexion auf die Eigenbedeutung der Hebräischen Bibel als heiliger Schrift des Judentums erfolgt noch nicht – wie bei den allermeisten christlichen Theologen seiner Zeit. Sein Umgang mit dem Alten Testament ist vielmehr durch die typologische Interpretation bestimmt, in der Texte des

Alten Testaments als vorbereitende Hinweise auf Jesus Christus verstanden werden. Der in Bethel lehrende Schweizer Theologe Wilhelm Vischer sah es in diesem Sinn als die Aufgabe christlicher Theologie an, das «Christuszeugnis des Alten Testaments» zu entfalten; Bonhoeffer und er arbeiteten bei der Vorbereitung des Betheler Bekenntnisses eng zusammen. Wie stark eine christliche Interpretation des Alten Testaments, die dieses als integrale und unverzichtbare Grundlage des Christentums ansieht, von der deutschchristlichen Anhängerschaft der NSDAP angefochten wurde, zeigte sich darin, dass Vischer bereits 1933 seine Lehrtätigkeit in Bethel einstellen musste und im folgenden Jahr auf eine Pfarrstelle in die Schweiz zurückkehrte. In den Vordergrund rückten dabei politische Vorwürfe, weil Vischer Hitlers erste Rundfunkrede als Reichskanzler eine «Gemeinheit» genannt und in kritischer Anspielung auf die «Rassenpolitik» der NSDAP Hitler als «Balkanesen» bezeichnet hatte; beides wurde als Beleidigung des Reichskanzlers angesehen (Michaelis 1994: 38 f.).

In Bonhoeffers Interpretation der biblischen Urgeschichte und der Psalmen stecken zugleich ein theologisches Motiv und eine theologiepolitische Stellungnahme. Theologiepolitisch widersprach er der rassistisch motivierten Abwertung des Alten Testaments. Theologisch hielt er seine Christuszentrierung auch, ja gerade in der Auslegung alttestamentlicher Texte durch. Doch zugleich verhalf er diesen Texten in ihrem Eigenrecht zur Geltung. Nadine Hamilton beschreibt Bonhoeffers Sicht folgendermaßen: «Das Alte Testament ist mit seiner tiefen Menschlichkeit, weiten Offenheit und zugleich fernen Fremdheit der Schlüssel zu Jesus Christus und zum Vater selbst.» (Hamilton 2017: 291)

Bonhoeffers theologische Interpretation biblischer Texte ist in den genannten Schriften am Hören der Bibel als Gottes Wort orientiert. Die existentielle Erfahrung, dass im biblischen Wort Gottes Selbstoffenbarung begegnet, wird in der theologischen Auslegung nicht zurückgenommen, sondern vertieft. Diese Auslegung ist stets von einem theologischen Realismus geprägt. Er zeigt sich zum einen in dem hermeneutischen Grundsatz, dass es in allen Schichten der biblischen Überlieferung um ein und denselben Gott geht – den Gott, der in Jesus Christus Mensch wird und sich auf die Wirklichkeit der Welt einlässt. Realistisch ist diese Theologie zum anderen darin, dass sie die Bibel als Buch der Kirche liest und sie zur Antwort auf das biblische Wort befähigt; die Bibelauslegung ist also durch «Responsivität», Antwortfähigkeit, geprägt (Hamilton 2016). Realistisch ist an dieser Theologie schließlich, dass sie auf die Begegnung mit Gott in den Erfahrungen des eigenen Lebens vertraut (Welker 2009: 104–111). Nur wer bereit ist, das von Gott gegebene Leben in seinen Werten anzunehmen, kann «auch den Schmerz über beeinträchtigte oder verlorene Lebenswerte stark und aufrichtig empfinden» (8: 289). Im Zentrum steht die Überzeugung, dass es «durch jedes Ereignis, und sei es noch so ungöttlich, hindurch einen Zugang zu Gott» gibt; darum soll man «Gott in dem finden und lieben, was er uns gerade gibt» (8: 242, 244).

Auch für die Auslegung neutestamentlicher Texte ergaben sich wichtige Konsequenzen. Eine theologische Auslegung kann sich nicht mit der Historisierung dieser Texte begnügen, sondern muss an deren Vergegenwärtigung interessiert sein. Doch diese Vergegenwärtigung ist einer manifesten Gefahr ausgesetzt, die Bonhoeffer 1935, mitten im Kirchenkampf, an der Theologie der Deutschen Christen verdeutlicht. Er beschreibt sie als «Rechtfertigung des Christentums vor der Gegenwart». Während sich das *Neuheidentum* innerhalb der NS-Bewegung auf bewusst antichristliche Weise rechtfertigen will, fehlt es den Deutschen Christen an einer vergleichbaren Ehrlichkeit, wenn es um das religiöse Bekenntnis zu Rassismus und Nationalismus geht. Sie lassen «die biblische Botschaft durch das Sieb der eigenen Erkenntnis [...] laufen, [...] bis sie in den festgelegten Rahmen hineinpasst» (14: 401). Diese Bestätigung einer herrschenden Ideologie ist die Form, in der das Christentum sich vor der Gegenwart rechtfertigen muss. Demgegenüber tritt Bonhoeffer für eine «Rechtfertigung der Gegenwart vor der christlichen Botschaft» ein. Die Gegenwart wird vor das «Forum der christlichen Botschaft» gestellt; die Vergegenwärtigung der biblischen Botschaft vollzieht sich so, dass dort, wo die «Sache selbst [...] zu Wort kommt, in sich selbst sie das Gegenwärtigste» ist; diese Sache selbst aber ist «Christus und sein Wort». Zusammenfassend kann Bonhoeffer sagen: «Nicht wo die Gegenwart vor Christus ihren Anspruch anmeldet, sondern wo die Gegenwart vor dem Anspruch Christi steht, *dort ist Gegenwart.*» (403 f.) Christus selbst wird somit als «Subjekt der Vergegenwärtigung» verstanden (415). Damit ist ein hermeneutisches Programm formuliert, das auf Entfaltung drängt. Tatsächlich hegte Bonhoeffer spätestens von 1937 an den Plan, eine Hermeneutik zu erarbeiten. Doch dann schob sich das Vorhaben, eine Ethik zu schreiben, in den Vordergrund.

Historischer Jesus oder gegenwärtiger Christus

Dietrich Bonhoeffers hermeneutisches Interesse ergibt sich aus der zentralen Stellung, die dem Nachdenken über Christus, also der Christologie, in seiner Theologie zukommt. Es handelt sich um eine Hermeneutik in einem pointiert lutherischen Sinn. Hatte doch Martin Luther seine Auslegung der Bibel konsequent an der Frage orientiert, «was Christum treibet» (Luther 1989: 216 f.). Der Reformator formulierte diesen Maßstab in der Vorrede zu zwei neutestamentlichen Texten, denen er besonders kritisch gegenüberstand, nämlich dem Jakobus- und dem Judasbrief. Dabei wandte er dieses Kriterium keineswegs nur auf Schriften des Neuen, sondern auch des Alten Testaments an. Dazu verhalf ihm seine Auffassung, dass das Wort Gottes den Glaubenden als Gesetz und Evangelium begegnet. Als Gesetz überführt es den Menschen seiner Sünde, als Evangelium vergewissert es ihn der vergebenden Gnade Gottes. Als Gesetz und als Evangelium «treibt» die Heilige Schrift die Menschen «auf Christus hin», wie Luther in seiner Vorrede zum Alten Testament ausdrücklich erklärt (55). Er würdigt die Unterschiede, die in dieser Hinsicht zwischen Altem und Neuem Testament bestehen; aber auch wenn das Alte Testament stärker durch das Gesetz und das Neue Testament stärker durch das Evangelium geprägt ist, findet er doch das eine wie das andere in beiden Teilen der Bibel. Exemplarisch zeigt sich das darin, dass er den Hinweis auf Gottes Gnade bereits in dem ersten Vorschein des Evangeliums, dem sogenannten *Protevangelium*, erkennt, nämlich in der biblischen Erzählung über den Sündenfall des Menschen. Auf die Verführung des Menschen durch die Schlange beziehungsweise den Teufel antwortet Gott mit deren Verfluchung und der Ankündigung der Feindschaft zwischen der Frau (Eva) und der Schlange, zwischen deren Anhängern und ihrem Nachkommen. Dieser Nachkomme wird ihr den Kopf zertreten (1. Mose 3,15). Das deutet Luther auf die Hilfe durch Christus, «des Weibes Samen, der dem Teufel seinen Kopf, das ist Sünde, Tod, Hölle und alle seine Kraft, zertreten hat» (169; vgl. Bayer 2007: 81–83).

Es ist zwar überraschend, dass zwei der drei Bücher Bonhoeffers, die der Auslegung biblischer Texte gewidmet sind, Abschnitte des Alten Testaments zum Thema haben, die biblische Erzählung von Schöpfung und Fall einerseits, die Psalmen andererseits. Doch vor dem Hintergrund der gerade geschilderten Auffassung Martin Luthers vom Alten Testament lässt sich dies gut nachvollziehen. Die Verbindung zu dessen christologischer Hermeneutik zeigt sich exemplarisch an der Erzählung vom Fall des Menschen. Zwar bestätigt Bonhoeffer nicht explizit die Auffassung, dass es sich in 1. Mose 3,15 um ein *Protevangelium*, einen ersten Vorschein des Evangeliums, handelt. Doch der Sache nach drängt sich auch ihm die Einsicht auf, dass «der Mensch nun in der Entzweiung mit Gott, mit dem anderen Menschen, mit der Natur [...] doch auch nicht *ohne* Gott, ohne den anderen Menschen, ohne die Natur leben kann, [...] dass diese Welt, eben weil es *Gottes* Fluch ist, der auf ihr lastet, nicht gänzlich von Gott verlassene Welt ist, sondern in Gottes Fluch gesegnete, in Feindschaft, Schmerz und Arbeit befriedete Welt der *Erhaltung des Lebens*» (3: 126).

Allerdings hat Bonhoeffers gut lutherische Orientierung an

dem, *was Christum treibet,* eine Konsequenz, die heute nur schwer nachzuvollziehen ist. Problematisch wirkt auf uns die direkte Art, in der er Texte des Alten Testaments auf Christus bezieht. Programmatisch heißt es dazu bereits in der Einleitung zu *Schöpfung und Fall:* «Die Kirche [...] sieht die Schöpfung von Christus her; besser, sie glaubt in der gefallenen, alten Welt an die neue Schöpfungswelt des Anfangs und des Endes, weil sie an Christus glaubt und sonst an nichts.» (21 f.) Eine solche Art der christologischen Interpretation ignoriert den Charakter der Hebräischen Bibel als Glaubensbuch des Judentums. Für eine entsprechende Lesart des ersten Teils der christlichen Bibel scheint kein Raum zu sein; die zweifache Wirkungsgeschichte der Hebräischen Bibel und die mit ihr verbundene Offenheit und Mehrdeutigkeit der biblischen Texte gerät aus dem Blick (vgl. Luz 2014: 414–418). Ein solcher Weg ist der christlichen Theologie heute versperrt. Nach dem Holocaust sind Theologinnen und Theologen dazu verpflichtet, mit der Hebräischen Bibel, dem christlichen Alten Testament, in einer Weise umzugehen, die der zweifachen, im Blick auf deren muslimische Aneignung sogar dreifachen Wirkungsgeschichte dieser heiligen Schriften und ihrer damit verbundenen Mehrdeutigkeit Rechnung trägt.

Zugleich lässt die systematische Zielsetzung von Bonhoeffers Auslegung biblischer Texte die explizite Berücksichtigung historisch-kritischer Gesichtspunkte zurücktreten. Das hat immer wieder dazu verleitet, Bonhoeffers Umgang mit biblischen Texten im Sinne eines unkritischen Biblizismus zu verstehen. Dabei bleibt unberücksichtigt, dass Bonhoeffers theologisch akzentuierte Exegese ein bewusstes Gegengewicht gegen die historisch-kritische Relativierung der Frage nach der Wahrheit der biblischen Botschaft darstellt. Doch die Vehemenz, mit der er sich an dieser Wahrheitsfrage ausrichtet, lässt Zwischentönen, die sich aus historisch-kritischen Abwägungen ergeben, oft nur wenig Raum.

Mit Bonhoeffers auf Christus ausgerichteten Interpretationen verbindet sich also die Gefahr, Jesus Christus und das Wort der Bibel so nahe zusammenzurücken, dass der historische Abstand zum biblischen Wort an Bedeutung verliert. Damit geht eine Dynamik einher, in der die Texte der Bibel immer als konkrete Anrede, nicht als abstrakte Lehre verstanden werden. Das ist für den Zuspruch der Gnade Gottes wichtig, der nicht zu einer allgemeinen Gnadenlehre verfälscht werden darf; wichtig ist es aber auch für das Verständnis des göttlichen Gebots, das immer als konkretes, in die Situation hinein treffendes Gebot und nicht als allgemeines Gesetz zu verstehen ist. Doch es lässt sich nicht von der Hand weisen, dass Bonhoeffer auf diesem Weg in die Nähe eines Biblizismus gerät, den er selbst immer wieder vehement ablehnt (Bammel in Grünwaldt/Tietz/Hahn 2007: 43 f.).

Dabei sind die Einwände, die Bonhoeffer gegen die Exegese seiner Zeit erhebt, durchaus bedenkenswert. Einer dieser Einwände bezieht sich auf die Vorstellung, man könne in den Evangelien ein Bild des historischen Jesus finden, das von dem Glauben der nachösterlichen Gemeinde unberührt ist. Dass dies unmöglich ist, verdeutlicht Bonhoeffer in seiner Christologie-Vorlesung von 1933 am Scheitern der klassischen Forschungen über den historischen Jesus. Sie gingen von der Annahme aus, man könne hermeneutisch zwischen dem Jesus der Geschichte und dem Christus des Glaubens trennen. Erst in seiner Wirkung auf andere wird aus Jesus der Christus. Deshalb muss das Urteil der Gemeinde über Jesus Christus vom Sein Jesu streng geschieden werden. Bonhoeffer hielt es für ein Verdienst des Neutestamentlers William Wrede, dass er in seinem Buch über das *Messiasgeheimnis* darlegte, warum eine solche Scheidung nicht möglich ist. Der Grund liegt darin, dass schon die Verfasser der Evangelien den Glauben der Gemeinden voraussetzen, für die sie das Leben Jesu nachzeichnen. Sie orientieren sich also an einem nachösterlichen Bild von Christus, von dem aus sie das Leben, Wirken und Predigen des vorösterlichen Jesus darstellen. Die Evangelien beschreiben das Leben Jesu von der Voraussetzung aus, dass er als der Herr *(kyrios)* bekannt und anerkannt wird. Die Folgerung heißt: «Das Neue Testament kann historisch von nun an nur noch richtig interpretiert werden, wenn man seine eigene Vor-

aussetzung ernst nimmt, dass nämlich Jesus der Kyrios sei.»
(12: 312)

Bonhoeffer kommt also zu einem Schluss, wie er auf vergleichbare Weise durch Joseph Ratzinger (Papst Benedikt XVI.) in seinem mehrbändigen Werk über Jesus von Nazareth vertreten wird. Wie Bonhoeffer sagt auch Ratzinger ausdrücklich, dass man die Evangelien nur von dem Bekenntnis zu Jesus als dem Christus aus verstehen könne. Er betrachtet als Schlüssel dazu allerdings nicht den *kyrios*-Titel, sondern die Gottessohnschaft Jesu (Ratzinger 2007: 10–23). Ratzinger kommt auf diesem Weg zu einem Ergebnis, das in Bonhoeffers Worten folgendermaßen lautet: «Der Bund zwischen Historie und Dogmatik ist neu geschlossen. Die Historie hat die Voraussetzung der Dogmatik am Neuen Testament neu erarbeitet, dass der gegenwärtige Christus der geschichtliche, der verkündigte Christus der historische sei.»
(12: 312)

Die Kritik an den Vorstellungen der liberalen Theologie darüber, wie sich ein Bild des historischen Jesus frei von allen Überhöhungen durch den Gemeindeglauben rekonstruieren lasse, ist gewiss berechtigt. Jedoch bleibt in einer solchen Betrachtungsweise – bei Bonhoeffer wie bei Ratzinger – unberücksichtigt, dass Geschichte niemals bloß aus einem einzigen Vorverständnis heraus betrachtet wird. Das gilt auch von der Person Jesu. Schon im Neuen Testament begegnen uns unterschiedliche Wahrnehmungsweisen Jesu, die sich exemplarisch in den für ihn verwendeten Hoheitstiteln zeigen lassen: Rabbi, Menschensohn, Herr, Gottessohn. Solche unterschiedlichen Wahrnehmungsweisen können, müssen aber nicht in Konkurrenz zueinander treten. In jedem Fall eröffnen sie einen Interpretationsspielraum, der sich nicht dogmatisch auf ein einzelnes Interpretationsmuster – beispielsweise die Orientierung am Verständnis Jesu als des *kyrios* oder des Gottessohns – reduzieren lässt.

Zurück zu den Anfängen des Verstehens

Es ist aufschlussreich, die gegenläufige hermeneutische Orientierung zu beachten, die sich in Bonhoeffers theologischen Briefen aus der Haft findet. Sie konzentrieren sich auf zwei Überlegungen: auf den Abschied von einer *religiösen* Interpretation der biblischen Texte und auf die Interpretation der *Sache selbst* unter dem Blickwinkel des leidenden Christus, in dem die Macht Gottes allein in der Ohnmacht des Kreuzes erscheint. In beiden Hinsichten ist die Hermeneutik der Gefängnisbriefe durch die situative Verschärfung gekennzeichnet, die uns schon verschiedentlich als ein Kennzeichen von Bonhoeffers Theologie begegnet ist. Die biblischen Texte weiterhin *religiös* zu interpretieren bedeutet, an der Voraussetzung festzuhalten, dass die Welt ohne die «Arbeitshypothese» Gott nicht zu verstehen sei; damit wird jedoch die Mündigkeit des modernen Menschen nicht ernst genommen. Mit diesem Übergang zur Mündigkeit sind Christen «ganz auf die Anfänge des Verstehens zurückgeworfen» (8: 435). Die nun geforderte «weltliche Interpretation» muss einer «falschen Gottesvorstellung» den Abschied geben und «den Blick frei» machen «für den Gott der Bibel, der durch seine Ohnmacht in der Welt Macht und Raum gewinnt» (535). Damit kommt der zweite Schwerpunkt der hermeneutischen Überlegungen während der Gefängniszeit in den Blick. Für Gottes Ohnmacht in der Welt gilt die Einsamkeit Jesu im Garten Gethsemane als biblisches Paradigma. Bonhoeffer kann dies bis zu der Aussage steigern: «Nur der leidende Gott kann helfen.» (534) Damit ist nicht gesagt, dass Gott überhaupt nicht anders als im Leidenden begegnen könne; vielmehr geht es darum, dass *jetzt* – unter den Bedingungen der Mündigkeit ebenso wie in der Anfechtung durch eigenes Leiden – nur Gott, wie er sich im leidenden Christus zeigt, zu helfen vermag (Gremmels 2012: 29 f.).

So eindringlich sich Bonhoeffers theologischer Realismus an solchen Bezugnahmen auf neutestamentliche Texte zeigt, so groß bleibt die hermeneutische Schwierigkeit im Blick auf alttesta-

mentliche Texte, auf die wir schon aufmerksam wurden. Zwar
nimmt Bonhoeffers theologische Auslegung dieser Texte noch
keinen direkten Bezug auf die Anforderungen an eine Exegese
des Alten Testaments nach der Schoah. Doch ein Verständnis dafür bahnt sich an verschiedenen Stellen an. In Bonhoeffers Bibel
ist im 74. Psalm der Vers 8b unterstrichen: «Sie verbrennen alle
Häuser Gottes im Lande.» Neben diesem Vers ist von Bonhoeffers Hand notiert: «9. 11. 38.» Dieser Hinweis auf die Vernichtung
von Synagogen und anderen jüdischen Gebäuden in der Pogromnacht ist die einzige Datumsangabe, die sich in Bonhoeffers Bibel
findet. In ähnliche Richtung weist die Verhältnisbestimmung zwischen Kirche und Israel in Bonhoeffers *Ethik*-Manuskripten. Sie
beharrt darauf, dass «Jesus Christus der verheißene Messias des
israelitisch-jüdischen Volkes war»; deshalb begegnen in der Geschichte dieses Volkes die freie Gnadenwahl und der verwerfende
Zorn Gottes zugleich. «Eine Verstoßung der Juden aus dem
Abendland muss die Verstoßung Christi nach sich ziehen; denn
Jesus Christus war Jude.» (6: 95) Dass diese Verstoßung sich in
seiner eigenen Gegenwart vollzog, bildet ein Kernstück in Dietrich Bonhoeffers Schuldbekenntnis der Kirche; denn «sie ist
schuldig geworden am Leben der schwächsten und wehrlosesten
Brüder Jesu Christi» (130). Die Konsequenz ist unausweichlich,
wenn auch bei Bonhoeffer noch nicht eingelöst; sie besteht in
einer theologischen Auslegung des Alten wie des Neuen Testaments, die nicht einer «Verstoßung der Juden aus dem Abendland» gleichkommt. Daran zeigt sich, dass eine solche theologische Auslegung selbstkritischen Charakter tragen und die Aus-
legungsgeschichte biblischer Texte mit einbeziehen muss.

Von Anfang an beschäftigte Dietrich Bonhoeffer sich mit der
Frage, in welchem Verhältnis die theologische Auslegung zur historisch-kritischen Erforschung der biblischen Texte steht. Diese
Art der Auslegung hat es in seinen Augen nur mit dem Menschenwort zu tun, in dem das Gotteswort begegnet. Schon der neun-
zehnjährige Student setzte sich jedoch mit der Gefahr auseinander, dass diese Auslegung durch ihre Neigung, Texte zu zerglie-

dern, ja zu «zertrümmern», deren Wahrnehmung als Gotteswort beeinträchtigen kann (9: 307). Denn es lässt sich nicht abstreiten, dass dieses göttliche Wort im Menschenwort begegnet. Dafür verwendet Bonhoeffer schon früh ein charakteristisches Bild: Das biblische Wort begegnet «als Wort eines Buches, als Wort eines frommen Menschen. [...] Dies, als menschliches Wort gesagt und gehört, ist die Knechtsgestalt, in der Gott von Anfang an uns begegnet, sich allein finden lässt.» (3: 29)

Das Wort «Knechtsgestalt» enthält eine bewusste Anspielung an eine zentrale Aussage des Neuen Testaments. Im 2. Kapitel des Philipperbriefs übernimmt Paulus einen älteren Hymnus, in dem es von Christus heißt: «Er, der in göttlicher Gestalt war, hielt es nicht für einen Raub, Gott gleich zu sein, sondern entäußerte sich selbst und nahm Knechtsgestalt an, ward den Menschen gleich und der Erscheinung nach als Mensch erkannt.» Die Selbsterniedrigung Gottes in Christus ist das Urbild dafür, dass das Wort Gottes im Menschenwort begegnet und erkannt werden kann. Dass in Christus die Gotteswirklichkeit in die Weltwirklichkeit eingeht, bildet die Grundlage dafür, dass auch im Menschenwort das Wort Gottes gefunden und anerkannt werden kann. Deshalb kann – mit Bonhoeffer und über ihn hinaus – die historisch-kritische Interpretation der biblischen Texte in den Dienst der Begegnung mit dem lebendigen Wort Gottes treten; ja, sie ist dafür unentbehrlich.

6. Christlicher Pazifismus

Kirche und Welt, Frieden und Widerstand

Schon früh wollte Dietrich Bonhoeffer herausfinden, «was das Christentum oder auch wer Christus heute für uns eigentlich ist» (8: 402). An drei für ihn zentralen Themen erprobte er Antworten auf diese Frage – und zwar immer ebenso existentiell wie intellektuell, ebenso biographisch wie theologisch. Diese drei Themen waren das Leben in der Kirche, die Verantwortung für den Frieden und die Bereitschaft zum Widerstand. Keines dieser Themen lässt sich gegen das andere ausspielen. Wer einen Wechsel vom einen zum anderen Thema unterstellt, verspielt gerade den inneren Zusammenhang dieser drei Themen, der sich schon früh abzeichnet. Der Eindruck, man habe zwischen Bonhoeffers Schwerpunkten zu wählen, wurde jedoch immer wieder erweckt. *Von der Kirche zur Welt* war in der Zeit der DDR eine von Hanfried Müller geprägte Parole zur Beschreibung von Bonhoeffers Denk- und Lebensweg. Bei ihm selbst und bei manchen, die ihm folgten, ergab sich daraus eine politische Ethik, die sich auf den Spuren einer missverstandenen lutherischen Zwei-Reiche-Lehre bewegte: Gottes weltliches Regiment sollte man geschehen lassen, insbesondere wenn es in den Händen der herrschenden Partei lag. Die Friedens- und Bürgerrechtsbewegung der achtziger Jahre orientierte sich konsequenter und mit größerer Radikalität als gängige Spielarten einer Trennung zwischen Geistlichem und Weltlichem an Bonhoeffer. Gerade in der DDR hielten viele Theologen sein Erbe auf unterschiedliche Weise lebendig, unter ihnen beispielsweise Albrecht Schönherr, Jürgen Henkys und Wolf Krötke.

Träfe die Formel *Von der Kirche zur Welt* zu, dann müssten wir

die wichtigsten Aussagen zur Kirche in Bonhoeffers Frühzeit, die
wichtigsten Äußerungen zur Weltverantwortung dagegen in seinen letzten Lebensjahren suchen. Weder das eine noch das andere ist der Fall. Ausgearbeitete Überlegungen zu Frieden und
Widerstand finden wir schon in den Jahren um 1933. Und eine
der wichtigsten Formeln für das Kirchenverständnis, die Rede
von der *Kirche für andere*, stammt vom August 1944. Sie stimmt
mit Bonhoeffers frühen Äußerungen überein, in denen er bereits
die Aufgabe der Kirche als *Stellvertretung*, als Einsatz für andere
im Beten wie im Tun, bezeichnet hat. Wer Bonhoeffer einen Weg
von der Kirche zur Welt unterstellt, versteht die von ihm ge-
meinte Weltlichkeit christlicher Existenz gerade nicht. Die Weltzuwendung aus Glauben betrifft für Bonhoeffer die Gemeinschaft
der Glaubenden genauso wie die einzelnen Christen.

Auch das Verhältnis zwischen Friedensverantwortung und Wi-
derstandspflicht geriet immer wieder in vieldeutige Interpreta-
tionsstrudel. *Vom Pazifismus zum Widerstand* ist eine häufig zu
hörende Kurzformel für Bonhoeffers Weg. Oft ist damit gemeint,
er habe seinem christlichen Pazifismus den Abschied gegeben,
um für den Widerstand frei zu sein, den Tyrannenmord eingeschlossen. In anderen Fällen wird seine Rechtfertigung des gewaltsamen Widerstands mit der Begründung kritisiert, er habe
sein pazifistisches Eintreten für Gewaltlosigkeit damit verleugnet.

Der Frage, ob solche Entgegensetzungen stimmen, wollen wir
uns nun zuwenden. In diesem Kapitel geht es um die Frage, was
«christlicher Pazifismus» für Bonhoeffer bedeutete; seinem Verständnis des Widerstands ist das folgende Kapitel gewidmet.

Friedfertige und Pazifisten

Die Formel *Vom Pazifismus zum Widerstand* wird von manchen
so verstanden, dass mit Pazifismus eine Haltung der prinzipiellen Gewaltlosigkeit gemeint sei und dass Bonhoeffer sich diese
Haltung zumindest für eine Zeit seines Lebens zu eigen gemacht,

aber gegen Ende seines Lebens verlassen habe. Wir wollen prüfen, ob das stimmt.

Zunächst sei an die Geschichte des Worts *Pazifismus* erinnert. Es geht auf die lateinische Übersetzung des Neuen Testaments zurück. Die Seligpreisung der «Friedensstifter» in der Bergpredigt Jesu wird in der lateinischen Bibelübersetzung (der *Vulgata*) mit dem Satz wiedergegeben: «Beati pacifici: quoniam filii dei vocabuntur» (Matthäus 5,9). Das Wort *pacifici* verbindet die beiden Wörter *pax* (Frieden) und *facere* (machen) miteinander. Das so zusammengesetzte lateinische Wort entspricht genau dem griechischen Wort, das sich im Urtext des Matthäusevangeliums findet *(eireno-poioi).* Beide Bestandteile sind auch in Luthers deutscher Übersetzung präzise aufgegriffen, wenn er von den Fried-Fertigen, also den Friedens-(Ver)fertigern spricht. Das Wort zielt ursprünglich auf ein Handeln, auf eine Aktivität, nicht etwa auf eine bloße Gesinnung, zu deren Bezeichnung sich die Worte *friedfertig* und *Friedfertigkeit* im Lauf der Zeit gewandelt haben.

Die dieser Sprachentwicklung entsprechenden Fremdwörter *Pazifist, pazifistisch* und *Pazifismus* fanden erst zu Beginn des zwanzigsten Jahrhunderts Eingang in die europäischen Sprachen. Als Schöpfer des Worts gilt der belgische Notar Emile Arnaud, der als Präsident der Internationalen Liga für Frieden und Freiheit im Jahr 1901 die Verwendung der Begriffe *pacifisme* und *pacifistes* anregte (Holl 1978: 767). Das Wort trat neben den Ausdruck *Friedensbewegung* und bezeichnete diejenigen Gruppen, die mit der technischen Entwicklung neuer Waffensysteme eine Steigerung der Gewaltsamkeit von Kriegen befürchteten und deshalb eine aktive Friedenspolitik und mit ihr verbundene Maßnahmen zur Rüstungsbegrenzung und darüber hinaus eine wirksame Abrüstung forderten. Der 1889 erschienene und in zahlreiche Sprachen übersetzte Roman *Die Waffen nieder!* von Bertha von Suttner gewann dafür symbolische Bedeutung. Die Entscheidung des schwedischen Industriellen Alfred Nobel, mit seinem durch die Produktion von Dynamit erwirtschafteten Reichtum nicht nur wissenschaftliche und literarische Leistungen, sondern auch Verdienste um den Frieden auszuzeichnen, bildete eine ebenso markante wie ambivalente Antwort auf diese öffentliche Diskussion.

Die Selbstbezeichnung wie die kritisch verwendete Charakterisierung anderer als Pazifisten bezog sich in den ersten Jahren des zwanzigsten Jahrhunderts keineswegs nur auf Haltungen, in denen sich die Sorge um den Frieden mit der persönlichen Entscheidung zum prinzipiellen Waffenverzicht und damit auch zur Kriegsdienstverweigerung verband. Auch diejenigen konnten sich als Pazifisten verstehen oder von anderen so bezeichnet werden, die Rüstungsbegrenzung oder Abrüstung verlangten und dem Mut zur Verständigung den Vorrang vor der oft beschworenen Realpolitik zuerkannten, ohne damit die persönliche Entscheidung zur Kriegsdienstverweigerung oder die Forderung nach dem vollständigen Verzicht auf bewaffnete Streitkräfte zu verbinden.

Auch wer so dachte, gehörte in der Zeit des machtstaatlichen Nationalismus, der die Jahre vor dem Ausbruch des Ersten Weltkriegs und diesen Krieg selbst weithin prägte, in allen europäischen Ländern zu einer verschwindend kleinen Minderheit. Weite Teile des deutschen Protestantismus standen, wie wir schon am Beispiel Reinhold Seebergs gesehen haben, im Bann bellizistischen Denkens. Charakteristisch für diesen Nationalprotestantismus ist die Vehemenz, mit der Studierende der Theologie sich die *Ideen von 1914* zu eigen machten und bei Beginn des Ersten Weltkriegs zu den Waffen drängten. Während katholische Theologiestudenten und Priester vom Dienst mit der Waffe befreit waren, konnten evangelische Theologiestudenten und Theologen, die kein geistliches Amt innehatten, zum Kriegsdienst eingezogen werden oder sich freiwillig melden. Aber auch evangelische Pfarrer im Gemeindedienst verlangten stürmisch, vom Privileg für Geistliche befreit und zum Dienst mit der Waffe zugelassen zu werden, um dem Vaterland nicht an der Heimatfront, sondern auf dem Schlachtfeld zu dienen. Kaiser Wilhelm II. lehnte das Gesuch zwar ab, konnte sich damit aber nicht durchsetzen; der freiwilligen Meldung von evangelischen Pfarrern zum Kriegsdienst wurde in wachsendem Maß entsprochen. Während des Ersten Weltkriegs und nach dessen Ende wurde die Polemik gegen den Pazifismus schärfer. Dem Soziologen Max Weber galt er, wie seine berühmte Rede über *Politik als Beruf* von 1919 exemplarisch zeigt, als das Paradebeispiel für eine reine Gesinnungsethik, deren Vertreter sich der Verantwortung für die Folgen des eigenen Handelns entziehen, weil sie die «ethische Irrationalität der Welt» nicht ertragen (Weber 1994: 81). Gerade weil der Versailler Friedensvertrag von 1919 das Deutsche Reich zwang, die Reichswehr auf 115 000 Mann zu begrenzen, zogen Menschen, die weiterreichende Erwartungen an die Friedfertigkeit des eigenen Landes hegten, den Vorwurf auf sich, vaterlandslose Gesellen zu sein. Gesinnung und Verantwortung, Pazifismus und Realpolitik traten schroff gegeneinander. Die Bismarck zugeschriebene Aussage, mit der Bergpredigt könne man keine Politik machen, wurde zum geflügelten Wort.

Freund oder Feind

Dietrich Bonhoeffer war durch den Kriegstod seines Bruders Walter im April 1918 schon früh von jeder Kriegsbegeisterung entfremdet worden. Dennoch hielt er an der Verpflichtung fest, dem eigenen Land mit der Waffe in der Hand zu dienen. Die Gemeindevorträge, die er im Winter 1928/29 in Barcelona hielt, zeigen das deutlich. Ihnen liegt ein Verständnis der Ethik zugrunde, mit dem Bonhoeffer sich dem dezisionistischen Geist seiner Zeit anschließt. Es war eine Zeit, in der es den Intellektuellen immer schwerer fiel, sich an Prinzipien oder Tugenden zu orientieren; für viele von ihnen konzentrierte sich die verantwortliche Tat auf den Akt der konkreten Entscheidung. Ihr gegenüber mussten Haltungen, die sich an Prinzipien oder Tugenden orientieren, als unkonkret erscheinen. Genau dieses Argument wandte Bonhoeffer in seinem Vortrag vom 8. Februar 1929 auf die Kriegsdienstverweigerung an, und zwar auch für den Fall, dass sie unter Berufung auf die Bergpredigt erfolgte, und stellte ihr die konkrete Ethik der Entscheidung entgegen. Die Not dieser Entscheidung besteht nach seiner Auffassung darin, zwischen dem Nächsten und dem Feind unterscheiden zu müssen: «Stehe ich einmal mitten drin in der Not der Entscheidung, dass ich entweder meinen leiblichen Bruder, meine leibliche Mutter der Hand des Angreifers aussetze oder aber selbst die Hand erheben muss gegen den Feind, dann wird mir der Augenblick gewiss sagen, wer von den beiden mein Nächster, auch vor Gottes Angesicht, ist und sein muss. Gott hat mich meiner Mutter, meinem Volke gegeben; was ich habe, danke ich diesem Volk; was ich bin, bin ich durch mein Volk, so soll auch was ich habe ihm wieder gehören, das ist so göttliche Ordnung, denn Gott schuf die Völker.» (10: 337) Bonhoeffers Überlegungen gehen so weit, dass sie sogar einen Angriffskrieg nicht ausschließen; dafür beruft er sich darauf, dass jedes Volk einen Ruf Gottes habe, «in sich Geschichte zu gestalten». Wenn ein Volk diesen Ruf «an seinem eigenen Leben, an seiner Jugend und seiner Stärke erfährt», so legt Bonhoeffer nahe, darf es diesem Ruf folgen, «auch wenn es über das Leben anderer Völker hinweggeht» (339).

Das Ausmaß, in dem der Vikar der deutschen Auslandsgemeinde sich mit solchen Überlegungen noch in den *Ideen von 1914* verfängt, ist erschreckend. Die Unentrinnbarkeit des Krieges ergibt sich ihnen zufolge gerade daraus, dass jedes Volk für sich selbst einen solchen Ruf vernimmt und ihm folgend das Existenzrecht anderer Völker in Frage stellen kann. Bonhoeffer berücksichtigt explizit, dass auch der Feind vor derselben Entscheidung steht; schon das muss nach seiner Auffassung jedem Hass auf den Gegner entgegenwirken. Aber das generelle Gebot der Nächstenliebe wird in der konkreten Situation durch die Unterscheidung von Freund und Feind, die der Jurist Carl Schmitt wenig später zum Wesen des Politischen erklärte, relativiert. Der Hinweis auf die prinzipielle und zugleich verhängnisvolle Bedeutung dieser Unterscheidung bei dem «Kronjuristen» des nationalsozialistischen Regimes macht deutlich, dass Bonhoeffer sich mit seinen Überlegungen in Barcelona auf einem gefährlichen Abweg befand. Wenn man jedoch das Freund-Feind-Denken und die Infragestellung des Existenzrechts eines anderen Volkes für einen Augenblick in den Hintergrund treten lässt, bleibt eine Unterscheidung übrig, die zu weitergehenden Überlegungen nötigt. Bonhoeffer bestätigt, dass der Christ den Lebensgemeinschaften gegenüber, denen er selbst angehört, eine besondere Verpflichtung wahrzunehmen hat. Diese Verpflichtung wird durch das Gebot der Nächstenliebe, das von Jesus bis zum Gebot der Feindesliebe gesteigert wird, nicht außer Kraft gesetzt. Immer wieder wird deshalb die Frage gestellt, ob man ohne die Unterscheidung zwischen nahen und fernen Nächsten auskommen könne. Keineswegs nur in der Ausnahmesituation der Gewaltanwendung, sondern bereits in der Normalität der alltäglichen Lebensführung machen die meisten von einer solchen Unterscheidung Gebrauch. Sie unterscheiden zwischen dem Eintreten für Menschen, denen sie sich in der Familie oder einer anderen Lebensform besonders verpflichtet wissen, und dem allgemeinen Verantwortungsbewusstsein für einen weiteren Kreis von Menschen. Die grundsätzliche Bedeutung dieser Differenzierung wird innerhalb der neueren Sozialphilosophie von Seyla Benhabib in der Unterscheidung zwischen dem konkreten und dem generalisierten Anderen (Benhabib 2011: 62–65) und von Nicholas Wolterstorff in der Unterscheidung zwischen der Sorge für andere und der Sorge um andere (Wolterstorff 2013: 105–112) einleuchtend dargestellt.

Beunruhigend an Bonhoeffers Argumentation ist nicht die Feststellung, dass jeder Mensch existentiell mit einer überschaubaren Gruppe anderer Menschen verbunden ist, denen seine vorrangige Fürsorge gilt, während er sich um andere in allgemeiner Form und geringerer Verbindlichkeit sorgt. Würde Bonhoeffer lediglich eine solche Unterscheidung einführen, wäre das nicht zu kritisieren. Schwer begreiflich ist jedoch aus dem Abstand eines knappen Jahrhunderts die Selbstverständlichkeit, mit der er in einem Vortrag vor Mitgliedern der deutschen Auslandsgemeinde in Barcelona die Verpflichtung gegenüber der Mutter mit derjenigen gegenüber dem Volk parallelisiert und die Dankbarkeit gegenüber der Person der Mutter mit der Dankbarkeit gegenüber dem Kollektiv des Volkes gleichsetzt.

Explizit beruft sich der junge Vikar dafür auf die in der lutherischen Theologie seiner Zeit verbreitete Vorstellung von den Schöpfungsordnungen, zu denen er wie viele zeitgenössische Theologen die Gliederung der Menschheit in Völker zählt – der biblischen Erzählung vom Turmbau zu Babel im 11. Kapitel der Genesis zum Trotz. Beunruhigend sind die unreflektierte Form, in der für ihn die Verpflichtung auf das eigene Volk das Existenzrecht anderer Völker in Frage stellen kann, sowie die Alternativlosigkeit der Gewalt, die er in bestimmten Entscheidungssituationen voraussetzt.

Nur Gebote, die heute wahr sind

Doch Dietrich Bonhoeffer ließ die Theologie der Schöpfungsordnungen genauso hinter sich wie den Dezisionismus. Dieser Wandel vollzog sich in Stufen. Zunächst veränderte der Aufenthalt in New York seine Grundhaltung zu den Fragen von Krieg und Frieden tiefgreifend. Entscheidend war dafür die persönliche Begegnung mit Pazifisten, insbesondere mit dem französischen Pastor Jean Lasserre und dem amerikanischen Ethiker Paul Lehmann. Deren Einfluss zeigt sich in einem Referat zum Thema «Krieg», den der deutsche Gast im November 1930 in New York hielt. Erstaunlich ist an diesem Vortrag die Behauptung, in Deutschland habe sich eine Friedensbewegung von «enormer Kraft» entwickelt, während sich die anderen europäischen Nationen auf einen Krieg vorbereiteten. Angesichts dieser Situation sei es «eine der größten Aufgaben für unsere Kirche [...], die Friedensarbeit in jedem Land und in der ganzen Welt zu verstärken». Dem folgt der Schlüsselsatz: «Es darf nie wieder geschehen, dass

Dietrich Bonhoeffer und seine Freunde vom Union Theological Seminary
in New York, 1930 (von links: Dietrich Bonhoeffer, Klemm, Marion und
Paul Lehmann, Erwin Sutz)

ein christliches Volk gegen ein christliches Volk kämpft, Bruder
gegen Bruder, da beide einen Vater haben.» (10: 651) Im Vergleich zum Vortrag in Barcelona lässt das New Yorker Referat gerade im Umgang mit dem Begriff des Volks eine beachtliche
Revision erkennen.

Jean Lasserre überzeugte den jungen Deutschen nicht nur als
pazifistische Persönlichkeit; es kam hinzu, dass die beiden auf
ihrer gemeinsamen Reise nach Mexiko im Lehrerseminar von
Victoria im Nordosten des Landes zur Mitwirkung an einer Vor-
tragsveranstaltung zur Förderung des Friedens aufgefordert wurden. So waren ein Deutscher und ein Franzose, Vertreter der
«Erbfeinde», die Hauptredner. Das beeindruckte nicht nur das
Publikum; auch auf die beiden Freunde selbst wird dieses Erlebnis nicht ohne Wirkung geblieben sein.

Solche Erfahrungen trugen dazu bei, dass Bonhoeffer sich für
ökumenische Friedensbemühungen öffnete und sich 1931, bald

nach der Rückkehr aus Amerika, bereiterklärte, in verantwortlicher Position an diesen Bemühungen mitzuwirken. Er kam nun zum ersten Mal in unmittelbaren Kontakt mit der evangelisch geprägten Ökumene. In ein allgemeineres Bewusstsein war sie vor allem durch die Konferenz für Praktisches Christentum (*Life and Work*) getreten, die 1925 in Stockholm zusammengetreten war. Ein wichtiger Zweig dieser Bewegung war der Weltbund für Internationale Freundschaftsarbeit der Kirchen, eine exakt zu Beginn des Ersten Weltkriegs gegründete Vereinigung christlicher Persönlichkeiten vor allem aus Westeuropa und den USA. Der Weltbund war nicht von den Kirchen getragen, sondern eine eigenständige Organisation. Er setzte es sich zur Aufgabe, die Kirchen zum Eintreten für Abrüstung und Völkerverständigung zu bewegen. Im März 1931 übernahm der Berliner Superintendent Max Diestel den stellvertretenden Vorsitz im deutschen Arbeitsausschuss des Weltbunds. Er motivierte Bonhoeffer dazu, Anfang September 1931 zum ersten Mal an einer Tagung dieser Vereinigung teilzunehmen; sogleich wurde dieser zu einem der drei europäischen Jugendsekretäre bestimmt. Während F. W. Thomas Craske, der spätere anglikanische Bischof von Gibraltar, für das britische Empire, die USA und den Fernen Osten und der französische Pfarrer Pierre C. Toureille für Frankreich, Süd- und Südwesteuropa, den Balkan, Polen und die Tschechoslowakei zuständig waren, übertrug der Weltbund Bonhoeffer die Zuständigkeit für Skandinavien und Mitteleuropa.

Kurz bevor er diese Aufgabe übernahm, hatten die beiden lutherischen Theologen Paul Althaus und Emanuel Hirsch eine Erklärung zur Friedensfrage veröffentlicht, die sich insbesondere gegen die Arbeit des Weltbunds und dessen theologische Grundlagen richtete. Sie verstärkten eine Stimmung, die den ökumenischen Friedensbemühungen einen naiven Pazifismus und eine Vernachlässigung nationaler Interessen zum Vorwurf machte. Bonhoeffer war dadurch von Anfang an bewusst, dass die internationale Freundschaftsarbeit der Kirchen eine klare theologische Grundlegung brauchte. Schon im Februar 1932 erklärte er sehr grundsätzlich, der Krieg sei «Sünde», denn er «verstößt gegen das Friedensgebot Gottes». Doch schloss er gleichzeitig die Beteiligung von Christen an einem Krieg nicht prinzipiell aus. Noch immer berief er sich dafür auf das «Schöpfungsgebot der Treue zum eigenen Volk». Doch zugleich fragte er nach der eigenen Verantwortung vor dem göttlichen Friedensgebot; weil der in den Krieg gehende Christ vor diesem versage, sei er «auf Gottes Gnade angewiesen» (67).

Damit waren schon die Weichen dafür gestellt, das Friedensthema in die grundsätzliche Frage nach dem Charakter christlicher Ethik einzuordnen. Bonhoeffer wurde bewusst, dass er Selbstverständlichkeiten hinter sich lassen musste, mit denen er sich während seines Studiums noch abgefunden und die er in Barcelona sogar öffentlich vertreten hatte. Immer deutlicher erkannte er, dass er sich nicht auf eine Ethik der Schöpfungsordnungen stützen konnte; vielmehr kam er zu der Überzeugung, dass christliche Ethik sich am konkreten Gebot Christi auszurichten habe. Die weitreichende Änderung seiner Haltung zeigt sich in einem Seminarmanuskript aus dem Jahr 1932 über die Frage: *Gibt es eine christliche Ethik?* (10: 303–313) Von einer solchen Ethik kann nach Bonhoeffers Auffassung nur dann die Rede sein, wenn sie an dem gegenwärtigen und sich immer wieder neu vergegenwärtigenden Christus orientiert ist. Die Kontinuität dieser Ethik liegt also nicht in ihrem Bezug auf vermeintlich unveränderliche Schöpfungsordnungen; sie liegt auch nicht in der Berufung auf das Gewissen, auf die Liebe als Prinzip, auf die Situation oder auf das Gesetz – und sei es in der Form der Bergpredigt (312). Nicht ein verselbständigtes Gesetz, sondern das Gebot des gegenwärtigen Christus, von dem her die Aufgaben der jeweiligen Gegenwart erkannt werden, macht das Wesen der christlichen Ethik aus; sie ist also genau betrachtet «Christus-Ethik» (Tödt 1993: 133). Mit dieser Weiterentwicklung verbindet sich auch eine Klarstellung im Verhältnis zu einer missverstandenen lutherischen Zwei-Reiche-Lehre: Die Präsenz Christi gilt der ganzen Welt und nicht nur einem Teil von ihr; deshalb hat das Gebot

Gottes auch Auswirkungen auf das Zusammenleben der Menschen in Staat und Gesellschaft. Die ganze Wirklichkeit ist im Blick, wenn das Gebot Gottes konkret wird. Daraus ergibt sich für Bonhoeffer die These: «Was für die Verkündigung des Evangeliums das Sakrament ist, das ist für die Verkündigung des Gebotes die Kenntnis der konkreten Wirklichkeit. *Die Wirklichkeit ist das Sakrament des Gebotes.*» (11:334) Damit will er nicht behaupten, die Wirklichkeit trage sakramentalen Charakter, vermittle also ihrerseits die Gegenwart der Gnade Gottes, sondern er will auf eine Analogie hinaus: So wie die Sakramente Taufe und Abendmahl die Gnade Gottes in der Schöpfungswirklichkeit der Elemente von Wasser sowie von Brot und Wein erfahrbar machen, so macht die Wirklichkeit das Gebot Gottes erfahrbar. Allerdings kann das nicht, wie Bonhoeffer ausdrücklich hervorhebt, die gefallene, durch die Sünde geprägte Wirklichkeit sein, sondern nur die geschaffene, aus der Perspektive der Gnade Gottes betrachtete Wirklichkeit. Daraus ergibt sich eine Folgerung von großem Gewicht, die Bonhoeffer allerdings nur andeutet: Evangelium und Gebot gehören zusammen; denn das Gebot ist selbst Ausdruck der Gnade Gottes.

Verantwortlich für die Weitergabe des durch die Wirklichkeit konkret werdenden Gebots ist die Kirche; angesichts der zu Beginn der dreißiger Jahre erneut aufkommenden Kriegsbereitschaft verdeutlichte Bonhoeffer die der Kirche gestellte Aufgabe an den Fragen von Krieg und Frieden. Es ging darum, im Blick auf die politische Entwicklung konkret auszusprechen, was im Licht der Gegenwart Christi geboten ist.

So bildete die akademische Bemühung um das Verständnis christlicher Ethik für Dietrich Bonhoeffer einen vorbereitenden Schritt für die friedensethische Urteilsbildung. Sie konkretisierte sich in dem ersten wichtigen Vortrag, den er im Juli 1932 als Jugendsekretär des Weltbunds für Freundschaftsarbeit der Kirchen im tschechischen Čiernohorské Kúpele zu halten hatte. In diesem Vortrag *Zur theologischen Begründung der Weltbundarbeit* verbindet er die Konzeption des konkreten göttlichen Gebots mit der kirchlichen Verantwortung für weltlichen Frieden. Erneut wendet er sich von einer allgemeinen Prinzipienethik ab und setzt eine Ethik des konkreten Gebots an deren Stelle: Die Kirche darf «keine Prinzipien verkünden, die immer wahr sind, sondern nur Gebote, die heute wahr sind» (332). Er verdeutlicht das am Thema des Friedens und nimmt dabei ausdrücklich den Begriff des Pazifismus in Anspruch: «Wir sollen uns hier auch nicht vor dem Wort Pazifismus scheuen. So gewiss wir das letzte pacem facere Gott anheimgeben, so gewiss sollen auch wir pacem facere zur Überwindung des Krieges.» (341)

Die «Überwindung des Krieges» ist für Dietrich Bonhoeffer der Inhalt des Pazifismus. Den modernen Krieg versteht er als ein mörderisches Geschehen, das in die Selbstvernichtung beider Seiten führt. Bonhoeffer hatte als Kind den Ersten Weltkrieg erlebt. Dessen mörderischer Charakter hatte mit dem Tod seines Bruders Walter tief in das Leben der Familie eingegriffen. Der Kernsatz der Kriegstheologie, niemand habe «größere Liebe als die, dass er sein Leben lässt für seine Freunde» (Johannes 15,13), war ihm ferngerückt. Der Krieg kennt keine höhere Ordnung mehr: Er ist mit dem Gebot Gottes unvereinbar. Er kann deshalb nicht länger als ein Teil von Gottes Erhaltungs- oder gar Schöpfungsordnung verstanden werden. Bonhoeffer revidiert damit, was er selbst in den Jahren zuvor über das Problem kriegerischer Gewaltanwendung gesagt hat. Nun – bereits 1932 – wird ihm klar, dass die bisherigen theologischen Versuche zur Eindämmung des Krieges keine Zukunft haben. Angesichts der modernen Kriegführung wirkt es ebenso realistisch wie theologisch stringent, wenn er in Čiernohorské Kúpele sagt: «Weil wir [...] den Krieg keinesfalls als Erhaltungsordnung Gottes und somit als Gebot Gottes verstehen können, und weil der Krieg andererseits der Idealisierung und Vergötzung bedarf, um leben zu können, darum muss der heutige Krieg, also der nächste Krieg, der *Ächtung* durch die Kirche verfallen.» (341) Vor diesem Hintergrund kann er gegen Ende des Jahres 1932 in aller Schärfe erklären: «Dem Christen ist jeglicher Kriegsdienst, es sei denn

Samariterdienst, und jede Vorbereitung zum Krieg verboten.» Bonhoeffer wendet sich also schon 1932 von der Vorstellung eines gottgewollten Krieges ab; er schärft ein, dass der Nachfolge Christi nur der «Frieden mit jedermann» entsprechen kann, der Frieden unter den Völkern eingeschlossen (12: 234). Mit besonderem Nachdruck unterstreicht er die Pflicht zur Gewaltlosigkeit unter Christen; denn wer das Schwert gegen einen anderen Christen erhebe, richte es damit zugleich auf Christus selbst (17: 120). Nur wenige verstanden den Realismus, der Bonhoeffer leitete. Die meisten hielten seinen Aufruf zur Ächtung des Krieges für einen Ausdruck von jugendlichem Idealismus – sehr zu Unrecht, wie sich im Rückblick zeigt. In seiner Arbeit für den Weltbund gelang es Bonhoeffer freilich nicht, zwischen der Förderung der freundschaftlichen Beziehungen zwischen den Völkern und der Rücksichtnahme auf die Eigeninteressen der beteiligten Nationen eine Brücke zu schlagen und dadurch den Friedensbeitrag der Kirchen zu stärken. Was in dieser Hinsicht auf dem Spiel stand, wurde mit der politischen Veränderung in Deutschland seit dem Januar 1933 offenkundig.

Gewaltfrei Frieden machen

Die Haltung, die Dietrich Bonhoeffer zur Machtübernahme der Nationalsozialisten einnahm, hatte sich schon zuvor angebahnt. Er selbst konnte den Zeitpunkt ziemlich genau bestimmen, zu dem er die Überzeugung gewann, es gebe einen *christlichen Pazifismus* von verpflichtender Kraft. Von diesem Vorgang berichtet er in dem bereits erwähnten Brief an Elisabeth Zinn von Anfang 1936 über seine Wendung zur Bibel im Jahr 1932. Nachdem er ihr die befreiende Wirkung der Begegnung mit der Bergpredigt geschildert hat, fügt er hinzu: «Dann kam die Not von 1933. [...] Es lag mir nun alles an der Erneuerung der Kirche und des Pfarrerstandes. [...] Der christliche Pazifismus, den ich noch kurz vorher [...] leidenschaftlich bekämpft hatte, ging mir auf einmal als

Selbstverständlichkeit auf. Und so ging es weiter, Schritt für Schritt. Ich sah und dachte gar nichts anderes mehr.» (14:113) Grundlegende Veränderungen der Lebenshaltung, also *Konversionen* religiöser oder säkularer Art, werden häufig im Nachhinein zu einem Vorgang verdichtet, dessen Zeitpunkt man genau zu kennen meint (Reuter 2013:85). Auch wenn in Bonhoeffers Rückblick eine solche Stilisierung vermutet werden kann, bleibt sein Selbstzeugnis doch aus zwei Gründen bedeutsam: Zum einen parallelisiert er die Zuwendung zur Verantwortung für die Kirche und die Öffnung für einen christlichen Pazifismus; beides hatte für ihn seine Grundlage in der Begegnung mit der Bergpredigt. Zum andern war diese Grundlage zwar bereits vor der Machtübergabe an Adolf Hitler am 30. Januar 1933 gelegt; doch lebensprägend wurden diese beiden Grundentscheidungen angesichts der *Not* der Veränderung, die so viele andere Menschen als *Segen* feierten: der nationalen Revolution durch die nationalsozialistische «Machtergreifung».

Dietrich Bonhoeffer hatte bereits eine kritische Sicht auf die Auswirkungen des NS-Regimes für die Fragen von Krieg und Frieden entwickelt, bevor die neue Regierung entschiedene Aufrüstungsschritte in Angriff nahm. Ein wichtiges Fanal dafür war der Austritt aus dem Völkerbund im Oktober 1933; es war offenkundig, dass damit eine Aufrüstung verbunden werden sollte, die sich der Begrenzung der Reichswehr auf 115 000 Mann durch den Versailler Friedensvertrag von 1919 entzog. Dieser Schritt wurde also schon lange vor der offiziellen Wiedereinführung der allgemeinen Wehrpflicht im März 1935 vorbereitet. Die Absage an den Friedensvertrag, der vielen Deutschen verhasst war, und die Abwendung von den Bemühungen um eine internationale Friedensordnung rückten die geplante Aufrüstung in ein eindeutiges Licht.

Im Sommer 1934 spitzte sich die Friedensgefährdung bedrohlich zu. Unter dem Vorwand, es drohe ein Putsch der SA unter ihrem Führer Ernst Röhm, ließ Hitler am 30. Juni 1934 in der «Nacht der langen Messer» mehr als hundert politische Gegner

umbringen. Am 25. Juli folgte ein nationalsozialistischer Putsch
in Österreich, in dessen Verlauf Bundeskanzler Engelbert Doll-
fuß ermordet wurde. Italien reagierte mit einem Truppenauf-
marsch am Brenner. Nach dem Tod des Reichspräsidenten Paul
von Hindenburg am 2. August 1934 riss Hitler auch die Befug-
nisse des Reichspräsidenten an sich und setzte damit die Führer-
diktatur in Deutschland endgültig durch; von nun an wurde die
Reichswehr (ab 1935 die Deutsche Wehrmacht) auf den «Führer
und Reichskanzler» vereidigt.

Für Bonhoeffer stand außer Frage, dass all dies in die Vorbereitung eines neuen Krieges münden werde. Deshalb verschärfte
er seine Position und versuchte, in der Kirche Klarheit darüber
zu schaffen, dass sie auf diese Entwicklung mit einer unzweideu-
tigen und verbindlichen Ächtung des Krieges reagieren müsse.
Als öffentliches Forum dafür wählte er die ökumenische Konferenz in Fanø im August 1934, in der die ökumenische Bewegung
für praktisches Christentum *(Life and Work)* und der Weltbund
für Freundschaftsarbeit der Kirchen gemeinsam über die Welt-
lage berieten. Ungewöhnlich intensiv bereitete er sich darauf vor.
Er verfasste ein Thesenpapier, das er der Studienabteilung der
ökumenischen Bewegung in Genf schon vor der Konferenz zur
Verfügung stellte (13: 295-298). In diesen Thesen skizzierte er
unterschiedliche Interpretationen des Krieges, die er durch die
Aussage überbot, der Krieg sei ein Symptom für die dem Tod ver-
fallene Welt. Doch mit dessen Überwindung, wenn sie denn ge-
länge, wäre keineswegs das Übel selbst überwunden, wie der säkulare Pazifismus denke. Denn diese Vorstellung könne nur aus dem
Gedanken erwachsen, dass der Mensch der Herr der Geschichte
sei. «Nicht der Pazifismus ist der Sieg, der die Welt überwunden
hat, sondern der Glaube [...], der alles von Gott erwartet und auf
die Wiederkunft Christi und sein Reich hofft.» (13: 297)

Bei der Konferenz hielt Bonhoeffer sowohl eine Andacht vor
der Jugendversammlung als auch eine Rede über *Kirche und Völkerwelt* vor dem Plenum (vgl. Heimbucher 1997: 126 f., 141-158).
Beide Ansprachen begannen mit einem Zitat aus Psalm 85: «Ach

Dietrich Bonhoeffer mit Otto Dudzus (Dritter von links) und weiteren Mitgliedern der Bekennenden Kirche bei der Vorkonferenz der Ökumenischen Jugend in Fanø, August 1934

dass ich hören sollte, was der Herr redet, dass er Frieden zusagte seinem Volk und seinen Heiligen.» Damit war der Grundton klar vorgegeben: Der Frieden wurde als eine Zusage Gottes verstanden, die zugleich ein Gebot an die Kirche enthält. Sie soll «ihren Söhnen im Namen Christi die Waffen aus der Hand» nehmen «und ihnen den Krieg verbiete[n] und den Frieden Christi ausruf[en] über die rasende Welt» (13: 301). Die Rede fand viel Zustimmung, weckte jedoch auch unmittelbaren Widerspruch. Er kam keineswegs nur von deutschen Teilnehmern; doch sie formulierten ihn unüberhörbar. Der Heidelberger Privatdozent Heinz-Dietrich Wendland, der nach dem Zweiten Weltkrieg ein renommierter Sozialethiker wurde, meldete sich als Sprecher der «deutschen Jugend» zu Wort, die mit «Weltstaat», «Rechtsstaat» oder «Vereinigung der Nationen» nichts im Sinn habe. Diese Jugend habe eine «nüchterne und realistische Auffassung», der zufolge die Welt unter dem Gesetz der Sünde lebe; in dieser Welt seien

Krieg und Gewalt unausweichlich und als Strafe Gottes zu verstehen. Auch der Jurist Walter Simons, 1920/21 Reichsaußenminister und danach bis 1929 Präsident des Reichsgerichts, der schon seit 1922 im Weltbund für Freundschaftsarbeit der Kirchen aktiv war, trat Bonhoeffer mit realpolitischen Argumenten entgegen. Die Kirche könne die Notwendigkeit staatlicher Machtausübung zur Sicherung des Rechts nach innen und nach außen nicht negieren. Gegen die Forderung nach einer kirchlichen Positionierung gegen den Krieg gab er außerdem zu bedenken, dass es aus deutscher Sicht an klaren ökumenischen Äußerungen während des Ersten Weltkriegs und danach gerade gefehlt habe: «Damals hat die Kirche nicht ihre Stimme für Gerechtigkeit uns gegenüber erhoben, nun wendet man sich *gegen* uns mit der Forderung nach Gerechtigkeit!» (Heimbucher 1997: 157)

Solche Stimmen wurden in der deutschen Berichterstattung namentlich erwähnt. Wessen Äußerungen sie kommentierten, blieb jedoch unbekannt. Nur in anonymer Form wurde über die Sätze Bonhoeffers berichtet, die später so berühmt werden sollten: «Ein ungenannter Redner führte u. a. aus, es gebe keinen Weg zum Frieden, wenn die *Sicherheit* im Vordergrund stehe. Man müsse den Frieden *wagen*. Die Kirche müsse *jetzt* für den Frieden eintreten, da *morgen* die Kriegsfanfare ertönen könne.» (Heimbucher 1997: 142) Bonhoeffer selbst hatte diese kühne Gegenüberstellung mit genauen Beobachtungen der eigenen Gegenwart verbunden. Nüchtern bilanzierte er das herrschende Friedensverständnis. Es stütze sich auf ein «System von politischen Verträgen», auf die «Investierung internationalen Kapitals in den verschiedenen Ländern», auf «Großbanken» und «Geld», auf «allseitige», angeblich «friedliche Aufrüstung» (13: 300). Den Frieden zu wagen bedeutete dagegen, aus dem Regelkreis der Sicherheit herauszutreten, weil er leicht zu einem Teufelskreis der Gewalt werden könne. Die Zuhörer waren von solchen Worten beeindruckt; doch die meisten verstanden sie offenbar schon damals – teils zustimmend, teils kritisch – im Sinn eines grundsätzlichen Pazifismus. Nicht als eine außergewöhnliche Reaktion auf eine Kriegsgefahr, die gerade sprunghaft wuchs, und auch nicht als Zweifel an den üblichen politischen Reaktionen (der durchaus berechtigt war, wie die folgenden Jahre zeigen sollten), sondern als eine grundsätzliche, situationsunabhängig geltende Absage an politische Sicherheit wurden Bonhoeffers Worte verstanden. Zu diesem Missverständnis gab Bonhoeffer allerdings auch selbst Anlass. Er verzichtete in seiner Rede auf eine kritische Distanzierung vom *säkularen Pazifismus*, wie er sie in seinen vorbereitenden Thesen noch ausdrücklich formuliert hatte. Stattdessen gab er seinen aus der zugespitzten politischen Situation geborenen Überlegungen eine Wendung ins Grundsätzliche: «Es gibt keinen Weg zum Frieden auf dem Weg der Sicherheit. Denn Friede muss gewagt werden, ist das eine große Wagnis, und lässt sich nie und nimmer sichern.» (300) «Nie und nimmer» verschärft die Aussage in ähnlicher Weise wie das von Bonhoeffer so gern verwendete *nur*, das uns schon mehrfach begegnet ist. Doch «nie und nimmer» spitzt die Aussage gerade nicht situationsbezogen zu, sondern hebt sie über die Situation hinaus und gibt ihr eine überzeitliche Bedeutung. Es handelt sich nicht mehr um eine *situative*, sondern um eine *prinzipielle Verschärfung*.

Dietrich Bonhoeffer verband das mit einer weiteren Zuspitzung. Er begnügte sich nicht damit, die Kirchen angesichts der Kriegsgefahr zur Einberufung eines «große[n] ökumenischen Konzils der Heiligen Kirche Christi aus aller Welt» aufzufordern, das so zum Frieden rufen kann, «dass die Welt es hört, zu hören gezwungen ist». Er ging einen Schritt weiter und erklärte die rund einhundertachtzig Teilnehmer umfassende Versammlung kurzerhand zu diesem Konzil: «Das ökumenische Konzil ist versammelt, es kann diesen radikalen Ruf zum Frieden an die Christusgläubigen ausgehen lassen.» (300 f.)

Doch die Versammelten verstanden sich nicht so. Die «unerhörte Zumutung blieb unerhört» (Reuter 2013: 91). Zwar trat die Konferenz dafür ein, für Kriegsdienstverweigerer einen Ersatz-

dienst einzurichten, statt sie zu bestrafen. Mehr geschah jedoch
nicht. Die Versammlung von Fanø beschäftigte sich außerdem
mit den Tendenzen zu einem «autokratischen Kirchenregiment»,
das, wie sie deutlich erklärte, durch eine eidliche Bindung der
Gewissen, durch die Anwendung von Gewaltmethoden und die
Unterdrückung der freien Aussprache dem Wesen der Kirche widersprach (Raiser 2005:208). Doch Bonhoeffers Erwartungen
gingen darüber hinaus; er wollte von Anfang an mehr als eine
Selbstverteidigung der Kirche gegen die Angriffe des NS-Regimes. Damit fand er nur wenig Resonanz. Erst im Nachhinein
wurde der Konzilsaufruf vom 28. August 1934 berühmt: «Wie
wird Friede? Wer ruft zum Frieden, dass die Welt es hört, zu
hören gezwungen ist? Dass alle Völker darüber froh werden müssen? [...] Nur das *Eine große ökumenische Konzil der Heiligen Kirche Christi* aus aller Welt kann es so sagen, dass die Welt zähne-
knirschend das Wort vom Frieden vernehmen muss und dass die
Völker froh werden, weil diese Kirche Christi ihren Söhnen im
Namen Christi die Waffen aus der Hand nimmt und ihnen den
Krieg verbietet und den Frieden Christi ausruft über die rasende
Welt.» (13:300 f.) Den Frieden Christi auszurufen bedeutete für
die Kirche, den Christen einzuschärfen, dass sie «nicht die Waffen gegeneinander richten» können, «weil sie wissen, dass sie
damit die Waffen auf Christus selbst richten» (299 f.).

Hinter diesen Worten stand, wie wir gesehen haben, mehr
politischer Realismus, als sich der visionären Vorstellung von
einer konziliar vereinigten Kirche entnehmen ließ. Die Kirchen
konnten nach Bonhoeffers damaliger Überzeugung zu einem solchen Schritt ermutigen, weil – und soweit – sie sich dem Gebot
Gottes anvertrauten und auf Sicherungen verzichteten. Bonhoeffer rechnete mit der Möglichkeit, dass es für die Welt viel bedeu-
ten könnte, «wenn ein Volk – statt mit der Waffe in der Hand –
betend und wehrlos [...] den Angreifer empfinge», und fügte die
Frage an: «Müssen wir uns von den Heiden im Osten beschämen
lassen?» (300 f.)

Der beiläufige Hinweis auf die «Heiden im Osten» wurde oft

übersehen. Er bezieht sich nicht auf den europäischen oder den
Nahen Osten, sondern meint die Hindus mit Mahatma Gandhi an
ihrer Spitze. Bonhoeffer dachte wahrscheinlich an Gandhis Salz-
marsch von 1930. Dabei handelte es sich nicht nur um eine de-
monstrative gewaltfreie Geste. Die Salz-Satyagraha war vielmehr
eine bewusst politisch eingesetzte Aktion, um das britische Salzmonopol zu brechen. Gandhis vierundzwanzigtägiger Marsch mit
achtundsiebzig Anhängern von Ahmedabad nach Dandi am Arabi-
schen Meer war ein Akt zivilen Ungehorsams mit weltgeschicht-
lichen Folgen. Als Gandhi nach 385 Kilometern am Meer ankam
und einige Körner Meersalz aufhob, ließ sich das Salzmonopol
nicht mehr halten. Überall begannen Inder, Gefäße mit Meer-
wasser an die Sonne zu stellen und so ihr eigenes Salz zu gewinnen. Wegen dieser Verletzung der geltenden Gesetze wurden fünf-
zigtausend von ihnen verhaftet, was der Aktion selbst gewaltigen
Auftrieb gab.

Dietrich Bonhoeffer erlebte die Vollendung der indischen Unabhängigkeit im Jahr 1947 ebenso wenig wie Gandhis Ermordung
im Januar 1948. Aber er sah in dieser Aktion der «Heiden im
Osten» einen spektakulären Beleg für seine Überzeugung, dass
ein Volk, das «– statt mit der Waffe in der Hand – betend und
wehrlos [...] den Angreifer empfinge», viel bewirken könne. Aber
das Beispiel, das er im Sinn hatte, zeigte auch: Damit war nicht
passive Hinnahme der Gewalt, sondern aktives gewaltloses, ja die
Gewalt überwindendes Handeln gemeint.

In Bonhoeffers Verständnis ist die Hoffnung auf die bezwin-
gende Kraft gewaltlosen Handelns zwar die Grundlage für einen
christlichen Pazifismus; aus ihr ergibt sich aber nicht ein Plädoyer
für einen *prinzipiellen* oder *radikalen Pazifismus*. Gemeint ist ein
Friedenshandeln, das vom Vorrang der Gewaltfreiheit geprägt
ist. Gemeint ist nicht eine Handlungsweise, die um der Gewaltlosigkeit willen zum passiven Gewährenlassen des Gewalttäters
bereit ist.

Das Wort Pazifismus nimmt, wie wir gesehen haben, die Seligpreisung der Friedensstifter in der Bergpredigt auf. Auch Bon-

hoeffer verstand den Pazifismus deshalb als aktives Tun, als Frieden machen. Er bekannte sich im Anschluss an Gandhi zum Vorrang gewaltfreien Handelns und der überraschenden, entwaffnenden Kraft, die davon ausgehen kann. Er brandmarkte eine Entwicklung, in der die Kirche Christi sich entlang nationaler Grenzen aufspaltete, wodurch Gott zum Nationalgott gemacht wurde. Er hatte die Erfahrungen des Ersten Weltkriegs vor Augen und fürchtete einen erneuten, vergleichbaren Bankrott der Christenheit. Aber einen generellen Grundsatz christlicher Ethik, nach welchem jeglicher Gewaltgebrauch auch in äußersten Grenzsituationen prinzipiell ausgeschlossen wird, verfocht er nicht. Das zeigt sich, wenn man die Rede von Fanø in den Zusammenhang vorangehender wie nachfolgender Äußerungen zu diesem Thema stellt.

Zwischen Militarismus und doktrinärem Pazifismus

Dietrich Bonhoeffer hielt seine Rede in Fanø Ende August 1934, also drei Monate nach der Verabschiedung der Barmer Theologischen Erklärung durch die Bekennende Kirche. Das Staatsverständnis der fünften Barmer These stellte er – jedenfalls explizit – nicht in Frage. Akzeptierte er also den Auftrag des Staates, «nach dem Maß menschlicher Einsicht und menschlichen Vermögens unter Androhung und Ausübung von Gewalt für Recht und Frieden zu sorgen», wie es in dieser These heißt?

Aus Texten der folgenden Jahre kann man entnehmen, dass er an der vorrangigen Option für die Gewaltfreiheit festhielt, es für Christen aber in Ausnahmesituationen als verantwortbar ansah, um des Rechts und des Friedens willen zur Waffe zu greifen. Das Opfer derer, die dabei das Leben verloren, respektierte er, wie seine Predigtentwürfe zum Volkstrauertag 1937 beispielhaft zeigen (14: 764–770; Finkenwalder Rundbriefe 2013: 307–311). Unzweideutig hielt er daran fest, dass der Krieg im Widerspruch zu Gottes Gebot stehe. Gleichwohl lehnte er eine für alle und in jeglicher Situation gültige Antwort, dass ein Christ sich niemals am Krieg beteiligen könne, ab (14: 769).

1936 entwarf Bonhoeffer für die Kandidaten im Predigerseminar einen Plan für den Konfirmandenunterricht (14: 786–819). Ohne Zweifel nahm er dabei die Erfahrungen auf, die er in seiner eigenen Konfirmationspraxis gesammelt hatte. Seine Konfirmationspredigt vom 13. März 1932 in der Berliner Zionskirche belegt das Gewicht, das er der Hoffnung auf Frieden und Gerechtigkeit im Konfirmandenunterricht beigelegt hatte. Wenige Wochen vorher hatte er, möglicherweise auch in der Zionskirche, gesagt, über die Toten des Weltkriegs könne nur trauern, wer die Botschaft des Friedens ausrichte, und hinzugefügt: Das «heißt hinausblicken über die Grenzen unseres Volkes, über die ganze Erde und beten, dass das Evangelium vom Reich, das allen Kriegen ein Ende setzt, nun über alle Völker komme, und dass dann das Ende komme, dass Christus nahe» (11: 408).

Vier Jahre später antwortete Bonhoeffer 1936 in seinem Plan für den Konfirmandenunterricht auf die Frage nach dem Handeln des Christen im Krieg: «Es gibt hier *kein* offenbares Gebot Gottes.» Ausgeschlossen war für ihn jedoch, dass die Kirche Waffen segnet und dass sich ein Christ an einem ungerechten Krieg beteiligt. Doch damit sei eine Beteiligung am Krieg nicht ausgeschlossen. «Nimmt der Christ das Schwert, so wird er Gott täglich um Vergebung der Sünde und um Frieden anrufen.» (14: 795) Zur gleichen Zeit beantwortete er die Frage, ob ein Christ sich zum Dienst mit der Waffe bereitfinden könne oder diesen zu verweigern habe, mit folgenden Sätzen: «Beides ist möglich. Einer bezeugt seine Solidarität und zieht mit. Der andere sagt: ‹Auch die Obrigkeit verlangt Sünde, ich ziehe nicht mit›. Auf der einen Seite droht: Militarismus. Und andererseits: doktrinärer Pazifismus.» (770) Er plädierte also für eine situationsbezogene Gewissensentscheidung.

Willkürliches und lebensnotwendiges Töten

Für Dietrich Bonhoeffer kam eine Beteiligung an Hitlers Krieg nicht in Betracht. Doch seine Gewissensentscheidung in dieser Frage bezog er ausdrücklich auf die konkreten Umstände; in der gegebenen Lage würde er, so schrieb er am 25. März 1939 an Bischof George Bell, seiner christlichen Überzeugung Gewalt antun, wenn er den militärischen Eid leisten und sich am Kriegsdienst beteiligen würde (15: 160). Deshalb trug er sich mit dem Gedanken, Deutschland zu verlassen. Diese Überlegung führte ihn 1939 zunächst nach New York, dann jedoch zur riskanten Rückkehr nach Deutschland, die er schließlich mit dem Leben bezahlen sollte.

Nicht nur im Blick auf die gewaltsamen innenpolitischen Verhältnisse in Deutschland, sondern auch auf die Gewalt, die ein Krieg bedeutet, gab es für Bonhoeffer Situationen, in denen es nicht reicht, die unter die Räder geratenen Opfer zu verbinden, sondern in denen man dem Rad selbst in die Speichen fallen muss (12: 353). In dem einen wie dem anderen Fall war für ihn die entscheidende Frage nicht, «wie ich mich heroisch aus der Affäre ziehe, sondern [wie] eine kommende Generation weiterleben soll» (8: 25). So formulierte er in Aufzeichnungen für seine Freunde zu Weihnachten 1942, also in der Zeit der Konspiration, in der er zugleich an seinen Manuskripten für die *Ethik* arbeitete.

Geschichtliche Verantwortung bestimmte diese letzte Frage. Gerade jetzt ging es um das konkrete, auf die aktuelle Situation bezogene Gebot. Bonhoeffer nahm den Zweiten Weltkrieg als ein Ereignis wahr, in dem «nackte Lebensnotwendigkeiten der Menschen» durch kein Gesetz mehr zu regeln waren. In solchen Situationen Gewalt als *ultima ratio* abzuweisen, betrachtete er als «schwärmerisch»; wenn man sich dafür auf die Bergpredigt berufe, mache man aus ihr ein «Gesetz alles weltlichen Handelns» (6: 236, 272 f.). Bis an die Grenze tastete Bonhoeffer sich vor, an der er das absolute Verbot des Tötens im Sinne «willkürlicher Tötung» von der schuldbehafteten, aber aus dem Zwang «nackter

Dietrich Bonhoeffer an Bord der «Bremen» auf der Überfahrt
nach Amerika, Sommer 1939

Lebensnotwendigkeiten» heraus unausweichlichen Tötung unterschied. Die für ihn wichtigsten Fälle willkürlicher Tötung von er-
schreckenden Dimensionen sah er im «Euthanasie»-Programm, in
dem Tausende von kranken oder alten Menschen ermordet wurden, sowie in der Verfolgung des jüdischen Volks; als willkürlich
betrachtete er ebenso die Tötung wehrloser Gefangener und Ver-
wundeter im Krieg. Als nicht willkürlich sah er dagegen die
Tötung des Feindes im Krieg an, der, obwohl persönlich unschul-
dig, am «Angriff seines Volkes auf das Leben meines Volkes» beteiligt sei und dessen Folgen tragen müsse (183 f.). Im Krieg ging
es nach Bonhoeffers Auffassung darum, die ausgebrochene Gewalt zu bändigen, sie den Regeln des Kriegsvölkerrechts zu unterwerfen und die Beteiligten zumindest vor rechtloser Willkür
zu bewahren. Ein Recht zur Tötung menschlichen Lebens behauptete er damit nicht; vielmehr betrachtete er das Handeln aller
Beteiligten als schuldbehaftet. Denn die Tötung eines anderen

Menschen konnte für ihn nur in einem einzigen Fall gut begründet sein: wenn diese Tötung unausweichlich war, um ihn an der fortgesetzten Tötung anderer Menschen zu hindern. «Das Leben darf alle Gründe für sich geltend machen, für die Tötung gilt nur ein einziger Grund.» (185) Das war, bei Lichte betrachtet, keine Relativierung des Tötungsverbots. Es war die Anerkennung einer äußersten Konfliktsituation, in der das Gebot, nicht zu töten, auch die Verpflichtung einschließt, weiteres Töten zu unterbinden, und sei es notfalls mit Gewalt. Zweifellos dachte Bonhoeffer bei dem «einzigen Grund» an die Verbrechen des Diktators; um Menschenleben vor diesen Verbrechen zu bewahren, war der Angriff auf das Leben Adolf Hitlers verantwortbar, ja in Bonhoeffers Augen sogar geboten.

Bonhoeffers Aktualität

Aus Bonhoeffers friedensethischen Schlüsseltexten ergibt sich *erstens* der Protest gegen ein Wettrüsten, das nach seiner Einschätzung zu Krieg und gegenseitiger Vernichtung führt, *zweitens* ein Plädoyer für den Vorrang gewaltfreien Handelns vor allen Mitteln der Gewalt, *drittens* eine Würdigung der Kriegsdienstverweigerung aus situationsbezogenen Gewissensgründen, die im Blick auf Hitlers Krieg auch Bonhoeffers Haltung war, *viertens* jedoch kein prinzipieller Ausschluss der Beteiligung am Kriegsdienst als einer für Christen möglichen Handlungsweise.

Bonhoeffer entwickelte sein Verständnis des christlichen Pazifismus in Berlin, wohin neunzehn Jahre nach seinem Tod Martin Luther King zu Besuch kam, um die Erfahrungen der amerikanischen Bürgerrechtsbewegung weiterzugeben. Weitere fünfundzwanzig Jahre nach Kings Aufenthalt in Berlin, im Jahr 1989, bewährte sich eine Haltung, die sich an das biblische Motiv hält, Schwerter zu Pflugscharen zu schmieden. Der Ruf «Keine Gewalt», der während der Friedlichen Revolution von 1989 nicht nur im Ostteil Berlins, sondern ebenso in anderen Städten der

DDR laut wurde, war kein Aufruf zur Passivität, sondern zu einer Haltung, in der Menschen gewaltfrei in der Bereitschaft zusammenstehen, die Verhältnisse um sich herum zu verändern. Wir werden noch sehen, dass Bonhoeffer auch den Widerstand nicht doktrinär auf die Mittel der Gewaltfreiheit begrenzt hat.

Entscheidend bleibt Bonhoeffers Anstoß dazu, Handlungsweisen, die dem Frieden dienen, nicht in militärischen Kategorien zu bedenken und nicht auf die Mittel der militärischen Gewalt zu verengen. Deshalb hat seine Friedensethik, allerdings oft auf die Proklamation eines Friedenskonzils und damit auf ein *Nein ohne jedes Ja* zu Rüstung und Waffengebrauch reduziert, die Friedensbewegung der achtziger Jahre in Europa und insbesondere in den beiden deutschen Staaten nachhaltig motiviert. Weiter reicht sein Impuls, den Frieden nicht vom Krieg her, sondern das Problem des Krieges vom Frieden her zu betrachten. Er trägt dazu bei, dass in der ökumenischen Friedensethik das Konzept des gerechten Krieges Schritt für Schritt aufgegeben wird; das Leitbild des gerechten Friedens tritt an seine Stelle. Es umfasst, folgt man der Friedensdenkschrift der Evangelischen Kirche in Deutschland von 2007, vier Komponenten: *erstens* den Schutz vor Gewalt durch ein funktionsfähiges System kollektiver Sicherheit, *zweitens* die Förderung von Freiheit durch die Gewährleistung der unteilbaren, universellen Menschenrechte, *drittens* den Abbau von Not durch nachhaltige Entwicklung und transnationale Gerechtigkeit sowie *viertens* die wechselseitige Anerkennung der Menschen in ihrer kulturellen Verschiedenheit durch die Gestaltung gelebter Pluralität in der Gesellschaft (EKD 2007: 53–56).

Gleichwohl verengt sich die Diskussion über die Verantwortung für den Frieden immer wieder auf die Beteiligung an militärischen Einsätzen. Selbst diejenigen, die für sich selbst militärische Gewalt ablehnen, bleiben oft in ihrer Argumentation auf dieses Thema fixiert. Ihr Widerspruch gegen den Rückgriff auf militärische Mittel erscheint oft stärker als ihre Fähigkeit, andere Wege zum Frieden zu entwickeln und deren praktische Wirksamkeit zu verdeutlichen. Dabei ist die Erprobung alternativer Wege der

Konfliktbeilegung von größter Bedeutung. Sie gehört zum Alltag verantwortlicher Politik, muss aber dringend weiterentwickelt und zugleich gegen neue Formen einer populistischen oder realpolitischen Kriegsneigung verteidigt werden. Dafür ist es wichtig, dass das gesellschaftliche Bewusstsein in diesem Sinne gebildet wird und zivilgesellschaftliche Gruppen – einschließlich der Kirchen – für friedensstiftende Initiativen eintreten. Christliche Gruppierungen wie die Gemeinschaft Sant' Egidio haben mehrfach zum Erfolg gewaltfreien Handelns beigetragen (Weingardt 2007). Doch durch die Option für gewaltfreie Mittel und das Ausschöpfen aller diplomatischen und wirtschaftlichen Möglichkeiten werden Situationen nicht ausgeschlossen, in denen das Recht gewaltsam mit Füßen getreten wird und nichtmilitärische Mittel dagegen nicht ausreichen. Das ist die Grenzsituation, in der rechtserhaltende oder rechtsermöglichende Gewalt notwendig erscheint. Ob diese Gewalt um des Rechts willen eingesetzt wird und allein im Dienst des Rechts steht, ist dann der entscheidende Prüfstein. Die Autorisierung eines solchen Schritts durch eine internationale Autorität, die Verhältnismäßigkeit der eingesetzten Mittel und die Wahrscheinlichkeit, dass Menschen dadurch vor weiterem Schaden bewahrt werden, sind wichtige Maßstäbe bei der Überprüfung eines solchen Schritts. Oft werden die Ergebnisse sehr zwiespältig sein; es gibt viele Beispiele für Militäreinsätze, die sich auf eine Pflicht zur humanitären Intervention berufen, selbst aber die Maßstäbe des humanitären Völkerrechts eklatant verletzen. Dennoch kann man rechtsverachtendem Terrorismus nicht das Feld überlassen. Wo das Böse sich auf solche Weise Bahn bricht, kann eine Situation entstehen, in der es zur Gegengewalt keine Alternative mehr gibt. Doch solche Gegengewalt schafft noch keinen Frieden; allenfalls öffnet sie einen Raum für den Aufbau einer dauerhaften Friedensordnung.

Solche Überlegungen zeigen die Aktualität von Bonhoeffers Position. Er bekannte sich zu einem christlichen Pazifismus; doch er lehnte einen doktrinären Pazifismus ab. Er trat für den Vorrang der Gewaltfreiheit ein; aber er verpflichtete die Christen nicht auf eine prinzipielle Gewaltlosigkeit. Er erklärte die Ächtung des Krieges für eine Pflicht der Kirchen; doch er hielt es nicht für richtig, den Kriegsdienst zu einer für Christen unvertretbaren Handlungsweise zu erklären. Er ermutigte Christen, ihrem Gewissen zu folgen; doch er verband das mit der Mahnung, nicht sich selbst heroisch aus der Affäre zu ziehen, sondern Menschen beizustehen, deren Leben bedroht ist. Deshalb rechnete er mit den Grenzsituationen, in denen das Gebot, nicht zu töten, auch die Pflicht einschließt, nicht töten zu lassen.

7. Widerstand mit theologischem Profil

Wir schreiben Montag, den 17. Juni 1940. Dietrich Bonhoeffer und sein Freund Eberhard Bethge, die sich in dieser Zeit im Auftrag der Bekennenden Kirche zu einer «Visitation», also einer Besuchsreise bei evangelischen Gemeinden, in Ostpreußen aufhalten, verbringen einen Tag in Memel, dem heutigen Klaipeda. Vormittags hatte Bonhoeffer in einer spärlich besuchten Pfarrkonferenz gesprochen; für den Abend war ein Bekenntnisgottesdienst angesetzt. Einen Teil des Nachmittags verbringen die beiden in einem Gartenlokal an der Spitze der Kurischen Nehrung. Über den Ausläufer des Haffs schauen sie hinüber nach Memel. Plötzlich werden über den Lautsprecher die Rundfunknachrichten übertragen, die von dem Sieg deutscher Truppen über Frankreich berichten: Der französische Regierungschef Marschall Pétain hat Deutschland einen Kapitulationsvorschlag unterbreitet. Ein Taumel ergreift die sommerliche Kaffeegesellschaft im Memelland. Alle springen auf, erheben die Arme zum «Hitlergruß» und singen «Deutschland, Deutschland über alles» sowie «Die Fahne hoch». Nur Eberhard Bethge steht wie benommen daneben, ohne sich an dem Jubel zu beteiligen. Da reißt Dietrich Bonhoeffer den Freund am Arm: «Bist du verrückt?», raunt er ihm zu und zwingt ihn, den Arm zu dem von ihm verachteten «Deutschen Gruß» zu erheben. Danach fügt er hinzu: «Wir werden uns jetzt für ganz andere Dinge gefährden müssen, aber nicht für diesen Salut.» (Bethge 2005: 765)

Gewiss war Dietrich Bonhoeffer bereit, Gesicht zu zeigen. Doch wer unter den Bedingungen einer Diktatur Gesicht zeigen will, muss auch bereit sein, sein Gesicht zu verbergen. «Wir sind stumme Zeugen böser Taten gewesen, wir sind mit vielen Wassern gewaschen, wir haben die Künste der Verstellung und der mehr-

**Eberhard Bethge und Dietrich Bonhoeffer vor dem Pfarrhaus in
Groß Schlönwitz bei Schlawe, Frühjahr 1938**

deutigen Rede gelernt, [...] sind wir noch brauchbar?» (8: 38) Auch
dieser Selbstzweifel gehörte zu der Schuldübernahme, zu der diejenigen bereit sein mussten, die in einer solchen Situation verantwortlich handeln wollten. Mit der Rückkehr aus Amerika im Juli
1939 traf Bonhoeffer die Entscheidung, mit seiner Person, ja mit
seinem Leben für ein anderes und besseres Deutschland einzutreten. Das Risiko konspirativen Handelns war ihm von Anfang an
bewusst.

Dietrich Bonhoeffers Verbindung zum Widerstand ist so offenkundig, dass seine ganze Lebensgeschichte unter die Überschrift
Theologe im Widerstand gestellt werden kann (Tietz 2013). Die
Prägung in der Familie und im Grunewalder Freundeskreis
machte ihn gewiss von vornherein resistent gegen den Bazillus
der nationalsozialistischen Ideologie. Aber auch die Hinwendung
zum christlichen Glauben, die Entscheidung für die Theologie

und darüber hinaus die Begegnung mit der Bergpredigt im Jahr 1932 zeichneten seinen Weg vor. Die Verantwortung für den Frieden, die er aus der Botschaft Jesu entnahm, führte ihn in die Weite der Ökumene. Zweimal, 1935 im Pfarramt in London und 1939 angesichts der Einladung zu einem dauerhaften Aufenthalt in New York, widersetzte er sich der Versuchung, diese Weite der Ökumene zu nutzen, um den Herausforderungen und Gefährdungen im eigenen Land zu entkommen. Die Formel «Theologe im Widerstand» nötigt zu der Frage, was denn das Theologische an diesem Widerstand war. Dieser Frage nähern wir uns in drei Schritten: Zunächst geht es um Bonhoeffers Rolle im Widerstand; sodann ist zu klären, ob er für sein Handeln einen theologischen Konsens in seiner, der evangelischen Kirche voraussetzen konnte; schließlich wenden wir uns der Frage zu, ob wir bei Bonhoeffer von einer Theologie des Widerstands sprechen können, obwohl er unter den Bedingungen der Konspiration weder über sein Handeln noch über dessen Motive schriftlich Auskunft geben konnte.

Bonhoeffers Rolle im Widerstand

Dietrich Bonhoeffer ist einer der bekanntesten Angehörigen des deutschen Widerstands. Diese Rolle wird meistens mit seiner persönlichen Beteiligung an der Konspiration gegen Hitler seit 1940 verbunden. Doch dem ging bereits eine Zeit voraus, in der er auf eine klare, widerständige Haltung seiner Kirche gegenüber dem Staat drängte. Schon unmittelbar nach der Machtübergabe an die Nationalsozialisten erkannte er, dass die Kirche nicht nur ihr Wächteramt gegenüber dem Staat wahrnehmen, sondern den Opfern staatlichen Handelns beistehen und gegebenenfalls staatlichem Unrecht direkt in den Arm fallen musste.

Unmittelbar nach der Ernennung Adolf Hitlers zum Reichskanzler warnte Bonhoeffer vor dem drohenden Missbrauch des Führerprinzips (12: 242–260). In erschreckender Geschwindigkeit fand

dieses Prinzip in einer Gleichschaltung evangelischer Kirchenver-
fassungen seine Entsprechung. Auch darüber hinaus kämpfte die
Glaubensbewegung Deutsche Christen für eine Umgestaltung der
evangelischen Kirche im Geist der «nationalen Revolution». In
Entsprechung zum geplanten staatlichen «Arierparagraphen»
verlangte sie auch für die Kirche eine Regelung, die nicht nur die
Zulassung von Menschen jüdischer Herkunft zum Pfarramt verhindern, sondern darüber hinaus getaufte Juden aus der evangelischen Kirche ausschließen sollte. Bonhoeffer war von diesem
Vorhaben alarmiert. An der Wende vom März zum April 1933
trug er Überlegungen zur Forderung nach einem solchen kirchlichen «Arierparagraphen» in einem Kreis von Pfarrern vor. Nach
seiner Überzeugung konnten die Zugehörigkeit zur Kirche und
der Zugang zu ihren Ämtern nur unter Glaubensgesichtspunkten
beurteilt werden. Gesetzliche Vorgaben, erst recht solche, die rassistische Ausschließungsgründe geltend machten, waren für ihn
mit dem christlichen Bekenntnis unvereinbar. Darin sah er einen
Bekenntnisfall, einen *status confessionis*, vor dem die Kirche nicht
ausweichen konnte.

Zugleich verschloss Bonhoeffer jedoch die Augen nicht davor,
dass schon zu diesem Zeitpunkt Maßnahmen zur politischen
und gesellschaftlichen Entrechtung des jüdischen Bevölkerungsteils ergriffen wurden. Für ihn war klar, dass er in einer solchen Situation seine Überlegungen nicht länger auf den kirchlichen Bereich beschränken konnte. Dem Vortrag über den
«Arierparagraphen» in der Kirche stellte er deshalb einen Abschnitt voran, der von der Verantwortung der Kirche gegenüber
dem Staat handelte. Beiden Teilen zusammen gab er den Titel
Die Kirche vor der Judenfrage (12: 349–358). Der Text verdeutlichte, dass die Verantwortung der Kirche nicht erst dann beginnt, wenn die Einführung eines «Arierparagraphen» in der
Kirche gefordert wird. Aber selbstverständlich hielt er es für
eine christliche Kirche für inakzeptabel, wenn einer rassisti-
schen Trennung zwischen «Ariern» und Juden der Vorrang vor
der in der Taufe begründeten Gemeinschaft zuerkannt wurde.

Deshalb versuchte er, ökumenische Partner darauf aufmerksam zu machen, dass für die Bekennende Kirche ein solcher Bekenntnisfall bevorstehe. Gleichzeitig bemühte er sich darum, durch die Mitarbeit am Betheler Bekenntnis noch rechtzeitig zu erreichen, dass die Bekennende Kirche sich eindeutig und in verbindlicher Form zu dieser Frage äußerte. In beiden Richtungen blieb Bonhoeffer der Erfolg versagt. Im September 1933 tagte die Synode der preußischen Landeskirche im Preußischen Herrenhaus, dem heutigen Bundesratsgebäude; diese «Braune Synode» beschloss, den «Arierparagraphen» auch in der Kirche einzuführen. Damit trat für Bonhoeffer, der schon zuvor gegen diesen Schritt Front gemacht hatte, die Situation des kirchlichen Schismas ein.

Unter Berufung auf dessen Schrift *Theologische Existenz heute* fragte er den in Bonn lehrenden Karl Barth nach seiner Meinung zu dieser Situation. Dieser antwortete, der Kirchenleitung und den von ihr vertretenen Kirchenmitgliedern müsse man sagen, dass sie mit der Einführung des «Arierparagraphen» «in diesem Stück nicht mehr Kirche Christi» seien. Obwohl es sich nach seiner Auffassung um einen Bekenntnisfall handelte, riet er zum Abwarten: «Das Schisma muss, wenn es kommt, von der andern Seite kommen.» (12: 126) Bonhoeffer erwartete dagegen von der Bekennenden Kirche Klarheit im Blick auf den *status confessionis*. Zwar war es die Glaubensbewegung Deutsche Christen, die das Schisma vollzog. Aber Bonhoeffer verlangte von der Bekennenden Kirche, dass sie die Trennung, die von der anderen Seite ausging, ihrerseits ausdrücklich feststellte. Sein Aufsatz zur Bekenntnissituation aus dem Jahr 1936 gipfelt deshalb in dem Satz: «Wer sich wissentlich von der Bekennenden Kirche in Deutschland trennt, trennt sich vom Heil.» (14: 676) Wohl kein anderer Satz Bonhoeffers hat bereits zu seinen Lebzeiten so viel Widerspruch ausgelöst wie dieser. Nachdem er schon mit dem Versuch einer klaren Äußerung zum «Arierparagraphen» als Bekenntnisfall im Rahmen des Betheler Bekenntnisses gescheitert war, musste er erneut erkennen, dass die Bekennende Kirche zur Klärung der

Frage, wann sie ein Schisma in aller Form feststellen musste, nicht bereit war.

Dass Dietrich Bonhoeffer für seine Auffassung so wenig Unterstützung fand, machte ihn der Bekennenden Kirche gegenüber zunehmend skeptisch. Das lakonische Resümee im *Entwurf für eine Arbeit*, den er im August 1944 im Tegeler Militäruntersuchungsgefängnis zu Papier brachte, heißt: «Entscheidend: Kirche in der Selbstverteidigung. Kein Wagnis für andere.» (8:558) So musste er den Schritt in den Widerstand auf eigenes Risiko und in der Einsamkeit der Konspiration wagen.

Die Zeit seit 1939 hat sein Bild als Symbolgestalt des deutschen Widerstands geprägt. Aber er gehörte nicht zu dessen zentralen Personen. Er assistierte Hans von Dohnanyi und Hans Oster, die ihre Position in der Militärischen Abwehr nutzten, um Pläne zur Beseitigung des Diktators zu entwickeln, und an Attentatsversuchen unmittelbar beteiligt waren. Bonhoeffer ermutigte sie als Seelsorger und deutete im Gespräch sowie gelegentlich in schriftlicher Form, was sie taten. Sein Schwager Hans von Dohnanyi wurde von dem Gestapo-Kommissar Franz Xaver Sonderegger als «das geistige Haupt des 20. Juli» bezeichnet. Sein unmittelbarer Vorgesetzter war Generalmajor Hans Oster, der an der Schaltstelle zwischen militärischem und zivilem Widerstand «die Fäden in der Hand» hielt; es war deshalb nicht abwegig, in Dohnanyi den konzeptionellen Kopf dieses «Zentrums» zu sehen, «um das die Versuche, Hitler zu beseitigen, immer wieder kreisten» (Klaus von Dohnanyi in Dohnanyi 2015:305). Dohnanyi beteiligte sich auch unmittelbar an Umsturzvorbereitungen, so insbesondere an Henning von Tresckows und Fabian von Schlabrendorffs Attentatsversuch am 13. März 1943, bei dem der in Hitlers Flugzeug geschmuggelte Sprengsatz wegen zu großer Kälte im Frachtraum des Flugzeugs nicht zur Explosion kam. In solche Aktivitäten wurde Bonhoeffer nicht einbezogen. Von ihm sagte Dohnanyi, er sei «kein Politiker gewesen, sondern ein gütiger Helfer, der von der Richtigkeit der antihitlerischen Strömung durchdrungen gewesen sei»; er machte sich den Vorwurf, Bonhoeffer in eine Situ-

Hans von Dohnanyi und Christine Bonhoeffer, um 1922/23

ation hineingezogen zu haben, in die er von sich aus nie geraten wäre (Smid 2002: 450). Eberhard Bethge stellte nüchtern fest, Bonhoeffers Rolle im Widerstand sei «an politischer Bedeutung [...] nicht hoch einzuschätzen», und fügte hinzu: «Er hat seinen Platz und seine fachlichen Fähigkeiten in dieser Hinsicht selber nicht über Gebühr veranschlagt. [...] Im Übrigen gehörte politischer Ehrgeiz nicht zu seinen Eigenschaften» (Bethge 2005: 895). Man kann also, wie in der neueren Forschung zu Recht hervorgehoben wurde, von Bonhoeffers Rolle im Widerstand gar nicht sprechen, ohne sie zu der bestimmenden Rolle Hans von Dohnanyis in Beziehung zu setzen (Strohm 1989; Tödt 1993; Sifton/Stern 2013).

Die konspirative Tätigkeit und sonstige Aufgaben im Auftrag der Abwehr waren nicht das Einzige, was Bonhoeffer in den Jahren nach der riskanten Rückkehr aus den USA im Sommer 1939 beschäftigte. Immer wieder konzentrierte er sich auf die Arbeit an seiner *Ethik*; so wichtig war ihm dieses Vorhaben, dass er sechs Monate nach seiner Verhaftung im April 1943 von Selbstvorwürfen berichtet, «die Ethik nicht abgeschlossen zu haben» (8: 188). Weder in der Zeit bis 1943, in der er noch in relativer Freiheit agieren konnte, noch während der Gefängnisjahre in Tegel war sein Denken ganz und gar auf den Widerstand konzentriert. Der deutsche Titel der Gefängnisbriefe – *Widerstand und Ergebung* – erweckt folglich einen falschen Eindruck. Denn mit «Widerstand» ist hier nicht der politische Widerstand, sondern die innere Revolte gegen das mit der Inhaftierung verbundene Schicksal gemeint. Bonhoeffer verwandte die literarischen Beispiele von Don Quixote und Michael Kohlhaas, um diese Auflehnung gegen ein Schicksal zu beschreiben, das als sinnlos, ja als absurd erscheinen muss. Diese Überlegung beendete er mit den Worten: «[W]ir müssen dem ‹Schicksal› [...] ebenso entschlossen entgegentreten wie uns ihm zu gegebener Zeit unterwerfen. [...] Die Grenzen zwischen Widerstand und Ergebung sind also prinzipiell nicht zu bestimmen; aber es muss beides da sein und beides mit Entschlossenheit ergriffen werden.» (333 f.) «Widerstand und Ergebung» im Sinn dieser Überlegungen sind also von politischem Widerstand und politischer Anpassung deutlich zu unterscheiden.

Bonhoeffers vermutlich wichtigster Beitrag zum politischen Widerstand im engeren Sinn des Wortes – also zu den Bemühungen, der Hitler-Diktatur ein Ende zu setzen – lässt sich genau datieren. Am 31. Mai und am 1. Juni 1942 reiste er im Auftrag der Abwehr nach Stockholm sowie in das kleine schwedische Landstädtchen Sigtuna. Dort traf er den ihm schon lange vertrauten anglikanischen Bischof von Chichester George Bell, der als Mitglied des britischen Oberhauses – des *House of Lords* – einen direkten Zugang zur britischen Regierung hatte. Bonhoeffer wollte auf der einen Seite eine verlässliche Information über britische Friedenspläne erhalten; vor allem aber brauchte er ein geheimes Signal an die Verschwörer, dass die Alliierten nicht ihrerseits alle

Voraussetzungen für einen politischen Neubeginn nach einem erfolgreichen Attentat auf Hitler zerstören würden, indem sie an dem Ziel der bedingungslosen Kapitulation Deutschlands festhielten. Klare Antworten auf beide Fragen konnten von erheblicher Bedeutung für die weitere Entwicklung der Verschwörung sein. Bonhoeffer überzeugte Bell; doch die Bemühungen des Bischofs, die Haltung der britischen Regierung zu beeinflussen, blieben erfolglos.

Die Situation, in der die beiden sich in Sigtuna trafen, war angespannt; doch von absoluter Verlässlichkeit war der Geist aufrichtiger Freundschaft zwischen ihnen. «Wir verpflichteten uns einander wieder in unerschütterlicher christlicher Bruderschaft. Ich werde ihn nie vergessen», sagte Bell noch vierzehn Jahre nach der Begegnung von Sigtuna (16: 305). Bonhoeffer selbst hatte noch am Tag des Treffens, am 1. Juni 1942, bevor er von Stockholm nach Berlin zurückkehrte, an den Bischof geschrieben: «Ich glaube, diese Tage werden unter den größten meines Lebens in meiner Erinnerung bleiben. Dieser Geist der Gemeinschaft und christlichen Brüderlichkeit wird mich durch die dunkelsten Stunden tragen, und selbst, wenn die Dinge schlimmer kommen, als wir hoffen und erwarten, wird das Licht dieser wenigen Tage in meinem Herzen nie verlöschen.» (305, 773)

Über die Nutzung ökumenischer Kontakte hinaus beteiligte Bonhoeffer sich an Überlegungen für eine Ordnung Deutschlands nach dem Ende der Nazidiktatur. 1942 gab er in Abstimmung mit der Vorläufigen Leitung der Bekennenden Kirche den Anstoß zur Erarbeitung einer Denkschrift durch den Freiburger Kreis um den Historiker Gerhard Ritter und den Wirtschaftswissenschaftler Constantin von Dietze, die Vorschläge zur Neuordnung Deutschlands nach dem Ende der Diktatur enthalten sollte. In diesem Zusammenhang traf Bonhoeffer sich am 9. Oktober 1942 mit Constantin von Dietze und dem Juristen Erik Wolf, vielleicht auch mit Gerhard Ritter in Freiburg (16: 360; Bethge 2005: 872). Spätere Besprechungen fanden in Berlin statt. Für eine wichtige Sitzung, die vom 17. bis 19. November 1942 in Freiburg stattfand, zeichnete Bonhoeffer Notizen auf, in denen sich der Hinweis auf die Grund- und Menschenrechte ebenso findet wie die Frage nach der rechtlichen Stellung der Juden (16: 360–362). Ein weiteres Stichwort heißt: «Verkündigung der Kirche an die Welt», wozu Bonhoeffer nach einer Notiz Constantin von Dietzes bei der Freiburger Novembersitzung als Referent vorgesehen war (362).

Zwar war Dietrich Bonhoeffer die Teilnahme an der Zusammenkunft, an der neben dem engeren Freiburger Kreis auch Carl Goerdeler, Franz Böhm, der Theologe Helmut Thielicke im Auftrag des württembergischen Landesbischofs Theophil Wurm, der Berliner Unternehmer Walter Bauer sowie Otto Dibelius teilnahmen, nicht möglich; jedoch brachte er unter dem Titel *Über die Möglichkeit des Wortes der Kirche an die Welt* Aufzeichnungen zu Papier, die aller Wahrscheinlichkeit nach als Vorbereitung auf sein geplantes Referat anzusehen sind (6: 354–364). Bonhoeffer zog klare Konsequenzen aus der in seinen *Ethik*-Manuskripten entwickelten Unterscheidung zwischen Letztem und Vorletztem: Die unmittelbare Kritik der Kirche ist dort notwendig, wo die Gestaltung von Wirtschaft und Staat den Zugang zum Glauben verhindert; deshalb haben die Zehn Gebote nicht nur innerhalb der Kirche, sondern ebenso in Staat und Gesellschaft bindenden Charakter. Doch positive Gestaltungsvorschläge haben «nicht in der Autorität des Wortes Gottes, sondern nur in der Autorität des verantwortlichen Rates» christlicher Fachleute zu erfolgen, die auf diese Weise «ihren Beitrag zu einer Neuordnung» leisten (364).

Mit dieser Unterscheidung trug Bonhoeffer zur Struktur der Freiburger Denkschrift bei, die Gerhard Ritter im Juli 1945 unter dem Titel *Politische Gemeinschaftsordnung. Ein Versuch zur Selbstbesinnung des christlichen Gewissens in den politischen Nöten unserer Zeit* veröffentlichte (*In der Stunde Null* 1979; vgl. zur Entstehung Maier 2014: 34–39). Eine besondere Wirkung entfaltete sie dadurch, dass sie als deutsches Vorbereitungsdokument für die erste Vollversammlung des Ökumenischen Rats der Kirchen in Amsterdam 1948 vorgelegt wurde.

Auch wenn man Bonhoeffers Beitrag zur Vorgeschichte dieses Dokuments anerkennt, ist es unangemessen, den Freiburger Kreis als *Bonhoeffer-Kreis* zu bezeichnen. Kein Zweifel kann daran bestehen, dass die Mitglieder dieses Kreises, zu dem die Wirtschaftswissenschaftler Constantin von Dietze, Walter Eucken und Adolf Lampe gehörten, insbesondere in wirtschaftspolitischer Hinsicht großen Einfluss auf die deutsche Nachkriegsordnung hatten (Brakelmann/Jähnichen 1994: 342–344). Für diesen Bereich entfaltete der Freiburger Kreis eher orientierende Kraft als für die Frage nach der politischen Verfassung. Denn die Freiburger traten zwar für den Rechtsstaat ein; doch für die parlamentarische Demokratie konnten sie sich nicht erwärmen. Zwar hatte sich diese akademische Widerstandsgruppe angesichts der Judenpogrome vom November 1938 gebildet; doch die Möglichkeit eines «Sonderrechts» für die Juden hielten ihre Mitglieder bis zum Ende des Krieges für möglich (Maier 2014: 178–183).

Im Detail konnte Dietrich Bonhoeffer sich an diesen Überlegungen nicht beteiligen. Seine Rolle in der Verschwörung gegen Hitler gewann ihren unvergesslichen Sinn aus der Tatsache, dass er durch die «dunkelsten Stunden» gehen musste und die Dinge «schlimmer kamen», als er zur Zeit der Begegnung mit George Bell in Sigtuna erwartet hatte. Er wusste, dass er mit der Teilnahme an der Konspiration sein Leben riskierte, wie marginal auch immer sein Beitrag zum Widerstand war. Die große Fortwirkung über den Tod hinaus liegt in dem Martyrium eines Menschen begründet, der das als einen Neubeginn verstand, worin andere das Ende sahen: nämlich die Bereitschaft, für die eigenen Überzeugungen Freiheit und Leben zu riskieren. Erst wurde ihm durch die Inhaftierung am 5. April 1943 die Freiheit genommen, die äußere jedenfalls; und er bekam sie nicht zurück. Als Hitler am 5. April 1945 durch einen Aktenfund in Zossen darüber informiert wurde, in welchem Umfang Hans von Dohnanyi die Untaten des Naziregimes dokumentiert hatte, um im entscheidenden Moment zu beweisen, warum der Um-

sturz notwendig war, befahl er, Dohnanyi und die Mitglieder seines Kreises ums Leben zu bringen, bevor das «Dritte Reich» zu-
sammenbrach. Zu den Opfern dieses Führerbefehls gehörte
auch Dietrich Bonhoeffer.

In der Einsamkeit des Gewissens

Konnte Dietrich Bonhoeffer sich bei dem Schritt in die Konspiration auf einen Konsens in seiner Kirche stützen? Die Frage zu
stellen heißt, sie zu verneinen. Bonhoeffer selbst sah die Schwäche seiner Kirche vor allem in ihrer Selbstbezogenheit. Die Aktivitäten sowohl der «intakten Kirchen», das heißt der Landeskirchen, in denen die Deutschen Christen keine Mehrheit bekommen hatten, als auch der Bekennenden Kirche waren in seiner
Sicht darauf konzentriert, die Kirche als Heilsanstalt zu bewahren und für die Sache der Kirche einzutreten; dadurch ver-
säumte die Kirche aber das Entscheidende, nämlich «Kirche [...]
für andere» zu sein (557, 560).

Die Ambivalenz der Kirche gegenüber der Aufgabe, vor die sie
durch das Gewaltregime der Hitler-Diktatur gestellt war, hielt
auch nach 1945 an. Das zeigt sich unter anderem daran, dass die
ersten klaren Äußerungen über Bonhoeffers Beitrag zum Widerstand nach 1945 allesamt außerhalb Deutschlands laut wurden.
Eberhard Bethge zitiert in einem Aufsatz zum vierzigsten Geburtstag des mit neununddreißig Jahren hingerichteten Dietrich
Bonhoeffer außer George Bell noch den amerikanischen Theologen Reinhold Niebuhr. Bell unterschied an Bonhoeffers Widerstand eine vertikale und eine horizontale Dimension: den Widerstand der gläubigen Seele im Namen Gottes gegen den Angriff
des Bösen und die moralische und politische Revolte des menschlichen Gewissens gegen Ungerechtigkeit und Grausamkeit (Bethge
2005: 1041 f.). Niebuhr brachte die Hoffnung zum Ausdruck, dass
Bonhoeffers Märtyrertod in Deutschland zu neuem Glauben führen und die verhängnisvolle Trennung zwischen religiöser Über-

zeugung und weltlicher Verantwortung überwinden werde (Niebuhr 1945: 6 f.).

Die deutschen Kirchenführer unterschieden sich von solchen Urteilen auf gravierende Weise. Für sie war unmöglich, was Eberhard Bethge fünfzig Jahre nach Bonhoeffers Tod 1995 in Berlin betonte – dass nämlich Bonhoeffers Teilnahme an der Verschwörung mit einer christlichen Glaubenshaltung vereinbar war, wie sie in der Barmer Theologischen Erklärung von 1934 ihren Niederschlag gefunden hatte (Bethge 1995: 72). Fünfzig Jahre vor dieser Äußerung, also unmittelbar nach dem Ende des Zweiten Weltkriegs, war Bethge persönlicher Referent des Berliner Bischofs Otto Dibelius. Unter dessen Leitung machte die Kirchenleitung der Evangelischen Kirche in Berlin-Brandenburg in einer grundsätzlichen Äußerung von 1946 einen scharfen Unterschied zwischen «Märtyrern im vollen Sinn des Wortes» wie Paul Schneider, der das Wort Gottes im Konzentrationslager Buchenwald aus seiner Zelle heraus bis zum letzten Atemzug verkündete, und denen, «die versucht haben, ihrem Volk ein anderes Regiment zu geben, ehe die letzte deutsche Stadt in Trümmer gehe» (Besier 1994: 118). Kein Wort wird in dieser Stellungnahme darüber gesagt, dass es nicht nur um die in Trümmer fallenden deutschen Städte, sondern auch um den Völkermord am europäischen Judentum in Auschwitz und den anderen Vernichtungsorten ging. Nicht nur deutsche Städte gingen in Flammen auf; sondern die deutsche Luftwaffe brachte Tod und Zerstörung in die Länder, denen der deutsche Angriff galt. Millionen von Soldaten und Zivilisten verloren ihr Leben. Von alldem war mit keinem Wort die Rede; vielmehr sprach die Kirchenleitung nur die Frage des Tyrannenmords an: «Die Kirche Jesu Christi kann einen Anschlag auf das Leben eines Menschen niemals gutheißen, in welcher Absicht er auch ausgeführt werden mag» (Klein 2007: 422). Hans Meiser, der damals Landesbischof der bayerischen lutherischen Landeskirche war, bekundete offen seine Genugtuung darüber, dass «wir uns nicht an den Versuchen zum Tyrannenmord beteiligt haben» (ebenda). Welch ein befremdliches «wir»! Welch ein erstaunliches Verständnis der Kirche, das nicht nur Pfarrer wie Dietrich Bonhoeffer oder Eugen Gerstenmaier, die an der Verschwörung beteiligt waren, ausschloss, sondern ebenso «normale» Kirchenmitglieder, denen ihr christliches Gewissen gebot, der brutalen Ermordung von Menschen Einhalt zu gebieten, die alle nach dem christlichen Bekenntnis zum Ebenbild Gottes geschaffen waren.

Ist Bonhoeffers Teilnahme an der Verschwörung ein Vorzeichen der *Kirche für andere?* Oder handelt es sich um eine individuelle Entscheidung, die in der Einsamkeit des konspirativen Inkognito getragen werden musste (8: 188; vgl. Bethge 2005: 889–896)? Bonhoeffer selbst machte sich über die Haltung der Kirche zum Widerstand keine Illusionen; er rechnete damit, dass sein politisches Handeln die künftige Ausübung des Pfarrberufs unmöglich machen könne (8: 235 f.). Hat ein Verschwörer Platz im ordinierten Dienst einer evangelischen Kirche? Der Ton der Enttäuschung, mit dem Bonhoeffer diese Frage stellte, ist unüberhörbar. Nach seinem Eindruck fand nicht einmal ein bescheidener, ja marginaler Beitrag eines Pfarrers zum politischen Widerstand in den Organen der evangelischen Kirche Unterstützung. Er musste eine individuelle Entscheidung treffen, die einen Abstand zu dem mit der Ordination übernommenen Amt erzeugte, zu dem Amt auch, auf das er die jungen Theologen im Finkenwalder Predigerseminar vorbereitet hatte. Die Einsamkeit des christlichen Gewissens gehört zum theologischen Profil von Bonhoeffers politischem Widerstand.

Theologie des Widerstands

Können wir über die Einsamkeit der Gewissensentscheidung hinaus noch mehr über das theologische Profil von Bonhoeffers politischem Widerstand ermitteln? Für einen Widerstandskämpfer – ob am Rande oder im Zentrum des Geschehens – ist es schwierig, gefährlich, ja unmöglich, über die Motive seines Handelns so Rechenschaft abzulegen, dass diese für die Nachwelt dokumentiert sind. Das lässt sich an den fünf Stufen des Widerstands verdeutlichen, die Eberhard Bethge unterschieden hat: einfacher passiver Widerstand, offene ideologische Konfrontation, Mitwisserschaft an Umsturzvorbereitungen, aktive Vorbereitung für das Danach, aktive Konspiration (Bethge 1963: 221 f.; 2005: 890 f.). Die letzten drei dieser fünf Stufen sollten sich besser nicht in Texten niederschlagen, die in falsche Hände geraten könnten! Als Bonhoeffer parallel zu seiner konspirativen Tätigkeit an seiner Ethik arbeitete, war er gut beraten, die beiden Seiten seiner Existenz sorgfältig voneinander zu trennen. Jede unmittelbare Verknüpfung zwischen seinen politischen Aktivitäten und seinen theologischen Reflexionen war zu vermeiden. Er musste mit der Möglichkeit rechnen, dass seine Manuskripte in die Hände der Gestapo fielen – was in Teilen nach seiner Verhaftung tatsächlich geschah (vgl. 8: 188).

In öffentlich zugänglichen Dokumenten, aber auch in unveröffentlichten Texten, bei denen die Gefahr bestand, sie könnten der Gestapo zugänglich werden, durfte es eine Bezugnahme auf den Widerstand allenfalls im Blick auf die beiden ersten Stufen geben: den offenen passiven Widerstand und die offene ideologische Konfrontation. Die Vorbereitungen eines Attentats, die Überlegungen für das Danach und die aktive Verschwörung selbst mussten verborgen bleiben. Das galt auch für eine theologische Reflexion darüber. Deshalb mag es als abwegig erscheinen, in Bonhoeffers nachgelassenen Texten Grundzüge einer Theologie des Widerstands zu suchen. Umso erstaunlicher ist es, dass sie sich aufspüren lassen.

Die Darlegung einer Theologie des Widerstands beginnt bereits im April 1933 mit ersten Überlegungen zu der Bekenntnissituation, mit der die Kirche konfrontiert ist. In seinem Aufsatz *Die Kirche vor der Judenfrage*, der im Juni 1933 veröffentlicht wurde, entwickelte Bonhoeffer Überlegungen, die man im Rückblick ohne Schwierigkeiten als eine Theorie des kirchlichen Wider-

stands dechiffrieren kann (12: 349–358). Um die Frage zu klären,
wie sich die Kirche angesichts der Eingriffe in die Rechtsstellung
der Juden verhalten solle, orientiert sich Bonhoeffer an der Aufgabe des Staates und der Verantwortung der Kirche für deren
angemessene Erfüllung. Der Staat müsse «Recht und Ordnung»
garantieren (12: 351); wir Heutigen würden vielleicht eher von
der Verantwortung für Recht und Frieden sprechen, wie es auch
zu Bonhoeffers Zeit bereits in der Barmer Theologischen Erklärung von 1934 geschieht.

Dietrich Bonhoeffer verwendet das geläufige Begriffspaar von
Recht und Ordnung, um darauf hinzuweisen, dass staatliches
Handeln nicht nur in der Gefahr steht, dass es an Recht und
Ordnung fehlt, sondern auch, dass sie im Übermaß verwirklicht
werden. Es gibt nicht nur ein Zuwenig, sondern auch ein Zuviel
an Ordnung und Recht; es gibt also nicht nur einen defizienten,
sondern auch einen exzessiven Staat. Staatliche Unterdrückung
ist genauso beunruhigend wie chaotisches Staatsversagen. In beiden Fällen können Menschenrechte verletzt und der gesellschaftliche Frieden zerstört werden.

Im Blick auf beide Möglichkeiten unterscheidet Bonhoeffer
drei Aufgaben der Kirche gegenüber dem Staat. Ihre *erste* Aufgabe besteht darin, den Staat an seine Verpflichtungen zu erinnern; das schließt den klaren Widerspruch in den Fällen ein, in
welchen der Staat seine Verantwortung dadurch verletzt, dass er
ein Zuwenig oder ein Zuviel an Ordnung und Recht schafft. Die
zweite Aufgabe besteht darin, den Opfern staatlichen Fehlverhal-
tens beizustehen; es geht also darum, diejenigen zu retten und
zu schützen, die unter staatlichen Pflichtverletzungen zu leiden
haben. Die *dritte* Aufgabe stellt sich dann, wenn Verletzungen
von Recht und Ordnung durch ein Zuwenig oder ein Zuviel zum
dauerhaften Kennzeichen staatlichen Handelns werden. Dann besteht die Aufgabe der Kirche darin, «nicht nur die Opfer unter
dem Rad zu verbinden, sondern dem Rad selbst in die Speichen
zu fallen. Solches Handeln wäre unmittelbar politisches Handeln
der Kirche und ist nur dann möglich und gefordert, wenn die

Kirche den Staat in seiner Recht und Ordnung schaffenden Funktion versagen sieht.» (353 f.)

«Dem Rad in die Speichen fallen» (oder auch: «seine Hand in die Speichen des Rades zu legen») war zu Bonhoeffers Zeit eine geläufige Formulierung. In dem weithin bekannten Vortrag des Soziologen Max Weber über *Politik als Beruf* aus dem Jahr 1919 findet sich die Frage, was für ein Mensch man sein müsse, «um seine Hand in die Speichen des Rades der Geschichte legen zu dürfen» (Weber 1994: 73). Auch der Theologe Martin Rade, Herausgeber der viel gelesenen Zeitschrift *Die Christliche Welt*, verwendet sie gleichzeitig mit Bonhoeffer, wenn er in einem im Juni 1933 erschienenen Aufsatz beklagt, dass die engagierten Christen im Blick auf die Entrechtung getaufter Juden «dem Rad nicht in die Speichen fallen» konnten, und in bitterem Ton fragt: «Aber wo war die Gemeinde, wo die Kirche, die diese Judenchristen deckte und für sie eintrat?» (Rade 1933: 527) Rade konzentriert sich auf die Verantwortung der Kirche gegenüber den getauften Juden, deren Kirchenmitgliedschaft in Frage zu stellen ein Verstoß gegen das christliche Bekenntnis sei. Bonhoeffer beschäftigt sich zur gleichen Zeit mit dem staatlichen Vorgehen gegen Juden unabhängig von ihrem Bekenntnis und behandelt den Extremfall einer kirchlichen Pflicht, das ungerechte und illegitime Handeln des Staates anzuhalten. Bonhoeffer hat an dieser Stelle also klar im Blick, was wir heute den *großen Widerstand* nennen; für die Beteiligung der Kirche daran hält er eine konziliare Entscheidung, also einen großen Konsens, für notwendig. Wieweit er sich 1933 noch Illusionen darüber macht, ob die Kirche überhaupt zu einem solchen Konsens imstande ist, lässt sich nicht mit Gewissheit klären. 1933 setzte er sich intensiv dafür ein, dass die Kirche am Beispiel des «Arierparagraphen» eine klare Position bezog. Noch 1934 startete er auf der ökumenischen Konferenz in Fanø im Blick auf die Friedensfrage einen Versuch in dieser Richtung – in beiden Fällen ohne Erfolg.

Auf der ersten der drei genannten Ebenen geht es um den ideologischen Konflikt über die Legitimität staatlichen Handelns; in ihm hat die Kirche klar Partei für die an Recht und Ordnung orientierte Funktion des Staates zu ergreifen. In diesem Zusammenhang ist keine Rede vom Staat als einer göttlichen Ordnung; worauf es ankommt, ist allein die Funktion des Staates, die nach theologischer Auffassung um der Menschen und ihres Zusammenlebens willen als ein göttlicher Auftrag verstanden werden kann. Auf dieser Ebene wird das Zeugnis der Kirche gefordert.

Auf der zweiten Ebene geht es um ihr stellvertretendes Handeln, wir können sagen: um ihre Diakonie. Stellvertretend soll sie den Opfern staatlichen Handelns beistehen.

Auf der dritten Ebene aber geht es um unmittelbar politisches Handeln. Dietrich Bonhoeffer verwendet dafür nicht den Begriff des Widerstands; aber er hat ihn klar im Blick. Auch später hält er daran fest, dass ein Eingreifen gegen das illegitime Handeln des Staats nicht nur eine bürgerliche Pflicht, sondern eine Pflicht der Kirche und insbesondere ihrer ordinierten Amtsträger sei. Sein Mitgefangener Gaetano Latmiral berichtet von einer Äußerung Bonhoeffers im Tegeler Gefängnis: «Wenn ein Wahnsinniger auf dem Kurfürstendamm sein Auto über den Gehweg steuert, so kann ich als Pastor nicht nur die Toten beerdigen und die Angehörigen trösten; ich muss hinzuspringen und den Fahrer vom Steuer reißen, wenn ich eben an dieser Stelle stehe.» (Dietrich Bonhoeffer Jahrbuch 1, 2003: 30; Gremmels 2012: 114–126) Die Parallele zwischen «dem Rad in die Speichen fallen» und «den Fahrer vom Steuer reißen» ist offenkundig; in beiden Fällen geht es um aktiven Widerstand. Bonhoeffer übertreibt die Pflicht zum Widerstand nicht; ich muss «an dieser Stelle stehen», also zum Handeln imstande sein. Aber er bezieht diese Pflicht klar auf den Pfarrer, der «an dieser Stelle steht». Er verletzt seine Verpflichtung als ordinierter Amtsträger, wenn er sich auf Trauergottesdienste und den Trost der Angehörigen beschränkt, es aber versäumt, dem Fahrer des Todeswagens in den Arm zu fallen. Wenn es um den Angriff auf Menschenleben, um Verbrechen gegen die Menschlichkeit geht, bezieht sich die Pflicht zur aktiven Einmischung nicht nur auf den einzelnen Glaubenden, sondern auf die Kirche als Gemeinschaft der Glaubenden. Das ist der Zusammenhang, in dem der Tyrannenmord für Bonhoeffer zum Thema des Kirchenverständnisses wird.

Es war deshalb nicht nur eine persönliche Enttäuschung, sondern ein theologischer Konflikt, wenn Bonhoeffer Zweifel daran hatte, ob er nach der Beteiligung am Widerstand überhaupt noch als ordinierter Pfarrer in der evangelischen Kirche einen Platz finden würde.

Schuld und Widerstand

Als Dietrich Bonhoeffer an seiner *Ethik* arbeitete, war er in die Planungen des Widerstands eingeweiht. Er kannte das Material, das sein Schwager Hans von Dohnanyi zu den Verbrechen der Hitler-Diktatur gesammelt hatte und das in Gestalt des Zossener Aktenfunds sein und Dohnanyis Schicksal besiegeln sollte. Er kannte auch das Ausmaß, in dem die evangelische Kirche, von wenigen Ausnahmen abgesehen, über diese Verbrechen hinwegging. In dieser Situation formulierte er im Winter 1940/41 für seine *Ethik* ein *Schuldbekenntnis*, das uns in späterem Zusammenhang noch gesondert beschäftigen soll. Hier ist nur hervorzuheben, dass es in diesem Bekenntnis nicht nur um die Schuld des Einzelnen, sondern mehr noch um die Schuld der Kirche geht. Deren verweigerter Widerstand steht im Zentrum; das wird unter anderem mit folgenden Worten beklagt: «Die Kirche [...] hat die Gerechtigkeit Gottes nicht so verkündigt, dass alles menschliche Recht in ihr die Quelle des eigenen Wesens sehen musste. [...] Durch ihr eigenes Verstummen ist die Kirche schuldig geworden an dem Verlust an verantwortlichem Handeln, an Tapferkeit des Einstehens und Bereitschaft für das als recht Erkannte zu leiden. Sie ist schuldig geworden an dem Abfall der Obrigkeit von Christus.» (131 f.)

Dem Verrat an der Verantwortung ein Ende zu machen, für die

eigene Überzeugung einzustehen, der Gewissenlosigkeit der Regierenden entgegenzutreten: Das sind die Aufgaben, die sich aus dem Schuldbekenntnis der Kirche ergeben. Diese Schuld klar auszusprechen bildet eine unerlässliche Voraussetzung für den notwendigen Widerstand.

Doch der Widerstand führt nicht einfach aus der Schuld heraus, er führt auf neue Weise in sie hinein. Das reflektiert Dietrich Bonhoeffer in der Zeit der Konspiration in zwei Hinsichten: Auf eine sehr persönliche Weise geschieht das in einer Aufzeichnung *Nach zehn Jahren*, in der er an der Jahreswende 1942/43 für seine Freunde zehn Jahre nationalsozialistische Herrschaft bedenkt. In einer systematischen Überlegung widmete er sich derselben Frage in den Reflexionen über Freiheit und Verantwortung, die in seine *Ethik* Eingang finden sollten.

«Sind wir noch brauchbar?» So heißt die Schlüsselfrage *nach zehn Jahren*. Diesen Selbstzweifel spricht Bonhoeffer zugleich für seine Freunde Eberhard Bethge, Hans von Dohnanyi und Hans Oster aus, für die er diesen Text schreibt. Der Selbstzweifel gründet zum einen darin, dass sie über lange Zeit «stumme Zeugen böser Taten» des Naziregimes waren; er hat zum andern darin seinen Grund, dass sie in der Konspiration die «Künste der Verstellung und der mehrdeutigen Rede» lernen mussten und nun «mit vielen Wassern gewaschen» sind. Nötig ist in dieser Situation eine schonungslose Aufrichtigkeit gegen sich selbst, um den «Weg zur Schlichtheit und Geradheit» wiederzufinden (8: 38). Dabei weiß Bonhoeffer, dass sich der beschriebene Zwiespalt erst auflösen lässt, wenn das illegitime Regime überwunden ist. Denn bis dahin bleiben konspirative Verhaltensweisen unvermeidlich.

Noch erstaunlicher als diese persönlichen Reflexionen ist die Klarheit, in der das Thema des Widerstands in den Entwürfen zur *Ethik* aufgenommen wird (vgl. Krötke 2009: 423–435; Reuter 2013: 83–106). Bonhoeffer verknüpft das Konzept einer Gebotsethik mit einer eigens entwickelten Verantwortungsethik, die er unlöslich mit einer Ethik persönlicher Freiheit verbindet (6: 256–288). Stellvertretung und Wirklichkeitsgemäßheit sind wichtige

Kennzeichen verantworteter Freiheit. Die Aufgabe der Stellvertretung ergibt sich nicht nur aus der Verantwortung in den Rollen, die sich aus einer bestimmten Position und Funktion in Familie, Gesellschaft oder Staat ergeben. Vielmehr besteht über solche zugeschriebenen Rollen hinaus die Möglichkeit, Verantwortung für andere frei zu übernehmen, lediglich gebunden an die Person des anderen Menschen und an Gott. Widerstand ist ein herausragendes Beispiel für solche frei übernommene Verantwortung. Zugeschriebene Rollen dienen in einer solchen Situation eher dazu, die Verantwortung zu verschleiern, die Verschwörer aus innerer Freiheit übernommen haben.

Wirklichkeitsgemäßheit ist ebenso wichtig wie Stellvertretung. Sie orientiert sich an dem, was sich in einer gegebenen Situation als notwendig erweist. Das kann aber auch über die Grenzen des rechtlich Erlaubten hinausführen. «Dort, wo die sachliche Befolgung des formalen Gesetzes eines Staates [...] durch den Verlauf des geschichtlichen Lebens zusammenprallt mit den nackten Lebensnotwendigkeiten von Menschen, tritt verantwortliches sachgemäßes Handeln aus dem Bereich des Prinzipiell-Gesetzlichen, des Normalen, des Regulären vor die durch kein Gesetz mehr zu regelnde, außerordentliche Situation letzter Notwendigkeiten. [...] Es kann kein Zweifel darüber bestehen, dass es solche Notwendigkeiten gibt.» (272 f.) Bonhoeffer wendet das im Blick auf die kriegerische Gewaltanwendung entwickelte Konzept des letzten Mittels *(ultima ratio)* auf die Konfliktsituationen an, die ein «außerordentliches» Handeln notwendig machen. Er nennt dafür eine Reihe von Beispielen, die zum Teil weit hergeholt sind; im Kern meint er den Widerstand, den er in eine Ethik der *ultima ratio* – heute würden wir sagen: in eine Ethik der rechtserhaltenden Gewalt – einordnet.

Man wartet förmlich auf die Folgerung aus diesen Überlegungen für das Problem der Gewalt im Widerstand. Hans von Dohnanyi hatte Bonhoeffer bereits 1939/40, also unmittelbar nach dessen Rückkehr aus Amerika, mit der Frage konfrontiert, ob der Tyrannenmord aus dem christlichen Glauben gerechtfertigt werden könne (Heimbucher 1997: 298; Reuter 2013: 98). In der *Ethik* lesen wir eine Antwort, die – erstaunlich genug – keinen Zweifel zulässt: «Willkürlich ist selbstverständlich nicht die Tötung des Verbrechers, der fremdes Leben antastete.» (6: 183) Dieser Satz stellt eindeutig klar, dass der Widerstand gegen Hitler legitim war, den Attentatsversuch eingeschlossen (vgl. Gremmels 2005; Reuter 2009: 98). Doch er eröffnet zugleich keine Möglichkeit dafür, diese Legitimität zur Selbstrechtfertigung zu verwenden. Vielmehr gilt: Wer immer tötende Gewalt anwendet, lädt damit Schuld auf sich und rechtfertigt nicht sich selbst. So notwendig die Handlung auch sein mag, sosehr sich auch der Einzelne zu ihr durch sein Gewissen gedrängt fühlt, kann er doch vor Gott allein auf Gnade hoffen (6: 283).

Wunderbar geborgen

Für Dietrich Bonhoeffer verband sich die Erfahrung, Schuld auf sich zu laden, in der er allein auf Gottes Gnade vertrauen konnte, mit der Erfahrung der Einsamkeit, in der nicht mit der Solidarität seiner Kirche zu rechnen war. Mehr noch als diese Einsamkeit verlangte die existentielle Gefährdung des eigenen Lebens nach einer theologischen Deutung, die tiefer reichte als eine Theorie der Verantwortung. Bonhoeffer fand diese Deutung im Gedanken der Führung Gottes (Krötke 2009: 381–402). Das Vertrauen auf Gott in einer Situation persönlicher Unsicherheit ist ein tragendes Motiv seiner Gefängnistheologie. Die Bedeutung dieses Motivs wurde lange unterschätzt, weil die Gefängnisbriefe vor allem durch die Thesen vom Ende der Religion oder vom religionslosen Zeitalter Aufmerksamkeit fanden. Mit solchen revolutionären Thesen vermochte man ein so schlichtes Thema wie das Gottvertrauen nur schwer in Verbindung zu bringen. Doch beides gehört zusammen. Jesu Kampf im Garten Gethsemane bildet in den Gefängnisbriefen den Schlüssel dafür. Die Szene ist für Bonhoeffer ein «nicht-religiöses» Motiv, weil sie mit der gän-

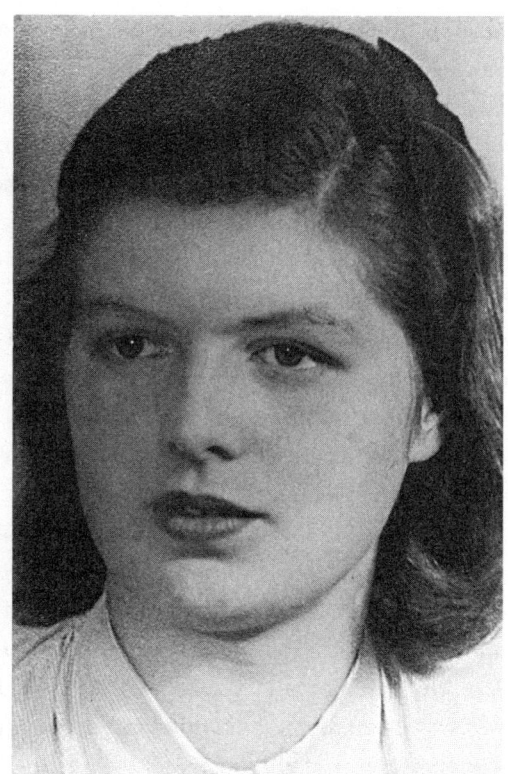

**Maria von Wedemeyer,
um 1943**

gigen Vorstellung von der Macht Gottes gründlich aufräumt: Der
Sohn Gottes hadert auf den Knien mit seinem Schicksal. Doch
der Widerstand gegen dieses Schicksal verbindet sich mit der
Ergebung in den Willen Gottes. Die Präsenz der Liebe Gottes in
ihrer ohnmächtigen Macht, ihrer machtvollen Ohnmacht vermit-
telt die Kraft zur Annahme des Leidens. So gehören Gottvertrauen und Widerstand zusammen.

Deshalb kann Dietrich Bonhoeffer sich auch in der Zeit des
Widerstands an der Gemeinschaft mit seiner Braut Maria von
Wedemeyer freuen – obwohl er gleichzeitig unter der Trennung
leidet –, wie die Brautbriefe in bewegender Weise zeigen (Bon-
hoeffer/Wedemeyer 1992). Dasselbe Gottvertrauen begründet
auch die Hoffnung für die Zukunft seiner Freunde, von der er

auch in der Einsamkeit des Gefängnisses nicht ablässt (8: 74; vgl.
auch 16: 192 f.). Er weiß, dass das Vertrauen auf Gottes Führung
nicht vor Sterben und Tod bewahrt; aber auch diese Erfahrung
wandelt sich, wenn sie aus Gottes Hand angenommen wird. In
Bonhoeffers berühmtem, im Berliner Hausgefängnis der Gestapo
in den Weihnachtstagen 1944 verfassten Gedicht *Von guten
Mächten* heißt es in diesem Sinn:

> Und reichst Du uns den schweren Kelch, den bittern,
> des Leids, gefüllt bis an den höchsten Rand,
> so nehmen wir ihn dankbar ohne Zittern
> aus Deiner guten und geliebten Hand. (8: 608)

Gottes Führung ist in Bonhoeffers Verständnis Führung zu ihm
selbst. Ein Brief an Eberhard Bethge vom 21. Juli 1944 – unmittelbar nach dem gescheiterten Attentat geschrieben – endet mit
dem schlichten Satz: «Gott führe uns freundlich durch diese
Zeiten; aber vor allem führe er uns zu sich.» (543)

Doch Bonhoeffer benutzt das Vertrauen auf die Führung Gottes nicht als Begründung für Passivität oder Anpassung, wie es
manche Mitglieder der *inneren Emigration* oder des *inneren Exils*
in jenen Jahren tun. Ein Beispiel dafür bieten Reinhold Schnei-
ders berühmte Sonett-Zeilen aus dem Jahr 1937:

> Allein den Betern kann es noch gelingen
> das Schwert ob unsern Häuptern aufzuhalten. (Schneider 1991: 54)

Im Unterschied zu einer solchen Trennung zwischen Gebet und
Tat hielt Dietrich Bonhoeffer am Zusammenhang zwischen Beten
und Tun des Gerechten fest – und dies in Verbindung mit einem
dritten, gleich wichtigen Element: dem Warten auf Gottes Zeit
(8: 435 f.).

In dieser Aussage können wir eine Zusammenfassung seiner
Theologie des Widerstands sehen. Sie ist politisch, aber sie erschöpft sich nicht im Politischen. Richard Löwenthal und andere

haben zwischen drei Dimensionen des Widerstands unterschieden: dem politischen, dem gesellschaftlichen und dem ideologischen – oder, wie man auch sagen kann: dem intellektuellen – Widerstand (Löwenthal 1997). Bonhoeffers Widerstand bezieht sich auf alle drei Dimensionen. Er beteiligt sich nicht nur an einer politischen Verschwörung, sondern bereitet auch künftige Pfarrer darauf vor, ihren Beitrag zum gesellschaftlichen Widerstand zu leisten. Wenn man einbezieht, dass er seit 1940 unter einem Schreib- und Redeverbot stand, ist sein Beitrag zum intellektuellen Widerstand geradezu erstaunlich zu nennen. In dieser Hinsicht leistete er mehr als die meisten anderen Theologen, Schriftsteller, Wissenschaftler oder Intellektuellen, die sich später darauf beriefen, Teil der *inneren Emigration* oder des *inneren Exils* gewesen zu sein.

Bonhoeffer emigrierte nicht, sondern kehrte 1939 aus den USA nach Deutschland zurück, um am Schicksal seines Volks teilzunehmen und es dadurch zu seinem persönlichen Schicksal werden zu lassen. Er stellte sich den Realitäten und Aufgaben seiner Zeit. So wurde er zu einem Vorbild für die Bereitschaft, sich auf die politische, gesellschaftliche und geistige Situation der eigenen Gegenwart einzulassen – ohne Vorbehalt und ohne Rückzugsmöglichkeit. Damit fand er ein Echo in vielen Ländern und Kontinenten. In dieser Hinsicht ist Bonhoeffers Beitrag zum Widerstand keineswegs marginal, sondern von wegweisender Bedeutung.

8. Mut zur Schuld

Die Überschrift dieses Kapitels enthält ein Risiko, das sich durch den Vergleich mit einem bekannten Satz von Theodor Heuss verdeutlichen lässt: «Nun siegt mal schön.» Mit diesem auf missverständliche Weise aufmunternden Gruß verabschiedete sich der damalige Bundespräsident im September 1958 von einer Soldatengruppe, die er im Manöver besucht hatte (Merseburger 2012: 570). Mit der Überschrift *Mut zur Schuld* will ich keineswegs an diesen Ironie-Versuch des schwäbischen Präsidenten anknüpfen. Auch eine Anspielung auf Martin Luthers berühmte Aufforderung an seinen Wittenberger Weggefährten Philipp Melanchthon «Sündige tapfer» *(pecca fortiter)* ist nicht beabsichtigt – jedenfalls nicht in dem saloppen Sinn, in dem sie meistens verstanden wird. Genau betrachtet verfolgte Luther allerdings nicht die Absicht, den schmächtigen Gelehrten mit seinem Brief vom 1. August 1521 zu einem ausgelasseneren Lebenswandel zu überreden. Vielmehr sollte seine Aufforderung die Gewissheit unterstreichen, dass Gottes Gnade keine Fiktion, sondern Wirklichkeit ist. An ihr allein hängt die Überwindung der Sünde, nicht an der menschlichen Vorstellung, wenn man sich nur konsequent genug von ihr fernhalte, komme man vielleicht ganz um sie herum und sei deshalb auf Gottes Gnade gar nicht angewiesen. Der Glaube an Gottes Gnade allein ist es also, der mit dem *pecca fortiter* eingeschärft werden soll. Deshalb weist Luther darauf hin, dass Gottes Vergebung nicht denen gilt, die nur in ihrer Einbildung Sünder sind, um dann fortzufahren: «Sei [wirklich] ein Sünder und sündige tapfer, aber noch tapferer glaube und freue dich in Christus, der Sieger ist über die Sünde, den Tod und die Welt.» (Luther an Melanchthon am 1. 8. 1521, WA Briefe 2, 372; vgl. Lange 1992: 422)

Bei genauerer Betrachtung ergibt sich also doch eine Brücke von Luthers häufig zitierter Formel zur Überschrift *Mut zur Schuld*, mit der ich einen Zugang zu einem Aspekt in Bonhoeffers Theologie bahnen will, der vielen Interpreten ein Rätsel aufgibt. Dieses Rätsel zeigt sich am deutlichsten in dem Begriff der *Schuldübernahme*, den Bonhoeffer, soweit ich weiß, in die theologische Ethik eingeführt hat und der nach wie vor nur selten aufgegriffen wird. In den kritischen Kommentaren, die Bonhoeffers Begriffsprägung erfährt, ist allerdings selten davon die Rede, dass in den Manuskripten zur *Ethik*, in denen sich dieser Begriff findet, noch in einer anderen, ebenso intensiven Weise von Schuld die Rede ist. Um dieses Thema kreist das *Schuldbekenntnis der Kirche*, das Bonhoeffer in sein Manuskript einfügt und das uns im Zusammenhang von Bonhoeffers Theologie des Widerstands bereits begegnet ist. Was ich den *Mut zur Schuld* nenne, hat in den Manuskripten zur *Ethik* zwei Seiten – den Mut, Schuld zu bekennen und Schuld auf sich zu nehmen.

Beide Arten der Rede von Schuld hängen eng mit den Zeitereignissen zusammen, die Bonhoeffer während der Arbeit an der *Ethik* bedrängten: den Gewaltverbrechen des nationalsozialistischen Regimes, dem mörderischen Krieg, den vergeblichen Anstrengungen des Widerstands. Doch beide Arten, von Schuld zu reden, hängen auch inhaltlich zusammen. Mögliche Missverständnisse auf der einen wie auf der anderen Seite lassen sich vermeiden, wenn der innere Zusammenhang zwischen den beiden Seiten des Muts zur Schuld berücksichtigt wird.

Schöpfung und Schuld

Nicht erst während der Arbeit an der *Ethik* wandte sich Bonhoeffer dem Thema Schuld zu. Wie lange es ihn schon begleitete, zeigt die Vorlesung aus dem Wintersemester 1932/33, also aus den Schicksalsmonaten dieser Jahreswende. *Schöpfung und Sünde* heißt das Thema der einstündigen Lehrveranstaltung. Am

Ende des Semesters verlangten Hörerinnen und Hörer mit Nachdruck eine baldige Veröffentlichung. Bonhoeffer folgte diesem Vorschlag. Da Emanuel Hirsch, ein Schüler von Karl Holl, kurz zuvor ein Buch mit dem Titel *Schöpfung und Sünde* veröffentlicht hatte, musste Bonhoeffer bei der bereits im Jahr 1933 erfolgenden Veröffentlichung den Titel *Schöpfung und Fall* wählen. Das Thema bezieht sich bei Bonhoeffer nicht nur auf den einzelnen Menschen. Seit dem Beginn seiner theologischen Arbeit beschäftigt ihn der Gedanke der *Kollektivperson*, der Menschheit also, die zum einen in Adam und zum andern in Christus repräsentiert ist. Für sein Verständnis der Sünde ist das wichtig. Weil er die Menschheit als Kollektivperson versteht, braucht er nicht auf die Vorstellung einer physisch von Generation zu Generation übertragenen Erbsünde auszuweichen. Weil er die Kirche als Kollektivperson – nämlich als *Christus als Gemeinde existierend* – versteht, kann er von einer Schuld der Kirche – und nicht nur der einzelnen Christen – sprechen.

An all das knüpfte er an, als er im Wintersemester 1932/33 seine Auffassungen über Schöpfung und Sünde in Gestalt einer Auslegung der ersten drei Kapitel der Bibel vortrug. Manchen erschien diese Vorgehensweise, gemessen an den zeitgenössischen Standards der Systematischen Theologie, wie eine «Märchenerzählung» (3:8). Doch für die meisten Zuhörerinnen und Zuhörer verband sich diese Auslegung mit einer so unmittelbaren zeitdiagnostischen Kraft, dass der Dozent nicht einmal auf Zeitereignisse Bezug nehmen musste; wer Ohren hatte zu hören, der hörte – zum Beispiel, wenn am 31. Januar 1933, am Tag nach der Übergabe der Macht in Deutschland an Adolf Hitler, die Anmaßung beschrieben wurde, mit der ein Mensch alle Grenzen überschreitet, dadurch seine Mitte verliert und «seine Geschöpflichkeit [...] erledigt, zerstört» (107).

Auf heutige Leser wirkt dieser Text mit seiner nahezu beschwörenden Wiederholung theologischer Formeln bisweilen beschwerlich. Aber die Kernthese tritt deutlich hervor; sie lässt sich so zusammenfassen: Dadurch, dass der Mensch sich selbst in die Mitte stellt, verliert er seine Mitte. Denn diese Mitte besteht darin, dass er die Beziehung zu Gott als Grund der Beziehung zu sich selbst, zum Mitmenschen und zur Welt anerkennt. Manche finden die Begrifflichkeit, in der Bonhoeffer das darstellt, ungenau (Kodalle 1991: 56 f.). Aber verglichen mit vielen anderen Formen, in denen das «exzentrische» Wesen des Menschen beschworen wird, ist eine Betrachtungsweise, die den Menschen als Beziehungswesen begreift, ungleich präziser. Sie gibt die Betrachtung des Menschen als Individuum nicht auf; aber sie sieht seine Sozialität als genauso zentral an wie seine Individualität. Gefährdet er die Beziehung zu anderen, steht auch die Beziehung zu sich selbst auf dem Spiel. Der Zugriff auf den Baum der Erkenntnis von Gut und Böse zerstört diesen Beziehungscharakter geschöpflicher Freiheit (Claß 1994: 70–75). Der Mensch, der sein will wie Gott, entzweit sich dadurch von Gott, von sich selbst, von seinen Mitmenschen und von der nichtmenschlichen Welt. Dadurch lebt er in der Spannung zwischen Fluch und Verheißung: Der Fluch ist, dass er in der gefallenen Welt leben muss, die Verheißung besteht darin, dass er in ihr leben darf, «dass er in ihr nicht des Wortes Gottes, und sei es auch des zornigen, verstoßenden, verfluchenden Gottes entbehrt» (3: 124). Er lebt nicht in einer von Gott verlassenen Welt; es handelt sich vielmehr um eine «in Gottes Fluch gesegnete, in Feindschaft, Schmerz und Arbeit befriedete Welt der Erhaltung des Lebens». So ist doch schon in dieser gefallenen Welt «bereits der Friede angezeigt [...], den Gott noch einmal mit der Erde schließen will, der Friede, den er über einer neuen, gesegneten Erde der Auferstehungswelt aufrichten will» (126 f.). Nicht vom Menschen her, sondern von Gott her wird die Brücke aufrechterhalten, die über den abgründigen Fall Adams vorausweist auf die neue Menschheit in Christus.

Bonhoeffers kirchliches Schuldbekenntnis

Es klingt wie eine Fortsetzung der Überlegungen zur Schuld von 1932/33, wenn Bonhoeffer sich in den *Ethik*-Manuskripten dem Thema *Schuld, Rechtfertigung, Erneuerung* zuwendet (6: 125–136). Schon in einer frühen Phase der Arbeit an der *Ethik*, nämlich im Herbst 1940, sieht er einen eigenen Abschnitt über *Schuld und Rechtfertigung* vor. Noch in derselben Arbeitsperiode erweitert er den Titel dieses Abschnitts und spricht von *Schuld, Rechtfertigung, Erneuerung* – womit er zugleich den theologisch geläufigen Begriff der *Heiligung* auf eine Weise ersetzt, für die er auch bei Leserinnen und Lesern außerhalb kirchlicher Zirkel Verständnis erhofft. Er wählt dafür nicht, wie wenige Jahre zuvor, das Wort *Nachfolge*, sondern spricht von *Erneuerung*. Die Befreiung aus der Schuld führt zur Erneuerung.

Im Herbst 1940 schreibt Bonhoeffer unter Bedingungen, die vor allem durch den überraschenden Erfolg des Frankreich-Feldzugs geprägt sind. Dieser historische Kontext unterscheidet sich stark von späteren Konstellationen, etwa dem Scheitern der auf Moskau gerichteten Offensive Anfang 1942 oder der vernichtenden Niederlage vor Stalingrad Anfang 1943 (vgl. 6: 424–434). Bemerkenswert ist, dass Bonhoeffer sich durch Hitlers Erfolge in der ersten Phase des Krieges nicht in seiner kritischen Haltung irritieren lässt. Seine Kritik richtet sich gegen die Tendenz zum totalen Krieg genauso wie gegen menschenverachtendes Handeln im Innern. Eindeutig verurteilt er die «Euthanasie»-Aktion, die auf die «Vernichtung unwerten Lebens» gerichtet ist und sich mit Maßnahmen der Zwangssterilisation verbindet, die eine Weitergabe «unwerten» Erbguts verhindern sollen (184). Dass Einzelne wie Friedrich von Bodelschwingh und Paul Braune, die Leiter der diakonischen Einrichtungen in Bethel und Lobetal, sich darum bemühten, diese Mordaktionen zu stoppen, wurde von Bonhoeffer, seinem Vater und seinem Schwager Hans von Dohnanyi nachdrücklich unterstützt (Gerrens 1996: 102–109, 125–129). Aber in vielen kirchlichen Einrichtungen fehlte die nötige

Dietrich Bonhoeffer, August 1935

Entschlossenheit, um der «Euthanasie» konsequent entgegenzutreten.

In dieser Situation formuliert Dietrich Bonhoeffer sein kirchliches Schuldbekenntnis; es folgt den Zehn Geboten, die Bonhoeffer schon in früheren Zusammenhängen als Beichtspiegel für den
einzelnen Christen empfohlen hat (5: 98). Dieses Mal geht es darum, die Kirche anzusprechen. «Die Kirche» – so heißt es gleich
zu Beginn – «ist heute die Gemeinschaft der Menschen, die erfasst von der Gewalt der Gnade Christi ihre eigene persönliche
Sünde wie den Abfall der abendländischen Welt von Jesus Christus als Schuld an Jesus Christus erkennt, bekennt und auf sich
nimmt.» (6: 126) Ausdrücklich wird die «persönliche Sünde jedes
Einzelnen» hervorgehoben, die ohne jeden Seitenblick auf andere
bekannt wird. Aber die «vielen Einzelnen schließen sich [...] zusammen in dem Gesamtich der Kirche. In ihnen und durch sie
bekennt und erkennt die Kirche ihre Schuld.» (128) Das Schuldbekenntnis der Kirche entbindet die Einzelnen nicht vom eigenen

Bekenntnis, sondern führt sie zum gemeinsamen Bekennen zusammen (132 f.). Das Eine kann demnach nicht gegen das Andere ausgespielt werden.

Bonhoeffers Schuldbekenntnis orientiert sich am Dekalog in der lutherischen Fassung. Deshalb fehlt ein eigener Abschnitt über das Bilderverbot, was allein schon im Blick auf die Vergötzung des Führers und seines Bildes bedauerlich ist. Aber insgesamt wird die Schuld der eigenen Zeit sehr konkret beim Namen genannt; dabei muss der Autor stets damit rechnen, dass seine Manuskripte entdeckt, konfisziert und als Material gegen ihn benutzt werden.

Knapp seien die wichtigsten Punkte in diesem Schuldbekenntnis der Kirche zusammengefasst. Im Blick auf ihre Pflicht, den einen Gott zu verkünden, bekennt die Kirche, dass sie durch «Furchtsamkeit» und «gefährliche Zugeständnisse [...] den Ausgestoßenen und Verachteten die schuldige Barmherzigkeit oftmals verweigert [hat]. Sie war stumm, wo sie hätte schreien müssen, weil das Blut der Unschuldigen zum Himmel schrie. Sie hat das rechte Wort in rechter Weise zu rechter Zeit nicht gefunden. Sie hat dem Abfall des Glaubens nicht bis aufs Blut widerstanden und hat die Gottlosigkeit der Massen verschuldet.» (129) Beeindruckend ist an diesem Beginn bereits die direkte Verknüpfung zwischen dem Bekenntnis zu dem einen Gott und der Barmherzigkeit für die Ausgestoßenen und Verachteten. Das ist der Ton, den Bonhoeffer anschlägt, wenn er von der «abendländischen Welt» spricht, die von Jesus Christus abgefallen ist – eine sehr andere Form, sich auf das Abendland zu beziehen, als dies vor wie nach ihm immer wieder praktiziert wurde und wird.

Ähnlich direkt sind die Verknüpfungen auch bei den folgenden Geboten. Im Blick auf das zweite Gebot bekennt die Kirche nach Bonhoeffers Entwurf den Missbrauch des Namens Jesu Christi; sie habe es hingenommen, dass unter dem Deckmantel dieses Namens Gewalttat und Unrecht gerechtfertigt wurden. Das ist eine Anspielung auf die Art und Weise, in der die NS-Propaganda den Begriff des «positiven Christentums» – gemeint war seit der Aufklärung mit dem Begriff der «positiven Religion» die Offenbarungsreligion im Gegensatz zur natürlichen Religion – instrumentalisierte, um ihre antisemitische Ideologie als christlich auszuweisen. Für den Verlust des Feiertags – so der Bezug auf das dritte Gebot – werden nicht andere verantwortlich gemacht, sondern die Kirche rechnet es sich selbst zu, durch eine schwache Predigt von Jesus Christus und durch matte Gottesdienste der Tendenz zu Rastlosigkeit und Unruhe sowie zur Ausbeutung der Arbeitskraft auch am Feiertag Vorschub geleistet zu haben. Im Blick auf den Zusammenbruch der elterlichen Autorität – so der Übergang zum vierten Gebot – wird die Verachtung des Alters und die Vergötterung der Jugend beklagt. Die Ideologisierung der Hitlerjugend ist dabei im Blick; die Verführung durch das Führerprinzip, die Bonhoeffer schon in seinem Radiovortrag vom Februar 1933 kritisiert hatte (12: 253–255), klingt wieder an. An den traditionellen Rollenzuweisungen für Eltern und Kinder wie für Männer und Frauen hält der Autor offenkundig fest.

Das fünfte Gebot – «Du sollst nicht töten» – nötigt dazu, die Mitschuld der Kirche am Leiden und gewaltsamen Sterben vieler Menschen zu bekennen, für die sie ihre Stimme nicht erhoben und keine Wege konkreter Hilfe beschritten hat. Bonhoeffer nimmt eine Perspektive ein, die er bald darauf als den *Blick von unten* bezeichnen wird (8: 38 f.), und hat dabei im Besonderen den Mord an Jüdinnen und Juden vor Augen (6: 130). Zum sechsten Gebot – «Du sollst nicht ehebrechen» – beklagt das Schuldbekenntnis das Fehlen jedes wegweisenden und helfenden Worts der Kirche zum Verhältnis der Geschlechter zueinander. Scharf wird die Kraftlosigkeit «gelegentlicher moralischer Entrüstung» gegeißelt. Die Kirche hat vor der Aufgabe versagt, «die Zugehörigkeit unseres Leibes zum Leib Christi [...] stark zu verkündigen» (131). Das Verbot des Stehlens schlägt sich in dem Bekenntnis nieder, «Beraubung und Ausbeutung der Armen, Bereicherung und Korruption der Starken stumm mitangesehen zu haben»; jedem Kundigen muss bei diesen Worten die «Arisierung» jüdischen Vermögens in den Sinn kommen.

Das achte Gebot, kein falsches Zeugnis zu reden, wird in dem Bekenntnis der Mitschuld daran aufgenommen, dass das Leben Unzähliger «durch Verleumdung, Denunzieren, Ehrabschneidung vernichtet» wurde; das Gebot wird dadurch wieder an seinen ursprünglichen Ort, nämlich in den Bereich des Rechts, gestellt. Das Ausmaß, in dem falsche Anschuldigungen, rassistische Diskriminierungen, politische Denunziationen und andere «Säuberungsaktionen» Menschenleben zerstört haben, tritt in diesem Schuldbekenntnis unverstellt in den Blick. Anknüpfend an die beiden letzten, auf das Begehren gerichteten Gebote bekennt die Kirche, «begehrt zu haben nach Sicherheit, Ruhe, Friede, Besitz, Ehre, auf die sie keinen Anspruch hatte, und so die Begierden der Menschen nicht gezügelt, sondern gefördert zu haben» (131).

Geistesgegenwärtiges Bekennen

Dietrich Bonhoeffers kirchliches Schuldbekenntnis wurde erst öffentlich zugänglich, als Eberhard Bethge 1949 dessen *Ethik* publizierte. Doch das bedeutet nicht, dass dieses Schuldbekenntnis vorher ohne Wirkung blieb. In der Bekennenden Kirche bildete sich spätestens seit 1942 ein Bewusstsein dafür aus, dass nicht nur die Schuld des NS-Regimes und seiner Mitläufer, sondern auch die Schuld der Kirche zu bekennen sei, wenn man nach dem Ende des Krieges auf die Möglichkeit von Frieden und Verständigung, ja von Versöhnung hoffen wollte. Es ist gut möglich, dass Bonhoeffer zu dieser Einsicht beitrug, zum Beispiel in Gesprächen mit Hans Asmussen, einem wichtigen Mitglied im Reichsbruderrat der Bekennenden Kirche, mit dem er schon seit Beginn des Kirchenkampfs in Kontakt stand. Im Dezember 1942 schrieb Asmussen an Willem Visser 't Hooft, den Generalsekretär des im Aufbau begriffenen Ökumenischen Rats der Kirchen in Genf: «Wir können es uns nicht anders vorstellen, als dass Sie uns [gemeint sind die evangelischen Kirchen in Deutschland] mit unserem Volke zusammen sehen und dass das Urteil, welches Sie von unserem Volke haben, auch immer zugleich uns trifft.» Dabei sah Asmussen die gemeinsame Aufgabe der Christen darin, mit dem Bekenntnis der Schuld «gemeinsam vor Gott [zu] treten» (Boyens 1971: 375 f.).

Im Austausch mit Visser 't Hooft und dessen deutschem Mitarbeiter Adolf Freudenberg blieb auch keine Unklarheit darüber, worin diese Schuld am allerschwersten wog. Es waren die Judendeportationen, die in der Ökumene die größte Beunruhigung auslösten; jedem deutschen Kirchenvertreter, der in diesen Jahren über ökumenische Kontakte verfügte, wird das zum Bewusstsein gekommen sein. Dietrich Bonhoeffer, der die «schwächsten und wehrlosesten Brüder Jesu Christi» ausdrücklich in seinem Schuldbekenntnis erwähnt hatte, sammelte zusammen mit seinem Schwager Hans von Dohnanyi planmäßig alle erreichbaren Fakten über die Deportation jüdischer Familien (16: 212–214). Der Bericht, den sie darüber erstellten, sollte oppositionelle Militärs zum Eingreifen veranlassen. Nach der Einschätzung des Schriftstellers und Holocaust-Überlebenden H. G. Adler ist dies der früheste dokumentarische Beleg für eine Beschäftigung des deutschen Widerstands mit diesen Deportationen (Adler 2005: 18 f.; Bethge 2005: 837). Gemeinsam mit Hans von Dohnanyi bemühte sich Bonhoeffer auf Veranlassung von Canaris darum, einigen bedrohten Personen aus dem Umkreis der Auslandsabteilung der Abwehr rechtzeitig die Flucht in die Schweiz zu ermöglichen. Weil zunächst an sieben Personen gedacht wurde, trug diese Aktion den Tarnnamen «Unternehmen Sieben»; es wurden am Ende immerhin doppelt so viele Menschen durch sie gerettet (Meyer 1993: 3).

Der württembergische Landesbischof Theophil Wurm scheute sich nicht, im Februar und März 1943 gegenüber staatlichen Stellen ausdrücklich von den Menschen zu sprechen, die «ohne Urteilsspruch eines zivilen oder militärischen Gerichts lediglich wegen ihrer Volks- oder Rassenzugehörigkeit zu Tode gebracht werden», und wies darauf hin, dass diese Maßnahmen, unter anderem durch Urlauber, auch in den christlichen Gemeinden bekannt wurden und größte Beunruhigung auslösten. Da er auf seine Einsprüche keine Antwort erhielt, teilte er sein Wissen der württembergischen Pfarrerschaft mit und fügte hinzu, diejenigen Christen, die sich durch ihr schweigendes Mitwissen schuldig fühlten, hätten recht – «und wir beugen uns mit euch unter diese Schuld» (Boyens 1971: 379).

Einige Monate später, im Oktober 1943, tagte die Bekenntnissynode der Altpreußischen Union in Breslau. Wie Bonhoeffer orientierte auch sie sich am Dekalog, insbesondere am fünften Gebot «Du sollst nicht töten», und erklärte: «Begriffe wie ‹Ausmerzen›, ‹Liquidieren› und ‹unwertes Leben› kennt die göttliche Ordnung nicht. Vernichtung von Menschen, lediglich weil sie [...] einer anderen Rasse angehören, ist keine Führung des Schwertes, das der Obrigkeit von Gott gegeben ist. [...] [D]as Leben aller Menschen [...] ist [Gott] heilig, auch das Leben des Volkes Israel.» (Kirchliches Jahrbuch 1933–1944, 385 f.) Allerdings hatte gerade die Klarheit dieser Äußerungen zur Folge, dass sie selbst innerkirchlich nur wenig verbreitet und beachtet wurden; ihre Eindeutigkeit verdient unabhängig davon Respekt.

Nach dem Ende des Zweiten Weltkriegs scheute die Leitung der neu gebildeten Evangelischen Kirche in Deutschland (EKD) vor vergleichbarer Deutlichkeit eher zurück. Darauf, dass sie zu einem klaren Eingeständnis kirchlichen Versagens verpflichtet war, hatten sich Weitsichtige, wie wir gesehen haben, schon während des Krieges eingestellt. Doch ihre Hoffnung, dass auch die Kirchen der Siegermächte in eine Solidarität des Schuldbekenntnisses eintreten würden, erfüllte sich nicht. Zugleich befürchteten kirchenleitende Personen in Deutschland, dass jedes Schuldbekenntnis im eigenen Land nicht geistlich, sondern politisch verstanden und als Bejahung einer Kollektivschuld des deutschen Volkes ausgelegt würde. Vor diesem Hintergrund muss man die Stuttgarter Schulderklärung des Rats der Evangelischen Kirche in Deutschland vom 19. Oktober 1945 trotz ihres vergleichsweise allgemeinen Charakters als einen mutigen Schritt würdigen, der die Tür zur Erneuerung der ökumenischen Gemeinschaft zwischen den Kirchen über die Grenzen der Kriegsgegnerschaft hinweg aufstieß. Der württembergische Landesbischof Theophil Wurm war nun Vorsitzender des Rats der EKD. Doch er drängte nicht auf größere Klarheit des Stuttgarter Schuldbekenntnisses, wohl weil er ahnte, welchen Protest bereits die allgemeinen Formulierungen auslösen würden, zu denen sich der Rat mit den Unterschriften aller anwesenden Mitglieder bekannte.

Aus heutiger Sicht tut man sich schwer mit den berühmten Komparativen der Stuttgarter Erklärung vor den Vertretern der weltweiten Ökumene: «dass wir nicht mutiger bekannt, nicht treuer gebetet, nicht fröhlicher geglaubt und nicht brennender geliebt haben». Sie wirken auf spätere Leser auch deshalb befremdlich, weil ihnen die übertriebene Selbstanerkennung vorangeht, man habe «lange Jahre hindurch im Namen Jesu Christi gegen den Geist gekämpft, der im nationalsozialistischen Gewaltregiment seinen furchtbaren Ausdruck gefunden» habe. Aus der Perspektive der Nachgeborenen vermisst man in dieser Erklärung jeden Bezug auf die schwächsten und wehrlosesten Brüder und Schwestern Jesu Christi, von denen Dietrich Bonhoeffer, aber auch Theophil Wurm so deutlich gesprochen hatten. Erst 1950 rang sich die Synode der EKD in Berlin-Weißensee zu einem *Wort zur Schuld an Israel* durch. Dennoch muss man im Rückblick bereits die Stuttgarter Schulderklärung als einen wichtigen Schritt ansehen, der mit seinem Kernsatz jedenfalls das Ausmaß geschichtlicher Schuld erkennen ließ: «Durch uns ist unendliches Leid über viele Völker und Länder gebracht worden.» (Greschat 1985: 45 f.) Dieser Satz, der von vielen Zeitgenossen als Anerkennung einer Kollektivschuld kritisiert wurde, war entscheidend.

Doch das Schuldbekenntnis Dietrich Bonhoeffers ging darüber hinaus und bleibt darin ein wichtiges Beispiel für geistesgegenwärtiges Bekennen in kirchlicher Verantwortung. Ein anderes Beispiel in anderer Zeit findet sich im Bekenntnis von Belhar, das sich mit klaren Worten zur Schuld der südafrikanischen reformierten Kirche an der Unterstützung des Apartheidregimes

in Südafrika bekennt und einen Neuanfang fordert. In diesem
Text aus dem Jahr 1982 heißt es: «Wir verwerfen darum jede
Lehre, die die natürliche Vielfalt oder die sündhafte Trennung
in einer Weise verabsolutiert, dass dadurch die sichtbare und
tätige Einheit der Kirche behindert wird oder zerbricht oder sogar zur Gründung einer separaten Kirche führt; die vorgibt,
dass diese geistliche Einheit durch das Band des Friedens garantiert sei, während gleichzeitig Gläubige desselben Bekenntnisses
aufgrund von Verschiedenheit und Unversöhnlichkeit voneinander entfremdet sind; die nicht wahrhaben will, dass es Sünde ist,
wenn die sichtbare Einheit nicht als eine kostbare Gabe ange-
strebt wird; die explizit oder implizit behauptet, dass Herkunft
oder irgendein anderer menschlicher oder gesellschaftlicher Faktor für die Mitgliedschaft in der Kirche mitbestimmend sei.»
(Smit 2013: 114)

Kann die heilige Kirche sündigen?

In allen bisher erörterten Fällen – Bonhoeffers Bekenntnis, der
Stuttgarter Schulderklärung und dem Bekenntnis von Belhar –
handelt es sich nicht um Bekenntnisse einzelner Christen, sondern dem Anspruch nach um Bekenntnisse der Kirche. *Schuld,
Bekenntnis, Erneuerung* (so Bonhoeffers Überschrift) ist ein Thema
der Kirche als Gemeinschaft der Glaubenden. Sie verkündet die
Botschaft von der Rechtfertigung allein durch Gottes Gnade
nicht nur anderen, sondern lässt diese Botschaft auch für sich
selbst gelten. Sie unterscheidet nicht die Kirche als solche von
ihren Gliedern.

In ökumenischer Hinsicht ist dies ein sensibles Thema. In der
römisch-katholischen Kirche begannen beeindruckende Schritte
zu kirchlichen Schuldbekenntnissen mit der Vergebungsbitte von
Papst Johannes Paul II. im Jahr 2000 und mündeten in die Vergebungsbitte von Papst Franziskus vom 25. Januar 2016, die sich
direkt auf das Verhältnis der christlichen Kirchen zueinander be-

zieht. Sie veranschaulichen die Frage, ob sich das Bekenntnis zur Heiligkeit der Kirche mit einem Bekenntnis kirchlicher Schuld verträgt. Auch im evangelischen Kirchenverständnis ist die Rede von der Kirche als Sünderin alles andere als selbstverständlich. Da die Sünde mit der Freiheit des Menschen verbunden wird, ist, so scheint es, ein Bekenntnis der Sünde nur für die einzelne Person, aber nicht für eine Gemeinschaft möglich. Dietrich Bonhoeffer führt über diese Betrachtungsweise hinaus, indem er die Gemeinschaft derer, die sich zu Gott bekennen, als Kollektivperson versteht und deshalb in ihrem Schuldbekenntnis nicht nur ein gemeinsames Bekenntnis der jeweils persönlichen Schuld, sondern auch ein Bekenntnis gemeinsamer Schuld sieht. Das ist nötig, wenn die Zusage von Rechtfertigung und Vergebung nicht im Sinn einer *billigen Gnade* missverstanden werden soll.

Die römisch-katholische Tradition hat die Heiligkeit der Kirche über lange Zeit so nachdrücklich hervorgehoben, dass ihr der Gedanke einer sündigen Kirche fernlag. Die Erfahrungen des zwanzigsten Jahrhunderts haben jedoch ein Umdenken in Gang gesetzt. Vor allem der große katholische Theologe Karl Rahner trat schon nach dem Ende des Zweiten Weltkriegs und erneut in der Zeit des II. Vatikanischen Konzils (1962–1965) dafür ein, über die *Kirche der Sünder* oder pointierter: die *sündige Kirche* nachzudenken. Es wirkte wie eine ökumenische Revolution, als er darauf bestand, dass die Kirche nicht nur sündige Menschen als ihre Glieder hat, sondern sich selbst als *sündige Kirche* verstehen muss; denn «die «Sündigkeit und Unzulänglichkeit der Glieder der Kirche wirkt sich auch aus in dem Tun und Lassen, das, im Bereich der menschlichen Erfahrung stehend, als Tun und Lassen der Kirche selbst bezeichnet werden muss» (Rahner 1962: 24 f.; vgl. Rahner 2011). Doch konnte er sich damit nicht durchsetzen. Das II. Vatikanische Konzil formulierte viel vorsichtiger, dass die Kirche «in ihrem eigenen Schoß Sünder umfasst» (Kirchenkonstitution *Lumen gentium* 8). Dem ökumenischen Gewicht der Frage wurde das nicht gerecht (Rahner 1965: 331). Die Unterscheidung zwischen der Heiligkeit der Kirche und der Sündhaftigkeit ihrer Glieder bestimmte auch die weitere Lehrentwicklung (vgl. Gemeinsame Kommission 2003: 373). Bonhoeffer unterschied stattdessen zwischen der Gnade Gottes als einem Letzten und dem menschlichen Handeln im Bereich des Vorletzten; doch er rechnete ausdrücklich mit der Möglichkeit, dass sich menschliches Handeln – damit auch das Handeln der Kirche – den Menschen so in den Weg stellen kann, dass ihnen dadurch der Zugang zur Gnade Gottes verschlossen wird (6: 152–157).

Die Unterscheidung zwischen der Sünde der Einzelnen und der Heiligkeit der Kirche klingt noch in dem eindrucksvollen Schuldbekenntnis Papst Johannes Pauls II. vom 12. März 2000 an (Henrix/Kraus 2001: 152; zu Vorläufern Angenendt 2008: 364 f.). Es sieht konstant davon ab, die Kirche als Akteur zu nennen oder von einem Handeln zu sprechen, das im Namen der Kirche oder in der Autorität des kirchlichen Amtes vollzogen wurde.

Angesichts des Erschreckens über sexuelle Misshandlungen durch kirchliche Amtsträger hat Karl Kardinal Lehmann 2010 eindrucksvoll davor gewarnt, «die Verfehlungen in der Kirche ausschließlich dem einzelnen Sünder anzurechnen, sie selbst aber vor jedem Makel zu bewahren». Das verbinde sich leicht «mit schlimmen Praktiken bloßen Vertuschens» (Lehmann 2010: 168). Der Staatsrechtler Ernst-Wolfgang Böckenförde sprach zur gleichen Zeit über ein «unseliges Handeln nach Kirchenräson» (Böckenförde 2010). Auch in anderen thematischen Zusammenhängen wurden in der Frage der Fehlbarkeit der heiligen Kirche neue Wege beschritten; in der Vorbereitung auf das Reformationsjubiläum von 2017 bezeichnete Papst Franziskus «die Sünde unserer Spaltungen» als eine «offene Wunde im Leib Christi» und bat «um Barmherzigkeit und Vergebung [...] für das nicht mit dem Evangelium übereinstimmende Verhalten von Katholiken gegenüber den Christen anderer Kirchen» (Franziskus 2017: 117). Hier werden katholische Christen und Christen anderer Kirchen in einer Weise gegenübergestellt, die sich von der Abstufung zwischen der Kirche als Mutter und ihren Gliedern als Söhnen und Töchtern löst. Bemerkenswert ist auch, dass die

sonst im Vatikan übliche Unterscheidung zwischen der einen
(römisch-katholischen) Kirche und den anderen «kirchlichen Gemeinschaften», denen abgesprochen wird, «Kirche im eigentlichen
Sinn» zu sein, unterbleibt. Die wechselseitige Bitte um Vergebung
und das wechselseitige Gewähren von Vergebung setzen voraus,
dass die beteiligten Kirchen sich unabhängig von ihren Unterschieden als Kirchen anerkennen.

Wichtig ist auch, die Vorstellung von geschichtlichem Erinnern
weiterzuentwickeln. Die Päpste Johannes Paul II. und Benedikt XVI. stellten für solche Vorgänge den Begriff der *Reinigung*
(der *Katharsis*) ins Zentrum; die Erinnerung an das Vergangene
bewahrt die Gegenwart vor der Gefahr der Wiederholung. Im
Rahmen des Reformationsjubiläums 2017 trat an dessen Stelle
das *Healing of Memories,* also die *Heilung der Erinnerungen*
(EKD/DBK 2016). Die Geschichte der Schuld, die Menschen und
Kirchen voneinander getrennt hat, soll so erinnert werden, dass
daraus Versöhnung entsteht. Das Trennende wird überwunden;
eine neue Gemeinschaft wird möglich. Ob die Kirchen in ihrer
Verschiedenheit eine Geschichte, die sie gegeneinander aufge-
bracht hat und über die sie infolgedessen unterschiedliche Erinnerungen aufbewahren, gemeinsam erzählen können, ist der Prüfstein für das Bekennen und das Vergeben von Schuld. Zwischen
den Kirchen in Deutschland und östlichen Nachbarkirchen hat
es solche Prozesse gegeben, teils als Folge der Ostdenkschrift
der Evangelischen Kirche in Deutschland von 1965 und des
Briefs der polnischen katholischen Bischöfe an ihre deutschen
Amtsbrüder vom selben Jahr (Hintz/Lukas 2015). Im Ökumenischen Arbeitskreis evangelischer und katholischer Theologen
wurden ökumenische Perspektiven auf Entstehung und Auswirkungen der Reformation sowie die damit verbundenen heutigen
Aufgaben entwickelt, die Versöhnung durch Erinnerungsarbeit
fördern können. Diese ökumenischen Perspektiven sind von einer
Haltung geprägt, in der die Pluralität der Kirchen «eher als Anlass zur Wertschätzung denn als Grund zur Besorgnis» wahrgenommen wird (Leppin/Sattler 2014:20). Ein solches Refor-

mationsgedenken ist weder durch Abgrenzung noch durch Verwischung von Unterschieden, sondern durch Stärkung des Gemeinsamen und wertschätzenden Umgang mit bleibenden Verschiedenheiten geprägt.

Dietrich Bonhoeffer sah in der Bitte um Vergebung, der Zusage der Vergebung und einem neuen Anfang durch Gnade Erfahrungen des Glaubens. Welcher Weg aus der Geschichte von Schuld und Zwietracht zeigt sich dann für Gemeinschaften, Völker und Staaten – über den Bereich der Glaubenden hinaus? Im Anschluss an Jacques Maritain hielt Bonhoeffer außerhalb der Kirchen nur ein Vernarben der Schuld für möglich (Prüller-Jagenteufel 2013: 224–228). Er betrachtete es als eine mit «Gottes gnädige[m] Regiment in der Geschichte» gegebene Möglichkeit, dass «aus angemaßter Gewalt Recht, aus Aufruhr Ordnung, aus Blutvergießen Friede wird. [...] Damit wird zwar die Schuld nicht gerechtfertigt, nicht aufgehoben, nicht vergeben, sie bleibt bestehen, aber die Wunde, die sie riss, ist vernarbt.» (6: 134) Seine Beschreibung zeigt, dass er eigentlich nicht ein Vernarben der Schuld vor Augen hatte, sondern ein Vernarben der Wunden, die sie schlug. Die Schuld bleibt beim Täter, die Wunden tragen die Opfer. Auch das kirchliche Reden von Vergebung muss berücksichtigen, dass Wunden nur allmählich vernarben. Sie bleiben erkennbar, selbst wenn sie verheilt sind. Für die Folgen von Schuld gibt es keine Schönheitschirurgie. Die Vergebung der Schuld durch Gott löscht den Schmerz der Wunden, die Menschen einander zufügen, nicht aus; er kann auch beim Anblick der Narben wieder aufbrechen. Somit ist der Gegensatz zwischen Vergebung und Vernarbung nicht so eindeutig, wie Bonhoeffer ihn gezeichnet hat.

Das gilt nicht nur im Blick auf die Vergebung der Schuld durch Gott, sondern auch im Blick auf die wechselseitige Vergebung zwischen Menschen. Denn auch hier ist Vergebung der Schuld möglich. Das gilt nicht nur für persönliche Beziehungen, in denen das Zusammenleben ohne die Bereitschaft zu vergeben und die Erfahrung der Vergebung kaum möglich erscheint. Es gilt

auch für den Bereich der Politik, wie gerade die Erfahrung des
zwanzigsten Jahrhunderts belegt. Große geschichtliche Beispiele
wie die europäische Einigung nach dem Zweiten Weltkrieg, die
Versöhnung zwischen Deutschland und seinen östlichen Nachbarn oder der Prozess von Wahrheit und Versöhnung in Südafrika zeigen, dass Vergebung nicht auf den Raum der Kirchen
beschränkt bleibt, sondern in den Raum des Politischen aus-
strahlt. Sie wird als Vergebung zwischen Menschen erlebt; für
Christen wird darin die Kraft der Vergebung Gottes spürbar, deren Symbol das Kreuz Jesu ist. Bonhoeffer wagte in seiner Zeit
nicht, auf solche Vorgänge von Vergebung und Neuanfang zu hoffen; spätere Erfahrungen haben eine solche Hoffnung bestärkt.
Das kann auch dazu verhelfen, sich nicht mit einem Vernarben
der Wunden zu begnügen, sondern das Mögliche zu tun, damit
nicht neue Wunden geschlagen werden.

Nothilfe und Schuld

In einer anderen Hinsicht ging Dietrich Bonhoeffer über das bisher Erörterte einen wichtigen Schritt hinaus. Er stellte sich der
Erfahrung, dass man nicht nur durch verweigerte Verantwortung, sondern auch durch verantwortliches Handeln Schuld auf
sich lädt. Mit solchen Überlegungen antwortete er auf die Frage
seiner Freunde, ob denn die Beteiligung an dem Versuch, Hitlers
Leben ein Ende zu setzen – also der sogenannte «Tyrannenmord» –, christlich vertretbar sei.

Bonhoeffer zögert nicht, seinen Freunden ein gutes Gewissen
zu machen. Unzweideutig hält er die Tötung eines Verbrechers,
der sich am Leben anderer Menschen vergeht und nicht anders
von seinem Tun abgehalten werden kann, für verantwortbar
(6: 183). Aber er wehrt sich zugleich gegen die Vorstellung, die
außerordentliche Situation, in der man sich zur Tötung eines Verbrechers entschließt, mache diese Handlung unproblematisch. Er
sieht den so Handelnden vielmehr in einer dreifachen Problema-

tik: Was er tut, lässt ihn vor anderen als schuldig erscheinen, es führt zu einem Widerstreit in seinem Gewissen, es ist Sünde vor Gott. Bonhoeffers Antwort auf diese dreifache Herausforderung heißt: «Vor den anderen Menschen rechtfertigt den Mann der freien Verantwortung die Not, vor sich selbst spricht ihn sein Gewissen frei, aber vor Gott hofft er allein auf Gnade.» (283) Wer verantwortlich handeln will, kann sich der Anfechtung nicht entziehen, die mit solchem Handeln verbunden sein kann. Wer dieser Anfechtung durch Nichthandeln zu entkommen versucht, kann keineswegs sicher sein, dass er damit der Schuld entgeht. In größter Schroffheit sagt Bonhoeffer: «Er stellt seine persönliche Unschuld über die Verantwortung für die Menschen und ist blind für die heillosere Schuld, die er gerade damit auf sich lädt, blind auch dafür, dass sich wirkliche Unschuld gerade darin erweist, dass sie um des anderen Menschen willen in die Gemeinschaft seiner Schuld eingeht.» (233)

Wer in der Situation des Widerstands die persönliche Unschuld voranstellt, verleugnet die Verantwortung für diejenigen, die auf diese Weise zu Opfern eines fortdauernden Gewaltregimes werden. Er mag einen gewaltsamen Widerstand für illusorisch halten; er mag die Verantwortung für die eigene Familie über das Schicksal der Opfer staatlicher Gewalt stellen; er mag sich nicht zutrauen, «dem Rad in die Speichen zu fallen». All das mag dazu führen, dass er die Schuld auf sich nimmt, nichts zu tun, sich auf passive Resistenz zu beschränken, Mitläufer zu sein. Schon auf diesen Stufen hat er teil an der *Banalität des Bösen*, also an dessen furchtbarer Allgegenwart (Arendt 2011); er kann sein Nichtstun nicht mit Schuldlosigkeit gleichsetzen.

Diese von Bonhoeffer in aller Schärfe angesprochene Konsequenz zeigt, wie abwegig es ist, in Konfliktsituationen dieser Art die Vermeidung von Schuld zum Kriterium der Gewissensentscheidung zu machen. Ebenso abwegig ist es, bei Gewissenskonflikten, in denen Schuld gegen Schuld abzuwägen ist, den bequemeren Weg zu wählen, da man doch ohnehin schuldig werde. Doch gibt es einen Maßstab, an dem man sich in solchen Gewissenskonflik-

ten orientieren kann? Bonhoeffer ist davon überzeugt, dass es
Situationen gibt, in denen Notwehr oder Nothilfe geboten sind.
Er hält den Gewissenskonflikt in solchen Situationen nicht für
unlösbar, sondern setzt darauf, vom eigenen Gewissen «freigesprochen» zu werden – welch großes Wort! Aber er maßt sich damit nicht an, sich vor Gott selbst rechtfertigen zu können; vor
Gott hofft er allein auf Gnade.

Das führt Bonhoeffer zum Begriff der Schuldübernahme. Deren
Urbild ist der menschgewordene Gottessohn, der die Schuld der
Menschen auf sich nimmt. Gottes Bereitschaft, «schuld [zu] sein
an unserer Schuld» (6: 70), bestimmt den menschlichen Umgang
mit Schuld. Weil Jesus die Schuld der Menschen auf sich nimmt,
können auch Menschen Schuld tragen. Doch er tritt stellvertretend für die Menschen ein als einer, der selbst von Sünde frei ist.
Das kann kein anderer Mensch von sich sagen. Dennoch wagt
Bonhoeffer sich bis zu der Aussage vor, wirkliche Unschuld könne
sich gerade darin erweisen, dass einer «um des anderen Menschen willen in die Gemeinschaft seiner Schuld eingeht» (233).
Doch damit ist Unschuld vor den Menschen gemeint, nicht Rechtfertigung vor Gott. Nur unter dieser Voraussetzung kann Bonhoeffer so weit gehen, dem zur Schuldübernahme Bereiten eher
Unschuld zuzusprechen als demjenigen der sich der Verantwortung entzieht. Doch auch wer sich ihr stellt, kann im Letzten
allein auf Gnade hoffen.

Was ist der Maßstab für eine solche Übernahme von Schuld?
Bonhoeffers Antwort ist eindeutig: «Es ist das Gesetz der Gottes-
und Nächstenliebe, wie sie im Dekalog, in der Bergpredigt und in
der apostolischen Paränese ausgelegt ist.» (282) Zu diesem Gesetz
hat sogar das natürliche Gewissen einen Zugang; denn es warnt
vor der «Übertretung des Lebensgesetzes», im konkreten Fall
also davor, die Entrechtung von Menschen und die Zerstörung
des Lebens hinzunehmen. Deutlicher, als es hier geschieht, kann
ein Autor gar nicht hervorheben, dass es ihm nicht um eine Situationsethik geht, die sich von ethischen Pflichten, einem vorgege-
benen Gebot, ja dem Gesetz Gottes löst. Dem situationsethischen

Missverständnis von Bonhoeffers Überlegungen hat Dietz Lange entgegengehalten, dass das Wagnis der Schuldübernahme «dem Menschen eine Treue zu seiner Bestimmung» ermöglicht, «die – bei aller Notwendigkeit auch fester Regeln des Handelns – nicht die Form starrer Prinzipien hat» (Lange 1992: 423). Nicht als Situationsethik, wohl aber als situationsbezogene Verantwortungsethik lässt sich Bonhoeffers Ethik bezeichnen. Ihr entscheidender Bezugspunkt ist das Gebot der Liebe.

Es fällt auf, dass Bonhoeffer – wie viele vor und nach ihm – das biblische Liebesgebot in verkürzter Form zitiert, wenn er von einem «Gesetz der Gottes- und Nächstenliebe» spricht. Denn die Liebe zu sich selbst, die Sorge um das eigene Leben, die Bindung an die eigene Identität wird nicht erwähnt. Sie gehört aber nicht nur zu dem «Lebensgesetz», zu dem auch das natürliche Gewissen einen Zugang hat. Das ist der Zusammenhang, in dem Bonhoeffer die Grenzen der Verantwortung ansiedelt. Er sieht die dem Einzelnen mögliche Schuldübernahme durch die «Einheit des Menschen mit sich selbst» und durch seine «Tragkraft» begrenzt. Es gibt Aufgaben, die ein Mensch «nicht zu tragen vermag, ohne an ihnen zu zerbrechen» (6: 282) Zwar kann und soll das Maß an Verantwortung, das er sich zutraut, wachsen; doch auch dann bleiben Unterschiede der individuellen Belastbarkeit bestehen.

Bonhoeffer verbindet diese Aufmerksamkeit für das Selbst des Menschen und dessen Integrität nicht ausdrücklich mit dem Liebesgebot, obwohl dessen Formulierung das nahelegt: «Liebe deinen Nächsten wie dich selbst.» Dass die Verbindung von Selbstliebe und Nächstenliebe den Keim zu Konflikten in sich trägt, die mit Schuld verbunden sind, ist offenkundig. Man braucht nur an die vielen Fälle zu erinnern, in denen Menschen diesen Konflikt zugunsten der Selbstliebe und zulasten des Mitmenschen auflösen. Aber es gibt auch den umgekehrten Weg. Er wurde zwar in der christlichen Tradition lange Zeit hoch geschätzt; dennoch muss man auch den Weg der Selbstaufgabe um des Nächsten willen oder des Märtyrertods um der Gottesliebe willen als Handlungen ansehen, die nicht frei von Schuld sind, sondern mit einer Schuld gegen sich selbst verbunden sein können. Auch solche Grenzsituationen kann der Gedanke der Schuldübernahme einschließen.

Doch diese Konsequenz zieht Bonhoeffer nicht. Denn er betrachtet das «Gesetz der Gottes- und Nächstenliebe» als Inbegriff des göttlichen Gebots, wie es – unter Absehen vom biblischen Wortlaut – nicht zu seiner Zeit, sondern auch in den Jahrhunderten zuvor generell üblich war. Bei ihm liegt der tiefste Grund für den Anschluss an diese Engführung in der unmittelbaren Verbindung zwischen dem Dasein Jesu für andere und dem Glauben als der Teilhabe an diesem «Dasein für andere», die er in den Tegeler Aufzeichnungen hervorhebt (8: 558, 560). Schon in der *Ethik* ist diese enge Verbindung vorgezeichnet. Bonhoeffers Überlegungen lassen sich jedoch auch in eine Richtung weiterentwickeln, in der deutlicher, als es bei ihm geschieht, zwischen Christus, der die Sünde der Welt trägt, und dem verantwortlich Handelnden, der um der Liebe zu Gott und zum Nächsten willen Schuld auf sich lädt, unterschieden wird. Das stellvertretende Tragen der Schuld vollzieht sich in Christus, so bekennt es der christliche Glaube, «ein für alle Mal» (Hebräer 10,10). Es braucht und es kann von keinem Menschen wiederholt werden. Wer im verantwortlichen Handeln Schuld auf sich lädt, trägt nicht die Schuld anderer, sondern eigene Schuld (6: 283). Er kann sie auch nicht auf den delegieren, der einen Befehl erteilt oder ein Gesetz erlassen hat, aus denen sich schuldhaftes Handeln ergibt. Verantwortlich zu handeln heißt, selbst einzustehen für das, was man tut. Nur so ist dieses Handeln ein Ausdruck von Freiheit.

Schöpfung und Sünde, Schuldbekenntnis, Schuldübernahme – in diesen drei Schritten ist uns entgegengetreten, was ich den *Mut zur Schuld* nenne. Im ersten Fall besteht der – höchst problematische – Mut darin, sein zu wollen wie Gott und selbst über die Erkenntnis von Gut und Böse zu verfügen; im zweiten Fall besteht der – sehr problematische Entwicklungen widerspiegelnde – Mut darin, geschehene Schuld anzuerkennen, sie sich zuzurechnen und mit der Bitte um Vergebung vor Gott zu bringen; im dritten Fall besteht der – auf notvolle Probleme reagierende – Mut darin, über das in einer konkreten Situation gebotene Handeln in freier Verantwortung zu entscheiden und im Blick auf die damit verbundene Schuld Gott und seiner Gnade zu vertrauen.

9. Verantwortungsethik

Wie habe ich mich zu verhalten, wenn ein Mörder in mein Haus eindringt und fragt, ob mein Freund, den er verfolgt, sich in mein Haus geflüchtet hat? Immanuel Kant hat an diesem Beispiel die Behauptung eines *vermeintlichen Rechts, aus Menschenliebe zu lügen*, kategorisch zurückgewiesen. Dabei verwandte er die gekünstelte Konstruktion, wenn man den Freund verleugne, könne es passieren, dass der Mörder ihn gleichwohl aufspüre; wenn man dagegen die Wahrheit sage und der Mörder sich auf die Suche nach dem Freund mache, könne es geschehen, dass er von Nachbarn an der Durchführung seiner Tat gehindert werde (Kant 1956: IV, 639). Dietrich Bonhoeffer hielt das für abwegig; scharf hielt er dem Philosophen des *Kategorischen Imperativs* entgegen, es handle sich hier um «die zum frevelhaften Übermut gesteigerte Selbstgerechtigkeit des Gewissens», die «dem verantwortlichen Handeln in den Weg» trete (6: 280).

Dass eine konkrete Situation dazu nötigt, bewusst die Unwahrheit zu sagen, wurde in der Konspiration zu einer täglichen Erfahrung. Sie begleitete Bonhoeffer noch in der Zeit der Inhaftierung; denn die Unfähigkeit, die Unwahrheit zu sagen und konsequent bei ihr zu bleiben, konnte für Weggefährten lebensgefährliche Folgen haben. Deshalb nahm er das Thema *Was heißt die Wahrheit sagen?* im Tegeler Gefängnis noch einmal auf; kurz und bündig fasste er seine Überlegungen zusammen: «Wie wird mein Wort wahr? 1) Indem ich erkenne, wer mich zum Sprechen veranlasst und was mich zum Sprechen berechtigt; 2) indem ich den Ort erkenne, an dem ich stehe; 3) indem ich den Gegenstand, über den ich etwas aussage, in diesen Zusammenhang stelle.» (16: 628)

Konspiration und Haft waren für Bonhoeffer der Ernstfall der

Ethik. Zwar hatte er sich lange mit der Frage verantwortlichen Handelns beschäftigt. Doch von 1940 an musste er das als richtig Erkannte in der Konspiration anwenden. Zugleich legte er Rechenschaft davon ab, wie er sich verantwortliches Leben vorstellte. Die Teilnahme an der Konspiration und die Entwicklung einer Ethik der Verantwortung fanden gleichzeitig statt – eine einmalige Konstellation.

Arbeit an der Ethik

Mit dem Gedanken, sich vertieft mit theologischer Ethik zu beschäftigen, wurde Dietrich Bonhoeffer schon früh konfrontiert. Sein akademischer Mentor Reinhold Seeberg schlug ihm im Herbst 1928 vor, nach der Dissertation zum Kirchenverständnis sich in einer Habilitationsschrift mit der Geschichte der Ethik von der Bergpredigt bis zur Gegenwart im Sinn einer *ethischen Dogmengeschichte* zu beschäftigen. Bonhoeffer war gut beraten, als er diese Anregung nicht aufnahm. Doch wenige Monate später entschloss er sich, die *Grundfragen einer christlichen Ethik* in einem Gemeindevortrag für die deutsche Auslandsgemeinde in Barcelona zu behandeln. Vielleicht spürte er selbst die Überforderung, die in diesem Thema lag; jedenfalls nutzte er das Studienjahr 1930/31 am Union Theological Seminary in New York dazu, im Seminar von Reinhold Niebuhr, aber auch im Dialog mit Paul Lehmann und im lebhaften Austausch mit anderen seine Beschäftigung mit der theologischen Ethik zu vertiefen. Die Probleme der Rassentrennung in den USA und die Antworten des *social gospel* erwiesen sich als wichtige Impulse.

Sie trugen dazu bei, dass Bonhoeffer die nationalprotestantischen Töne hinter sich ließ, von denen sein Gemeindevortrag von 1928 noch geprägt war. Nun erkannte er in der Verantwortung für den Frieden eine zentrale Herausforderung für sein weiteres Nachdenken; sie verband sich mit der Frage nach der politischen Verantwortung der Kirche im heraufziehenden Konflikt mit dem NS-Regime. Es war deshalb eine bewusste Entscheidung, dass er nach seiner Rückkehr aus Amerika die akademische Lehrtätigkeit als Privatdozent an der Berliner Friedrich-Wilhelms-Universität mit unmittelbarer kirchlicher Verantwortung verband. Bonhoeffers Bereitschaft zum Dienst in der Kirche und ab 1935 zur Ausbildung künftiger Pfarrer der Bekennenden Kirche war kein Rückzug aus der politischen Betätigung; vielmehr ging es darum, dass die Kirche sich als Subjekt des Widerstands verstehen und entsprechend handeln sollte. Genauso wie auf den Zusammenhang zwischen Glauben und Verantwortung der Einzelnen kam es ihm auf den Zusammenhang zwischen der Botschaft der Kirche und ihrem praktischen Handeln an. Das Buch *Nachfolge* dokumentiert diese Überlegungen und bildet darin eine wichtige Vorarbeit für die *Ethik*. In Umrissen lässt es eine Ethik der Menschwerdung erkennen. Weil Gott in Christus Menschengestalt annimmt, empfängt in ihm «die ganze Menschheit die Würde der Gottebenbildlichkeit zurück. Wer sich jetzt am geringsten Menschen vergreift, vergreift sich an Christus, der Menschengestalt angenommen hat und in sich das Ebenbild Gottes für alles, was Menschenantlitz trägt, wiederhergestellt hat. In der Gemeinschaft des Menschgewordenen wird uns unser eigentliches Menschsein wiedergeschenkt.» (4: 301, vgl. 24) Die Philanthropie Gottes (Titus 3,4) begründet die geschwisterliche Liebe der Menschen. Man kann – mit einem Ausdruck, den der Autor noch nicht verwendet – darin den Ansatzpunkt für einen christlichen Humanismus sehen, der auch seine weiteren Überlegungen prägen wird (vgl. De Gruchy 2006; Zimmermann 2012).

Als Bonhoeffer 1936 das Manuskript über *Nachfolge* abschloss, trug er sich mit dem Gedanken, als Nächstes eine *Hermeneutik* zu schreiben. Doch dieses Vorhaben verfolgte er nicht weiter. Wann er den Entschluss fasste, sich stattdessen einer *Ethik* zuzuwenden, wissen wir nicht genau. Konzentriert widmete er sich diesem Projekt erst nach der Rückkehr von seinem zweiten USA-Aufenthalt im Sommer 1939.

Die ersten Manuskriptteile, die er niederschrieb, lassen sich auf August/September 1940 datieren. Knapp drei Jahre lang, bis zu seiner Verhaftung am 5. April 1943, arbeitete Bonhoeffer parallel zu seinen amtlichen Verpflichtungen und seinen konspirativen Aktivitäten an den Manuskripten für das geplante Buch. Sie blieben Fragment. Die Reihenfolge, in die der Verfasser diese Textteile gebracht hätte, kennen wir im Einzelnen nicht. Da jede nachträgliche systematische Gliederung Spekulation bleiben muss, legt die Edition der *Ethik* in den *Dietrich Bonhoeffer Werken* die Abfolge zugrunde, in der Bonhoeffer die Manuskripte mutmaßlich verfasste. Dafür waren sorgfältige Untersuchungen (bis hin zu den verwendeten Papiersorten und der benutzten Tinte) und mühsame inhaltliche Abwägungen nötig, die auch andere, gleichzeitig entstandene Texte berücksichtigen.

Wegbereitung

Man kann vermuten, dass Bonhoeffer das zuerst geschriebene Kapitel seiner *Ethik* auch an den Anfang seines Buchs stellen wollte. Es trägt den Doppeltitel: *Christus, die Wirklichkeit und das Gute. Christus, Kirche und Welt* (6: 31–61). Nachdrücklicher lässt sich die christologische Konzentration, von der diese Ethik geprägt ist, nicht zum Ausdruck bringen. Sie ist durch einen theologischen Wirklichkeitsbegriff geprägt, dem zufolge die Christuswirklichkeit in die Weltwirklichkeit eingeht. Diese Verknüpfung konkretisiert Bonhoeffer in einem Dreischritt, in dem vom menschgewordenen, gekreuzigten und auferstandenen Christus die Rede ist. Von hier aus wird das Verständnis der Wirklichkeit genauso wie die Auffassung von verantwortlichem Leben bestimmt. Nicht das moralische Kalkül, das meint, mit der Entgegensetzung von Gut und Böse operieren zu können, sondern die Bereitschaft zu gehorsamer und verantwortlicher Tat in der Bindung an Gott, wie er sich in Christus dem Menschen und der Welt zuwendet, bildet den Ausgangspunkt dieser Ethik.

Dietrich Bonhoeffer mit seinen Eltern Paula und Karl Bonhoeffer vor dem Haus in der Marienburger Allee 43, 1938

Ebenso grundlegend wie das christologisch geprägte Wirklichkeitsverständnis ist die damit verknüpfte Unterscheidung zwischen Vorletztem und Letztem (137–162). Die Christuswirklichkeit repräsentiert das Letzte, nämlich die Gnade Gottes. Die Weltwirklichkeit ist der Raum des Vorletzten, zu dem das menschliche Leben in seiner natürlichen wie geschichtlichen Bedingtheit gehört. Mit der Menschwerdung Gottes in Christus wird das Letzte im Bereich des Vorletzten erfahrbar. Die Kirche, in der nach Bonhoeffers Auffassung die Präsenz Christi in der Welt aktualisiert wird, hat die Aufgabe, den Menschen die Gnade Gottes als das entscheidende letzte Wort über ihr Leben zu verkünden. Sie können dadurch ihr endliches, schuldhaftes Leben im Licht der göttlichen Gnade wahrnehmen. Ihre Vergangenheit rückt in das Licht der Vergebung, ihre Zukunft in das Licht der Hoffnung. Das verändert nicht allein ihr Verhältnis zu Gott, sondern auch zu ihren Mitmenschen und zu sich selbst. Das Wort, in dem diese Gnade die Menschen erreicht, ist qualitativ und zeitlich ein letztes Wort; es kann nicht überboten und überholt werden.

Die Gestaltung des Vorletzten im Licht des Letzten bildet das Thema von Bonhoeffers Ethik. Zwei extreme Verhältnisbestimmungen zwischen Letztem und Vorletztem sieht Bonhoeffer als Irrwege an, nämlich die radikale Lösung und den Kompromiss. Radikal ist eine Lösung, die sich ganz auf das Letzte konzentriert und deshalb das Vorletzte entwertet. Alles Zeitliche im menschlichen Leben gilt dann als Sünde, als Verleugnung der Wahrheit; die Welt ist nur dazu da, «dem Feuer überantwortet zu werden» (144). Der Christ trägt keine Verantwortung für diese Welt; denn sie ist ohnehin zum Vergehen bestimmt. Die andere Lösung bezeichnet Bonhoeffer als Kompromiss. Letztes und Vorletztes werden so voneinander getrennt, dass man auf eine Veränderung des Vorletzten verzichten und es so bestehen lassen kann, wie es ist. Entgegen diesen beiden Positionen kommt es jedoch darauf an, von den vorletzten Dingen so zu sprechen, dass sie vom Letzten her in ihrer Bedeutung erkennbar werden, sie so zu würdigen, dass sie gerade um des Letzten willen gewahrt werden, und mit ihnen so umzugehen, dass sie sich dem Letzten nicht in den Weg stellen, sondern ihm den Weg bereiten. Pointiert sagt Bonhoeffer: «Es gibt eine Tiefe der menschlichen Unfreiheit, der menschlichen Armut, der menschlichen Unwissenheit, die das gnädige Kommen Christi hindert. [...] Es gibt ein Maß an Macht, an Reichtum, an Wissen, die für Christus und seine Gnade ein Hindernis sind.» Und es gibt «ein Maß der Verbiegung und Verstrickung in die Lüge, in die Schuld, in die eigene Arbeit, [...], in die Selbstliebe, das das Kommen der Gnade besonders schwer macht. [...] Trotz, Widerspenstigkeit und Ablehnung können den Menschen so verhärtet haben, [...] dass dem gnädigen Kommen Christi der Riegel vorgeschoben ist und dem Anklopfenden keine Tür sich auftut.» (153 f.)

Diese Hindernisse für das gnädige Kommen Christi aus dem Weg zu räumen bildet den Kern der christlichen Ethik. Die Aufgaben, die sich dabei stellen, können im Bereich des Vorletzten ihren Wert in sich selbst haben. Menschen aus Hunger und Armut zu befreien ist in sich selbst ethisch geboten und sinnvoll.

Aber für Christen steht dieses Vorletzte in Beziehung zum Letzten. «Der Einzug der Gnade ist das Letzte.» (155 f.) Bonhoeffer sah diese Überlegung als so grundlegend an, dass er erwog, aus ihr den Titel für das geplante Buch zu entwickeln: *Wegbereitung und Einzug* – so sollte er lauten (16: 79).

Der Gedanke, dass im Vorletzten dem Letzten der Weg bereitet wird, beschreibt allerdings nur eine Seite im Verhältnis zwischen ihnen. Die andere Seite tritt in der Art und Weise hervor, in der Bonhoeffer das Gebot Gottes und das Ethische voneinander unterscheidet. Im Gebot Gottes tritt das Letzte von sich aus an den Menschen heran. Im Unterschied zum Ethischen, das sich auf bestimmte Konfliktfälle richtet, für sie ein konkretes Sollen formuliert und dem menschlichen Handeln auf diese Weise Grenzen setzt, richtet sich das Gebot Gottes auf das Ganze des Lebens. Es definiert nicht nur Grenzen, die nicht überschritten werden sollen, sondern stellt den Menschen in die Mitte und Fülle des Lebens. «Es ist nicht nur Sollen, sondern auch Erlauben, es verbietet nicht nur, sondern es befreit zum echten Leben.» (6: 384) Oder noch zugespitzter: «Das Gebot erlaubt dem Menschen als Mensch vor Gott zu leben.» (387) Im befreienden Gebot Gottes tritt das Letzte an den Menschen heran und ermöglicht ihm, im Vorletzten aus der erfahrenen Gegenwart Gottes tätig zu werden, dessen Zeitlichkeit von Gottes Ewigkeit her und dessen Hinfälligkeit von der gottgeschenkten Fülle her wahrzunehmen.

Nimmt man beide Richtungen, in denen das Verhältnis von Letztem und Vorletztem bestimmt wird, zusammen, so lässt sich sagen: Um der göttlichen Gnade willen nehmen Menschen das geschöpfliche Leben dankbar wahr; um eben dieser Gnade willen übernehmen sie zugleich Verantwortung in der Welt und stehen ihren Mitmenschen zur Seite. Es ist folgerichtig, dass der Begriff der Verantwortung für Bonhoeffer eine Schlüsselbedeutung gewinnt.

Beruf und Verantwortung

Man kann Bonhoeffers *Ethik* als die erste theologische Verantwortungsethik bezeichnen. Der Begriff der Verantwortungsethik ist keineswegs so selbstverständlich, wie er heute klingt. Die Ausbildung dieses Typs von Ethik hängt mit dem epochalen Schritt zusammen, dass sich in der Neuzeit menschliches Handeln nicht mehr einfach heteronom an Geboten orientieren kann, die eine Autorität von außen setzt, sondern autonom in der eigenen Lebensführung zu verankern ist. Seit der Aufklärung muss sich jede Ethik an dem Gedanken orientieren, dass der Mensch nicht nur für seine Handlungen verantwortlich ist, sondern auch für die Regeln und Maßstäbe, an denen er sich orientiert. Parallel zu dieser Einsicht hat sich der Handlungsspielraum des Menschen in starkem Maß erweitert. Die Entwicklung von Wissenschaft und Technik trägt überdies dazu bei, dass die Folgen menschlichen Handelns immer weiter in die Zukunft reichen. Angesichts dieser Situation verwendet der Soziologe Max Weber 1919 in seinem berühmten Vortrag über *Politik als Beruf* den Begriff der Verantwortung (Weber 1994). Seine Begriffsprägung hat ihre Pointe darin, dass der verantwortlich Handelnde über die voraussehbaren Folgen seines Handelns Klarheit gewinnen und sich diese Folgen zurechnen lassen muss. Vom Verantwortungsethiker unterscheidet Weber den Gesinnungsethiker, der dem folgt, was er für Recht hält, und den Erfolg Gott anheimstellt. So prominent diese Unterscheidung im Lauf der Jahre werden sollte, hat Weber selbst doch ein deutliches Gespür dafür, dass sie einen provisorischen Charakter trägt. Ausdrücklich wehrt er sich gegen die Vorstellung, dass Verantwortungsethiker gesinnungslos und Gesinnungsethiker verantwortungslos handeln. Zu der von Weber geplanten und am Ende seines Vortrags angekündigten Wiederaufnahme des Themas kam es nicht, weil Max Weber 1920 im Alter von nur sechsundfünfzig Jahren starb. Jahrzehnte später erst wurde seine Unterscheidung zwischen Gesinnungs- und Verantwortungsethik zu einem nahezu kanonischen Rang erhoben; und all seine Warnungen und der von ihm selbst hervorgehobene provisorische Charakter seiner Unterscheidung gerieten in Vergessenheit.

Sechzig Jahre später, im Jahr 1979, griff der in die USA emigrierte deutsch-jüdische Philosoph Hans Jonas den Begriff der Verantwortungsethik wieder auf und stellte dem von Ernst Bloch formulierten *Prinzip Hoffnung* sein *Prinzip Verantwortung* gegenüber (Jonas 2015, 2017; vgl. Huber 2018). Er fasste es in dem Kategorischen Imperativ zusammen: «Handle so, dass die Wirkungen deiner Handlung verträglich sind mit der Permanenz echten menschlichen Lebens auf Erden.» (Jonas 2015: 40) Die Folgenverantwortung wird damit radikalisiert. Denn die Auswirkungen moderner technologischer Entwicklungen stellen nicht nur einen verbreiteten Fortschrittsoptimismus in Frage; vielmehr steht die Zukunft menschlichen Lebens auf dem Planeten Erde auf dem Spiel. Die Zukunft der Menschheit wird zum Horizont individueller wie kollektiver Verantwortung.

In der Mitte zwischen Max Weber und Hans Jonas steht Dietrich Bonhoeffer. Er rückt nicht die Folgenverantwortung, sondern den Antwortcharakter menschlichen Handelns in den Vordergrund. Christen verstehen ihr Handeln so, dass sie damit einem göttlichen Auftrag entsprechen. Der Begriff der Verantwortung tritt in Bonhoeffers *Ethik* an die Stelle, an der in seinem Sprachgebrauch bis dahin die Begriffe der Nachfolge und des Gehorsams standen. Die Begriffswahl dient nicht nur der leichteren Zugänglichkeit; ihr Motiv liegt auch nicht nur in der Anknüpfung an Max Weber. Vielmehr verbindet Bonhoeffer den Begriff der Verantwortung mit Martin Luthers Auffassung vom Beruf, die durch eine vergleichbare Verbindung von Auftrag und Antwort geprägt ist.

Dem lutherischen Berufsbegriff bescheinigt Bonhoeffer eine «fast einzigartige [...] Bedeutung» für die Geschichte der Ethik (6: 289). Dabei hebt er Luthers Berufsverständnis scharf von drei Fehldeutungen ab: der monastischen, der säkularen und der pseudolutherischen.

Das Mönchtum begreift die Berufung durch Gott als einen Ruf zu einem Leben außerhalb der Welt; dieses Vorhaben sieht Bonhoeffer als vergeblich an, weil ein Platz außerhalb der Welt für Menschen unerreichbar ist. Auf Gottes *Nein* zur Welt könne man sich zur Begründung nicht berufen, weil dieses *Nein* die ganze Welt treffe, auch das Kloster. Aber auch auf Gottes *Ja* könne man sich dafür nicht berufen, weil Gott in diesem *Ja* die Welt mit sich selbst versöhne, diese Versöhnung also gerade nicht auf das Kloster begrenzt werden könne. Die monastischen wie andere Formen, sich aus der Welt in eine Gegengesellschaft, eine Gegenkultur oder eine prophetische Protesthaltung zurückzuziehen, nähmen also die Berufung durch Gott nicht ernst genug; sie verstünden sie nicht als einen Ruf zur Verantwortung in der Welt.

Das zweite – säkulare – Missverständnis zeigt sich in der Auffassung, der Beruf sei eine eingegrenzte «Profession», ein «abgegrenztes Gebiet von Leistungen», wie Bonhoeffer mit einem Ausdruck Max Webers sagt (290). Der Beruf wird also auf eine spezielle Aufgabe reduziert; alle Verantwortlichkeiten, die jenseits der spezifischen Berufspflichten liegen, werden aus der Perspektive des Berufs damit zweitrangig, wenn nicht sogar gleichgültig. Die Konzentration auf die besonderen Anforderungen des eigenen Berufs kann Menschen sogar zu einem Berufsegoismus verleiten, in dem die Lebensinteressen anderer in den Hintergrund treten.

Schließlich geht Bonhoeffer auf ein pseudoluterisches Missverständnis ein, das den Beruf als Rechtfertigung und Heiligung der weltlichen Ordnung versteht, in deren Rahmen die Einzelnen in dem Beruf bleiben sollen, in den Gott sie berufen hat. Diese Betrachtungsweise verbindet den «Glauben an die Heiligkeit der Berufspflichten und der irdischen Ordnungen als solcher» miteinander (292) und vergisst darüber den kritisch-verwandelnden Auftrag, der in jedem Beruf liegt – nämlich die Bereitschaft zum Einsatz für andere im Geist der Nächstenliebe.

Angesichts dieser Fehldeutungen bedarf Luthers Verständnis des Berufs einer vertieften Interpretation mit Blick auf seine biblische Basis. Denn biblisch bedeutet *Beruf* oder deutlicher *Berufung* den Ruf in die Nachfolge Jesu. Biblisch betrachtet ist der Beruf der Ruf in die Gemeinschaft mit Christus. Die ihm zugrunde liegende Berufung wird aus der Perspektive dessen gesehen, der sie ausspricht. Der Angeredete wird dazu aufgefordert, auf diesen Ruf zu antworten. Der angemessene Ausdruck für diese Antwort ist *Verantwortung*, nämlich die Antwort auf einen Ruf, über die man sich selbstkritisch Rechenschaft ablegt. Auf diese Weise verändert Bonhoeffer sowohl das klassische Verständnis des Berufs als auch die übliche Auffassung von Verantwortung. Grundlegend ist der Ruf Christi, auf den der Mensch antwortet. Diese Antwort nennt er Verantwortung; die theologische Tradition des Berufsbegriffs integriert er in diese Konzeption: «Dieses Leben ist nun von Christus her gesehen mein Beruf, von mir her gesehen meine Verantwortung.» (291)

Diese Verantwortung kann in einem bestimmten beruflichen Handlungsfeld konkrete Gestalt annehmen, aber sie lässt sich nicht auf den Bereich beruflicher Zuständigkeiten reduzieren. Bonhoeffer ist vielmehr davon überzeugt, auch Luthers Auffassung korrekt aufzunehmen, wenn er sagt, «[d]ass im konkreten Fall die Antwort auf den Ruf Jesu Christi auch darin bestehen kann, einen bestimmten irdischen Beruf, in dem nicht mehr verantwortlich gelebt werden kann, zu verlassen» (292) oder eine über diesen Beruf hinausgehende Verantwortung wahrzunehmen.

Aller Wahrscheinlichkeit nach hatte Bonhoeffer bei dieser Überlegung seine eigene Situation im Blick. Als er diese Sätze schrieb, konnte er seiner Verantwortung nicht mehr in seinem Beruf als ordinierter Pfarrer nachkommen, sondern war, getarnt in einer Tätigkeit als Mitglied der militärischen Abwehr, konspirativ tätig. Doch verwendet er verständlicherweise nicht sein eigenes Beispiel, sondern hat offenbar seinen Vater vor Augen, wenn er von einem Mediziner spricht, der sich nicht nur um seine Patienten kümmert, sondern die Verantwortung für das Ganze im Blick behält, zum Beispiel durch das «öffentliche [...] Eintreten gegen eine die medizinische Wissenschaft oder das menschliche Leben oder die Wissenschaft als solche bedrohende Maßnahme» (294). Bonhoeffer denkt insbesondere an das «Erbgesundheitsgesetz», aus dem eine weitgehende Sterilisierungspraxis abgeleitet wurde, zu der sein Vater gutachterlich Stellung nehmen musste. Ebenso denkt er an das «Euthanasie»-Programm, zu dessen Verhinderung in kirchlichen Einrichtungen er beizutragen suchte. In solchen Fällen muss die Verantwortung des Einzelnen über das «abgegrenzte Gebiet» beruflicher Verpflichtungen hinausreichen. Die Profession des Einzelnen geht in die Verantwortung für das Gemeinwohl über.

Deshalb betrachtet Bonhoeffer nicht nur die Verpflichtungen in Arbeit und Familie, sondern auch in Politik und Kirche im Licht der Verantwortung vor Gott. Um diesen Horizont der Ethik zu unterstreichen, bezeichnet er Arbeit, Familie, Politik und Kirche als vier Mandate, also als Bereiche, in denen Menschen mit dem göttlichen Gebot konfrontiert sind. Jeder Mensch ist unter alle vier Mandate gestellt; in allen vier Bereichen, also nicht nur in Arbeit, Familie und Obrigkeit, sondern auch in der Kirche, nehmen Menschen Verantwortung in der Welt wahr (54 f.). Bonhoeffer war sich dessen bewusst, dass diese vier Mandate das menschliche Leben nicht in vollem Umfang abbilden. Das zeigt sich, wenn er etwa statt der Arbeit die Kultur als ein Mandat bezeichnet (397). Insgesamt grenzt er sich durch die Wahl des Begriffs *Mandat* von einer Theologie der Schöpfungs- oder Erhaltungsordnungen ab, die vorgegebene Strukturen religiös sanktionieren und zum Maßstab menschlichen Handelns machen. Zugleich widerspricht er damit einer Theorie der Eigengesetzlichkeit, in der die Weltwirklichkeit rein diesseitig gedeutet und vom Gebot Gottes entkoppelt wird. Dennoch betrachtet er die Mandate in hohem Maß als vorgegeben; das zeigt sich besonders stark in der Behauptung, theologisch betrachtet sei *Obrigkeit*, nicht *Staat* der richtige Terminus für das politische Gemeinwesen (16: 506–508). Eine solche Gleichsetzung von Staat und Obrigkeit lässt sich in einer freiheitlichen Demokratie nicht aufrechterhalten; deshalb trat nach 1945 auch Bonhoeffers Vorschlag, von «göttlichen Man-

daten» zu sprechen, bald in den Hintergrund. Die institutionelle
Verfasstheit menschlichen Zusammenlebens wurde in Deutschland nach dem Zweiten Weltkrieg wie in anderen demokratisch
verfassten Ländern zunehmend als Gestaltungsaufgabe begriffen. Der Begriff der Verantwortung gewann dadurch an Bedeutung. Bei Bonhoeffer zeigt sich die herausgehobene Stellung des
Verantwortungsbegriffs daran, dass er ihn sogar dem Begriff
der Freiheit vorordnet. Er sieht die Verantwortung durch Freiheit und Bindung geprägt. Die Bindung zeigt sich im stellvertretenden Einsatz für andere, die auf Beistand angewiesen sind,
sowie in der Wirklichkeitsgemäßheit. Die Freiheit zeigt sich in
der Selbstzurechnung des eigenen Lebens und Handelns, also in
der Bereitschaft, das Wagnis konkreter Entscheidungen einzu-
gehen und gegebenenfalls schuldig zu werden. Im Blick auf alle
Bereiche menschlichen Lebens und Handelns entwickelt Bonhoeffer somit vier Strukturelemente verantwortlichen Lebens: Stellvertretung, Wirklichkeitsgemäßheit, Schuldübernahme und Wagnis.

Dass dabei der Freiheit keineswegs nur eine marginale Bedeutung zukommt, zeigt sich am deutlichsten an einer Weiterentwicklung von Bonhoeffers ethischen Überlegungen in seinen
theologischen Gefängnisbriefen. In ihnen geht er ausdrücklich
auf Lebensbereiche ein, die in der Rede von den Mandaten Arbeit, Familie, Obrigkeit und Kirche nicht erfasst sind: Kultur,
Kunst, Bildung, Freundschaft und Spiel. Nun bemerkt er, dass
die protestantisch-preußische Welt zu stark von einer Ethik des
Gehorsams geprägt sei, die sich auch noch in der Beschränkung
auf die vier Mandate Ausdruck verschaffe. Zu «vollem Menschsein» gehöre jedoch auch der «Spielraum der Freiheit», in dem
die «ästhetische Existenz» in Kierkegaards Sinn genauso ihren
Ort habe wie die Pflege von Freundschaft, die man «allem Stirn-
runzeln der ‹ethischen› Existenzen gegenüber zuversichtlich verteidigen» müsse (8:291). Doch dass Bonhoeffer selbst diesem
Spielraum der Freiheit nur mühsam gegenüber den Mandaten

**Im Juli 1939 besuchte Dietrich Bonhoeffer seine Zwillingsschwester
Sabine in London**

des Gehorsams Raum verschaffen kann, sieht man an dem poetischen Vergleich, den er für die Freundschaft findet: Sie gehöre zu den «Gütern der Mandate [...] wie die Kornblume zum Ährenfeld» (292). Der Vergleich setzt sich in ihm fest; Monate später taucht er in einem Gedicht mit dem Titel *Der Freund* wieder auf (586).

Man merkt, wie Bonhoeffer um das Verhältnis von Bindung und Freiheit ringt. Der Spielraum der Freiheit muss dem Feld des Gehorsams förmlich abgerungen werden. Das gilt auch in dem Sinn, dass die Mandate, obwohl sie stärker als bei den lutherischen Ordnungstheologen als Bereiche verantwortlicher Gestaltung gesehen werden, nach Bonhoeffers Auffassung zugleich durch ein hierarchisches Verhältnis zwischen Oben und Unten und damit durch eine Gehorsamsstruktur geprägt sind. Vor allem an den Verantwortungsrollen der Eltern – genauer: des

Vaters – und der Regierenden – genauer: des Staatsmanns – und schließlich des Lehrers oder Meisters verdeutlicht Bonhoeffer die in seinen Augen unumkehrbare Differenz von Oben und Unten (6: 377–379). Er räumt gleichwohl ein, dass auch in solchen Abhängigkeitsbeziehungen wechselseitige Verantwortlichkeit entstehen kann. Auch Lehrlinge, Schüler, Studenten, Arbeitnehmer und Soldaten haben eine eigenständige, freie Verantwortung für die Qualität ihres eigenen Tuns wie für diejenigen, mit denen zusammen sie leben und arbeiten. Es ist geradezu ein entscheidender Maßstab für die Gestaltung von Gehorsams- und Abhängigkeitsverhältnissen, dass sie diese Art von Verantwortung nicht aufheben (287). Doch so weit, die Anerkennung und den Schutz individueller Freiheit als Maßstab für die Gestaltung institutioneller Abhängigkeiten anzuerkennen, geht Bonhoeffer nicht.

Der Nachdruck, mit dem Dietrich Bonhoeffer für alle vier Mandate die Unterscheidung zwischen Oben und Unten zu einem entscheidenden Merkmal erklärt, lässt den Unterschied seines Konzepts zu den ordnungstheologischen Ansätzen seiner Zeit verblassen. Die paternalistische Denkweise, der die Vorstellung, Frauen könnten die Verantwortungsrollen des Staatsmanns, des Lehrers oder des Meisters wahrnehmen, gar nicht erst aufkommen lässt, trägt das Ihre zu dem Eindruck traditionalistischer und vordemokratischer Ordnungsvorstellungen bei. Dieses Bild differenziert sich allerdings, wenn man auf den historischen Kontext achtet, in dem die Begriffe *Oben* und *Unten* bei Bonhoeffer stehen.

Das Schlüsseldokument dafür ist Bonhoeffers Vortrag *Der Führer und der Einzelne in der jungen Generation* von 1933. In ihm findet sich bereits die Orientierung an den drei maßgeblichen Verantwortungsrollen des Vaters, des Lehrers und des Staatsmanns, die sich bis in die Ethik durchhält (12: 257; 6: 257). Er sieht in ihnen Beispiele für Ämter, die mit einem bestimmten Auftrag und einer definierten Zuständigkeit verbunden sind. Sie stützen sich auf eine überpersönliche und zugleich begrenzte Autorität, die Bonhoeffer als Autorität *von oben her* beschreibt.

Der Führer dagegen habe «Autorität von unten her, von den Geführten», seine Autorität hänge an der Person, in ihm rechtfertige sich das Volk selbst. «Das Stichwort der Autorität des Führers ist das Reich, das Stichwort der Autorität des Amtes ist der Staat.» (6: 255 f.) Im Staat ist die Freiheit des Einzelnen im Blick auf die Freiheit des anderen durch das Recht beschränkt, in der Unterwerfung unter einen Führer wird das Recht des Individuums aufgehoben. Bonhoeffers These, dass Verantwortungsstrukturen durch ein Oben und Unten charakterisiert sind, mag paternalistisch und in manchen Formulierungen vordemokratisch klingen; aber sie ist – und das ist in seiner Situation entscheidend – durch und durch antitotalitär. In der Entschlossenheit, mit der Menschen in Verantwortungspositionen aufgefordert werden, ihrer Verantwortung innerhalb der ihnen gesetzten Grenzen gerecht zu werden, ist sie keineswegs überholt. In einer Zeit, in der die Beliebigkeit sozialer Netzwerke zu individueller Verantwortungslosigkeit verleitet und eine weitgehende Entkoppelung von Risiko und Haftung die Verantwortung für die Folgen des eigenen Handelns in manchen Bereichen aushebelt, ist die Beschreibung der Strukturen verantwortlichen Lebens genauso wichtig, wie sie es zu Bonhoeffers Zeiten war.

Während der Arbeit an der *Ethik* entwickelte Bonhoeffer Gedanken, die in einer bemerkenswerten Spannung zu der bei ihm üblichen Rede von *Oben* und *Unten* stehen. Denn die Erfahrungen der eigenen Gegenwart lehrten ihn und seine Freunde den *Blick von unten*. Darin, «die großen Ereignisse der Weltgeschichte [...] von unten, aus der Perspektive der Ausgeschalteten, Beargwöhnten, Schlechtbehandelten, Machtlosen, Unterdrückten und Verhöhnten, kurz der Leidenden zu sehen», sieht er ein «Erlebnis von unvergleichlichem Wert» (8: 38). In diesen Überlegungen wird *die vorrangige Option für die Armen* vorgezeichnet, die Jahrzehnte später zu einem zentralen Thema moderner Befreiungstheologien werden sollte. Solange diese Zuwendung zur Situation verletzter und verletzlicher Menschen nicht zur Bestärkung ewig Unzufriedener wird, ist sie eine unerlässliche Voraussetzung dafür, das Leben in seinen verschiedenen Dimensionen wahrzunehmen und «es so zu bejahen» (39).

Natürliche Rechte und Menschenrechte

Es wurde vorgeschlagen, Bonhoeffers Ethik in einer doppelten Perspektive zu betrachten: einerseits als eine Ethik des Widerstands, des Staatsstreichs und des Tyrannenmords, andererseits als eine Ethik für das Alltagsleben (Green 2004: 306–329). Doch überraschenderweise werden für das *Normale* und das *Außerordentliche* keine unterschiedlichen Kriterien ins Spiel gebracht. Die vier Aspekte des verantwortlichen Lebens – Stellvertretung, Wirklichkeitsgemäßheit, Schuldübernahme und Wagnis – gelten im einen wie im anderen Fall. Sie radikalisieren sich allerdings angesichts der Angriffe auf menschliches Leben, die durch das nationalsozialistische Regime vollzogen wurden. Abschnitte wie das *Schuldbekenntnis der Kirche* machen das deutlich. Die Zeitdiagnose gewinnt an Präzision, indem Bonhoeffer – völlig neu für die Ethik seiner Zeit – das Augenmerk auf das natürliche Leben lenkt und dadurch Themen wie Selbstmord und gewaltsame Tötung, Fortpflanzung und werdendes Leben zur Sprache bringt (163–217). So werden konkrete Angriffe auf elementare Lebensrechte erörtert, von denen in keiner anderen Ethik der damaligen Zeit in vergleichbarer Weise die Rede ist. Aber nicht nur dies! Bonhoeffer bereitete die evangelische Theologie darauf vor, einen eigenständigen Zugang zu den Menschenrechten zu entwickeln. So selbstverständlich das heute erscheint, so ungewöhnlich war es doch zu seiner Zeit. Zwar war Bonhoeffer nicht der einzige evangelische Theologe deutscher Sprache, der sich in den Jahren des Zweiten Weltkriegs mit diesem Thema beschäftigte. Der Zürcher Theologe Emil Brunner etwa widmete 1942 eine Rektoratsrede diesem Thema und integrierte diese im folgenden Jahr in sein Buch *Gerechtigkeit*. Doch konnte Bonhoeffer diese

Überlegungen noch nicht kennen, als er im Winter 1940/41 seine Gedanken zu den *Rechten des natürlichen Lebens* entwickelte. Genauso wenig konnte Emil Brunner Kenntnis von dem Manuskript haben, an dem Bonhoeffer arbeitete. Beide gewannen offenbar unabhängig voneinander die Einsicht, dass den Menschenrechten als einem Bollwerk gegen den Missbrauch von Macht theologische Aufmerksamkeit gebühre.

Für Dietrich Bonhoeffer war das umso dringlicher, als er nicht zu denen gehörte, die Macht an sich für schlecht halten. Daran hinderte ihn schon sein Aufwachsen in einem Umfeld, in dem sich intellektueller Weitblick mit der Bereitschaft verband, Gesellschaft und Politik mitzugestalten. In einem solchen Umkreis konnte Macht nicht einfach mit dem Bösen gleichgesetzt werden. Sie war aber auch nicht zureichend charakterisiert, wenn man sie lediglich machtpolitisch als die Fähigkeit verstand, den eigenen Willen gegen Widerstreben durchzusetzen, wie Max Weber das formuliert hatte (Weber 1976: 28). Vielmehr verstand er Macht elementarer als die Fähigkeit, gemeinsam mit anderen zu handeln und die Wirklichkeit zu gestalten, wie Hannah Arendt – freilich erst nach Bonhoeffers Tod – formulierte (Arendt 1993: 45). Recht und Frieden können nicht ohne Macht gesichert werden (XV: 289 f., 351; Bonhoeffer 1993: 99). Diese Erfahrung musste jeder machen, der in der Weimarer Zeit aufwuchs. Umso gefährlicher war es, wenn diese Macht pervertiert, an falsche Ziele gebunden und unter Manipulation der Massen eingesetzt wurde.

Bonhoeffers Ausgangspunkt liegt, wie wir sahen, in der Glaubensüberzeugung, dass in Christus die Gotteswirklichkeit in die Weltwirklichkeit eingeht; die Welt bleibt nicht ihrer Gottlosigkeit überlassen. Das öffnet die Augen für diejenige Gestalt des Lebens, die von Gott der menschlichen Sünde zum Trotz erhalten wird und die auf das Kommen Christi ausgerichtet ist. Diese Gestalt des Lebens bezeichnet Bonhoeffer als das natürliche Leben; und er fragt nach den elementaren Rechten, die zu diesem natürlichen Leben gehören. Ganz im Sinn der Virginia Bill of Rights von 1776 geht es ihm um die Rechte, die «mit uns geboren» sind und uns deshalb durch keine politische Entscheidung geraubt werden dürfen. Sie sind von höchster theologischer Bedeutung, weil sie «der Abglanz der Schöpferherrlichkeit Gottes mitten in der gefallenen Welt» sind (6: 174).

In einer eigenwilligen Systematik teilt Bonhoeffer diese Rechte in zwei Gruppen ein: das Recht auf das leibliche Leben und die Rechte des geistigen Lebens. Die Pointe dieser Einteilung besteht in Folgendem: Nicht nur als Vernunftwesen, sondern auch in seiner Leiblichkeit ist der Mensch Selbstzweck. Auch sein Körper darf nicht nur als Mittel zu bestimmten Zwecken eingesetzt werden, so dass er alle Rechte verliert, wenn er zu diesen Zwecken nicht mehr tauglich ist; auch der Leib des Menschen ist mit der Würde begabt, die allem zukommt, was Zweck in sich selbst ist. Deshalb hat das Recht auf leibliche Integrität denselben Rang wie das Recht auf geistige Freiheit.

Zum Recht auf das leibliche Leben zählt Dietrich Bonhoeffer die Bewahrung vor willkürlicher Tötung, das Recht auf Fortpflanzung (damit auch den Schutzanspruch des werdenden Lebens) und die Freiheit des leiblichen Lebens vor Vergewaltigung, Ausbeutung, Folter und willkürlicher Inhaftierung. Diese mit dem leiblichen Leben verbundenen Rechte gelten unbedingt und für jeden Einzelnen, unabhängig von seiner Gesundheit, seinen Lebensverhältnissen oder seiner gesellschaftlichen Stellung. Doch dieser Respekt vor den Lebensrechten jedes Einzelnen verbindet sich nicht mit einem individualistischen oder gar egozentrischen Menschenbild, wie es sich immer wieder mit dem Gedanken individueller Menschenrechte verbunden hat. Denn «wer sich als Träger der Gabe natürlichen Lebens versteht, der weiß sich fundamental mit anderen verbunden, denen die gleiche Gabe zuteil geworden ist, und sieht sich veranlasst, das Recht anderer Träger natürlichen Lebens zu respektieren und ihm dienlich zu sein» (Tödt 1993: 142). Mit atemberaubender Klarheit verdeutlicht Bonhoeffer diese Rechte in einer nahezu unverhüllten Auseinandersetzung mit dem Machtmissbrauch des NS-Regimes, insbesondere mit der Praxis der «Euthanasie».

Die natürlichen Rechte des geistigen Lebens sieht Bonhoeffer in der Freiheit des Urteilens, in der Freiheit des Handelns und in der Freiheit des Genießens. Zu einer Erläuterung im Einzelnen kommt es hier – wegen des fragmentarischen Charakters der *Ethik* – nicht mehr. Man kann nur vermuten, in welcher Weise der Autor diese Rechte des geistigen Lebens verdeutlicht hätte. Zur Freiheit des Urteilens sind ohne Zweifel die Glaubens-, Gewissens- und Meinungsfreiheit zu zählen. Die Freiheit des Handelns umfasst die freie Entfaltung der Persönlichkeit sowie die Berufs- und Bewegungsfreiheit. Mit der Freiheit des Genießens kündigt sich eine – für die theologische Tradition ungewohnte – Anerkennung sinnlicher Freude und elementaren menschlichen Glücks an. Immer gilt der Grundsatz, dass kein Mensch von diesen elementaren Rechten ausgenommen ist. Körperliche Integrität und leibhaftes Glück sind als elementare Rechte jedem Menschen genauso mitgegeben wie die Gewissens- und Glaubensfreiheit sowie die freie Entfaltung der dem Einzelnen anvertrauten Gaben in Arbeit und Beruf.

Die Würde des Menschen bezieht sich also nicht nur (wie beispielsweise Kant meinte) auf seine Vernunftnatur, sondern gilt der Einheit von leiblicher und geistiger Existenz. Deshalb haben die Rechte des leiblichen Lebens dasselbe Gewicht wie die Rechte des geistigen Lebens. Auch in Bonhoeffers Konzeption sind die Menschenrechte als Freiheitsrechte konzipiert. Doch Freiheit meint hier nicht die individuelle Selbstdurchsetzung der menschlichen Einzelperson, sondern das Leben in Beziehungen mit anderen. Bonhoeffers Konzept natürlicher Rechte zeigt anschaulich, warum individuelle Rechte nicht dadurch geschwächt werden, dass man den Menschen als ein Wesen versteht, das auf Gemeinschaft angelegt ist. Auch ist es zum wirksamen Schutz der Freiheit nicht notwendig, diese Freiheit ausschließlich als negative Freiheit – das heißt als «Freiheit von» – zu verstehen, weil Freiheit sich nicht in der Abgrenzung von anderen erschöpft, sondern die Kooperation und Kommunikation mit ihnen einschließt. Eine solche Betrachtungsweise lässt sich im Begriff der *kommunikativen Freiheit* bündeln (vgl. Huber 2012).

Die von Bonhoeffer behauptete Einheit von leiblicher und geistiger Existenz bildet einen wichtigen Baustein für ein umfassendes und gehaltvolles theologisches Konzept der Menschenrechte. Es ist dadurch gekennzeichnet, dass es nicht nur von der Freiheit des Glaubens und des Gewissens, sondern mit der gleichen Intensität von der leiblichen Freiheit des Menschen ausgeht. Und es ist zugleich dadurch geprägt, dass es die sozialen Bedingungen persönlicher Freiheit genauso ernst nimmt wie den Schutz dieser Freiheit vor Verletzungen durch staatliche Gewalt.

Zivilcourage

Dietrich Bonhoeffers Ethik oszilliert zwischen Ordnung und Freiheit, zwischen Gehorsam und Verantwortung, zwischen Abhängigkeit und Mündigkeit. Seine anerzogene Überzeugung, einer Elite anzugehören, seine Erfahrung, dass Verantwortungspositionen sich mit dem Unterschied von Oben und Unten verbinden, aber auch die Traditionen eines vordemokratischen Obrigkeitsstaats, denen die deutsche Gesellschaft zu seiner Zeit weithin und zumindest in Teilen auch über das Jahr 1945 hinaus verhaftet war, prägten eine Haltung, in der man, wenn man schon von Freiheit sprach, die Bindung gleich hinzufügen musste, um sich vor Missverständnissen zu schützen. Umso bemerkenswerter ist, dass Bonhoeffers Verantwortungsethik die Tür zu einer Ethik verantworteter Freiheit öffnet. Wir sahen bereits, dass er seine Theorie der göttlichen Mandate durch die Aufmerksamkeit für den Spielraum der Freiheit erweitern wollte. Der ästhetischen Existenz räumte er ein eigenes Recht neben der ethischen Existenz ein. Der freien Verantwortung erkannte er ein Betätigungsfeld weit über die regulären Pflichten in Beruf, Familie und Staat zu. Die Auseinandersetzung mit der totalitären Diktatur weckte in ihm die Sehnsucht nach einer rechtsstaatlichen Ordnung. Solche Durchbrüche vollzogen sich nicht erst in der Zeit, in der Bonhoeffer die Freiheit im äußeren Sinn verloren hatte und hin-

ter Gefängnismauern über sie nachdachte. Auch schon in den
Ethik-Manuskripten schlug sich diese Bewegung nieder, wie sich
besonders deutlich an den Überlegungen zum Verhältnis zwischen
Beruf und Verantwortung zeigt. Vor allem aber muss man diese
Aussagen aus den Manuskripten zur *Ethik* mit der Rechenschaft
Nach zehn Jahren verknüpfen, die während der Arbeit an der
Ethik entstand.

Gleich am Beginn dieser Aufzeichnungen fragt der Autor:
«Wer hält stand?» (8:20) In der Situation des Widerstands stellt
diese Frage sich unausweichlich. Bonhoeffer führt den Freunden,
denen er seine Notizen zehn Jahre nach der Machtübergabe an
Adolf Hitler zu Weihnachten 1942 widmet, eine Typologie von
Menschen vor, die standzuhalten versuchen: die Vernünftigen,
die Fanatiker, die Gewissensbestimmten, die Pflichtorientierten,
die Freiheitsbewussten, die Tugendhaften. Die Freiheit steht keineswegs am Ende dieser Typologie. Denn wer sich an der Freiheit
orientiert, muss sich davor hüten, dass sie ihn nicht zu Fall bringt.
«Er wird in das Schlimme willigen, um das Schlimmere zu ver-
hüten, und er wird dabei nicht mehr zu erkennen vermögen, dass
gerade das Schlimmere, das er vermeiden will, das Bessere sein
könnte.» (22) Nein, weder die Freiheit noch die Tugend stehen
am Ende. Bonhoeffer schließt vielmehr so: «Wer hält stand?
Allein der, dem nicht seine Vernunft, sein Prinzip, sein Gewissen, seine Freiheit, seine Tugend der letzte Maßstab ist, sondern
der dies alles zu opfern bereit ist, wenn er im Glauben und in al-
leiniger Bindung an Gott zu gehorsamer und verantwortlicher
Tat gerufen ist, der Verantwortliche, dessen Leben nichts sein
will als eine Antwort auf Gottes Frage und Ruf. Wo sind diese
Verantwortlichen?»

Bonhoeffer erläutert diese freie Verantwortung aus Glauben in
einem nächsten Schritt durch den Begriff der Zivilcourage. Sie
fehle den Deutschen. Er vermisst sie auch bei sich und seinen
Freunden. Den Grund dafür sieht er in der langen Geschichte, in
der die Deutschen «die Notwendigkeit und die Kraft des Gehorsams lernen mussten» und sich daran gewöhnten, ihre persön-

lichen Wünsche und Gedanken dem ihnen gegebenen Auftrag unterzuordnen. Sie zeichneten sich gerade dadurch aus, dass sie «im Gehorsam, im Auftrag, im Beruf immer wieder das Äußerste an Tapferkeit und Lebenseinsatz» vollbrachten (23 f.). Freiheit wurde gerade darin gefunden, «sich vom Eigenwillen zu befreien [...] im Dienst am Ganzen». Nur rechneten sie nicht damit, dass diese Bereitschaft zur Unterordnung für Böses missbraucht wurde. Wenn ihnen das widerfuhr, gerieten die sittlichen Grundbegriffe ins Wanken; doch zur Einsicht in die Notwendigkeit der Zivilcourage führte das nicht. Erst jetzt, so folgert Bonhoeffer, entdecken die Deutschen, «was freie Verantwortung heißt. Sie beruht auf einem Gott, der das freie Glaubenswagnis verantwortlicher Tat fordert und der dem, der darüber zum Sünder wird, Vergebung und Trost zuspricht.» (24) Erst in diesen knappen Überlegungen schließt sich der Kreis. Nun erst tritt klar hervor, warum Bonhoeffer in der Bereitschaft zur Schuldübernahme ein zentrales Element verantworteter Freiheit sieht; nun erst beschreibt er das Handeln jenseits von Auftrag und Beruf – und damit die Zivilcourage – als den Ernstfall der Freiheit. Angesichts der eigenen Teilnahme am Widerstand vollzieht er den Schritt zu einer Verantwortungsethik, die zugleich eine Ethik der Freiheit ist.

Die Aufzeichnung *Nach zehn Jahren* stellte Eberhard Bethge der Veröffentlichung der Gefängnisbriefe in *Widerstand und Ergebung* als Prolog voran; man muss sie jedoch als Epilog der *Ethik* lesen. Als Prolog zur *Ethik* wählte Bethge ein Gedicht aus dem Tegeler Gefängnis aus, das erst im Zuge der Edition der *Dietrich Bonhoeffer Werke* diesen Platz verlor. So mag das Gedicht, das schon Bethge in so enger Verbindung mit der *Ethik* sah, am Ende dieses Kapitels stehen. Es unterstreicht auf seine Weise, dass man Bonhoeffers *Ethik* als einen Weg zur Freiheit lesen kann, ja sogar lesen muss. Bonhoeffer betrachtete das Gedicht über die Freiheit, das er nach dem Scheitern des Attentats auf Hitler vom 20. Juli, vermutlich am 14. August 1944, schrieb, als unfertig, gab aber zu, dass es ihn selbst sehr bewegte (576).

Stationen auf dem Wege zur Freiheit

Zucht

Ziehst du aus, die Freiheit zu suchen, so lerne vor allem
Zucht der Sinne und deiner Seele, dass die Begierden
und deine Glieder dich nicht bald hierhin, bald dorthin führen.
Keusch sei dein Geist und dein Leib, gänzlich dir selbst unterworfen,
und gehorsam, das Ziel zu suchen, das ihm gesetzt ist.
Niemand erfährt das Geheimnis der Freiheit, es sei denn durch
Zucht.

Tat

Nicht das Beliebige, sondern das Rechte tun und wagen,
nicht im Möglichen schweben, das Wirkliche tapfer ergreifen,
nicht in der Flucht der Gedanken, allein in der Tat ist die Freiheit.
Tritt aus ängstlichem Zögern heraus in den Sturm des Geschehens
nur von Gottes Gebot und deinem Glauben getragen,
und die Freiheit wird deinen Geist jauchzend umfangen.

Leiden

Wunderbare Verwandlung. Die starken tätigen Hände
sind dir gebunden. Ohnmächtig einsam siehst du das Ende
deiner Tat. Doch atmest du auf und legst das Rechte
still und getrost in stärkere Hand und gibst dich zufrieden.
Nur einen Augenblick berührtest du selig die Freiheit,
dann übergabst du sie Gott, damit er sie herrlich vollende.

Tod

Komm nun, höchstes Fest auf dem Wege zur ewigen Freiheit,
Tod, leg nieder beschwerliche Ketten und Mauern
unsres vergänglichen Leibes und unsrer verblendeten Seele,
dass wir endlich erblicken, was hier uns zu sehen missgönnt ist.
Freiheit, dich suchten wir lange in Zucht und in Tat und in Leiden.
Sterbend erkennen wir nun im Angesicht Gottes dich selbst.
(570–572)

10. Kein Ende der Religion

In religionsloser Zeit

Aus dem Leben in der Kirche, aus der geistlichen Gemeinschaft
mit den Pfarramtskandidaten und aus der Verbundenheit mit der
Verlobten, der Familie und den Freunden wurde Dietrich Bonhoeffer herausgerissen, als er am 5. April 1943 im Haus seiner Eltern
festgenommen und im Wehrmachtsuntersuchungsgefängnis Tegel
inhaftiert wurde. Durch tiefe Verunsicherungen, ja Verstörungen
hindurch musste er in der Einsamkeit der Gefängniszelle seinem
Glauben eine neue Gestalt geben. Er, der so stark auf der Einheit
von Glauben und Handeln bestand, war von allen Möglichkeiten
aktiven Tuns abgeschnitten. So nachdrücklich er während seiner
Verantwortung für die Vikarsausbildung der Bekennenden Kirche
die Bedeutung des gemeinsamen Lebens betont und Vorschläge
für dessen geistliche Gestaltung gemacht hatte, so einsam und
suchend war er nun. Gewohnte Formen der Frömmigkeit wurden
ihm fragwürdig. Ja, problematisch wurden ihm die religiösen
Verhaltensweisen und Denkformen als solche.

Ausgerechnet in einem Brief zur Taufe seines Patenkinds
machte er seinem Zweifel Luft. Schon an der Hochzeit von Eberhard und Renate Bethge hatte er im Mai 1943 nicht teilnehmen
können. Nun musste er ertragen, dass er auch die Taufe des
nach ihm benannten Sohns Dietrich nicht miterlebte. Seine Gedanken formulierte er im Mai 1944 in einem Brief, in dem er den
Säugling direkt anspricht. Familie und Kirche beschreibt er darin als die beiden Orte, an denen ein heranwachsender Mensch
Orientierung finden und eine eigene Lebenshaltung entwickeln
kann. Doch ihm ist fraglich, ob die Kirche in ihrer bisherigen
Form noch einen solchen Halt bieten kann. Die großen Worte

des christlichen Glaubens, die über dem Kind bei seiner Taufe ausgesprochen werden, ohne dass es sie verstehen kann, haben nämlich auch für die Erwachsenen ihre Selbstverständlichkeit verloren: «auch wir [...] sind [...] auf die Anfänge des Verstehens zurückgeworfen». Der Kirche hält Bonhoeffer vor, sie habe vor allem um ihre Selbsterhaltung gekämpft, «als wäre sie ein Selbstzweck», und darüber die Fähigkeit eingebüßt, «Träger des versöhnenden und erlösenden Wortes für die Menschen und für die Welt zu sein» (8: 435).

Im inneren und äußeren Abstand, den die Gefängnismauern schufen, wuchs offenkundig Bonhoeffers Enttäuschung über die um sich selbst kreisende Bekennende Kirche – von der Kirche der Deutschen Christen ganz zu schweigen. Der Verweis auf die Zeitumstände reichte zur Erklärung dieses Versagens nicht aus. Bonhoeffer sah sich unausweichlich vor die Frage gestellt, ob die Form, in der die Kirche den Glauben an Christus verkündigt und lebt, noch aufrichtig ist und die Menschen erreichen kann. Er hielt es für notwendig, zwischen Christentum und Religion grundsätzlich zu unterscheiden. Dieser Unterscheidungsversuch führte ihn zu radikalen Überlegungen, weil er ihn mit der Diagnose einer religionslos werdenden Welt verband; daraus leitete er die Aufgabe einer nichtreligiösen Interpretation des christlichen Glaubens ab.

Kein anderer Gedanke dieses Theologen gibt seinen Interpreten mehr Rätsel auf als die Doppelthese, dass die moderne Welt nicht mehr religiös sei und dass deshalb vom christlichen Glauben nur noch geredet werden könne, wenn man ihn nicht-religiös interpretiert. Vom 30. April 1944 an entfaltete er diese Doppelthese in einer Serie von Briefen an Eberhard Bethge. Bis zum heutigen Tag geht von der Radikalität seiner Erwägungen eine eigentümliche Faszination aus. Freilich ist bei der Interpretation wie bei den aus ihr abgeleiteten Folgerungen stets zu berücksichtigen, dass Bonhoeffer seine Überlegungen lediglich skizzieren konnte. Er tat das mit dem Ziel, Klarheit in Fragen zu gewinnen, «um die wir uns sonst gern herumdrücken» (561).

Kritik der Religion

Für das Wort *Religion* werden zwei unterschiedliche etymologische Ableitungen angeboten. Während die einen das Wort von dem lateinischen Verb *religare: zurückbinden* herleiten, beziehen sich die anderen auf das lateinische Verb *religere: wieder lesen, genau beachten.* Theologen machen sich häufig die erste Antwort zu eigen und verstehen Religion als Gottesbeziehung; Religionswissenschaftler schließen sich eher der zweiten Antwort an und rücken den regelmäßig wiederholten Vollzug eines Kultus beziehungsweise einer Frömmigkeitspraxis in den Vordergrund. Mustert man die Belege aus der antiken Literatur, gewinnt die zweite Antwort eine höhere Plausibilität.

Während zunächst im christlichen Kulturkreis Religion und christlicher Glaube gleichgesetzt wurden, entwickelte sich das Wort Religion seit dem Beginn der Neuzeit zu einem Oberbegriff für unterschiedliche Weisen der Gottesverehrung. Im achtzehnten Jahrhundert traten Glaube und Religion sogar antithetisch auseinander; es wurde vorstellbar, dass man religiös ist, ohne gläubig zu sein. Man konnte in der Zeit der Aufklärung aber nicht nur ein Verächter des Glaubens, sondern auch der Religion sein. Diese Konstellation hatte Friedrich Schleiermacher im Sinn, als er 1799 sein Buch *Über die Religion. Reden an die Gebildeten unter ihren Verächtern* veröffentlichte. Für Schleiermacher war im Übrigen nicht mehr der äußere Vollzug kultischer Handlungen, sondern die innere Bindung an das Göttliche das entscheidende Kennzeichen von Religion. Pointiert bezeichnete er sie als «Anschauung und Gefühl», als «Sinn und Geschmack für das Unendliche» (Schleiermacher 1999: 79 f.). Später prägte er dafür die Formel, Religion sei ein «Gefühl schlechthinniger Abhängigkeit» (Schleiermacher 1960: I, 23–30).

Nach Schleiermacher manifestiert sich die Beschäftigung mit der Religion nicht nur in solchen Formen der Religionsphilosophie, sondern insbesondere in der Form von Religionskritik. In der Theologie wurde der Begriff vor allem in Gestalt einer Historisierung des Christentums durch die *Religionsgeschichtliche Schule* einerseits und durch die Entgegensetzung von Religion und Offenbarung in der Theologie Karl Barths andererseits virulent. Der Rückblick zeigt: Je gebräuchlicher das Wort Religion wird, desto vielfältiger wird sein Gebrauch. Um zu verstehen, was Bonhoeffer mit dem *Ende der Religion* meint, muss man herausfinden, was er dabei unter Religion versteht. Zur Klärung dieser Frage wollen wir zwischen einer soziologischen, einer theologischen und einer historischen Verwendungsweise des Begriffs unterscheiden.

In einer soziologischen Perspektive wird Religion als Oberbegriff für unterschiedliche Glaubensweisen verwendet. Wer das Christentum als eine unter mehreren Religionen ansieht, geht dabei von einem Allgemeinbegriff von Religion aus, der unterschiedliche Glaubensweisen umfasst. Bonhoeffer hält es sogar für möglich, in dieser Hinsicht das Christentum als die «wahre Form» der Religion zu bezeichnen (8: 403). Für die Vermutung, dass er sich von soziologischen Überlegungen leiten lässt, könnte ferner sprechen, dass er mit starken diagnostischen und prognostischen Thesen aufwartet. Doch gerade in diesen Erwägungen geht er kaum auf die Pluralität von Religionen ein. Dass es neben dem Christentum auch andere Religionen gibt, wird in den Gefängnisbriefen nur an wenigen Stellen gestreift. Am ausführlichsten redet er, durch die Lektüre der *Götter Griechenlands* von Walter F. Otto (1929) angeregt, über die griechische und damit über eine «tote» Religion. Zwar versteigt er sich in seiner Begeisterung für die griechische Antike bis zu der Behauptung, in dem Vater der berühmten Laokoon-Gruppe im Vatikan könne man einen antiken «Schmerzensmann» und damit ein Vorbild späterer Christusdarstellungen sehen (8: 293, 16: 393). Doch befasst er sich nicht mit der Frage, wie unterschiedliche «lebende» Religionen sich zueinander verhalten und was das für den Religionsbegriff bedeutet.

Vieles spricht dafür, bei Bonhoeffer einen *theologischen Begriff* der Religion anzunehmen, weil seine Beschäftigung mit diesem

Thema von Anfang an in hohem Maß von systematisch-theologischen Impulsen bestimmt war. Die Anregungen, die er von seinen Berliner akademischen Lehrern, insbesondere von Adolf von Harnack, empfing, wurden schon in der Studienzeit durch den Einfluss überlagert, den Karl Barths Theologie auf ihn ausübte.

Im Blick auf den Begriff der Religion lässt sich das programmatisch in der Habilitationsschrift *Akt und Sein* erkennen; deren Religionsverständnis bringt Christiane Tietz treffend auf die Formel: «Der Weg des Menschen zu Gott: die Religion» (Tietz-Steiding 1999: 122). Demgegenüber ist für Bonhoeffer, Karl Barth folgend, die Offenbarung der Weg Gottes zum Menschen.

Doch es ist sehr fraglich, ob Dietrich Bonhoeffer während der Zeit in Tegel noch an der Entgegensetzung von Religion und Offenbarung in ihrer schroffen Form festhielt. Steht nicht hinter seiner Kritik an dem von Barth und der Bekennenden Kirche vertretenen «Offenbarungspositivismus» eher der Verdacht, dass eine ausschließliche Betonung der Souveränität Gottes von der «Spontaneität, Eigentätigkeit und Mündigkeit» des Menschen zu gering denkt (Tödt 1993: 38)? Denn sie sieht davon ab, dass Gott selbst dem Menschen als seinem Ebenbild die verantwortliche Gestaltung der eigenen Lebenswelt aufträgt. Die Gestaltung der Gottesbeziehung kann davon nicht ausgenommen sein; deshalb kann die schroffe Antithese zwischen dem Weg Gottes zum Menschen und dem Weg des Menschen zu Gott nicht das letzte Wort behalten. Es wäre erstaunlich, wenn eine solche Kritik sich mit einem ungebrochenen Anschluss an Barths systematisch-theologisch gewendete Religionskritik verbinden würde. Die Briefe aus der Haft enthalten keine zureichenden Anhaltspunkte dafür.

Vielmehr liegt den meisten Aussagen Bonhoeffers zur Religion zumindest auch ein *historisches Interesse* zugrunde. So plakativ und grundsätzlich er über Religion und Religionslosigkeit spricht, bildet gleichwohl ein historisches, genauer gesagt ein geistesgeschichtliches Argument den Ausgangspunkt seiner Überlegungen (Feil 2005: 345–354). Es spielt keineswegs erst in den Gefängnisbriefen eine Rolle, sondern taucht bereits wesentlich früher auf.

Bereits in der ersten Vorlesung, die der junge Privatdozent nach der Rückkehr aus den USA im Wintersemester 1931/32 an der Berliner Universität hielt, vertrat er eine sehr pointierte These zum Begriff der Religion. Sie besagt, dass in «der nachkopernikanischen Welt [...] statt ‹Glaube› das Wort religio» auftritt, und zwar bei «den englischen Deisten» (11: 145). Bonhoeffer übernimmt diese These von dem umstrittenen Kulturphilosophen und Orientalisten Paul de Lagarde, der sie bereits 1873 vertreten hat (Feil 2007: 12 f.). Er folgt Lagardes Auffassung, dass das Wort «Religion» seit der Mitte des achtzehnten Jahrhunderts als ein Gefühl verstanden wird, das zum Glauben ebenso in Gegensatz treten kann wie zur Kirche. Nach Lagardes Überzeugung kommt in der Mitte des achtzehnten Jahrhunderts eine Zeit herauf, die zwar von «religiösen Menschen» mit Achtung spricht, aber von «gläubigen Menschen» nichts wissen möchte.

Ernst Feil hat gezeigt, dass ein solcher Umschwung im Begriff der Religion um die Mitte des achtzehnten Jahrhunderts tatsächlich stattgefunden hat. Während bis dahin *religio* durchgängig die «sorgfältige Beachtung der Vollzüge» meinte, «mit denen eine bestimmte Gottheit, für Christen der einzig wahre Gott verehrt werden muss» (Feil 2002: 40), breitet sich nun die Vorstellung von einer Religion aus, die innerlich erfahren und gefühlt wird, aber dem Denken nicht notwendigerweise zugänglich ist. In unterschiedlichen Varianten tritt diese Denkweise in Ländern wie England, Frankreich und Deutschland zur gleichen Zeit auf. Diese im Innern gefühlte Religion wird als eine natürliche Ausstattung angesehen, an der jeder Mensch teilhat, ohne dass er sich dafür zu einer bestimmten Glaubensweise bekennen muss.

Diese Vorstellung von Religion als einer natürlichen Anlage im Menschen nennt Bonhoeffer in den Gefängnisbriefen ein *religiöses Apriori* und verbindet die so verstandene – neuzeitliche – Religion mit folgenden maßgeblichen Kennzeichen: Die Gottesbeziehung wird als ein besonderer Lebensbereich verstanden, der von anderen Dimensionen der Lebenswirklichkeit getrennt ist

(Partialität). Dieser Bereich hat es allein mit der *Innerlichkeit* des Menschen zu tun. Ihr tritt ein jenseitiger Gott gegenüber, der im Blick auf innerweltliche Zusammenhänge lediglich als Arbeitshypothese dient *(Metaphysik).* Das führt zu der Vorstellung von Gott als einem Lückenbüßer, der in den Fällen zur Erklärung herangezogen wird, in denen die Möglichkeiten menschlichen Erklärens – noch – an eine Grenze stoßen, und von dessen Eingreifen ein Durchbrechen der Naturgesetze erwartet wird *(deus ex machina).*

Bonhoeffer setzt nun allerdings den so charakterisierten neuzeitlichen Begriff der Religion nicht mehr ausdrücklich von einem vorangehenden Verständnis ab, das sich auf die praktischen Vollzüge der Gottesverehrung bezieht. Das hängt damit zusammen, dass er den historisch aus der Vorstellung der Aufklärung von der natürlichen Religion entstandenen und von Ernst Troeltsch präzisierten Begriff des religiösen Apriori verallgemeinert. Troeltsch beharrt auf dieser Variante einer Vorstellung von der natürlichen Religion, weil er davon überzeugt ist, dass die Gegenwartsbedeutung der Religion nicht ausschließlich aus dem «Eindruck der Person Jesu» gewonnen werden kann; vielmehr muss das religiöse Apriori wesentlich allgemeiner mit «der letzten nur religiös zu erfassenden Zweckbestimmung des Menschen» in Verbindung gebracht werden (Troeltsch 1962: 767 f.). Bonhoeffer dagegen löst sich von dieser spezifischen Auffassung des religiösen Apriori und behauptet: «Unsere gesamte 1900-jährige christliche Verkündigung und Theologie [...] baut auf dem ‹religiösen Apriori› der Menschen auf.» (8: 403) Durch diese Verallgemeinerung erweckt er den Eindruck, seine These vom Ende der Religion beziehe sich nicht nur auf eine konkrete historische Gestalt der Religion, sondern auf die Religion schlechthin. Dadurch legt sich das Missverständnis nahe, die vier Kennzeichen des (neuzeitlichen) Religionsverständnisses – Partialität, Innerlichkeit, metaphysisches Gottesverständnis, Lückenbüßergott – seien für den Begriff der Religion schlechthin als charakteristisch anzusehen. Auf diese Weise entsteht in den theologischen Briefen aus der Haft der Eindruck, der Religionsbegriff beziehe sich nicht, wie die Vorlesung von 1931 eindeutig sagt, auf eine historische Entwicklung seit der Mitte des achtzehnten Jahrhunderts, sondern sei geeignet, die gesamte Geschichte des Christentums zu charakterisieren.

Diese Unschärfe führt dazu, dass Bonhoeffers Argumentation zwischen Diagnosen zur neuzeitlichen Religion und zur Religion überhaupt schwankt. Entsprechend unsicher wirkt die Frage, ob es auch jenseits des Zusammenbruchs dieser Religion noch religiöse Handlungen geben werde und worin sie bestehen könnten (405 f.). Für die Fortdauer solcher religiösen Elemente bringt Bonhoeffer den Begriff der *Arkandisziplin* ins Spiel. Er bezieht sich auf religiöse Ausdrucksformen, die auch nach dem von ihm proklamierten Ende der Religion Bestand behalten werden. Er mag dabei an die Sakramente von Taufe und Abendmahl oder das Gebet denken. Auch wenn er erklärt, das Christentum werde sich künftig nur noch in dreierlei zeigen, im Beten, im Tun des Gerechten und im Warten auf Gottes Zeit (436), hat er solche religiösen Vollzüge im Blick.

Trotz des beschriebenen Schwankens zwischen einem Allgemeinbegriff der Religion und einer Verwendung des Worts für neuzeitliche Entwicklungen kann man an vielen Stellen klar erkennen, dass es Bonhoeffer im Kern um eine kritische Analyse eines modernen Religionsverständnisses geht. Durch die neuzeitliche Ausdifferenzierung von Lebensbereichen ist die Religion eine abgegrenzte Lebenssphäre neben anderen geworden; Gott wird in ihr zu einer Arbeitshypothese für die Erklärung von Lebenserfahrungen, die sich trotz der Fortschritte wissenschaftlichen Erkennens – noch – nicht auf andere Weise erklären lassen. Diese sich in der Neuzeit ausprägende Form von Religion lässt sich nicht mit dem christlichen Glauben gleichsetzen. Vielmehr liegt es näher, in ihr ein Gewand des Christentums zu sehen (404).

Die historische Beobachtung geht damit in eine theologische Aufgabenstellung über. Für sie verwendet Bonhoeffer die schon in seiner *Ethik* ausgearbeitete Unterscheidung zwischen Letztem und Vorletztem: Nicht nur historisch, sondern auch inhaltlich muss zwischen dem Glauben und seiner religiösen Gestalt unterschieden werden; im Verhältnis zum Inhalt des Glaubens – dem *Letzten* – kann die Religion niemals mehr als etwas *Vorletztes* sein. Mit dieser Betrachtungsweise befindet Bonhoeffer sich in guter Gesellschaft. Insbesondere auf Franz Rosenzweig, den Autor des Buchs *Stern der Erlösung*, ist zu verweisen, der das Besondere von Judentum und Christentum darin sieht, «dass sie, sogar wenn sie Religion geworden sind, in sich selber die Antriebe finden, sich von dieser ihrer Religionshaftigkeit zu befreien und aus [...] ihren Ummauerungen wieder in das offene Feld der Wirklichkeit zurückzufinden» (Rosenzweig 1984: 154).

Doch mit einer solchen Unterscheidung allein ist es nicht getan. Bonhoeffer unternimmt in seinen diagnostischen Überlegungen zum Verhältnis von Glauben und Religion noch einen nächsten Schritt. Dieser zielt auf den Nachweis, dass Religion als abgegrenzte Lebenssphäre, innerhalb deren mit der Arbeitshypothese *Gott* operiert wird, unter den Bedingungen der Moderne in einen inneren Widerspruch hineinführt. In einem Brief stellt er fest: «Die Menschen können einfach, so wie sie nun einmal sind, nicht mehr religiös sein.» Daran schließt sich die Prognose an: «Wir gehen einer völlig religionslosen Zeit entgegen.» (8: 403) Diese Aussagen klingen absolut; aber sie beziehen sich bei genauerer Betrachtung auf eine historisch identifizierbare Problemkonstellation. Auf der einen Seite verbreitet sich seit der Aufklärung die Vorstellung von einer natürlichen Religion, also einer mit der menschlichen Natur gegebenen Disposition jedes Menschen zur Religion. Doch auf der anderen Seite bereiten die Fortschritte der Wissenschaft der Auffassung den Boden, dass die Welt und die Stellung des Menschen in ihr sich verstehen lassen, ohne dass es dafür eines Rückgriffs auf die Religion und die mit ihr verbundene Arbeitshypothese Gott bedarf. Dadurch gerät die Vorstellung von einem religiösen Apriori ins Wanken. Bonhoeffer kann sich nicht nur vorstellen, sondern hält es für konsequent, dass die Menschen unter den Bedingungen des neuzeitlichen

Weltverständnisses «wirklich radikal religionslos» werden (403).
Durch die Verbindung mit dem Begriff des religiösen Apriori, den
er ausdrücklich auf die gesamte bisherige Geschichte des Christentums bezieht, erweckt er das Missverständnis, dass die These
von der «Religionslosigkeit des mündig gewordenen Menschen»
(557) sich nicht nur auf eine bestimmte religiöse Konstellation,
sondern auf die Religion schlechthin richtet. Doch Bonhoeffers
skizzenhafte Argumentation trägt eine so weitreichende These
nicht. Plausibel wird durch sie nur, dass das neuzeitliche Religionsverständnis in der Form, in der Bonhoeffer es beschreibt, durch
das wissenschaftlich geprägte Wirklichkeitsverständnis obsolet geworden ist.

Doch gerade in ihrer über diese religiöse Konstellation weit
hinausweisenden Grundsätzlichkeit ist Bonhoeffers Diagnose von
manchen in Zustimmung oder Widerspruch aufgenommen worden. Auf der einen Seite wurde sie dazu verwendet, neuzeitlichen
Vorgängen der Entkirchlichung einen positiven Sinn zuzuerken-
nen; gerade im Abschied von der Religion könne der christliche
Glaube als eine von allen religiösen Fesseln befreite Lebenshaltung neu zum Leuchten kommen. Auf der anderen Seite hielt
man dem entgegen, Bonhoeffer habe sich geirrt; nicht das Ende,
sondern die Wiederkehr der Religion charakterisiere die zeitgenössische Moderne. Doch das Eine mag so übertrieben sein wie
das Andere (Körtner 2006). Der weltweit wachsenden Pluralität
und Heterogenität religiös-weltanschaulicher Haltungen wird weder die Diagnose vom Verschwinden noch diejenige von der Wiederkehr der Religion gerecht. Zu beobachten ist vielmehr ein
Wechselspiel von Sakralisierung und Desakralisierung, das durch
einlinige Theoreme nicht angemessen aufgenommen wird, unabhängig davon, ob die jeweils behauptete Entwicklungslinie – nämlich entweder eine unaufhaltsame Säkularisierung oder eine
Rückkehr der Religion – als Fortschritt oder als Verfall betrachtet wird. Beide Arten von Diagnosen verkennen vielmehr einen
global zu beobachtenden Prozess, zu dem eine Intensivierung
säkularer Haltungen ebenso gehört wie eine Zunahme religiöser

Bindungen (Joas 2017). Das Anregungspotential von Bonhoeffers These liegt also nicht darin, ein allgemeines Verschwinden von Religion als gestalteter Gottesbeziehung zu behaupten; entscheidend ist vielmehr, dass er die Vorstellung von Religion als einer abgesonderten, mit der Innerlichkeit der menschlichen Person und der Lückenbüßerfunktion Gottes verbundenen Lebenssphäre problematisiert. Dieser Vorstellung stellt er die Auffassung vom Glauben als einem Lebensakt, also einer den Lebensvollzug insgesamt prägenden Erfahrung, gegenüber.

Die mündig gewordene Welt

Den epochalen Wandel, der zu einem unauflöslichen Konflikt mit der Vorstellung von einem religiösen Apriori führt, fasst Bonhoeffer im Begriff der Mündigkeit des Menschen zusammen. Die zentrale Stellung, die diesem Begriff zukommt, verdankt sich der Philosophie Wilhelm Diltheys, mit der Bonhoeffer sich im Gefängnis intensiv beschäftigte. Ihn überzeugten Diltheys aus dem späten neunzehnten Jahrhundert stammende Studien zur Entstehung der neuzeitlichen Wissenschaft. Sie beschreiben eine bereits im dreizehnten Jahrhundert beginnende Entwicklung zur Autonomie von Wissenschaft und Weltanschauung (Dilthey 1964). Mit der dadurch gewonnenen Mündigkeit des modernen Menschen sei der religiöse Versuch, ihn von einem metaphysischen Gott abhängig zu machen, unvereinbar. Der autonome Mensch wehre sich zu Recht gegen jegliche Absicht, die Grenzen menschlicher Möglichkeiten auszunutzen, um die Notwendigkeit der Religion zu demonstrieren. Nach Bonhoeffers Überzeugung verdient diese Haltung Respekt; der christliche Glaube kann deshalb nicht länger in Formen ausgelegt werden, die eine solche Art der Religion voraussetzen. Vielmehr erfordert die Situation des religionslosen Menschen eine nichtreligiöse Interpretation der biblischen Begriffe.

Diltheys Thema ist in diesem Zusammenhang die Wissenschaft. Aus deren Mündigkeit ergeben sich allgemein gültige Prinzipien

für die Lebensführung und die Gestaltung der Gesellschaft; das
Ergebnis ist die «Mündigkeit des menschlichen Geistes in Religion, Recht und Staat». Er sieht in der darin begründeten «Autonomie des Menschen» ein «Stadium der Mündigkeit», vor dem
«sich nun alle Institute der Gesellschaft und alle Dogmen der
Kirche zu verantworten» haben (Dilthey 1964: 90 f.). Bonhoeffer
dagegen geht über Diltheys Argumentation hinaus: Er spricht
nicht nur von der Mündigkeit des menschlichen Geistes, sondern
von der «Mündigkeit des Menschen» schlechthin, ja von der
«mündig gewordenen Welt» (8: 477–479 u. ö.).

Ähnlich verfährt Bonhoeffer mit dem Begriff der Autonomie,
der für ihn ebenso wie für Dilthey dem Begriff der Mündigkeit
eng benachbart ist (Feil 1987: 25–31). Er versteht unter menschlicher Autonomie zunächst «die Entdeckung der Gesetze, nach denen die Welt in Wissenschaft, Gesellschafts- und Staatsleben,
Kunst, Ethik, Religion lebt und mit sich selbst fertig wird», und
konstatiert, diese Autonomie sei «in unserer Zeit zu einer gewissen Vollständigkeit gekommen» (8: 476). Schon beim nächsten
Auftauchen des Begriffs vollzieht sich jedoch eine terminologische
Verallgemeinerung; Bonhoeffer spricht nun von der «Autonomie
der Welt» (530). Dementsprechend überträgt er die auf die Gel-
tungsbedingungen des Völkerrechts bezogene Aussage von Hugo
Grotius, die Verbindlichkeit des Völkerrechts müsse angenommen
werden, «auch wenn es Gott nicht gäbe» *(etsi deus non daretur)*,
auf die Welt im Ganzen: «Eine unendliche Welt – wie immer sie
auch gedacht sein mag – ruht in sich selbst ‹etsi deus non daretur›.» (530, 532; vgl. Dilthey 1964: 280)

Dietrich Bonhoeffer konfrontiert damit die zu Ende gehende
Religion mit dem Bild einer religiös unbedürftig gewordenen
Welt, das über die Analyse eines wissenschaftlich geprägten Welt-
bilds weit hinausgeht. Doch auf welche Befunde stützt sich die
These, dass das Verhältnis des Menschen zu sich selbst wie zur
Welt in einem so umfassenden Sinn durch *Mündigkeit* und *Auto-
nomie* geprägt ist? Bonhoeffer gibt in diesem Zusammenhang
keine Hinweise, die über die Entwicklung des neuzeitlichen wis-

senschaftlichen Weltbilds, wie er sie bei Dilthey geschildert findet, hinausgehen. Wenn er jedoch in anderen Zusammenhängen eigene Erfahrungen reflektiert, kommt er im Blick auf die Mündigkeit von Mensch und Welt zu wesentlich zwiespältigeren Urteilen. Dann spricht er von einer Gegenwart, in der «alle im Bereich des Möglichen liegenden Alternativen [...] gleich unerträglich, lebenswidrig, sinnlos» erscheinen; er schildert die «Maskerade des Bösen», das «in der Gestalt des Lichts, der Wohltat, des geschichtlich Notwendigen, des sozial Gerechten erscheint». Er stellt dar, wie das Bemühen der «Vernünftigen [...] durch die aufeinander prallenden Gewalten zerrieben» wird, «ohne das Geringste ausgerichtet zu haben» (8: 20 f.).

Auch wenn Bonhoeffer aufgrund eigener Erfahrung die Situation von Menschen beschreibt, die meinen, auf Religion nicht angewiesen zu sein, oder von ihr keine Vorstellung mehr haben, bieten seine Schilderungen keineswegs das Bild eines fraglos mündigen Menschen. «In meiner jetzigen Umgebung finde ich fast nur Menschen, die sich an ihre Wünsche klammern und dadurch für andere Menschen nichts sind; sie hören nicht mehr und sind unfähig zur Nächstenliebe.» (359) Nicht durch Mündigkeit, sondern eher durch Aberglauben sind solche Menschen gekennzeichnet. Vor allem fällt ihm eine nahezu animalisch wirkende Lebensangst auf (211). Er konstatiert eine Neigung der Menschen dazu, nur *ein* Gefühl zuzulassen: «wenn Flieger kommen, sind sie nur Angst, wenn es was Gutes zu essen gibt, sind sie nur Gier; wenn ihnen ein Wunsch fehlschlägt, sind sie nur verzweifelt; wenn etwas gelingt, sehen sie nichts anderes mehr» (453). Das ist von der Schilderung eines generell mündig gewordenen Menschen weit entfernt. Erst recht erstaunt vor diesem Hintergrund die Rede von einer «mündig gewordenen Welt».

Angesichts dieses Befundes muss man sich offenbar von einem Sprachgebrauch trennen, der von dem *mündig gewordenen Menschen* als anthropologischem Faktum und von der *mündig gewordenen Welt* als soziologischer Tatsache ausgeht. Eine solche Redeweise verstellt den Blick auf die geschichtlich immer wieder eintretenden Verluste von Mündigkeit; sie schwächt also die Wahrnehmungsfähigkeit für Prozesse gesellschaftlicher und politischer Entmündigung (Gremmels 1969: 371 f.). Auch geraume Zeit nach Bonhoeffers Überlegungen finden sich keine ausreichenden Bestätigungen für die Vorstellung von einer *mündig gewordenen Welt* (Moltmann 2009: 28). In dieser Redeweise liegt vielmehr eine problematische Analogie zwischen der Persönlichkeitsentwicklung des Einzelnen und der Entwicklung der Menschheit. In der Entwicklung des Einzelnen gibt es einen Übergang zur Mündigkeit, die man ihm rechtlich – im Sinn der vollen Geschäftsfähigkeit – mit dem Alter von achtzehn Jahren zuspricht. In der Vorstellung, die Menschheit habe zu einer bestimmten Zeit den Übergang zu einer solchen vollen Geschäftsfähigkeit und damit zur Autonomie vollzogen, drückt sich ein Fortschrittsglaube aus, der die Angehörigen früherer Geschichtsperioden generell für unmündig erklärt. Der Rede von der mündig gewordenen Welt oder dem mündig gewordenen Menschen liegt ein Deutungsschema zugrunde, das die Neuzeit von einer Dynamik des Fortschritts geprägt sieht, ohne dessen Dialektik zu beachten. Um sie zu berücksichtigen, ist es nötig, hinter die Anknüpfung an Dilthey zurückzugehen und die Verwendung des Worts *Mündigkeit* in der Aufklärung zu betrachten.

Wenn Immanuel Kant Aufklärung als den «Ausgang des Menschen aus seiner selbstverschuldeten Unmündigkeit» beschreibt, sieht er in dieser eine ständige Bedrohung und versteht die sie überwindende Aufklärung als eine bleibende Aufgabe. Er versteht die Unmündigkeit nicht so sehr als einen Mangel «des Verstandes, sondern der Entschließung und des Mutes [...], sich seiner ohne Leitung eines andern zu bedienen» (Kant 1956: VI, 53). Mündigkeit setzt also den Mut voraus, von seinem Verstand einen selbständigen Gebrauch zu machen.

Die von Kant beschriebene selbstverschuldete Unmündigkeit lässt sich keiner bestimmten historischen Epoche zuordnen. Jede Generation ist durch sie gefährdet. Auch wissenschaftlicher Fortschritt garantiert keineswegs Mündigkeit; er kann auch in den Dienst neuer Unmündigkeit gestellt werden. Auch Religion garantiert diese Mündigkeit nicht, sosehr der christliche Glaube – insbesondere nach reformatorischem Verständnis – auf Mündigkeit zielt. Ebenso wenig bietet der Abschied von der Religion eine Garantie für dauerhafte Mündigkeit, so notwendig die Kritik religiöser Unmündigkeit auch immer sein mag.

Bonhoeffers Rede von der mündig gewordenen Welt bezieht sich nicht ausdrücklich auf Kants Begriff der selbstverschuldeten Unmündigkeit. Sie erklärt sich auch nicht durch die Anknüpfung an Diltheys Beschreibung der wissenschaftlichen Weltanschauung seit Renaissance und Reformation. Die eigentliche Pointe liegt in dem Gedanken der «Inanspruchnahme der mündig gewordenen Welt durch Jesus Christus» (8: 504). Diese Formel beschreibt das Thema, um das es ihm in der Gefängnistheologie insgesamt geht; kürzer kann es auch einfach heißen: «Christus und die mündig gewordene Welt» (479).

Mit dieser thematischen Zuspitzung führt Bonhoeffer seine Überlegungen zur «Gestaltwerdung Jesu Christi» in der Welt fort, die bereits seine Manuskripte zur *Ethik* bestimmen (6: 62–90). Dass er gerade in der Mündigkeit eine Signatur für die Gestaltwerdung Christi in der Welt erkennen kann, hat seinen einfachen und einleuchtenden Grund darin, dass er die Inanspruchnahme der Welt durch Jesus Christus als deren Befreiung versteht. Darum ist für ihn das Freiheitsbewusstsein des mündigen Menschen, auch wenn es sich religionslos artikuliert, der Inanspruchnahme durch Christus näher als ein Gefühl schlechthinniger Abhängigkeit, selbst wenn es religiös daherkommt.

Somit ist die Begründung im Christusgeschehen für Bonhoeffers Interesse an der Mündigkeit des Menschen von stärkerer Aussagekraft als die geistesgeschichtliche Herleitung dieses Begriffs. Das Gleiche gilt auch für die Art und Weise, in der er über Religion und Religionslosigkeit spricht.

Das religiöse Gewand ablegen

Dietrich Bonhoeffer konstatiert das Ende einer Religion, die durch Partialität, Innerlichkeit, einen metaphysischen Gottesbegriff und ein Konzept des *deus ex machina* geprägt ist. Er sieht Mündigkeit als das Kennzeichen der Zeit an, in die hinein er den christlichen Glauben neu zur Sprache bringen will. Er bereitet damit eine Wende vor, für die er schon im Fragment eines Romans, den er im Tegeler Gefängnis begann, die rhetorische Frage prägt: «Du meinst also, wir müssten mehr Religion haben, wenn wir einmal an verantwortlicher Stelle stehen wollen? [...] Nein, ich meine, wir müssten Christen sein.» (7: 110; 8: 653) Die Überlegungen zum Ende der Religion und zum Entstehen einer mündigen Welt führen mit innerer Notwendigkeit zu der einen Frage, die Bonhoeffer «unablässig bewegt». Es ist die Frage, «was das Christentum oder auch wer Christus heute für uns eigentlich ist» (8: 402). Um dieser Frage willen müht er sich um die Selbstunterscheidung des Christentums von seinem religiösen Gewand. Die Überlegungen zum Ende der Religion wie zur mündig gewordenen Welt stehen im Dienst dieser Aufgabe. In ihr liegt die eigentliche Pointe. Sie wurde möglicherweise dadurch verdeckt, dass sie plakativ mit einer negativen Bezeichnung versehen wurde: der *nichtreligiösen Interpretation*. Wie vollzieht Bonhoeffer die Selbstunterscheidung des Christentums von seinem religiösen Gewand – und wie ist sie heute weiterzuführen?

Bonhoeffer fragt nach einem Christentum, das «in der Welt», also in allen Lebensbereichen, gelebt wird und sich auf die Weltlichkeit der Welt einlässt. Dies kann freilich kein verweltlichtes, seines Kerns beraubtes Christentum sein. Es ist vielmehr ein Christentum, das sich auf die «Anfänge des Verstehens» konzentriert und dadurch seines Zentrums gewiss ist. Die grundlegenden Handlungen des christlichen Glaubens wie Gebet, Predigt, Taufe oder Abendmahl, aber auch die dankbare Bejahung des Lebens ebenso wie die Bereitschaft, sein Leben für andere einzusetzen, werden wieder als etwas «Neues und Umwälzendes» er-

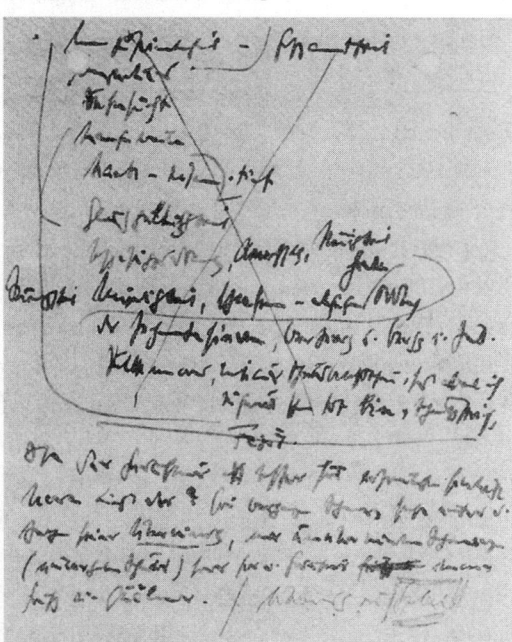

**Autograph aus Tegel,
Mai 1943**

Transkription

Unzufriedenheit – Gespanntheit

Ungeduld

Sehnsucht

Langeweile

Nacht – tief einsam

Gleichgültigkeit

Beschäftigungsdrang, Abwechslung, Neuigkeit

Stumpfheit Müdigkeit, schlafen – dagegen harte Ordnung

Das Phantasieren, Verzerrung der Vergangenheit und Zukunft

Selbstmord, nicht aus Schuldbewußtsein, sondern weil ich

     imgrunde schon tot bin, Schlußstrich,

        Fazit.

Ist das Gedächtnis besser für erfreuliche Eindrücke?

Woran liegt das? Ein vergangener Schmerz steht unter dem Zeichen

seiner *Überwindung,* nur unüberwundene Schmerzen (unvergebene

Schuld) sind für das Gedächtnis immer frisch und quälend.

Überwindung im *Gebet*

(8: 64)

fahren. Menschen werden für diesen Glauben einstehen, indem sie «beten und das Gerechte tun und auf Gottes Zeit warten» (8: 435 f.).

Das ist das Ziel, um dessentwillen Bonhoeffer für die Selbstunterscheidung des Christentums von der Religion eintritt. Die Distanzierung von dem religiösen Gewand des christlichen Glaubens geschieht um seiner Substanz willen. Dafür sucht er eine neue Sprache, die nach traditionellen Maßstäben vielleicht unreligiös ist, die aber befreiend und erlösend wirkt. Diese Sprache findet er, indem er an die Seite des leidenden Christus tritt.

Die Auseinandersetzung Jesu mit seinem nahenden Tod im Garten Gethsemane gewinnt dafür eine Schlüsselbedeutung (Matthäus 26,36–46). Das einsame Gebet, in dem er mit seinem Schicksal hadert und Gott darum bittet, dass dieser Kelch an ihm vorübergehe – «aber nicht wie ich will, sondern wie du willst» –, sowie die Enttäuschung darüber, dass seine Jünger in dieser entscheidenden Stunde schlafen und ihn sich selbst überlassen – «könnt ihr nicht eine Stunde mit mir wachen?» –, verbinden sich in einer Ohnmacht, die Gottes Gegenwart in dieser Welt in einem völlig neuen Licht erscheinen lässt. Denn nun zeigt sich diese Gegenwart in nichts anderem als in der Ohnmacht der Liebe. Das Ringen Jesu im Garten Gethsemane wird zum Schlüssel für das Verständnis des Wegs Jesu insgesamt. Er wird als der Sohn Gottes vor Augen gestellt, in dem sich Gottes Liebe zu den Menschen offenbart. Diese Liebe zeigt sich in dem Menschensohn, der ohnmächtig dem Leiden ausgesetzt ist. Verzweifelt wendet er sich an Gott und sucht nach Hilfe; doch er bleibt ohne Antwort. Verzagt bittet er seine Gefährten um Beistand; doch sie schlafen in dem Augenblick, in dem er sie am dringendsten braucht.

In Jesu Frage an seine Jünger – «könnt ihr nicht eine Stunde mit mir wachen?» – kehrt sich das Bild, das sich der religiöse Mensch von Gott macht, um. Die metaphysische Vorstellung von einem jenseitigen, allmächtigen Gott wird aufgebrochen. Der in der Welt und mit der Welt leidende Gott tritt vor Augen. Die

Ohnmacht Christi im Leiden und am Kreuz wird zum Dreh- und Angelpunkt des Gottesverständnisses. Nur von hier aus wird die Unterscheidung zwischen Christentum und Religion möglich. In diesem Sinn wird die «Entwicklung zur Mündigkeit der Welt» zu einem hermeneutischen Schlüssel. Sie räumt mit einer «falschen Gottesvorstellung» auf und macht den «Blick frei [...] für den Gott der Bibel, der durch seine Ohnmacht in der Welt Macht und Raum gewinnt» (8: 534 f.).

Die zentrale Bedeutung dieses Gedankengangs zeigt sich daran, dass Bonhoeffer ihn auch in die Form eines Gedichts fasste, das in diesem zeitlichen und inhaltlichen Zusammenhang entstand.

Christen und Heiden

Menschen gehen zu Gott in ihrer Not,
flehen um Hilfe, bitten um Glück und Brot,
um Errettung aus Krankheit, Schuld und Tod.
So tun sie alle, alle, Christen und Heiden.

Menschen gehen zu Gott in Seiner Not,
finden ihn arm, geschmäht, ohne Obdach und Brot,
sehn ihn verschlungen von Sünde, Schwachheit und Tod.
Christen stehen bei Gott in Seinen Leiden.

Gott geht zu allen Menschen in ihrer Not,
sättigt den Leib und die Seele mit Seinem Brot,
stirbt für Christen und Heiden den Kreuzestod,
und vergibt ihnen beiden.
(8: 515 f.)

Nur an einer Stelle dieses Gedichts ist nicht von Christen und Heiden gemeinsam, sondern nur von Christen die Rede. Für sie ist charakteristisch, dass sie «bei Gott in Seinen Leiden» stehen. Sie lassen das Bild eines leidensunfähigen und in diesem Sinn allmächtigen Gottes hinter sich; sie erfahren die Nähe Gottes –

und darin auch seine Allmacht – in der Ohnmacht seines Leidens. Das prägt ihren Glauben. Er lässt sich damit nicht länger als ein religiöser Akt verstehen, der als solcher immer etwas Partielles darstellt; an Gottes Ohnmacht teilzunehmen ist vielmehr ein Lebensakt. «Jesus ruft nicht zu einer neuen Religion auf, sondern zum Leben.» (537) Der Ort des Glaubens ist deshalb die Welt in ihrer vollen Diesseitigkeit. Die im Alten Testament so deutlich entfaltete Treue zur Erde wird bekräftigt. Bonhoeffer vertieft den bereits in den *Ethik*-Fragmenten entfalteten Gedanken, dass in Inkarnation, Kreuzigung und Auferstehung Christi die Gotteswirklichkeit in die Weltwirklichkeit eingeht (6: 31–61). Der kreuzestheologische Aspekt tritt ins Zentrum. «Christen stehen bei Gott in seinen Leiden» – diese Worte werden zum Grundsatz der Gotteslehre wie der Ethik (535).

In einer Theologie des Karfreitags hat die Unterscheidung zwischen Glauben und Religion ihren tiefsten Grund. Während Hegel zu Beginn des neunzehnten Jahrhunderts den Karfreitag spekulativ interpretierte und daraus eine philosophische Theorie über den Tod Gottes entwickelte (Hegel 1986: II, 432), deutet Dietrich Bonhoeffer Jesu Weg ans Kreuz – und in diesem Rahmen insbesondere die Gethsemane-Szene – existentiell und folgert daraus, dass der christliche Glaube nicht ein Inbegriff kultischer Handlungen ist, sondern ein Lebensakt, der durch das Teilnehmen am Leiden Gottes im weltlichen Leben geprägt ist.

Durch die Konzentration auf die Teilnahme am Leiden Gottes in der Welt kann Bonhoeffer ganz weltlich darstellen, was das Christentum ausmacht. Es tritt für die «Achtung menschlicher Distanzen und menschlicher Qualität» ein (8: 32); mit einer «Dusche Nüchternheit und Humor» bewahrt es vor der «Übersteigerung des Gefühlsmäßigen» (106); und es ist keineswegs für die Schwäche zuständig, für die es oft in Anspruch genommen wird (313). So lauten Bonhoeffers Beschreibungen einer christlichen Haltung, die er – unter Verzicht auf eine theologische Sprache – gerade den kirchlich Distanzierten unter seinen Gesprächspartnern nahebringen möchte.

Den Schlüssel für dieses weltliche Christentum findet er in der Diesseitigkeit von Leiden und Tod Jesu. In der Meditation seines Wegs ans Kreuz vollzieht sich nach seiner Auffassung die Selbstunterscheidung des Christentums von der Religion. Durch sie tritt der christliche Glaube aus einer religiösen Gefangenschaft heraus, in der er – als partieller Lebensakt verstanden, auf die Innerlichkeit beschränkt, durch ein metaphysisches Gottesverständnis und die Vorstellung von einem Lückenbüßer-Gott geprägt – in Unmündigkeit gehalten wird. Unabhängig von den Schwächen, die in Bonhoeffers Doppelthese vom Ende der Religion und von der mündig gewordenen Welt enthalten sind, vollzieht er diese Selbstunterscheidung des Christentums von der Religion auf überzeugende Weise.

Glaube in einer Welt voller Religion

Wenn heute der Religion neue Aufmerksamkeit zuwächst, so geschieht das angesichts einer religiösen Pluralität, die durch globale Vernetzungen und weltweite Wanderungsbewegungen ungleich stärker zum Bewusstsein kommt, als dies in früheren, religiös ebenfalls plural geprägten Zeiten der Fall war. An solchen Entwicklungen prallt die Rede von einem Ende der Religion ab, unabhängig vom Säkularisierungsgrad einzelner Gesellschaften und unabhängig von der Rolle, die der säkularen Option in ihnen zukommt. Wenn heute aufs Neue die Rolle «öffentlicher Religion» wahrgenommen (Casanova 1994) und von einer *Wiederkehr der Götter* gesprochen wird (Graf 2004), tritt jedoch zugleich eine Situation in den Blick, für die Bonhoeffers inhaltliche Konzentration auf die Weltzuwendung Gottes im leidenden Christus und auf die Weltzugewandtheit des christlichen Glaubens von allergrößter Aktualität ist.

Die Entwicklung, die als Wiederkehr der Religion beschrieben wird, trägt die dreifache Gefahr der Fundamentalisierung, der Spiritualisierung und der Relativierung der Religion in sich. *Fun-*

damentalisierend werden einzelne religiöse Überzeugungen mit
einem absoluten Wahrheitsanspruch versehen – bis dahin, dass
auch staatlicher Zwang für deren Durchsetzung in Anspruch genommen und die Vorstellung vom Gottesstaat wiederbelebt wird.
Spiritualisierend wird die Religion auf einen von den Konflikten
des weltlichen Lebens abgetrennten Zuständigkeitsbereich einge-
schränkt; religiöse Handlungen werden in den Dienst individuellen Wohlgefühls gestellt. *Relativierend* wird – gegenläufig zum
Fundamentalismus – die Frage nach der Wahrheit in der Religion suspendiert und der Streit um sie stillgestellt; die Funktion
der Religion tritt an die Stelle ihres Inhalts.

In allen drei Tendenzen liegen große Herausforderungen für
das Selbstverständnis des Christentums wie für den interreligiö-
sen Dialog. In Anknüpfung an die Thesen Dietrich Bonhoeffers
sei insbesondere hervorgehoben, dass bei einer solchen Form der
Wiederkehr der Religion der Glaube erneut zu einer partiellen
Frömmigkeitsübung werden kann, die inhaltliche Bestimmtheit
des Christentums zu einem innerlichen Gefühl, der lebendige
Gott zu einer leeren metaphysischen Idee und die Berufung auf
ihn – oder auf Engel – zu einer Notmaßnahme angesichts unlösbar erscheinender Fragen.

Gerade in einer Situation religiöser Pluralität, in der auch das
interreligiöse Gespräch neu an Bedeutung gewinnt, gilt es, der
inhaltlichen Entleerung des Glaubens entgegenzuwirken und dessen Bedeutung für Erfahrung und Wissen neu zu entdecken.
Theologie und Kirche stehen vor der Aufgabe, das Glaubenswis-
sen auch öffentlich auf neue Weise zum Thema zu machen (Welker 2002). Unentbehrlich ist in einer solchen Situation ein neuer
Zugang zum Glauben als einer für das ganze Leben wichtigen
Erfahrung; ebenso unentbehrlich ist aber auch ein Kanon des
Wissens, das man braucht, um die Welt der Religionen wie den
eigenen Glauben zu verstehen. Es gehört zu den Kennzeichen
der Gegenwart, dass solches Wissen für die humane Qualität des
Zusammenlebens unverzichtbar ist.

Trotz der Einwände gegen Bonhoeffers Entgegensetzung von

Religion und Glauben bleibt die Selbstunterscheidung des christlichen Glaubens von seiner religiösen Form notwendig. Das bedeutet nicht, dass das Christentum ohne religiöse Formen Gestalt gewinnen könnte. Mit der Unterscheidung soll auch nicht beansprucht werden, den wahren christlichen Glauben von den vielen nichtchristlichen Religionen abzusondern. Vielmehr geht es um die Konsequenz aus einer zentralen Glaubenseinsicht: Die Weltzuwendung Gottes im ohnmächtigen Christus und die Weltzugewandtheit des Glaubens in der Teilnahme am Leiden Gottes in der Welt dürfen nicht durch die religiöse Darstellungsform des Glaubens zurückgenommen werden. Darum ist die Selbstunterscheidung des christlichen Glaubens von seinem religiösen Gewand unerlässlich.

Religion begegnet heute in vielen Formen: als ein in den Privatbereich verbannter Restbestand frommer Gefühle, als ein Instrument zur Beherrschung der Massen, als politische Ideologie, mit der Selbstmordattentäter zu Märtyrern erklärt werden, als institutionelle Selbstbehauptung religiöser Institutionen. Aber als gestaltete Gottesbeziehung begegnet sie zugleich in ihrer erlösenden und befreienden Kraft – nicht nur, aber auch im Namen dessen, der ans Kreuz ging und dafür die äußerste Einsamkeit auf sich nahm: die Verstoßung durch die religiös Einflussreichen, die Verurteilung durch die politisch Mächtigen, Verrat und Verleugnung durch die engsten Gefährten.

Auch der Glaube, der sich an die Ehre des Gottes hält, der um der Menschen willen Leiden und Ohnmacht auf sich nimmt, begegnet in religiöser Gestalt und artikuliert sich in religiösen Formen. Seine erlösende und befreiende Kraft lässt sich nicht dadurch sichern, dass man das bestreitet. Diese erlösende und befreiende Kraft lässt sich überhaupt nicht sichern. Sie lässt sich nur immer wieder neu erbitten, verkündigen und leben. Insofern gibt es kein Ende der Religion. Religion bleibt ein Teil unserer Lebenswirklichkeit und eine notwendige Gestalt des christlichen Glaubens.

Die Unterscheidung zwischen Glauben und Religion hilft beim diagnostischen Umgang mit religiösen Phänomenen der Gegenwart und lässt Formen der Religion erkennen, die mit einer neuen Unmündigkeit verbunden sind. Um solche Formen handelt es sich beispielsweise, wenn der Zugang zu wissenschaftlichen Einsichten über die Entstehung der Welt und die Entwicklung des Lebens im Namen des Bekenntnisses zu Gott als dem Schöpfer versperrt werden soll, wenn also der biblische Schöpfungsglaube mit einer kreationistischen Weltanschauung verwechselt wird. Sie liegen aber auch dort vor, wo der Glaube an Gott zur Rechtfertigung von Gewalt gegen Menschen missbraucht und damit Gott selbst als Waffe gegen andere Menschen eingesetzt wird. Solche Formen fundamentalistischer Religiosität breiten sich heute an vielen Stellen aus. Umso wichtiger ist deren theologische Kritik.

Schließlich sei nicht vergessen: Auch wenn Bonhoeffer in seinen Briefen aus der Haft einen theologischen Neuansatz von atemberaubender Kühnheit skizziert, verbindet er das mit Glaubenszeugnissen, die in ihrer Schlichtheit tief anrührend sind. Er fügt seinen Briefen geistliche Dichtungen hinzu, die uns bis heute unmittelbar ansprechen. Er schildert, wie viel Kraft er aus den Liedern Paul Gerhardts und aus den biblischen Losungen für jeden Tag schöpft. Aber er beharrt zugleich darauf, dass der christliche Glaube die Fesseln seiner religiösen Interpretation sprengt. Er sehnt sich nach der Gemeinschaft des Gottesdienstes; aber er übt zugleich scharfe Kritik an der Selbstbezogenheit christlicher Frömmigkeit: «Die Kirche ist nur Kirche, wenn sie für andere da ist.» (8:560) Die Kühnheit seiner späten theologischen Gedanken liegt in ihrem Ja, nicht in ihrem Nein. Sie liegt nicht in seinen Aussagen über das, was zu Ende geht, sondern über das, was beginnt.

11. Polyphonie des Lebens

Drei schriftstellerische Vorhaben im Gefängnis

Vor dem größten Publikum, das er je hatte, begann Bonhoeffer seinen Vortrag mit dem fanfarenartigen Ausspruch: «Die alten Christen sangen noch, als sie den Löwen vorgeworfen wurden.» (14: 714) Etwa dreitausend Menschen hörten, was er 1936 aus Anlass der Olympischen Spiele hintereinander in zwei überfüllten Berliner Kirchen – der Apostel-Paulus-Kirche und der Zwölf-Apostel-Kirche, beide im Bezirk Schöneberg – zu sagen hatte. Im Rahmen einer Vortragsreihe der Bekennenden Kirche sollte er «das innere Leben der evangelischen Kirche» beleuchten. Doch er variierte den Auftrag und konzentrierte sich auf die Geschichte des evangelischen Kirchenlieds von der Reformation bis zur Gegenwart. Dabei sprach er mehr über die Texte als über die Melodien. Doch wie wichtig es war, dass diese Lieder gesungen wurden, betonte er gleich zu Beginn – am Beispiel des Singens unter äußerster Lebensgefahr.

Bonhoeffer war bewusst, dass er selbst ein gefährliches Leben führte. Die Vortragsreihe, zu der er beitrug, wurde durch ein Schild in einer Buchhandlung kommentiert, auf dem zu lesen war: «Nach der Olympiade hauen wir die bekennende Kirche zu Marmelade [...] dann schmeißen wir die Juden raus, dann ist die bekennende Kirche aus.» (217) Wie groß die Gefahren werden konnten, wurde ihm spätestens klar, als er im Sommer 1939 kurz vor Kriegsbeginn mit dem festen Entschluss nach Deutschland zurückkehrte, den Kriegsdienst in Hitlers Wehrmacht zu verweigern. Dass er zum Amt Ausland der militärischen Abwehr abgeordnet wurde, veränderte die Gefahr, aber beseitigte sie nicht. Am 9. April 1942, im Alter von sechsunddreißig Jahren und auf den Tag genau drei Jahre vor seinem Tod, legte er zum ersten Mal in einem Testament nieder, wem nach seinem Tod gehören sollte, was ihm an seinem Besitz das Wichtigste war – Bücher, Bilder und vor allem: Musikinstrumente (16: 255). Als er ein Jahr später, am 5. April 1943, im Haus seiner Eltern verhaftet wurde, brach für ihn, obwohl er sich auf eine solche Situation vorbereitet hatte, gleichwohl eine Welt zusammen. Die erste erhaltene Notiz nach der Inhaftierung stammt vom Mai 1943; sie hält das Grundgefühl fest, das den Inhaftierten bestimmte: «Trennung von Menschen, von der Arbeit, von der Vergangenheit, von der Zukunft, von der Ehre, von Gott» (8: 60 f.). Er schrieb «Ehre», aber es war unvermeidlich, dass er zugleich an die erhoffte Ehe mit Maria von Wedemeyer, seiner Verlobten, dachte, die nun auf unabsehbare Zeit aufgeschoben war. Selbstmordgedanken überkamen ihn, «nicht aus Schuldbewusstsein, sondern weil ich imgrunde schon tot bin, Schlussstrich, Fazit» (64).

Es war die Erfahrung leerer Zeit, die den Gefangenen besonders belastete, ja in die Verzweiflung trieb. Er brauchte eine als sinnvoll empfundene Arbeit, um sich nicht weiter von der Vergangenheit und der Zukunft abgeschnitten zu fühlen. Ein erster Anlauf dazu bestand in dem Vorhaben, eine Studie über «Zeitgefühl» zu verfassen. Doch von diesem Vorhaben kennen wir nicht mehr als ein paar Notizen; ob es überhaupt mehr gab, ist unklar. Offenbar hatte dieser Plan zu direkt mit der Situation zu tun, in der Bonhoeffer sich befand.

In einem nächsten, kühneren und wegen der Zuflucht zur literarischen Fiktion zugleich leichteren Anlauf wandte Bonhoeffer sich drei schriftstellerischen Vorhaben zu, von denen nur eines abgeschlossen wurde, nämlich die Erzählung über den *Gefreiten Berg*. Sie verband die Gefängnis- und die Kriegssituation miteinander und war insofern der Gegenwart, in der Bonhoeffer lebte, am nächsten. Der Roman und das Drama, die er schreiben wollte, behandelten dagegen die Geschichte der Familie, aus der Bonhoeffer stammte; sie waren vordergründig, wie er an Bethge schrieb, «eine Rehabilitierung des Bürgertums, wie wir es in unseren Familien kennen, und zwar gerade vom Christlichen her» (189). Im Roman wird die Klimax in einem manipulierten sportlichen Wettkampf erreicht. Hans, das Opfer der Manipulation, sagt: »[S]ie haben mich betrogen; ich ahnte es; das ist das Ende.» Da antwortet Paul: «Vielleicht ist es ein besserer Anfang.» (7: 165) Dieser Dialog ist ein Vorbote der letzten Worte, die von Dietrich Bonhoeffer überliefert sind: «Für mich ist dies das Ende, aber auch der Beginn.»

Nie ohne Musik

In den Fragmenten des Romans und Dramas spielt die Musik eine maßgebliche Rolle. Der Roman beschreibt die überraschende Begegnung zwischen den Familien Brake und von Bremer; die Väter waren bereits Schulfreunde, doch an einem Sommernachmittag lernen sich die Familien überraschend neu kennen. Frau von Bremer lässt sich über Klara Brakes Tageslauf berichten. Dieser ist von mehrstündigem Klavierüben geprägt, von den freien Stunden am Nachmittag und der Aufgabe, dem Vater am Abend aus Johann Sebastian Bachs *Wohltemperiertem Klavier* vorzuspielen. «Wir lieben alle Bach ganz besonders», fügt Klara hinzu und erzählt, wie die Familie an jedem Karfreitag gemeinsam Bachs *Matthäus-Passion* und ebenso regelmäßig die *h-moll-Messe* hört. Sie schildert ihre Bemühungen um die *Kunst der Fuge* und erwähnt die anders gelagerten musikalischen Interessen ihrer Mutter, die Lieder von Johannes Brahms und Richard Strauss singt. Auf die Frage, ob sie Musikerin werden will, sagt sie abwehrend, dazu reiche ihr Talent nicht; sie wolle heiraten und eine Familie gründen (7: 141 f.).

In knappen Zügen wird in dieser Szene die musikalische Kultur geschildert, in der Dietrich Bonhoeffer aufwuchs. Bei Fräulein Grußendorff, der Musiklehrerin der Familie, machte er schon als Kind schnelle Fortschritte am Klavier und spielte bereits mit

neun Jahren Mozart-Sonaten; später kamen die großen Sonaten
Beethovens hinzu. Für die gemeinsam gesungenen Lieder kom-
ponierte er gern eigene Begleitsätze. Auch seine Geschwister waren musikalisch; Klaus beispielsweise spielte Cello, Sabine Geige,
Ursula sang. Früh übte er sich deshalb in der Begleitung von
Kunstliedern, sei es von Franz Schubert oder Hugo Wolf, von
Johannes Brahms oder Richard Strauss. Aber auch die Ins-
trumentalisten brauchten ihn; immer wusste er, wie Emmi Delbrück, seine spätere Schwägerin, bemerkte, «wer wo war» – eine
für gelingendes Zusammenspiel unentbehrliche Fähigkeit (Zimmermann 1964: 28). Er übte offensichtlich eifrig und bekam zu
seinen Geburtstagen vor allem «sehr viel Noten» geschenkt
(17: 17). Von der Schilderung seiner Romanfigur Klara unterschied er sich jedoch dadurch, dass es für eine Musikerkarriere
durchaus gereicht hätte. Im Alter von sechzehn Jahren spielte er
Leonid Kreutzer vor, der an der Berliner Musikhochschule eine
Professur innehatte. Diesem gefielen die pianistischen Fähigkeiten des Gymnasiasten nach dessen eigener Einschätzung «offenbar ganz gut»; doch unterrichten konnte er nur eingeschriebene
Studenten. Er empfahl deshalb, den Unterricht bei Fräulein Grußendorff noch bis zum Abitur fortzusetzen und dann zum Musik-
studium an die Hochschule zu kommen. Dietrich berichtete das
seiner Zwillingsschwester Sabine ohne jeden Hinweis darauf, dass
dies für ihn nicht in Frage komme (9: 40). Doch so war es; von
seinem Plan, Theologie zu studieren, ließ er sich durch die ver-
lockende Möglichkeit einer Pianistenlaufbahn nicht abbringen.

Auch in Bonhoeffers Dramenfragment spielt die Musik eine
entscheidende Rolle. Der vierundzwanzigjährige Christoph ist
verletzt aus dem Krieg in sein Elternhaus zurückgekehrt, sitzt in
seinem Zimmer am Cembalo und spielt Carl Philipp Emanuel
Bachs *Abschied von meinem Silbermannschen Klaviere in einem
Rondeau*. Diese Beschreibung des Eingangsbildes zur zweiten
Szene des Dramas trifft die Situation des Autors genau. Er hatte
das Musizieren mit dem Beginn des Theologiestudiums nicht aufgegeben. Während seines Studiensemesters in Tübingen konnte

**Dietrich Bonhoeffer,
vermutlich 1928**

er es kaum abwarten, wieder nach Berlin zu kommen und Bachs *Weihnachtsoratorium* zu hören; in Tübingen war das damals auf dem von ihm erwarteten Niveau nicht möglich (9: 75). Im Elternhaus stand ein Bechstein-Flügel, zu dem er immer zurückkehren konnte. In den Häusern seiner älteren Geschwister wurde häufig musiziert; sein Schwager Rüdiger Schleicher beispielsweise war ein sehr guter Geiger, der über das absolute Gehör verfügte. Auch beim Übergang in den Beruf setzte er das Klavierspielen fort. Den Flügel konnte er in das Londoner Pfarramt mitnehmen. Während der anderthalb Jahre, die der Sohn in der britischen Hauptstadt verbrachte, zogen die Eltern aus der Wangenheimstraße in Berlin-Grunewald in ein neu erbautes Haus in der Marienburger Allee 43. Da der Flügel dort keinen rechten Platz gefunden hätte, wurde er von London 1935 direkt in das von Bonhoeffer geleitete Predigerseminar in Finkenwalde transportiert. Dort stand noch ein weiterer Flügel zur Verfügung (14: 261). Das musikalische Leben der Seminaristen konnte sich also nicht nur zu vier Händen, sondern auch an zwei Klaviaturen entfalten. Daran beteiligte sich vor allem der Direktor selbst.

Neue Anregungen brachte Eberhard Bethge ein, der 1935 mit dem ersten Kurs in das Seminar eintrat und in den folgenden Jahren als Mitglied des Bruderhauses zu Bonhoeffers engstem Mitarbeiter und Freund wurde. Er hatte selbst Klavier und Flöte gelernt. Darüber hinaus war er ein begabter Sänger. Er brachte die Anregungen der Singebewegung in das Seminar ein, zu dessen täglichem Programm neben den Liedern bei den Morgen- und Abendandachten eine halbe Stunde Gesang vor dem Mittagessen gehörte; freies Musizieren am Abend kam hinzu. Vor allem machte Eberhard Bethge die Seminaristen und ihren Direktor mit der Musik von Heinrich Schütz, aber auch dessen Zeitgenossen Johann Hermann Schein und Samuel Scheidt bekannt; das musikalische Spektrum erweiterte sich auf die Zeit vor Johann Sebastian Bach und seinen Söhnen. Zugleich verstärkte sich aber auch die Beschäftigung mit der Musik des neunzehnten Jahrhunderts. Sowohl die Lieder der Romantik als auch Kompositionen für Flöte und Klavier aus dieser Zeit fanden Raum. Jede sich bietende Gelegenheit nutzten die Freunde, um ihre Musikbibliothek zu erweitern. Zu wichtigen Werken kehrten sie immer wieder zurück; von zentraler Bedeutung war es für sie, Bachs *Kunst der Fuge* an zwei Klavieren zu spielen. Als sich abzeichnete, dass die Möglichkeiten des Finkenwalder Seminars für immer verloren waren, hieß eine der dringendsten Fragen, wie sie bei ihren nun selteneren Treffen in Berlin oder andernorts an zwei Instrumente kamen, um sich weiter mit dem Spätwerk Johann Sebastian Bachs zu beschäftigen (15: 254; 16: 119).

In der Zeit der Konspiration verstärkten sich die musikalischen Aktivitäten eher, als dass sie zurückgingen. Von Konzertbesuchen wird in dieser Zeit mehr berichtet als früher; es scheint so, als brauche die Nötigung dazu, sich in den «Künsten der Verstellung» zu üben (8: 38), ein Gegengewicht in der Begegnung mit unverstellter Kunst. In keiner Zeit sind musikalische Bezüge in Bonhoeffers hinterlassenen Dokumenten so dicht wie in der Zeit zwischen 1940 und 1945. Viele Beispiele belegen, dass gemeinsames Musizieren und konspirative Gespräche Hand in Hand gehen konnten (16: 111, 124; E. Bonhoeffer 2005: 31). Um in unsteten Zeiten die Möglichkeit zum Musizieren zu behalten, kaufte Bonhoeffer ein Klavichord und ein Tisch-Cembalo, ein sogenanntes Spinettino (5: 8; 7: 34; 16: 133, 142). Wie groß die Sehnsucht nach Musik bei den beiden Freunden war, kann man auch daran sehen, dass Eberhard Bethge im italienischen Kriegseinsatz südöstlich von Rom unter den Trümmern von Velletri die Noten von Robert Schumanns *Vier Kleinen Stücken* fand und auch noch ein Klavier auftrieb, um sie zu spielen. Das Klavier war zwar miserabel, einzelne Tasten sprachen überhaupt nicht an; aber die Musik konnte erklingen, wie schräg auch immer.

Doch für Bonhoeffer war dergleichen mit seiner Inhaftierung zu Ende, und zwar unwiederbringlich, wie sich zeigen sollte. Dass der Christoph des Dramenfragments – der den Namen von Bonhoeffers Neffen Christoph von Dohnanyi, dem später berühmten Dirigenten, trägt – Carl Philipp Emanuel Bachs *Abschied von meinem Klaviere* spielt, ist ein Widerhall der eigenen Situation des Autors. Dietrich Bonhoeffer konnte zwar die Lieder seiner täglichen Andacht zumindest vor sich hin summen, aber an Klaviermusik konnte er sich nur erinnern. Neben Gesangbuchliedern vergegenwärtigte er sich Kunstlieder, die er mit anderen musiziert hatte, und flocht Zitate aus ihnen in die Briefe und Betrachtungen aus der Haft ein. Manche Psalmen konnte er nicht lesen, «ohne sie in der Musik von Heinrich Schütz zu hören» (8: 72). Aus dem Gedächtnis schrieb er Noten aus den *Kleinen geistlichen Konzerten* von Schütz nieder und spürte in dieser Musik eine «Wiederbringung» allen irdischen Verlangens; seine intensive Sehnsucht nach seiner Verlobten Maria von Wedemeyer bändigte er also mit Hilfe erinnerter Musik. Zugleich notierte er die Stücke aus den *Kleinen geistlichen Konzerten,* die bei seinem Begräbnis gesungen werden sollten. Je länger, desto mehr entwickelte er so die Fähigkeit, Musik «von innen her» zu hören. Bei den Osterliedern gelinge ihm das besonders gut, berichtete er und fand so einen existentiellen Zugang zur Musik des taub gewordenen Ludwig van Beethoven. Das *Adagio molto semplice e cantabile* aus der

Klaviersonate op. 111, der *große Variationssatz*, gewann dafür
eine Schlüsselbedeutung. Trotzdem gab er sich der Fantasie hin,
Bethge könne ihm irgendwie wenigstens eine Gitarre besorgen,
und meinte auch sich selbst, wenn er dem Freund schrieb: «Wie
du ohne Musik fertig wirst, kann ich mir überhaupt nicht vorstellen.» (368)

Bach oder Beethoven

Dass Dietrich Bonhoeffer durch inneres Hören im Gefängnis
Beethoven so nahekam, ist umso bemerkenswerter, als er in jungen Jahren ein scharfes Urteil über den Protagonisten der Wie-
ner Klassik gefällt hatte. Es war erkennbar dadurch geprägt,
dass der junge Theologe die von Karl Barth entwickelte Entgegensetzung von Glauben und Religion übernahm und auf die Musik
übertrug. Glauben ist ganz auf das Wort der göttlichen Offenbarung gerichtet und sieht deshalb von der Person des Glaubenden
ganz ab; Religion dagegen ist eine Aktivität des Menschen und
deshalb nicht dagegen gefeit, der menschlichen Selbstdarstellung
zu dienen. Auf die Musik übertragen, führte das zu der Unterscheidung zwischen einer Musik, in der «Gott selbst der Harfner
ist», und einer anderen, in der «es unsere Leiden und Leiden-
schaften sind», also zwischen einer Musik, in der «unser Singen
und Musizieren allein die Ehre Gottes und Jesu Christi verkündigen will», und einer anderen, deren «Maß und Mittelpunkt»
der Mensch ist. Für die erste Art der Musik steht bei Bonhoeffer
nicht wie bei Karl Barth Wolfgang Amadeus Mozart, sondern
Johann Sebastian Bach, der über alle seine Werke ein *Soli Deo
Gloria* oder *Jesu iuva* schrieb, für die zweite Beethoven, dem
Bonhoeffer unterstellte, seine Musik sei nichts anderes «als der
unvergängliche Ausdruck menschlichen Leidens und menschlicher Leidenschaft» (13: 354). Aber immerhin: ein *unvergänglicher*
Ausdruck, wenn auch zur Aufführung in Kirchenräumen ungeeignet.

Weihnachten in Ettal, 1940: Vorne Dietrich Bonhoeffer; dahinter von links Klaus, Barbara und Christoph von Dohnanyi, Eberhard Bethge

Schon Jahre vor den gerade zitierten Äußerungen zu Bach und Beethoven aus dem Sommer 1935 hatte der junge Doktorand in seinen Untersuchungen zur Sozialgestalt der Kirche ähnliche Überlegungen angestellt. In einem – für die Drucklegung allerdings gestrichenen – Abschnitt seiner Dissertation ging er der Frage nach, wie die bürgerlich verengte Kirche wieder den Zugang zum Proletariat gewinnen könne. Der übliche Bilderschmuck in den Konfirmandensälen, die Architektur und – bedauerlicherweise fügt Bonhoeffer das hinzu – die Musik Felix Mendelssohn Bartholdys seien dafür gänzlich ungeeignet. Nicht Thorvaldsen und Mendelssohn, sondern Dürer, Rembrandt und Bach brächten der Gemeinde den Ernst des Glaubens nahe (1: 292). Eher widerwillig fügte der junge Theologe sich dem Einwand seines akademischen Mentors Reinhold Seeberg, auch die von ihm Empfohlenen repräsentierten das Bürgertum. Doch sein Urteil über Mendelssohn änderte sich nicht; der Umstand, dass Nachfahren Mendelssohns, nämlich Felix und Mary Gilbert, zum Freundeskreis der Bonhoeffer-Geschwister im Berliner Grunewald gehörten, blieb ohne erkennbaren Einfluss. Vor allem aber muss es erstaunen, dass Mendelssohns entscheidende Bedeutung für die Wiederentdeckung von Bachs *Matthäus-Passion* nirgendwo erwähnt wird. Sollte bei den Bonhoeffers, die das Oratorium Jahr für Jahr am Karfreitag in einer Berliner Kirche hörten, nie von dessen erster vollständiger Aufführung nach Bachs Tod durch die Berliner Singakademie im Jahr 1829 die Rede gewesen sein? Sie fand unter der Leitung des damals zwanzigjährigen Felix Mendelssohn Bartholdy statt und bildete den Durchbruch zu der Bach-Renaissance, von der die Familie Bonhoeffer und ihre Freunde zehrten.

Wie wir sahen, stand Karl Barth bei der schroffen Gegenüberstellung von Bach auf der einen und Beethoven sowie Mendelssohn auf der anderen Seite Pate. Doch Barths Begeisterung für Mozart übernahm Bonhoeffer nicht; er sah in ihm bloß einen musikalischen Vertreter der «klassischen Heiterkeit» – so wie Raffael diese Heiterkeit im Bereich der bildenden Kunst repräsentiere (8: 352). Die Einladung, bei einem Aufenthalt in Basel im Mai 1942 mit Barth und dem katholischen Theologen Hans Urs von Balthasar einen Mozart-Plattenabend zu erleben, schlug er aus (16: 271 f.). Seine musikalischen Vorlieben trugen ernsteren Charakter. Neben der Kammermusik lag ein Schwergewicht auf der geistlichen Musik. Hier reichte seine Aufmerksamkeit vom frühen Barock bis zur eigenen Gegenwart. Arnold Mendelssohn (dessen Großvater ein Onkel von Fanny und Felix Mendelssohn Bartholdy war) schätzte er wegen seines wichtigen Beitrags zur Erneuerung der evangelischen Kirchenmusik und empfahl sein Choralbuch zum Deutschen Evangelischen Gesangbuch von 1928 (14: 519). Hugo Distler hielt er für den «seit langem bedeutendsten Komponist[en] und Kirchenmusiker» überhaupt. Im Alter von vierunddreißig Jahren hatte der Musiker aus Verzweiflung über die Judendeportationen am 1. November 1942 seinem Leben ein Ende gemacht; in einem Kondolenzbrief an die ihm unbe-

kannte Witwe Waltraut Distler brachte Bonhoeffer seine Verehrung für den Verstorbenen zum Ausdruck (16: 368 f.).

Gregorianisch singen

Bekannter als alle seine Urteile über Komponisten und ihre Musik
wurde ein Satz Bonhoeffers, der die Musik mit den Ereignissen
der Zeit in kaum überbietbarer Schärfe verband: «Nur wer für die
Juden schreit, darf auch gregorianisch singen.» (Bethge 2005: 506,
685; Bedford-Strohm 2006) Diese wichtigste Äußerung zur Musik, die wir von Bonhoeffer kennen, wurde nicht von ihm selbst
niedergeschrieben, sondern ist allein durch seinen Freund und
Biographen Eberhard Bethge belegt. Doch abgesehen von einer
gewichtigen Formulierungsnuance, von der gleich die Rede sein
wird, gibt es keinen Grund, daran zu zweifeln, dass der Satz au-
thentisch ist. Die Nürnberger Gesetze von 1935 waren wahrscheinlich der Anlass für diese Aussage; die Judenpogrome von
1938 und der Genozid am europäischen Judentum verstärkten
ihre Dringlichkeit.

Trotz der bestürzenden Aktualität stellte Bonhoeffer mit dieser
Aussage die Eigenständigkeit der Musik nicht in Frage. Erst
recht bezweifelte er nicht den guten Sinn des gesungenen Gottes-
lobs, das er, wenn auch nicht in den Formen der Gregorianik, in
Finkenwalde und an anderen Orten ausgiebig praktizierte. Er,
der auch in den schwierigsten Situationen sich selbst und andere
dazu ermahnte, sich den Freiraum zu bewahren, Musik zu spielen
und zu hören, war von einer Ethisierung oder gar Moralisierung
der Musik weit entfernt. Ihm war jedoch bereits seit 1933 klar,
dass der Umgang des Hitler-Regimes mit den Juden einen Grenz-
fall darstellte, der es erforderlich machte, mit allen Mitteln des
Widerstands dagegen aufzubegehren. In einer solchen Situation
konnte weder der Horengesang der Mönche von Maria Laach,
den Karl Barth noch 1933 beschworen hatte (Barth 1966: 43),
noch der Gesang der Seminaristen von Finkenwalde die Pflicht

zur Parteinahme für die Entrechteten übertönen. Wo das geschah, verselbständigte sich der ästhetische Eigenwert der Musik; die Zusammengehörigkeit von Gotteslob und Einsatz für
die Bedrängten verschwand. Bonhoeffer verweigerte sich einem
Eskapismus, der den politischen Herausforderungen der Zeit in
ästhetischer Selbstgenügsamkeit zu entkommen suchte. Er ver-
wahrte sich gegen eine innere Emigration in welchen schönen
Schein auch immer. Aber er wollte nicht die ethische und die
ästhetische Existenz gegeneinander ausspielen oder die geistliche
Bedeutung der Kirchenmusik bestreiten. Dafür spricht auch die
Tatsache, dass Eberhard Bethge den berühmten Satz zuallererst
so wiedergab, dass das zuspitzende «nur» außerhalb des Zitats
stand: «Wer für die Juden schreit, darf auch gregorianisch singen.» (Mündige Welt I, 1955: 23; vgl. Pangritz in: Dietrich Bon-
hoeffer Jahrbuch 2, 2005: 208) So gelesen bedeutete der Satz:
Wer das Ethische ernst nimmt, darf auch dem Ästhetischen
Raum geben. Ob das später in das Zitat hineingenommene «nur»
sich genauerer Erinnerung verdankt oder Bethge unbewusst den
Satz mit dem von Bonhoeffer her vertrauten Mittel der situativen
Verschärfung zuspitzte, lässt sich nicht mehr klären.

Erstaunlich ist, dass Bonhoeffer in diesem Zusammenhang
vom gregorianischen Gesang spricht. Denn es wäre ein Missverständnis anzunehmen, dass Bonhoeffer in Finkenwalde gregorianisch singen ließ. Das einstimmige Singen liturgischer Stücke in
lateinischer Sprache kam ohnehin nicht in Frage, weil es dafür
im evangelischen Gottesdienst keinen Anlass gibt. Aber auch das
Singen der Psalmen sowie des *Magnificat* und des *Benedictus* in
deutscher Sprache lehnte Bonhoeffer ab. Er versuchte nicht, von
den Erfahrungen der Liturgischen Bewegung seit den 1920er-
Jahren, insbesondere in Gestalt der Berneuchener Bewegung, zu
lernen, die das Psalmodieren praktizierte. Seine Vorstellung
von einer Erneuerung der evangelischen Kirchenmusik war, wie
schon erwähnt, an Arnold Mendelssohn und Hugo Distler orientiert und wies in andere Richtung. Zu Wilhelm Stählin, einem
der Mitgründer der Berneuchener Bewegung, hatte er seit Beginn

des Kirchenkampfs kein Zutrauen, weil dieser in den politischen Auseinandersetzungen um Kriegsvorbereitung und «Arierparagraph» eine ambivalente Haltung einnahm und sich den Synodalentscheidungen dazu verweigerte. Solche Erfahrungen hatte Bonhoeffer bereits im Jahr 1933 gemacht. Die Enttäuschung über die Anfangsphase des Kirchenkampfs schwang in seiner Entscheidung, eine Pfarrstelle in London zu übernehmen, erkennbar mit. Doch im Frühjahr 1935 kehrte er nach Deutschland zurück. Das geschah keineswegs in der Absicht, nun den kirchlichen und politischen Kämpfen den Rücken zu kehren. Vielmehr trat er gerade in dieser Zeit aller Halbherzigkeit entgegen und unterstrich das immer wieder mit ebenso knappen wie treffenden Formulierungen, die uns schon verschiedentlich begegnet sind: «Nur der Glaubende ist gehorsam, nur der Gehorsame glaubt.» (4: 52) «Wer sich wissentlich von der Bekennenden Kirche in Deutschland trennt, trennt sich vom Heil.» (14: 676) In diesen inhaltlichen wie auch zeitlichen Zusammenhang passt Bonhoeffers scharfer Ausruf darüber, dass sich ein Schweigen zum Schicksal der Juden nicht mit gregorianischem Singen vertrage. Die zitierten Sätze interpretieren sich wechselseitig; sie dokumentieren weder eine Abwendung von der politischen Verantwortung noch eine Wendung zur Innerlichkeit des Glaubens. Vielmehr treffen Bonhoeffers theologische Schlüsselsätze präzise in die kirchlichen und politischen Auseinandersetzungen seiner Zeit.

Bonhoeffer nahm diesen Satz selbst so ernst, dass er seinen eigenen Umgang mit dem Schicksal des jüdischen Volkes wieder und wieder überprüfte und veränderte. Antijüdische Klischees, die er selbst aus der theologischen Tradition übernommen hatte, ließ er hinter sich. Die These von Gottes ungekündigtem Bund mit seinem Volk vertrat er mit aller Eindeutigkeit genau zu dem Zeitpunkt, zu dem den Gliedern dieses Volks mit den «Nürnberger Gesetzen» von 1935 elementarste staatsbürgerliche Rechte entzogen wurden. «Das Volk Israel wird das Volk Gottes bleiben in Ewigkeit, das einzige Volk, das nicht vergehen wird, denn Gott ist sein Herr geworden», schrieb er in einer Bibelarbeit zu den Samuelbüchern (14: 894). In der Stuttgarter Zeitung *Der Durchbruch* wurde diese Äußerung alsbald als «das Lob Judas im Dritten Reich» bloßgestellt. Und dem «Bekenntnispfarrer Bonhoeffer» wurde vorgehalten, dass er «vom Grundgedanken des nationalsozialistischen Aufbruchs [...]: nämlich vom Rassegedanken» offenkundig nichts halte (14: 904). Für Bonhoeffer war dies das mindeste Risiko, das er laufen musste, wenn er nicht nur singen, sondern für die Juden schreien wollte.

Zunächst hatte Eberhard Bethge vermutet, Bonhoeffer habe 1938 über die Notwendigkeit gesprochen, «für die Juden zu schreien». Auch wenn er diesen Ausspruch später bereits auf das Jahr 1935 datierte, passt er natürlich auch in den Kontext der Judenprogrome um den 9. November 1938. Bonhoeffer hörte von ihnen im hinterpommerschen Groß Schlönwitz. So schnell wie möglich fuhr er nach Berlin, um sich ein Bild von den Gewalttaten der «Reichskristallnacht» zu verschaffen. Zugleich reflektierte er die Geschehnisse geistlich. Eine besondere Bedeutung gewannen für ihn Worte aus dem 74. Psalm: «Sie sprechen in ihren Herzen: Lasst uns sie plündern! Sie verbrennen alle Häuser Gottes im Lande. [...] Ach Gott, wie lange soll der Widersacher schmähen und der Feind deinen Namen so gar verlästern? [...] Ziehe von deinem Schoß deine Rechte und mache ein Ende.» Durch die Datumsangabe «9. 11. 38» am Rand dieser Verse unterstrich er die außergewöhnliche, bedrängende, auch für ihn selbst schicksalhafte Bedeutung dieses Tages. In einem Rundbrief an seine ehemaligen Kursteilnehmer vom 20. November 1938 berief er sich ausdrücklich auf diesen Psalm und einige weitere Bibelstellen (Sacharja 2,12; Römer 9,4 f. und 11,11–15), die ihn in diesen Tagen beschäftigt hätten. «Das führt sehr ins Gebet.» (15: 84) Das starke Bild des Propheten Sacharja von Israel als «Gottes Augapfel» bewegte ihn in diesen Tagen ebenso intensiv wie die Gewissheit des Paulus, dass Israel unter Gottes Verheißung bleibe.

«Nur wer für die Juden schreit, darf auch gregorianisch singen.» Die politische Bedeutung dieses Satzes ist ebenso deutlich wie sein theologischer Gehalt. Nicht zuletzt hatte er auch liturgische Konsequenzen. Denn aus dem geschilderten Zusammenhang ergab sich Bonhoeffers Abwehr, ja sein Misstrauen gegen allen Rückzug ins Kultische, ins Symbol und nicht zuletzt in eine dadurch bestimmte Musik. Folgen hatte das bis in einen Umgang mit den Psalmen, der vom Psalmodieren durch Welten getrennt war.

Schon 1935 schrieb Dietrich Bonhoeffer über *Christus in den Psalmen* (14: 369–377). 1940 erschien *Das Gebetbuch der Bibel. Eine Einführung in die Psalmen,* Bonhoeffers letzte zu Lebzeiten im Druck erschienene Schrift. Das vom Verfasser selbst ausgewählte Titelbild zeigt das Relief des Harfe spielenden David am Wormser Dom von 1483. Das Bild soll verdeutlichen, dass Gott die christliche Gemeinde durch den Mund eines jüdischen Königs verbindlich anspricht. Das für eine breite Leserschaft gedachte Büchlein wird also durch eine deutliche Aussage zu seiner eigenen Zeit eröffnet. Das Bild verweist zugleich darauf, dass die Psalmen ursprünglich «für den gottesdienstlichen Gebrauch» des jüdischen Volkes für Singstimmen und Instrumente «in Musik gesetzt» waren; Bonhoeffer will damit bekräftigen, dass «die heilige, gottesdienstliche Musik nach wie vor eine wirksame Kraft» sei (5: 113). Doch er verzichtet auf alle Hinweise zum Singen der Psalmen. Auch die reformierte Tradition des gesungenen Psalters und der Psalmenlieder tritt nicht in den Blick.

Den Grund dafür haben wir schon angesprochen. Bonhoeffer stand in kritischer Distanz zur Berneuchener Bewegung und hielt daran unverändert fest, als er persönlich auf überraschende Weise mit ihr in Kontakt kam. Denn Maria von Wedemeyer, seine Braut seit dem Winter 1942/43, stammte aus einer durch den Berneuchener Geist geprägten Familie. Ihre Großmutter Ruth von Kleist-Retzow war 1926 eine von sechsundsechzig Personen – darunter eine von nur zwei Frauen –, die das *Berneuchener Buch,* die Programmschrift der Bewegung, unterzeichneten. Ihr Vater Hans von Wedemeyer gehörte dem Kreis als wichtiges

Mitglied an. Bonhoeffer ging mit Verständnis und Takt auf diese Prägung seiner Braut ein; doch seine Haltung dazu revidierte er nicht (Bonhoeffer/Wedemeyer 1992: 175 f.). Gerade in musikalischer Hinsicht war Bonhoeffers ästhetischer Sinn außerordentlich gut geschult. Aber Ethik und Ästhetik ließen sich für ihn nicht trennen. Darin distanzierte er sich von Søren Kierkegaards Neigung, das Ästhetische aus der christlichen Existenz zu verbannen, ebenso wie von Friedrich Nietzsches Verwerfung des Christentums, weil es das Ästhetische verneine. Er wollte Ethik und Ästhetik so miteinander verbinden, dass sie einander weder im Wege standen noch relativierten, sondern sich wechselseitig bestärkten. Dass ausgerechnet in der Zeit der Konspiration die Beschäftigung mit Musik intensiver wurde und er im Gefängnis Musik mit dem inneren Ohr zu hören vermochte, bestätigt diese innere Verbindung von Ethik und Ästhetik, ja: von Glauben und Kunst.

Musiker oder Theologe

Auch Dietrich Bonhoeffer konnte sich vom Überschwang des Ästhetischen mitreißen lassen. Eine Erinnerung von Johannes Goebel an die Finkenwalder Zeit führt das eindrucksvoll vor Augen. Er erlebte Bonhoeffer beim Improvisieren am Klavier, einen «Nicht-Bonhoeffer», wie er fand: «Als er am Klavier saß und spielte, kam etwas Urwüchsiges, Naturhaftes, das ich an seinem Wesen noch nicht kannte und später auch nie mehr bemerkt habe, zum Ausdruck, ein anderer Dietrich, als er sich sonst zeigte.» Für Goebel war es «einen Augenblick lang der Durchbruch des Menschlichen durch seine Persönlichkeit». Als er Bonhoeffer anschließend fragte, ob er auch komponiere, wehrte dieser ab: Er habe «damit aufgehört [...], seit er Theologe geworden sei» (Zimmermann 1964: 117 f.). Abrupt war das Gespräch damit beendet. Goebel sah in Bonhoeffers kategorischer Aussage die Bekräftigung einer längst vollzogenen Entscheidung. Doch die

Szene zeigte, dass in dem leidenschaftlichen Theologen Bonhoeffer auch ein leidenschaftlicher Musiker steckte (Reich 2006: 12). Kein Zweifel: Zu Bonhoeffers Musikalität gehörte die Fähigkeit zu komponieren. Sie war nicht bei eigenen Begleitsätzen zu gemeinsam gesungenen Liedern stehen geblieben. Doch wie weit sie ging, bleibt unklar. Denn so vielfältig Bonhoeffers hinterlassene Papiere auch sind und so weit sie auch in seine Jugend zurückreichen: von Kompositionen ist nichts erhalten. Natürlich ist die Annahme kühn, er habe sich in einer abrupten Entscheidung von allen Anzeichen eines eigenen musikalischen Ingeniums getrennt; daran erinnernde Dokumente können einfach verloren gegangen sein. Doch dass Bonhoeffer auf die Ausübung von Fähigkeiten, die ihm eigneten, von einem zum anderen Tag verzichten konnte, zeigt ein anderes Beispiel. Er verstand sich auf das Deuten von Handschriften; doch hörte er eines Tages damit auf, weil ihm der Erfolg, den er damit hatte, unangenehm, ja unheimlich wurde (8: 376). Mehr als eine Vermutung kann man daran nicht anschließen. Doch denkbar ist, dass ihm auch seine musikalischen Fertigkeiten unheimlich wurden – nicht weil sie für andere gefährlich waren, sondern für ihn selbst. Mit der überscharfen frühen Kritik an Beethoven kann er indirekt sich selbst gemeint haben; vielleicht entdeckte er bei sich eine Neigung, in der musikalischen Produktivität sich selbst zu «produzieren». Die befremdliche Überschärfe bekäme dann einen anderen Sinn. Von daher mag sich auch erklären lassen, warum von Bonhoeffers Komponieren keine Spuren erhalten sind.

Im Rückblick auf die Jahre vor 1932 berichtete Dietrich Bonhoeffer kurz vor seinem dreißigsten Geburtstag seiner Freundin Elisabeth Zinn, wie er sich «in sehr unchristlicher und undemütiger Weise» in die Arbeit gestürzt habe; sogar von «wahnsinnigem Ehrgeiz» und «wahnsinniger Eitelkeit» ist die Rede (14: 112). Worauf sollte diese Selbstkritik sich richten, wenn nicht auf die ungewöhnlichen Begabungen, die ihm in die Wiege gelegt worden waren und sich seitdem entfaltet hatten? Fragt

man so, fällt es sogar schwer, die Musikalität außer Betracht zu
lassen, auch wenn sie in dem Beichtbrief an die Freundin nicht
genannt wird. Wenn Bonhoeffer im Gespräch mit Johannes
Goebel sagt, er habe mit dem Komponieren aufgehört, als er
«Theologe geworden sei», ist damit aller Wahrscheinlichkeit
nach nicht der Beginn des Theologiestudiums im Jahr 1923,
sondern die Wendung «vom Phraseologischen zum Wirklichen»
(8: 397) im Jahr 1932 gemeint. Dass es sich um eine Veränderung seines ganzen Lebens handelte, betont Bonhoeffer im
Rückblick denkbar klar. Es spricht viel dafür, dass sich aus diesem Anlass auch sein Verhältnis zur Musik geändert hat.

Fragmentarisches Leben

Wir kehren noch einmal zu Bonhoeffers Verhältnis zu Johann
Sebastian Bach zurück. Der Musikwissenschaftler Christoph Wolff
beendet sein eindrucksvolles, in vielen Sprachen veröffentlichtes
Buch über den Leipziger Thomaskantor mit einem Epilog über
Bach und die Idee ‹musicalischer Vollkommenheit›. Anlass zu dieser Betrachtung war der Streit, der schon zu Bachs Lebzeiten darüber entbrannte, ob seine Musik als *vollkommen* charakterisiert
werden könne. Zweifel wurden beispielsweise deshalb vorgebracht, weil in seinen Werken die Melodie – der *cantus firmus* –
gegen die herrschenden Regeln nicht immer in der Oberstimme
lag. Bachs prominentester Verteidiger Johann Abraham Birn-
baum wandte ein, eine solche Forderung habe mit «musicalischer
Vollkommenheit» nichts zu tun. Denn diese ziele doch auf die
Harmonie aller beteiligten Stimmen; ein Vorrang der Oberstimme
lasse sich daraus gerade nicht ableiten (Wolff 2005: 508).

Wichtiger als diese Konkretion ist die grundsätzliche Bedeutung der Diskussion über musikalische Vollkommenheit. Mit ihr
wird ein Gottesprädikat – denn nur im Blick auf Gott kann
man von Vollkommenheit sprechen – auf die Musik, ja sogar
auf den Musiker übertragen. Das lässt sich nachvollziehen;

denn für Gottes Vollkommenheit kann es kaum ein besseres Gleichnis geben als die Musik. Christoph Wolff zitiert einen der Zeitgenossen Bachs mit dem Diktum: «Gott ist ein harmonisches Wesen. Alle Harmonie rühret von einer weisen Ordnung und Einrichtung her. [...] Wo keine Übereinstimmung ist, da ist auch keine Ordnung, keine Schönheit und keine Vollkommenheit. Denn Schönheit und Vollkommenheit bestehen in der Übereinstimmung des Mannigfaltigen.» (Wolff 2005: 508) Wie nahe rückt das dem Glauben an eine *prästabilierte Harmonie*, die für den Philosophen Gottfried Wilhelm Leibniz der sichere Hafen gegen das Andrängen der Theodizee, der Frage nach der Rechtfertigung Gottes angesichts des Übels in der Welt, war.

Es ist alles andere als ein Zufall, dass musikalische Bilder verwendet werden, um die «Übereinstimmung des Mannigfaltigen» in Gott zum Ausdruck zu bringen. Doch der Vergleich ist auch riskant. Die theologische Tradition spricht Gott deshalb Vollkommenheit zu, weil er als ein in und durch sich selbst bestehendes Wesen zu denken ist. Eine solche Unabhängigkeit kann aber der Musik allenfalls in einem abgeleiteten Sinn zukommen. Als Gleichnis für Gottes Vollkommenheit kann sie vielleicht gelten; aber wenn sogar dem Musiker selbst – und nicht nur der Musik – Vollkommenheit, gar eine einmalige Vollkommenheit zuerkannt wird, geht das einen Schritt zu weit.

Umso bemerkenswerter ist, dass Dietrich Bonhoeffer an Bach gerade nicht die Vollkommenheit, sondern das Fragmentarische hervorhob. In einem Brief an Eberhard Bethge reflektierte er den fragmentarischen Charakter des eigenen Lebens, der ihnen beiden dadurch stark zum Bewusstsein kam, dass sie aus ihrem «eigentlichen beruflichen und persönlichen Lebensbereich herausgerissen» wurden, der eine durch den Kriegsdienst, der andere durch die Haft. Unter solchen Umständen verstärkt sich die allgemeine Erfahrung, dass die geistige Existenz des modernen Menschen ein Torso bleibt. Dann heißt es wörtlich: «Es kommt wohl nur darauf an, ob man dem Fragment unsres Lebens noch ansieht, wie das Ganze eigentlich angelegt und gedacht war und aus welchem Material es besteht. Es gibt schließlich Fragmente, die nur noch auf den Kehrichthaufen gehören (selbst eine anständige ‹Hölle› ist noch zu gut für sie), und solche, die bedeutsam sind auf Jahrhunderte hinaus, weil ihre Vollendung nur eine göttliche Sache sein kann, also Fragmente, die Fragmente sein müssen – ich denke z. B. an die Kunst der Fuge. Wenn unser Leben auch nur ein entferntester Abglanz eines solchen Fragmentes ist, in dem wenigstens eine kurze Zeit lang die sich immer stärker häufenden, verschiedenen Themata zusammenstimmen und in dem der große Kontrapunkt vom Anfang bis zum Ende durchgehalten wird, so dass schließlich nach dem Abbruch – höchstens noch der Choral ‹Vor Deinen Thron tret' ich allhier› – intoniert werden kann, dann wollen wir uns auch über unser fragmentarisches Leben nicht beklagen, sondern daran sogar froh werden.» (8: 336)

Bach strebte bei der Arbeit an der *Kunst der Fuge* zwar Vollständigkeit an, konnte sie aber bis zu seinem Lebensende nicht erreichen, weil ihm während der Arbeit immer wieder neue Möglichkeiten dieser Kunst in den Sinn kamen. Zuletzt war es die erst während der Publikationsvorbereitung entwickelte Quadrupelfuge, in die er seinen eigenen Namen, das berühmte B-A-C-H, einfügte und über deren Erarbeitung er starb. Die Vollendung erschien auch nach dem Urteil Nachgeborener als «kaum mehr menschenmöglich» (Korff nach Kruse 2014: 7); die Vollkommenheit erwies sich als unendliche Aufgabe. Doch zugleich kann kein Zweifel daran bestehen, wie «das Ganze angelegt und gedacht war».

Das Vollkommene wird in Bonhoeffers gerade zitierter Überlegung nicht als verfügbar, sondern als verheißen verstanden. Wenn am Fragment abgelesen werden kann, wie «das Ganze angelegt und gedacht war», ist das Höchste erreicht, was einem menschlichen Leben beschieden sein kann; denn auch im gelungensten Fall kann die Vollendung nur «eine göttliche Sache» sein.

Neben die tröstliche Gewissheit, dass auch im fragmentarischen Leben zu erkennen ist, worauf es in diesem Leben ankommt, tritt noch eine andere Weise, in der die Musik für Bonhoeffer zu einem Bild des Lebens wird. Nicht als Gleichnis des Göttlichen – als *göttliche Harmonie* –, sondern als Gleichnis des Menschlichen verwendet Bonhoeffer die Musik. In seiner Auffassung von der menschlichen Existenz, wie sie in *Widerstand und Ergebung* entwickelt wird, gewinnt der Begriff der *Polyphonie des Lebens* eine Schlüsselbedeutung. Das Thema entzündet sich an einem brieflichen Gespräch der beiden in Liebe entbrannten Freunde – zur frisch angetrauten Ehefrau der eine, zur Verlobten der andere – über die Bedeutung der erotischen Liebe. Bonhoeffer ermahnt dazu, über ihr die Polyphonie des Lebens nicht zu verlieren. Er will die irdische Liebe nicht geschwächt sehen, aber sie soll der Liebe zu Gott und seiner Ewigkeit nicht in den Weg treten. In ihr sieht Bonhoeffer den «cantus firmus, zu dem die anderen Stimmen des Lebens als Kontrapunkt erklingen; eines dieser kontrapunktischen Themen, die ihre *volle Selbständigkeit* haben, aber doch auf den cantus firmus bezogen sind, ist die irdische Liebe. [...] Wo der cantus firmus klar und deutlich ist, kann sich der Kontrapunkt so gewaltig entfalten wie nur möglich.» (8: 440 f.) Nicht nur aus seiner persönlichen Situation heraus fügt Bonhoeffer hinzu, dass «Schmerz und Freude zur Polyphonie des ganzen Lebens gehören und selbständig nebeneinander bestehen können» (444). Einige Tage später ergänzt er, dass das Christentum uns «in viele verschiedene Dimensionen des Lebens zu gleicher Zeit» stellt; «wir beherbergen gewissermaßen Gott und die ganze Welt in uns» (453).

Den musikalischen Hintergrund für diese Deutung der *Polyphonie des Lebens* hat Allard von Kittlitz eindrucksvoll in Worte gefasst: «Im Kontrapunkt bestimmt jede Stimme, was die andere darf. Denn die Töne beider Stimmen klingen ja gleichzeitig, und wenn die eine Stimme die andere ignoriert, klingt es schief. Zugleich aber gehorcht jede Stimme einem eigenen inneren melodischen Gesetz, auf einen Ton kann kein beliebiger nächster folgen. Die eine Stimme kann sich also dem Diktat der anderen nicht bedingungslos unterwerfen, sonst klingt es wieder falsch.

[...] Es ist diese eigenartige Verwobenheit der Stimmen und Instrumente, wie sie ineinander greifen, einander umtanzen, sich bei den Händen nehmen. Es gibt in dieser Musik kein Oben und Unten, kein Haupt und Neben, kein Groß und Klein. Es gibt eine absolute Gleichberechtigung aller Töne, jeder Ton ist zugleich Bedingung und Folge aller anderen Töne. Im Kontrapunkt ist alles eins.» (Kittlitz 2018: 15)

Die Vielstimmigkeit der Musik kann eben nicht nur, wie die Alten dachten, zum Abbild für die «Übereinstimmung des Mannigfaltigen» in Gott werden. Sie kann auch ein Spiegel für die Vieldimensionalität des menschlichen Lebens sein, zu der die Ehrfurcht vor Gott – Bachs *Soli Deo Gloria* – unlöslich hinzugehört. Weil aber das menschliche Leben Fragment bleibt, ist nicht nur das vollkommen Erscheinende, sondern ebenso das Fragmentarische, ja sogar das scheinbar Dissonante für menschliches Hören und Verstehen von großer gleichnishafter Bedeutung. Es kann, ja es muss in bestimmten Situationen auch das «Schreien für die Juden» sein.

12. Epilog: Was bleibt

Weltweite Wirkungen

Fragt man nach Personen aus dem Bereich der christlichen Theologie, deren Stimmen nach 1945 weltweit ein vielfältiges Echo auslösten, so ist aus dem Bereich der deutschsprachigen Theologie insbesondere Dietrich Bonhoeffer zu nennen. Er steht damit nicht allein; Karl Barth und Karl Rahner, Dorothee Sölle und Hans Küng, Jürgen Moltmann und Johann Baptist Metz und manche andere können in einem solchen Zusammenhang genannt werden. Aber in seinem Fall übt der Zusammenklang von Lebensgeschichte und Lebenswerk eine große, noch immer anhaltende Faszination aus. Diese Resonanz hängt mit einer Reihe von Faktoren zusammen: dem zugeschriebenen Status eines Märtyrers, der postumen Veröffentlichung wichtiger Texte, der polyzentrischen Internationalität des Echos auf sein Werk.

Der zugeschriebene Status eines Märtyrers: Dietrich Bonhoeffer wurde einen Monat vor dem Ende des Zweiten Weltkriegs ums Leben gebracht. Als die Nachricht von seinem Tod bekannt wurde, verband sich die Trauer sogleich mit dem Gedenken an einen Märtyrer: Der Ökumenische Rat der Kirchen in Genf, der anglikanische Bischof George Bell, zugleich führender Ökumeniker und enger Begleiter Bonhoeffers, aber auch der amerikanische Theologe Reinhold Niebuhr, zeitweise dessen Mentor am Union Theological Seminary in New York, stellten die Erinnerung an ihn schon im Jahr seines Todes übereinstimmend unter die Überschrift des Martyriums. Dass er mit seiner ganzen Existenz für seine Überzeugung eingetreten war und wegen des Widerstands aus Glauben sein Leben verloren hatte, war der Grund für eine solche Würdigung. Sein Lebenszeugnis erhielt damit den

Vorrang vor seiner literarischen Hinterlassenschaft. Was er geschrieben hatte, trat hinter seinem Leben zurück.

Postume Veröffentlichungen: Die Schriften, die Dietrich Bonhoeffer zu seinen Lebzeiten veröffentlicht hat, blieben in ihrer Wirkung zunächst auf einen überschaubaren Kreis theologischer
oder doch an Glaubensfragen interessierter Leserinnen und Leser beschränkt. Das galt ohnehin für seine akademischen Qualifikationsschriften – die Dissertation *Sanctorum Communio* und
die Habilitationsschrift *Akt und Sein*. Es galt aber auch für die
Bücher, die aus Lehrveranstaltungen an der Berliner Universität
oder dem Predigerseminar in Finkenwalde hervorgingen – insbesondere *Schöpfung und Fall* sowie *Nachfolge* –, und sogar für die
Schriften, die von vornherein für einen breiteren Leserkreis bestimmt waren, wie *Gemeinsames Leben* und *Das Gebetbuch der
Bibel.* Zwar gab Bonhoeffer mit diesen Schriften wie auch mit
einer Reihe seiner Aufsätze Beispiele für das, was wir heute
öffentliche Theologie nennen; aber Gelegenheiten dazu, eine breite
Öffentlichkeit zu erreichen, hatte er zu seinen Lebzeiten nur selten. Das änderte sich erst sechs Jahre nach seinem Tod mit der
Veröffentlichung seiner Briefe und Aufzeichnungen aus der Haft
unter dem Titel *Widerstand und Ergebung* im Jahr 1951. Sie erreichten sehr schnell weite Verbreitung. Erst nach dieser Publikation fand die schon 1949 veröffentlichte *Ethik* größere Beachtung. Auch andere Bücher und Aufsätze, Briefe und Aufzeichnungen zogen dadurch verstärkt oder erstmalig Aufmerksamkeit auf
sich. Die Zusammengehörigkeit von Lebensgeschichte und Werk
bestimmte auch den Umgang mit seinem literarischen Erbe.

Polyzentrische Internationalität: Wie bereits die Beispiele des
Ökumenischen Rats oder von George Bell und Reinhold Niebuhr
belegen, wurde Bonhoeffers Erbe nach seinem Tod gleichzeitig an
verschiedenen Orten, ja auf verschiedenen Kontinenten aufgenommen (Lorentzen 2014). Die Gegenwartsbedeutung seines Lebens
und Denkens wurde und wird keineswegs nach einem einheit-
lichen Muster interpretiert. Die internationalen Bonhoeffer-Kon-
gresse, die seit 1976 im Rhythmus von vier Jahren in verschie-

denen Ländern und Erdteilen durchgeführt werden, veranschaulichen das ebenso wie die Übersetzung seiner Bücher in mindestens siebenundzwanzig Sprachen. Die kritische Gesamtausgabe, die von 1986 bis 1996 in deutscher Sprache veröffentlicht wurde, fand ein internationales Echo. Auf sie folgte eine englische Gesamtausgabe, die durchweg auf Neuübersetzungen beruht und in Umfang und kritischer Sorgfalt der deutschen Ausgabe entspricht. Auch neue Ausgaben einzelner Schriften auf Deutsch oder in anderen Sprachen folgen der Neuedition.

Zum Abschluss der englischsprachigen Übersetzung der Gesamtausgabe fand im November 2011 eine internationale Konferenz in New York statt, die den polyzentrischen Charakter der Bonhoeffer-Rezeption eindrucksvoll vor Augen führte. Südafrika, Großbritannien, die USA, Brasilien, Japan und Deutschland dienten als Beispiele dafür, welche Rolle Bonhoeffer für die öffentliche Ethik in unterschiedlichen Kontexten gespielt hat und weiterhin spielt (Green/Carter 2013).

In dieser weltweiten Rezeption spiegelt sich die internationale Weite von Bonhoeffers eigener Lebensgeschichte. Nicht nur seine beiden Aufenthalte am Union Theological Seminary in New York in den Jahren 1930/31 und 1939, sondern ebenso seine Zeit als Vikar in Barcelona, die Jahre als Pastor in London und seine Besuche Italiens, Schwedens, Norwegens und der Schweiz, seine Ausflüge nach Nordafrika und Mittelamerika sowie die Teilnahme an ökumenischen Zusammenkünften in weiteren Ländern sind zu nennen. Sein Vorhaben, Mahatma Gandhi in Indien zu besuchen, unterstreicht, wie präsent ihm die weltweite Perspektive war. Zu Recht beobachtete Carl Friedrich von Weizsäcker an Bonhoeffer, dass er Ökumene «im ursprünglichen Wortsinn» als «die ganze von Menschen bewohnte Erde» verstand. Bedenkenswert ist Weizsäckers Beobachtung, Bonhoeffer habe «als moderner Mensch in der vorgefundenen Provinzialität schwer atmen» können (Weizsäcker 1977: 459).

Dem korrespondiert die internationale Weite, in der Bonhoeffers Anstöße seit seinem frühen Tod an Boden gewannen. Inten-

siv wurde sein Denken in Südafrika und in anderen afrikanischen
Ländern wie beispielsweise Ruanda aufgenommen (vgl. De Gruchy 1984; Bataringaya 2012). Seine Überzeugung, dass auch ein
Staat, der Ordnung und Recht systematisch durch ein Zuwenig
oder ein Zuviel an (vermeintlichem) Recht und (vermeintlicher)
Ordnung zerstöre, einen Bekenntnisfall auslöse, hat dem christlichen Widerstand in Südafrika entscheidende Impulse verliehen.
Dass die theologische Gegenwehr gegen die religiöse Verklärung
der Apartheidpolitik 1982 im Bekenntnis von Belhar einen mit
der Barmer Theologischen Erklärung vergleichbaren Ausdruck
fand, hängt mit dieser Anknüpfung an Dietrich Bonhoeffer und
damit an den Kirchenkampf in der Zeit des «Dritten Reichs» zusammen. Der niederländisch-reformierte Theologe Beyers Naudé
wurde dafür zu einem weithin leuchtenden Beispiel; man hat ihn
deshalb als einen südafrikanischen Dietrich Bonhoeffer bezeichnet. Innerhalb des Beyers-Naudé-Zentrums an der Universität
Stellenbosch wurde eine Dietrich-Bonhoeffer-Forschungsstelle
eingerichtet, deren Arbeit in andere afrikanische Länder aus-
strahlt. Wie zukunftsträchtig eine solche theologische Weiter-
arbeit mit Dietrich Bonhoeffer ist, lässt sich auch daran sehen,
dass der Internationale Bonhoeffer-Kongress nach 1996 (Kap-
stadt) 2020 zum zweiten Mal in Südafrika, nämlich in Stellenbosch, stattfindet.

Unter den asiatischen Ländern ist Japan hervorzuheben; innerhalb der christlichen Minderheit dieses Landes ist seit Jahr-
zehnten eine intensive Bonhoeffer-Rezeption zu beobachten, die
zur Bildung einer eigenständigen Sektion der Internationalen
Bonhoeffer-Gesellschaft geführt hat. Beeindruckend ist auch die
Bonhoeffer-Rezeption bei christlichen Intellektuellen in China,
die sich in ihrem Eintreten für Menschenrechte und Demokratie
an Bonhoeffer ein Vorbild nehmen. Manche von ihnen berufen
sich für die Entscheidung, eine Gemeinschaft von Christen außerhalb der etablierten Kirchen zu suchen oder zu gründen, ausdrücklich auf Bonhoeffers *Gemeinsames Leben* (Mommsen 2017).
Der chinesische Träger des Friedensnobelpreises von 2010, Liu

Xiaobo, las in der Haft Bonhoeffers Gefängnisbriefe (Moll-Murata 2011). Nicht nur die Gefangenschaft verband ihn mit Bonhoeffer; ähnlich wie dieser 1939 die Möglichkeit ausgeschlagen hatte, auf Dauer in New York zu bleiben, war auch Liu 1989 aus freien Stücken von New York nach China zurückgekehrt, um sich für die Demokratiebewegung im eigenen Land einzusetzen. Das führte zu jahrelangen Inhaftierungen. Seine Frau Liu Xia brachte ihm die chinesische Ausgabe der *Briefe und Aufzeichnungen aus der Haft* bei einem ihrer monatlichen Besuche mit; nun vertiefte er sich in das Buch, das schon länger in seiner Bibliothek gestanden hatte. So wurde Bonhoeffer für ihn zum Vorbild seines sehr persönlich geprägten, kirchlich nicht gebundenen Glaubens. Der Friedensnobelpreis wurde ihm in Abwesenheit verliehen; aus dem Gefängnis wurde er erst im Jahr 2017 für eine sehr späte Behandlung einer Krebserkrankung entlassen, an der er kurz darauf starb.

Vielfältig und verzweigt ist die Beschäftigung mit dem Erbe Dietrich Bonhoeffers im angelsächsischen Bereich. Dass die siebzehnbändige kritische Gesamtausgabe der Werke Dietrich Bonhoeffers in vollem Umfang ins Englische übersetzt wurde, belegt das Interesse an seinem Erbe. Politische Konflikte und Turbulenzen in den USA und anderen Ländern finden in gegensätzlichen Deutungen von Bonhoeffers Theologie ihren Niederschlag. Die Neigung, einen Märtyrer für die eigene Position zu instrumentalisieren, ist dabei manchmal mit Händen zu greifen. Der Erkenntnisgewinn, der aus der Beschäftigung mit seiner Theologie erwachsen kann, wird auf eine solche Weise allerdings verspielt.

Das Union Theological Seminary in New York, in dem Bonhoeffer zweimal Aufnahme fand, ist für die Beschäftigung mit seinem theologischen Erbe auch heute noch ein wichtiger Ort. Ein *Bonhoeffer Room* erinnert an den Theologen, der hier zu Gast war und bleibende Spuren hinterließ. Die *Burke Library* zählt wichtige Werke von und über Bonhoeffer zu ihren Beständen. Der *Dietrich Bonhoeffer Chair*, der von amerikanischer wie von deutscher Seite gefördert wird, bietet die Möglichkeit, Bonhoeffers theologische Impulse in die theologische Lehre einzubeziehen und den theologischen Austausch zwischen den USA und Europa im Licht von Bonhoeffers Theologie zu vertiefen.

In Lateinamerika, im östlichen Europa und in vielen anderen Regionen des Globus ist Bonhoeffers Erbe gegenwärtig. Tadeusz Mazowiecki, der 1989 zum Ministerpräsidenten Polens gewählt wurde, berichtet davon, wie ihm Bonhoeffer im kommunistisch beherrschten Polen der Sechzigerjahre zum ersten Mal begegnete und ihn wie andere unabhängige Intellektuelle von da an «als eine Gestalt» begleitete, «deren Schicksal und Denkweise prägenden Wert haben, und die dazu angetan ist, einen Einfluss auf uns auszuüben, der weiter reicht als die eigene Existenz» (Morawska 2011: 7). Von einer polyzentrischen Internationalität seiner Wirkung zu sprechen ist nicht übertrieben.

Was die ganz unterschiedlichen Wirkungen Bonhoeffers in verschiedenen Ländern miteinander verbindet, ist unter anderem die Tatsache, dass sein Vorbild vielen Menschen den Weg zum christlichen Glauben geebnet hat. Viele wurden durch ihn zum Studium der Theologie motiviert; die Erinnerung an ihn veranlasste sie dazu, einen kirchlichen Beruf zu wählen und bei dieser Entscheidung zu bleiben. Aber nicht nur kirchliche Lebenswege orientierten sich an seinem Beispiel; auch die Bereitschaft zur Verantwortung im weltlichen Beruf, in Gesellschaft und Politik konnte sich auf Bonhoeffers Vorbild stützen. Seine Entscheidung, das eigene Leben für eine Zukunft in Frieden und Gerechtigkeit einzusetzen, wie auch sein gewaltsamer Tod nur wenige Wochen vor dem Ende der Hitler-Diktatur machten ihn zu einem Beispiel verantwortlichen Lebens in schwieriger Zeit. Seine Relevanz stützt sich in vielen Fällen auf seine klare Haltung: Auf Gott zu vertrauen und verantwortungsbewusst in der Wirklichkeit zu handeln sind grundlegende Elemente einer Lebensform, die Menschen dazu inspiriert, sich unter ganz unterschiedlichen Umständen in vergleichbarer Weise einzusetzen.

Kronzeuge von Protest und Widerstand

Für die Auseinandersetzung mit Bonhoeffer in Deutschland sind drei Themenfelder zentral: die Frage der politischen Resistenz, die Verantwortung für den Frieden und die öffentliche Rolle der Kirche.

Für die Frage politischer Resistenz orientierte man sich an der prominenten Rolle, die Bonhoeffer im Kreis der Konspiration gegen das Hitler-Regime zuerkannt wurde, sowie an der herausgehobenen Bedeutung des Worts *Widerstand* im Titel seiner Briefe und Aufzeichnungen aus der Haft. Der Titel *Widerstand und Ergebung* selbst meinte zwar ursprünglich nicht die politische Resistenz, sondern die innere Auseinandersetzung mit dem eigenen Schicksal (8: 333), doch das trat im allgemeinen Bewusstsein in den Hintergrund. Bonhoeffers Beispiel diente dazu, Klarheit in der politischen und ethischen Beurteilung widerständigen Handelns zu gewinnen.

In den Kirchen wurde der Schritt vom christlichen Zeugnis zum politischen Widerstand nach 1945 sehr kontrovers beurteilt. Der Ungehorsam gegen politische Autoritäten und die Entscheidung, den militärischen Eid zu brechen, galten vielen als unvereinbar mit staatsbürgerlichen Pflichten und militärischem Gehorsam. Auch in den Kirchen wurde der Widerstand gegen die Obrigkeit als Verstoß gegen das Gehorsamsgebot verstanden, das man aus dem Römerbrief des Apostels Paulus entnahm (Römer 13,1). Die gegenläufige Aussage aus der Apostelgeschichte, der zufolge Christen Gott mehr zu gehorchen haben als den Menschen (Apostelgeschichte 5,29), trat in den Hintergrund. Die ersten Gedenkbücher für Märtyrer der Nazizeit beschränkten sich deshalb auf Glaubenszeugen, die nach Auffassung der Herausgeber allein um ihres religiösen Bekenntnisses willen das Leben verloren (Forck 1949). Dass auch Christen, die sich zum Widerstand entschlossen, dies aus Glaubensgründen taten, wurde oft verkannt oder ignoriert. Als man sich schließlich für den Zusammenhang von Glaubensmut und Widerstand öffnete, beschränkte sich eine solche Betrachtungsweise häufig auf einzelne Theologen wie Alfred Delp oder Dietrich Bonhoeffer; dass sie ebenso für viele Mitglieder des politischen und militärischen Widerstands und die Resistenz in unterschiedlichen Gruppen zutraf, wurde nur unzureichend wahrgenommen. Erst zu Beginn des einundzwanzigsten Jahrhunderts wurde ein Zugang zum evangelischen Martyrium im zwanzigsten Jahrhundert entwickelt, der sich für den politischen Widerstand öffnete und Vertreter unterschiedlicher Berufe einbezog (Schultze/ Kurschat 2008).

Innerhalb der evangelischen Theologie war es ein wichtiger Durchbruch, als die beiden Professoren Hans-Joachim Iwand und Ernst Wolf 1952 in einem Gutachten unter Berufung auf Bonhoeffer und den norwegischen Bischof Eivind Berggrav für die Legitimität des Tyrannenmords auf theologischer Basis argumentierten (Reuter 2013: 270 f.). Zwei Jahre später brachte Bundespräsident Theodor Heuss anlässlich des zehnten Jahrestags des gescheiterten Attentats vom 20. Juli 1944 den Respekt für den deutschen Widerstand auf prominente Weise zum Ausdruck (Heuss 1955).

In der DDR war es mehr oder weniger selbstverständlich, Bonhoeffers Widerstand als «antifaschistisch» zu bezeichnen und damit zu unterstreichen, dass ein Vergleich zwischen der ersten und der zweiten Diktatur auf deutschem Boden unangemessen sei. Auf diesem Weg sollte sich die Überzeugung durchsetzen, es bestehe kein Grund, aus Bonhoeffers Haltung zum nationalsozialistischen Regime Folgerungen für die politische Verantwortung im «real existierenden Sozialismus» zu ziehen. Nur unter dieser Voraussetzung konnte der Einwand der Zensur gegen die Veröffentlichung von Bonhoeffers Gefängnisbriefen überwunden werden; erst 1957, sechs Jahre nach der westdeutschen Veröffentlichung, war das Buch in der DDR offiziell zugänglich (Krötke 1995).

In Westdeutschland berief man sich auf Bonhoeffers Beispiel, um den zivilen Ungehorsam als Mittel der politischen Demonstration aus moralischen Gründen zu legitimieren. Zugleich spielte sein Beitrag für eine Verantwortungsethik eine zentrale Rolle. Nicht eine vermeintliche Heldenhaftigkeit der eigenen Taten, sondern die Frage, wie zukünftige Generationen leben können, trat als entscheidender Maßstab der Resistenz hervor, für die Bonhoeffer, Martin Luther King und andere als Vorbilder in Anspruch genommen wurden. Die Gewaltlosigkeit der Mittel sollte sich mit manifestem öffentlichem Druck verbinden. Blockaden geplanter Standorte für Kernkraftwerke und von Transporten nuklearer Abfälle sowie andere Formen zivilen Ungehorsams fanden Eingang in die Aktionsformen der außerparlamentarischen Opposition. Hunderttausende versammelten sich während der frühen achtziger Jahre im Streit um nukleare Aufrüstung zu Großdemonstrationen der Friedensbewegung. An Anlässen zu politischen Interventionen fehlt es auch Jahrzehnte später nicht; doch im Blick auf die organisierte Verantwortungslosigkeit im Bereich der globalen Wirtschaft, den zögerlichen Einsatz gegen den Klimawandel oder neue Formen von kollektiver und individueller Gewalt lassen sich vergleichbare Arten der Mobilisierung viel schwerer verwirklichen. Und wo es dazu kommt, tritt bisweilen organisierter Protesttourismus an die Stelle zivilgesellschaftlichen Engagements; Gewaltbereitschaft verdunkelt den Grundsatz gewaltlosen Handelns. Das gefährdet die Basis für zivilen Ungehorsam als Element einer reifen demokratischen Kultur.

Während Bonhoeffers eigener Weg vom Pazifismus (allerdings in einer spezifischen Verwendung dieses Worts) zum Widerstand führte, verlief der Weg seiner Rezeption umgekehrt, nämlich vom Widerstand zur *Verantwortung für den Frieden.*

Dies war dadurch bedingt, dass das Friedensproblem den Menschen in Mitteleuropa in der Zeit des Kalten Krieges und des Wettrüstens zwischen West und Ost zunehmend ins Bewusstsein trat. Während der Debatten um die atomare Abschreckung in den späten Siebziger- und frühen Achtzigerjahren erlangten Bonhoeffers Überlegungen bei der Ökumenischen Konferenz von Fanø im Jahr 1934 eine zentrale Bedeutung für die Friedensbewegungen in West- und Ostdeutschland. Immer wieder wurde

sein Appell an das «Eine große ökumenische Konzil der Heiligen
Kirche Christi aus aller Welt» zitiert, dass die «Kirche Christi
ihren Söhnen im Namen Christi die Waffen aus der Hand nimmt
und ihnen den Krieg verbietet und den Frieden Christi ausruft
über die rasende Welt» (13: 301).

Es wäre sicherlich im Sinne Bonhoeffers gewesen, als junge
Leute in der DDR in den frühen Achtzigerjahren begannen, das
Zeichen *Schwerter zu Pflugscharen* an ihren Jacken, Koffern und
Rucksäcken zu tragen. Die SED griff die Träger dieses Symbols
als «undifferenzierte Pazifisten» an. Die damit verbundene Absicht war leicht zu durchschauen: Die militärische Aufrüstung
des Warschauer Pakts sollte als Dienst am Frieden präsentiert
werden, die militärische Aufrüstung des Westens dagegen als
kriegstreibendes Säbelrasseln. Folglich sollte als einzig akzeptable
Haltung eine Befürwortung der atomaren Aufrüstung des Ostens
bei gleichzeitiger Kritik an den entsprechenden Bemühungen des
Westens gelten. Die jungen Leute, die das Abzeichen trugen, hatten erhebliche Repressalien zu erdulden, etwa die Verweigerung
des Zugangs zur Erweiterten Oberschule.

Die Situation in der alten Bundesrepublik war, was die Meinungsfreiheit betraf, um vieles einfacher: Große Kundgebungen
der Friedensbewegung zu Beginn der Achtzigerjahre brachten
die Gefahren der beiderseitigen nuklearen Aufrüstung in das öffentliche Bewusstsein. Die Kontroverse bezog sich vor allem auf
die Frage, inwiefern eine pazifistische Haltung, die sich auf die
Bergpredigt beruft, nur eine Gesinnungsethik widerspiegele, die
die realen Herausforderungen der Gegenwart nicht zureichend in
Betracht ziehe.

Bonhoeffers Überlegungen im Jahr 1934 mündeten in die Forderung nach einem «großen ökumenischen Konzil». Als realisierbar
erschien ein halbes Jahrhundert später jedoch nur ein konziliarer
Prozess, wie er von der Vollversammlung des Ökumenischen Rats
der Kirchen in Vancouver 1983 angestoßen wurde. Die Initiative
ging von Teilnehmern aus der DDR an dieser ökumenischen Zusammenkunft aus; sie brachten die Initiative zurück in ihr eigenes

Land. Es gab nur wenige Regionen in der Welt, in denen dieser ökumenische Prozess so viele Gruppen und Individuen mobilisierte wie in den beiden deutschen Staaten.

Auf seine Weise trug er zu der Atmosphäre der Kerzen und Gebete bei, die den friedlichen Verlauf der Revolution von 1989 kennzeichnete. Unter dem schützenden Dach der Kirchen vollzogen sich die ersten Schritte zu einer eigenständigen Zivilgesellschaft, die 1989 durch die Montagsdemonstrationen eine unübersehbare Gestalt annahm. Bonhoeffers öffentliche Ethik spielte also für die Vorbereitung und Gestaltung des historischen Wandels in den Jahren 1989 und 1990 eine wichtige Rolle.

Manche Optimisten glaubten, dass das Ende des Kalten Krieges auch den Kontroversen in der Friedensethik ein Ende setzen würde. Nach dem Ende des Ost-West-Konflikts erwarteten sie eine «Friedensdividende». Doch das war eine Fehleinschätzung. Die Drohung mit Gewalt und deren Ausübung durch Staaten wie durch Terrororganisationen sind vielmehr allgegenwärtig. Die christliche Friedensethik steht damit erneut vor großen Herausforderungen. Sie wandelt sich vielerorts von einer Ethik des gerechten Kriegs zu einer Ethik des gerechten Friedens. Aber auch in diesem veränderten Rahmen stellt sich die Frage, unter welchen Bedingungen die Anwendung von Gewalt ethisch anerkannt werden kann, vorausgesetzt, sie bildet ein äußerstes Mittel und ist zugleich dazu geeignet, die Herrschaft des Rechts zu bewahren oder zu ermöglichen. Dabei erweist sich die Frage, ob sich eine Schutzverantwortung für bedrohte Menschengruppen *(responsibility to protect)* in der Verantwortung der internationalen Staatengemeinschaft als völkerrechtliches Konzept durchsetzen lässt, als eines der großen friedensethischen Themen für das einundzwanzigste Jahrhundert.

Keine öffentliche Theologie kommt ohne ein Nachdenken über *die Kirche und ihren Ort in der Öffentlichkeit* aus. Albrecht Schönherr, ein Schüler Bonhoeffers, Bischof der Berlin-Brandenburgischen Landeskirche und Vorsitzender des Bundes der evangelischen Kirchen in der DDR, wies sehr früh auf die Relevanz von Bonhoeffers späten Überlegungen für das Selbstverständnis der Kirche in der DDR hin. Für ihn und andere diente Bonhoeffers Vorahnung einer religionslosen Zeit als ein Modell für die Situation der Kirche unter der kirchenfeindlichen SED-Herrschaft. Die Einschränkungen, die Kirchenmitglieder im Alltagsleben der DDR erfuhren, forderten dieser Sicht zufolge dazu heraus, ein mündiges Leben als Christen inmitten der Weltlichkeit der Welt zu führen. Die abweisende Haltung des Staats gegenüber der Kirche wurde nicht als ein Irrweg der Geschichte, sondern als historisch überfälliger Abschied vom konstantinischen Zeitalter des Bündnisses zwischen Staat und Kirche gedeutet. Spätestens 1973 fasste Schönherr die öffentliche Stellung der evangelischen Kirche in der DDR in der Formel zusammen, dass sie «Kirche nicht neben, nicht gegen, sondern Kirche im Sozialismus» sei (Schönherr 1993: 374–378). Gerade aus seinem Mund konnte dies wie eine Parallele zu Bonhoeffers Formel von der *Kirche für andere* wirken.

Auch im Westen Deutschlands wurden Christen und Kirchen durch Bonhoeffers Beispiel ermutigt, den Gebrauch von Macht kritisch zu beurteilen und für Frieden, Gerechtigkeit und Versöhnung einzutreten. Man machte sich Bonhoeffers Formel von der *Kirche für andere* zu eigen, verfolgte aber strukturelle Konsequenzen nicht weiter – zum Beispiel den von Bonhoeffer empfohlenen Übergang der Pfarrer in einen weltlichen Beruf ohne kirchliche Alimentierung. Die Aussagen über die religionslos gewordene Welt wurden nicht selten als Einladung zur Selbstsäkularisierung der Kirche missverstanden.

Bonhoeffers Wirklichkeitsverständnis war durch die Überzeugung bestimmt, dass in Jesus Christus die Gotteswirklichkeit in die Weltwirklichkeit eingehe. Dies ist jedoch keineswegs mit einer Sanktionierung des Gegebenen gleichzusetzen. Vielmehr gilt es, die Zeichen der Zeit so zu deuten, dass das Achten auf Gottes Gebot nicht mit der arglosen Anpassung an vorhandene Machtstrukturen oder an bestehenden Machtmissbrauch verwechselt wird. Aber auch vermeintlich «prophetische» Aufrufe zum Ausstieg aus einer wirtschaftsdominierten Gesellschaft reichen nicht aus, weil sich die Weltzuwendung des Glaubens nicht in folgenlosen Appellen erweist, sondern in verantwortlichen und realitätsbezogenen Maßnahmen. Weltweite Migrationsbewegungen, digitale Transformation, Klimawandel und demographische Veränderungen bilden dafür heute die größten Herausforderungen. Zugleich kommt es darauf an, in einer Welt religiöser und weltanschaulicher Pluralität, in der religiös begründete Formen autoritärer Machtausübung und darüber hinaus auch religiös legitimierter Terrorismus an Einfluss gewinnen, den Ort des christlichen Glaubens neu zu bestimmen – eines Glaubens, der seinen Platz an der Seite des leidenden Gottes hat.

Bereitschaft zum Neuanfang

Dietrich Bonhoeffer sah gegen Ende seines Lebens die Glaubenden in einer Situation, in der sie «auf die Anfänge des Verstehens zurückgeworfen» sind (8: 435). Er selbst stand mehrfach in seinem Leben vor der inneren Notwendigkeit, neu anzufangen. Verschiedene derartige Stationen sind uns begegnet: 1923 bildete die Konfrontation mit dem römischen Katholizismus einen solchen Neubeginn, der Bonhoeffer dazu veranlasste, die Kirche als den zentralen Faktor vor der Klammer der Theologie anzusehen; daran schloss sich später der Versuch an, eigenständige Formen gemeinsamen Lebens in evangelischem Geist zu entwickeln. 1932 traf ihn die Botschaft der Bibel so, als läse er sie zum ersten Mal; die Bergpredigt erschloss sich ihm in ihrer lebensbestimmenden Bedeutung. Das prägte nicht nur seine theologische Arbeit in den folgenden Jahren, sondern ebenso seine kirchlichen und politischen Entscheidungen, sein Eintreten für den Frieden und seine Bereitschaft zum Widerstand. Ein dritter Neubeginn war die Zuwendung zur unmittelbaren politischen Verantwortung in Gestalt der Konspiration gegen Hitler. Die Dramatik dieses Neubeginns zeigt sich in der Entscheidung von 1939, die

Möglichkeit einer sicheren Zuflucht in den USA auszuschlagen und den Rückweg nach Deutschland anzutreten. Angesichts der heraufziehenden Katastrophe sah Bonhoeffer seinen Ort in Deutschland, nicht in der Emigration, denn nur dort konnte er versuchen, dem Bösen zu wehren und für Frieden und Recht einzutreten. In der Haft verwandelte er die aufgezwungene Untätigkeit in einen weiteren Neubeginn, nämlich einen neuen Aufbruch in der Theologie. Als er schließlich das Ende seines Lebens vor Augen hatte, wurde ihm auch das zu einem neuen Anfang, wie seine letzten überlieferten Worte an Bischof George Bell bezeugen: «Dies ist für mich das Ende, aber auch der Beginn.» (16: 468) Im Angesicht des Todes hielt er sich an die Gnade Gottes; sein letzter Neubeginn transzendierte sein irdisches Leben.

Die neuen Anfänge, die sein Leben prägten, führten Dietrich Bonhoeffer immer wieder zu einer «innerste[n] Konzentration für den Dienst nach außen», zu der er andere ebenso bewegen wollte (14: 77). Diese Konzentration vollzog er in einer Form, in der ihm die Fragen wichtiger wurden als die Antworten. Immer stärker kreiste sein Denken um die «wichtigsten», die «letzten verantwortlichen» Fragen. Drei Beispiele für diese Art des beharrlichen Fragens seien genannt.

In den Gedanken, die Bonhoeffer zehn Jahre nach der Machtübergabe an Hitler für seine Freunde zusammenstellte, ist eine Reflexion dem *Erfolg* gewidmet. Bonhoeffer erkennt an, dass der Erfolg niemals böse Taten zu rechtfertigen vermag; doch er verwahrt sich zugleich gegen die Vorstellung, die Folgen menschlichen Handelns seien irrelevant, da es, wie Immanuel Kant nahelegte, nur auf die Motive dieses Handelns ankomme. Wer sich darauf beschränke, verweigere den Blick in die Zukunft. Deshalb sei eine vermeintlich heroische Haltung angesichts eines voraussehbaren Scheiterns in Wahrheit alles andere als heroisch. Daraus folgert Bonhoeffer: «Die letzte verantwortliche Frage ist nicht, wie ich mich heroisch aus der Affäre ziehe, sondern [wie] eine kommende Generation weiterleben soll.» Und er fügt hinzu: «Die junge Generation wird immer den sichersten Instinkt dafür haben, ob nur aus Prinzip oder aus lebendiger Verantwortung heraus gehandelt wird; denn es geht dabei ja um ihre eigene Zukunft.» (8: 25 f.)

Dietrich Bonhoeffer schrieb diese Sätze gegen Ende seines siebenunddreißigsten Lebensjahrs. Nach allem, was er erlebt hatte und was er an Gefahren vor sich sah, betrachtete er sich selbst nicht mehr als jung. Umso stärker war sein Interesse an der Sichtweise der nächsten Generation. Seinen Neffen Hans-Walter Schleicher, der als Soldat in der deutschen Wehrmacht diente, fragte er, welche Themen seine Altersgenossen beschäftigten; er wollte wissen, ob der Austausch sich auf alltägliche Fragen beschränkte oder auch Probleme berührte, die über den Tag hinaus Bedeutung hatten. Der Briefschreiber erläuterte, worin er selbst die wichtigste Frage für die Zukunft sah, nämlich «wie wir die Basis des Zusammenlebens der Menschen miteinander finden, welche geistigen Realitäten und Gesetze wir gelten lassen als Fundamente eines sinnvollen menschlichen Lebens» (458). Man meint, dem Drängen und Bohren des Onkels die Sorge abzuspüren, einer Generation, die durch die Härten des Kriegs gehen musste, könne der Sinn für solche Fragen verloren gehen.

Nach dem Krieg musste man sich eher darüber Sorgen machen, dass Menschen, die in Zeiten von Wohlstand und Wirtschaftswachstum aufwachsen, solchen Fragen gegenüber abstumpfen. Inzwischen wirken die großen globalen Fragen – Klimawandel und Bevölkerungswachstum, Terror und Flucht, Fremdenfeindlichkeit und Diskriminierung, Digitalisierung und religiöser Fundamentalismus, Populismus und gesellschaftliche Spaltung – so einschüchternd, dass sich viele Menschen von der Auseinandersetzung mit ihnen überfordert fühlen. Selbst die Nachdenklichsten finden nicht zu einem klaren Weg zwischen der Aussage, dem Sog des technischen Fortschritts – beispielsweise in Gestalt der Genchirurgie oder der Künstlichen Intelligenz – könne und dürfe man sich nicht entziehen, und der Ungewissheit, ob ein solcher Sog dem Bild vom Menschen als einer verantwortlich handelnden Person ein Ende bereiten wird.

Von Bonhoeffer lässt sich lernen, solchen Fragen nicht auszuweichen. Dazu ist freilich eine Vergewisserung über den Ausgangspunkt notwendig, von dem aus Menschen sich einzeln oder
gemeinsam mit derartigen Fragen auseinandersetzen. Darauf
weist Bonhoeffers Brief an Eberhard Bethge vom 30. April 1944
hin, mit dem die Serie der theologischen Briefe aus der Haft beginnt. Die Tage, in denen er mit seinem theologischen Nachdenken noch einmal neu anfängt, sind nach Bonhoeffers Überzeugung dadurch geprägt, dass «die großen Entscheidungen an allen
Fronten bereits im Gange sind» und man die Folgen, die sich daraus ergeben, nur als Ausdruck eines göttlichen Gerichts annehmen kann; denn «Gott ist noch Richter auf Erden» (Psalm 58,
12b; vgl. 8:401). In dieser Situation beschreibt er elementar und
schlicht, was ihn theologisch beschäftigt. «Was mich unablässig
bewegt, ist die Frage, was das Christentum oder auch wer Christus heute für uns eigentlich ist.» (402)

Verblüffend ist die Zusammenstellung von Fragen, denen der
Häftling in Tegel zentrale Bedeutung zuerkennt: wie eine kommende Generation weiterleben soll, welche Grundlagen und Regeln des Zusammenlebens für die Zukunft tauglich sind, was das
Christentum oder wer Christus heute für uns ist. Doch für Bonhoeffer stehen diese Fragen in einem inneren Zusammenhang.
Seinem Bruder Karl-Friedrich gegenüber stellt er Christus selbst
sogar einmal mit Frieden und sozialer Gerechtigkeit auf eine
Stufe und sagt im Blick auf beide Seiten dieser Gleichung, es
gebe «nun einmal Dinge, für die es sich lohnt, kompromisslos einzustehen» (13:273). Die Art, in der Bonhoeffer den Glauben an
Christus mit dem Eintreten für Frieden und Gerechtigkeit verbindet, lässt sich nicht so verstehen, als übersetze er die nur für
Christen verständliche Frage, was das Christentum oder wer
Christus heute für uns ist, in die für alle verständlichen Fragen
danach, wie eine künftige Generation weiterleben soll und worin
die Grundlagen für das Zusammenleben zu suchen sind. Ganz
offenkundig ist ihm die entgegengesetzte Richtung des Nachdenkens genauso wichtig, die von den politischen und gesellschaft-

lichen Umwälzungen zu dem führt, der «Richter auf Erden» ist, die von der Fürsorge für die bedrohte Natur zu dem weitergeht, der allein seine Schöpfung gut nennen kann, und die sich von den Konflikten und Auseinandersetzungen der eigenen Zeit aus dem «versöhnenden und erlösenden Wort für die Menschen und für die Welt» zuwendet (8: 435). Von Bonhoeffer bleibt vor allem die Orientierung an elementaren Glaubensgewissheiten als Grundlage für verantwortliches Leben und Handeln in der jeweiligen Situation. Dies bestimmt das weltliche Christsein, für das er eintritt.

Gerade angesichts der Umwälzungen, die Bonhoeffer während seiner Gefängniszeit kommen sieht, wächst seine Sehnsucht nach einer Christenheit und einer Kirche, die betet, das Gerechte tut und auf Gottes Zeit wartet. Das ist eine Christenheit, die diese Dimensionen ihrer Existenz nicht gegeneinander ausspielt, sondern zeigt, wie Leben und Glauben zusammengehören. Dietrich Bonhoeffer ist davon überzeugt, dass der Tag kommen wird, «an dem wieder Menschen berufen werden, das Wort Gottes so auszusprechen, dass sich die Welt darunter verändert und erneuert» (436).

Von guten Mächten

Über seinen Tod hinaus wirkte und wirkt Dietrich Bonhoeffer nicht zuletzt durch die Gedichte, die er in der Zeit seiner Inhaftierung zu Papier brachte und die seinen Tod überdauerten. Das berühmteste von ihnen wird im Allgemeinen nach seinen Anfangsworten zitiert: *Von guten Mächten.* Es wurde von Jürgen Henkys, dem besten Kenner und Interpreten der Gefängnisgedichte, als «*das* geistliche Gedicht des 20. Jahrhunderts» bezeichnet. Es ist das letzte Gedicht und eines der letzten Zeugnisse, die uns von Bonhoeffer überliefert sind.

Entstanden ist es im Hausgefängnis des Reichssicherheitshauptamtes in der Berliner Prinz-Albrecht-Straße. Die Straße heißt inzwischen Niederkirchnerstraße; das Dokumentationszentrum, das hier errichtet wurde, trägt den Namen *Topographie des Terrors.* In diesem Gefängnis wurden vor allem Gefangene untergebracht, an deren Vernehmung die Gestapo ein besonderes Interesse hatte; der Ort war für seine brutalen Foltermethoden berüchtigt, die von der Gestapo zynisch als «verschärfte Vernehmungen» bezeichnet wurden. Hier verbrachte Bonhoeffer vom 8. Oktober 1944 bis zum 7. Februar 1945 vier entscheidende Monate der Inhaftierung, bevor er nach Buchenwald und schließlich über Schönberg nach Flossenbürg gebracht wurde. An diesem letzten Aufenthaltsort in Berlin vor seinem Tod schrieb er sein ursprünglich überschriftsloses Gedicht, das bei seiner ersten Veröffentlichung den Titel *Neujahr 1945* erhielt und dann mit der Überschrift *Von guten Mächten* um die Welt ging.

Auch im Hausgefängnis der Prinz-Albrecht-Straße waren die Gefangenen nicht vollständig von der Außenwelt abgeschnitten. Zu fest verabredeten Terminen konnten Angehörige beim Gefängnis, in dem inzwischen auch Klaus Bonhoeffer, Rüdiger Schleicher und Eberhard Bethge einsaßen, Essen, Wäsche oder Bücher abliefern. Für Bonhoeffer wurden diese Gaben Zeichen der Verbundenheit, Boten guter Mächte, auf die er vertraute, obwohl er von bösen Mächten umgeben war.

Dass solche Zeichen ihn erreichten, bedeutete noch nicht, dass er auch seinerseits Zeichen der Verbundenheit nach außen gelangen lassen konnte. Dass dies möglich wurde, verdankte er dem gewinnenden Wesen seiner Verlobten, Maria von Wedemeyer. Sie beeindruckte offenkundig den bayerischen Kriminalkommissar Franz Xaver Sonderegger, der im Hausgefängnis Dienst tat. Weil er eine Schwäche für Maria hatte, konnte Bonhoeffer ihn dazu bewegen, Maria zwei Briefe zu übergeben, den einen an sie selbst, den anderen an Bonhoeffers Mutter, die am 30. Dezember Geburtstag hatte. In dem Brief an Maria vom 19. Dezember 1944 schildert Bonhoeffer seine Situation in der Einsamkeit des Hausgefängnisses mit folgenden Worten:

«Es ist, als ob die Seele in der Einsamkeit Organe ausbildet,

**Die letzte Aufnahme
Dietrich Bonhoeffers im
August 1944**

die wir im Alltag kaum kennen. So habe ich mich noch keinen Augenblick allein und verlassen gefühlt. Du, die Eltern, Ihr alle, die Freunde und Schüler im Feld, Ihr seid mir immer ganz gegenwärtig. Eure Gebete und guten Gedanken, Bibelworte, längst vergangene Gespräche, Musikstücke, Bücher – bekommen Leben und Wirklichkeit wie nie zuvor. Es ist ein großes unsichtbares Reich, in dem man lebt und an dessen Realität man keinen Zweifel hat. Wenn es im alten Kinderlied von den Engeln heißt: ‹zweie, die mich decken, zweie, die mich wecken›, so ist diese Bewahrung am Abend und am Morgen durch gute unsichtbare Mächte etwas, was wir Erwachsenen heute nicht weniger brauchen als die Kinder. Du darfst also nicht denken, ich sei unglücklich.»

Und am Schluss dieses Briefs heißt es: «Hier noch ein paar Verse, die mir in den letzten Abenden einfielen. Sie sind der Weihnachtsgruß für Dich und die Eltern und die Geschwister.» An dieser auf das Gedicht hinführenden Bemerkung fällt zweierlei auf: «Ein paar Verse» klingt beiläufig, so als handle es sich um ein Gelegenheitsgedicht. Aber «in den letzten Abenden» – das zeigt nicht nur die Disziplin in der Strukturierung der Tage, an der Bonhoeffer im Gefängnis festhielt, um sich nicht der Traurigkeit auszuliefern; es zeigt auch, dass das Gedicht allmählich gewachsen ist, ja dass er besondere Sorgfalt darauf verwandt hat. So entstand «*das* geistliche Gedicht des 20. Jahrhunderts».

Im Angesicht des Todes fand Bonhoeffer die Kraft zu derart stillen und zuversichtlichen Zeilen. Weil das möglich war, konnte sein Text eine Leuchtkraft entwickeln, die weit über den ursprünglichen Entstehungszusammenhang hinausweist und Menschen erreichen kann, denen die Geschichte des Gedichts völlig unbekannt ist. Seine letzte Strophe hat Eingang in unzählige Poesiealben gefunden und stand befremdlicherweise in einem Nachruf auf den SS-Richter Otto Thorbeck, der Bonhoeffer am 8. April 1945 in Flossenbürg standrechtlich zum Tod verurteilt hatte. Diese eine Strophe wählte Siegfried Fietz in seiner Vertonung sogar als Refrain des ganzen Liedes, so dass sie sechsmal wiederholt wird. Dabei steht diese Strophe erst ganz am Ende. Nur die Worte «Von guten Mächten» zu Beginn lassen schon anklingen, was am Ende kommt und auch ans Ende gehört: die verhaltene Sprache eines Vertrauens auf Gott, eine Sprache, in der sogar der Gottesname erst ganz zum Schluss auftaucht, damit dieses Vertrauen jeden auf seine Weise erreichen kann. Dieses Vertrauen, so still und persönlich, so unsentimental und ergreifend es in diesem Gedicht formuliert wird, bildet eine Summe dessen, was man Dietrich Bonhoeffers Vermächtnis nennen kann.

Die ersten beiden Strophen des Gedichts «Von guten Mächten»
in Dietrich Bonhoeffers Weihnachtsbrief vom
19. Dezember 1944

Von guten Mächten treu und still umgeben,
behütet und getröstet wunderbar, –
so will ich diese Tage mit euch leben
und mit euch gehen in ein neues Jahr;

noch will das alte unsre Herzen quälen
noch drückt uns böser Tage schwere Last.
Ach Herr, gib unsern aufgeschreckten Seelen
das Heil, für das Du uns geschaffen hast.

Und reichst Du uns den schweren Kelch, den bittern,
des Leids, gefüllt bis an den höchsten Rand,
so nehmen wir ihn dankbar ohne Zittern
aus Deiner guten und geliebten Hand.

Doch willst Du uns noch einmal Freude schenken
an dieser Welt und ihrer Sonne Glanz,
dann woll'n wir des Vergangenen gedenken,
und dann gehört Dir unser Leben ganz.

Lass warm und hell die Kerzen heute flammen,
die Du in unsre Dunkelheit gebracht,
führ, wenn es sein kann, wieder uns zusammen!
Wir wissen es, Dein Licht scheint in der Nacht.

Wenn sich die Stille nun tief um uns breitet,
so lass uns hören jenen vollen Klang
der Welt, die unsichtbar sich um uns weitet,
all Deiner Kinder hohen Lobgesang.

Von guten Mächten wunderbar geborgen
erwarten wir getrost, was kommen mag.
Gott ist bei uns am Abend und am Morgen,
und ganz gewiss an jedem neuen Tag.

Dank

Dietrich Bonhoeffers theologische Biographie bildet für mein Leben und Denken schon lange einen wichtigen Bezugspunkt. Die Mitverantwortung für die Herausgabe seiner Werke, für das Weiterwirken seines Erbes und für den mit seinem Namen verbundenen Dialog über die Grenzen von Sprachen und Kulturen hinweg bedeutet mir viel. Nun habe ich meine Einsichten zu Person und Werk dieses ungewöhnlichen Theologen und wachen Zeitgenossen in einem Porträt zusammengefasst. Mein Buch zielt darauf, die Wechselwirkung zwischen Leben und Denken zu verdeutlichen. Es zielt aber auch auf den bleibenden Ertrag dieses bedeutenden Werks.

Das gemeinsame Bemühen um das Erbe Dietrich Bonhoeffers verband mich über viele Jahre mit meinem 1991 verstorbenen Lehrer Heinz Eduard Tödt. Der Erinnerung an ihn, dessen Geburtstag sich am 4. Mai 2018 zum einhundertsten Mal jährte, widme ich in dankbarer Verbundenheit mit seiner Frau Ilse Tödt dieses Buch. Sie hat sich um die kritische Gesamtausgabe der Werke Dietrich Bonhoeffers unvergleichliche, bis heute anhaltende Verdienste erworben. Mit Bewunderung denke ich an die große Zahl von Menschen in vielen Ländern, die das Erbe Bonhoeffers lebendig halten, seine Schriften edieren, übersetzen und interpretieren und nicht zuletzt: aus ihnen Konsequenzen für die eigene Gegenwart ziehen. Mit vielen von ihnen bin ich freundschaftlich verbunden.

Die Arbeit an diesem Buch wurde maßgeblich durch die Adolf-Loges-Stiftung gefördert. Hans-Richard Reuter und Ilse Tödt sage ich dafür herzlichen Dank. Durch diese Unterstützung konnten mir während der letzten Jahre Marc Bergermann, Daniel Koppehl und Tilman Asmus Fischer bei meiner Arbeit zur Seite stehen. An der Universität Stellenbosch, an der Emory University in Atlanta, am Union Theological Seminary in New York sowie an der Humboldt-Universität zu Berlin, aber ebenso in öffentlichen Veranstaltungen an unterschiedlichen Orten konnte ich Vorarbeiten zu diesem Buch vortragen.

Seit den ersten Vorüberlegungen hat Ulrich Nolte, mein Lektor im Verlag C.H.Beck, mich sehr zu diesem Vorhaben ermutigt, die unterschiedlichen Arbeitsphasen aufmerksam begleitet, das Manuskript einer sorgfältigen Durchsicht unterzogen und die Herstellung des Buchs immer in die richtigen Bahnen gelenkt. Ihm danke ich dafür ebenso herzlich wie Angelika von der Lahr, die unter anderem die Abbildungen für diesen Band ausgewählt und sich an den Korrekturarbeiten beteiligt hat. Besonders dankbar bin ich auch für die Unterstützung dieses Vorhabens durch den Verleger Jonathan Beck.

Die Beschäftigung mit Person und Werk Dietrich Bonhoeffers ist zu einem Teil des gemeinsamen Lebens mit meiner Frau Kara Huber geworden; ihr Interesse, ihre Unterstützung und ihre Liebe haben mich auch bei diesem Vorhaben beflügelt. Für dieses Geschenk danke ich ihr von Herzen.

Berlin, 2. Oktober 2018　　　　　　　　　　　*Wolfgang Huber*

Zeittafel

1906 **4. Februar** Geburt in Breslau zusammen mit der Zwillingsschwester Sabine als sechstes und siebtes Kind der Familie

1912 Umzug der Familie nach Berlin, wo der Vater eine Professur an der Friedrich-Wilhelms-Universität übernimmt und Direktor der Universitätsnervenklinik wird

1916 Umzug aus dem Bezirk Tiergarten nach Grunewald, Wangenheimstraße 14

1918 **28. April** Tod des Bruders Walter im Ersten Weltkrieg

1923 **1. März** Abitur am Grunewald-Gymnasium (heute Walther-Rathenau-Gymnasium) in Berlin

1923/24 Beginn des Theologiestudiums an der Universität Tübingen

1924 **April–Juni** Reise mit dem Bruder Klaus nach Italien und Nordafrika

1924–1927 Fortsetzung des Theologiestudiums an der Berliner Universität

1927 Beginn der Freundschaft mit Franz Hildebrandt

17. Dezember Promotion *summa cum laude* mit der Arbeit *Sanctorum Communio. Eine dogmatische Untersuchung*

1928 **17. Januar** Erstes Theologisches Examen mit der Note *Recht gut*

Februar Beginn des Vikariats in der deutschen Auslandsgemeinde in Barcelona

1929 **Februar** Rückkehr nach Berlin

Sommersemester Übernahme einer Assistentenstelle, Beginn der Arbeit an der Habilitationsschrift

1930 **8. Juli** Zweites Theologisches Examen mit *Recht gut* bestanden

12. Juli Habilitation mit der Arbeit *Akt und Sein. Transzendentalphilosophie und Ontologie in der systematischen Theologie*

3. September Empfang der ersten Exemplare der gedruckten Dissertation, nun unter dem Titel: *Sanctorum Communio. Eine dogmatische Untersuchung zur Soziologie der Kirche*

6. September Abreise nach New York zu einem Studienjahr am Union Theological Seminary

13. Dezember Reise nach Kuba (bis 2. Januar 1931)

1931 **5. Mai** Reise durch den Süden der USA bis nach Mexiko

20. Juni Nach der Rückkehr Abreise nach Deutschland

Juli Zwei Wochen bei Karl Barth in Bonn

1.–5. September Tagung des Weltbunds für internationale Freundschaftsarbeit der Kirchen in Cambridge, Wahl zu einem der drei Jugendsekretäre des Weltbunds

September Veröffentlichung der Habilitationsschrift

Beginn der Tätigkeit als Sekretär der Mittelstelle für ökumenische Jugendarbeit

2. November Beginn der Lehrtätigkeit als Privatdozent an der Berliner Universität, Vorlesung *Die Geschichte der Systematischen Theologie im 20. Jahrhundert*

15. November Ordination in der St.-Matthäus-Kirche in Berlin-Tiergarten, anschließend Übernahme der Studentenpfarrstelle an der Technischen Hochschule und des Konfirmandenunterrichts in der Zionsgemeinde Berlin-Mitte

1932 **Sommersemester** Vorlesung *Das Wesen der Kirche* und Seminar *Gibt es eine christliche Ethik?*

20.–30. Juli Jugend-Friedenskonferenz des Weltbunds für Freundschaftsarbeit der Kirchen in Čiernohorské Kúpele (Tschechoslowakei), Vortrag *Zur theologischen Begründung der Weltbundarbeit*

25.–31. August Jugendkonferenz des Weltbunds und des Ökumenischen Rats für Praktisches Christentum in Gland (Schweiz), erste Begegnung mit dem Bischof von Chichester, George Bell

Wintersemester Vorlesung *Schöpfung und Sünde* (1933 unter dem Titel *Schöpfung und Fall* veröffentlicht)

1933 **1. Februar** Radiovortrag *Wandlungen des Führerbegriffs in der jungen Generation*. In erweiterter Fassung unter dem Titel *Der Führer und der Einzelne in der jungen Generation* vorgetragen am 23. Februar in der Technischen Hochschule und Anfang März in der Deutschen Hochschule für Politik

April Aufsatz *Die Kirche vor der Judenfrage* (veröffentlicht im Juni)

Sommersemester Vorlesung *Christologie,* Seminar über *Hegels Religionsphilosophie*
Aufsatz *Was soll der Student der Theologie heute tun?*
August Mitarbeit am Entwurf des Betheler Bekenntnisses
11. September Gründung des Pfarrernotbunds gemeinsam mit Martin Niemöller und anderen
17. Oktober Beginn der Arbeit als Pfarrer der beiden deutschsprachigen Gemeinden Sydenham und St. Paul's Aldgate in London

1934 **8./9. Februar** Besuch einer Delegation des Kirchlichen Außenamts der Deutschen Evangelischen Kirche unter Leitung von Theodor Heckel in London
6. März Bonhoeffer wird in das Kirchliche Außenamt zitiert, Teilnahme an der ersten Freien Synode in Berlin-Brandenburg
31. Mai Barmer Theologische Erklärung verabschiedet durch die Bekenntnissynode der Deutschen Evangelischen Kirche in Wuppertal-Barmen
18.–30. August Tagung des Weltbunds für Freundschaftsarbeit der Kirchen und des Ökumenischen Rates für Praktisches Christentum in Fanø (Dänemark), Vortrag *Kirche und Völkerwelt*

1935 **Frühjahr** Besuch christlicher Kommunitäten in England
15. April Ende der Tätigkeit als Pfarrer in London und Rückkehr nach Deutschland
26. April Übernahme der Leitung eines Predigerseminars der Bekennenden Kirche der Altpreußischen Union zunächst im Zingsthof im Ostseebad Zingst
26. April–16. Oktober Erster Kurs: Vorlesungen *Die Nachfolge Christi* und *Kirchenverfassung,* homiletische und katechetische Übungen
Bekanntschaft mit Ruth von Kleist-Retzow und ihrer Enkelin Maria von Wedemeyer
Beginn der Freundschaft mit Eberhard Bethge
24. Juni Einzug des Seminars in das ehemals von Kattesche Gutshaus in Finkenwalde bei Stettin
31. Juli Vortrag *Christus in den Psalmen* in Finkenwalde
3.–12. August Aufenthalt Bonhoeffers in London, Abschiedsgottesdienste in den beiden Gemeinden Sydenham und St. Paul's Aldgate

August Aufsatz *Bekennende Kirche und Ökumene*

23. August Vortrag *Vergegenwärtigung neutestamentlicher Texte* vor der Bruderschaft provinz-sächsischer Hilfsprediger und Vikare in Hauteroda (Thüringen)

8.–11. Oktober Bibelarbeit *König David* vor der Bruderschaft pommerscher Hilfsprediger und Vikare in Finkenwalde

November Einrichtung des Bruderhauses zur Mitgestaltung des Lebens im Predigerseminar

1935/36 **Wintersemester** Vorlesung *Nachfolge* an der Berliner Universität

4. November–15. März Zweiter Kurs: Vorlesung *Sichtbare Kirche im Neuen Testament,* bibelkundliche Übung über *Neutestamentliche Grundbegriffe,* Vorlesungen über *Homiletik* und *Katechetik,* homiletische Übungen

1936 **29. Februar–10. März** Studienreise mit Seminaristen nach Dänemark und Schweden

15. April–23. August Dritter Kurs: Vorlesungen *Das neue Leben bei Paulus,* Konfirmandenunterricht, homiletische und katechetische Übungen

21. April Bibelarbeit über *Esra-Nehemia: Wiederaufbau Jerusalems*

8.–15. Juni Volksmission des Finkenwalder Predigerseminars im Kirchenkreis Belgard

Juni Aufsatz *Zur Frage nach der Kirchengemeinschaft,* Gutachten *Irrlehre in der Bekennenden Kirche?*

5. August Entzug der Lehrbefugnis an der Berliner Universität

Vortrag über die Geschichte des evangelischen Kirchenlieds *Das innere Leben der deutschen evangelischen Kirche* in Berlin

21.–25. August Konferenz des Ökumenischen Rats für Praktisches Christentum in Chamby (Schweiz)

25. August–Anfang September Gemeinsame Reise mit Eberhard Bethge nach Italien

1936/37 **17. Oktober–15. März** Vierter Kurs: Vorlesung *Konkrete Ethik bei Paulus,* Lehrveranstaltungen zu Kasualien und Beichte, homiletische Übungen, Konfirmandenunterrichtsplan

1937 **25.–30. Januar** Volksmission des Finkenwalder Predigerseminars im Kirchenkreis Greifenberg

16.–24. Februar Tagung des Weltbunds für internationale Freundschaftsarbeit der Kirchen in London

18. April–11. September Fünfter Kurs: Vorlesung *Gemeindeaufbau und Gemeindezucht im Neuen Testament*

19./20. Mai Referat *Sätze über Schlüsselgewalt und Gemeindezucht im Neuen Testament* in Finkenwalde

4.–10. Juli Volksmission des Finkenwalder Predigerseminars im Kirchenkreis Anklam

24. August Vortrag *Schlüsselgewalt und Gemeindezucht im Neuen Testament und bei den Reformatoren* vor der Bruderschaft provinz-sächsischer Hilfsprediger und Vikare in Stecklenburg (Harz)

29. August Staatspolizeiliches Verbot der Ausbildungseinrichtungen und Prüfungsämter der Bekennenden Kirche

29. September Staatspolizeiliche Schließung und Versiegelung des Predigerseminars Finkenwalde

November 27 ehemalige Finkenwalder in Haft

Erscheinen des Buchs *Nachfolge*

5. Dezember Fortsetzung der Pfarrerausbildung in illegalen Sammelvikariaten in Pfarrhäusern von Köslin und Groß Schlönwitz (Hinterpommern)

Bonhoeffers polizeilich gemeldeter Wohnsitz wird die Kreisstadt Schlawe, wo er und Bethge offiziell zu Hilfspredigern bestellt werden

1937/38 **5. Dezember–Ende März** Winterkurs

1938 **11. Januar** Aufenthaltsverbot für Berlin und Brandenburg, Ausnahmeregelung für private Besuche

Ende April–Ende August Sommerkurs

20.–25. Juni Freizeit der ehemaligen Finkenwalder in Zingst

Bibelarbeit über *Versuchung*

September/Oktober Niederschrift des Buchs *Gemeinsames Leben* vor dem Hintergrund der Erfahrungen im Predigerseminar

Mitte Oktober Treffen mit Hans von Dohnanyi und Personen aus dessen Umfeld in Berlin

1938/39 **17./19. Oktober–8. März** Winterkurs

3. November Eintrag in das Wehrstammblatt in Schlawe

20. November Rundbrief an die Finkenwalder mit Stellungnahme zur Pogromnacht des 9. November

1939 Veröffentlichung der ersten drei Auflagen von *Gemeinsames Leben* (4. Aufl. 1940)

10. März–18. April Besuch bei Sabine und Gerhard Leibholz in London, Begegnungen mit George Bell, Willem Visser't Hooft, Reinhold Niebuhr und Leonard Hodgson

April Verlegung des illegalen Sammelvikariats Groß Schlönwitz auf den Sigurdshof bei Wendisch Tychow (Hinterpommern)

Ende April–24./25. August Sommerkurs

22. Mai Musterung

2. Juni Abreise mit dem Bruder Karl-Friedrich über London nach New York

12. Juni Ankunft in New York

20. Juni Entscheidung zur Rückkehr nach Deutschland

7./8. Juli Abreise von New York, Rückreise über London

26. Juli Ankunft in Deutschland

August Freizeiten mit den beiden Sammelvikariaten

9. September Bewerbung um Heeres- und Lazarett-Seelsorgedienst (abgelehnt am 27. Februar 1940)

1939/40 **Ende Oktober–15. März** Letzter Sammelvikariatskurs nur noch in Sigurdshof

1940 Veröffentlichung von *Das Gebetbuch der Bibel*

18. März Schließung des Sigurdhofs durch die Geheime Staatspolizei

5.–25. Juni Erste Visitationsreise nach Ostpreußen

7.–29. Juli Zweite Visitationsreise nach Ostpreußen

22. August Reichsweites Redeverbot durch das Reichssicherheitshauptamt wegen «volkszersetzender Tätigkeit»

25. August–Anfang September Dritte Visitationsreise nach Ostpreußen

Mitte September Beginn der Arbeit an der *Ethik* in Klein Krössin

Oktober V-Mann des Amts Ausland/Abwehr im Oberkommando der Wehrmacht, der Münchener Außenstelle zugeordnet (dort zum ersten Mal ab 30. Oktober)

15. November Auftrag der Bekennenden Kirche zu wissenschaftlicher Arbeit

1940/41 **17. November–Februar** Intensive Arbeitsphase im Benediktinerkloster Ettal (Quartier im Hotel *Ludwig der Bayer*)

1941 **14. Januar** Bonhoeffer wird wegen seiner Arbeit für die Abwehr «uk» (unabkömmlich) gestellt

24. Februar–24. März Erste Reise für die Abwehr in die Schweiz

19. März Druck- und Veröffentlichungsverbot durch die Reichsschrifttumskammer

April–Juli Mehrfache Arbeitsaufenthalte in Klein Krössin

29. August–26. September Zweite Reise in die Schweiz

1942 **9. April** Erster Testamentbrief für Eberhard Bethge

10.–18. April Reise mit Helmuth James von Moltke nach Norwegen, Schweden und Dänemark

11.–26. Mai Dritte Reise in die Schweiz

30. Mai–2. Juni Reise nach Schweden, Treffen mit George Bell in Sigtuna

3.–5. Juni Wiedersehen mit Maria von Wedemeyer in Klein Krössin

16. Juni Gespräch mit Mitgliedern des Freiburger Kreises in Freiburg i. Br.

26. Juni–10. Juli Reise mit Hans von Dohnanyi nach Italien, Gespräche im Vatikan

22. August Marias Vater stirbt in Stalingrad

9. Oktober Besprechung mit Mitgliedern des Freiburger Kreises in Freiburg i. Br.

26. Oktober Marias Bruder Maximilian stirbt an der Ostfront

17.–19. November Treffen des Freiburger Kreises ohne Bonhoeffer. Dessen Vorarbeit: *Über die Möglichkeit des Wortes der Kirche an die Welt*

24. Dezember Zu Weihnachten überreicht Bonhoeffer an Familie und Freunde *Nach zehn Jahren*

1943 **13. Januar** Maria gibt schriftlich ihr Jawort

17. Januar Dietrich erhält Marias Brief und antwortet

Ende Januar Abschluss der Freiburger Denkschrift

13. März Aus München Aufforderung zur Musterung

15. März Kommissionsgutachten *Die Lehre vom primus usus legis nach den Bekenntnisschriften und ihre Kritik*

5. April Gleichzeitig mit Hans und Christine von Dohnanyi Verhaftung durch die Militärgerichtsbarkeit unter Beteiligung der Gestapo und Verbringung in das Wehrmachtsuntersuchungsgefängnis Tegel

14. April Erster Brief an die Eltern

30. April Entlassung Christine von Dohnanyis aus der Haft

15. Mai Hochzeit von Renate und Eberhard Bethge, *Traupredigt* aus der Haft

Mai–Juni Studie über das Zeitgefühl (nicht erhalten)

Juli Arbeit an einem Drama (Fragment erhalten)

Mitte August Beginn der Arbeit an einem Roman (Fragment erhalten)

30. Juli Mitteilung des dienstaufsichtsführenden Richters Manfred Roeder: Vernehmungen einstweilen abgeschlossen

1. August Letzter Brief an Roeder: Verteidigung gegenüber den möglichen Anklagepunkten

21. August Anklageverfügung gegen Bonhoeffer

18. November Bethge auf Urlaub in Berlin. Erste geschmuggelte Briefe an ihn. Daraus entwickelt sich die Korrespondenz, die die Grundlage für *Widerstand und Ergebung* bildet

15. Dezember Aufsatz *Was heißt die Wahrheit sagen?*

1944 **Februar–März** Arbeit an der Erzählung *Gefreiter Berg*

30. April Beginn der theologischen Briefe zum *Ende der Religion*

21. Mai Dietrich Bethges Taufe. Bonhoeffers *Gedanken zum Tauftag* werden verlesen

Juni–Juli Ausarbeitung über *Die erste Tafel der zehn Worte Gottes*

5. Juni Gedicht *Vergangenheit*. Damit Beginn der Gedichte aus der Haft

Juli Gedichte *Wer bin ich?*, *Christen und Heiden*, *Glück und Unglück* und *Nächtliche Stimmen*

3. August *Entwurf für eine Arbeit*

14. August Gedicht *Stationen auf dem Wege zur Freiheit*

8. September Constantin von Dietze und Adolf Lampe (Freiburger Kreis) verhaftet

22. September Fund von Dohnanyis Geheimarchiv in Zossen

1. Oktober Verhaftung von Klaus Bonhoeffer, Dietrichs Bruder

4. Oktober Verhaftung von Rüdiger Schleicher, Dietrichs Schwager

5. Oktober Verhaftung von Friedrich Justus Perels, dem Justitiar der Bekennenden Kirche

8. Oktober Überführung in das Hausgefängnis des Reichssicherheitshauptamtes in der Berliner Prinz-Albrecht-Straße

15. Oktober Verhaftung von Walter Bauer (Freiburger Kreis)

30. Oktober Eberhard Bethge im Gefängnis Lehrter Straße inhaftiert

1. November Verhaftung von Gerhard Ritter (Freiburger Kreis)

19. Dezember Gedicht *Von guten Mächten* als Weihnachtsgruß für Maria und die Familie

1945 **17. Januar** Letzter Brief an die Eltern

1. Februar Dohnanyi in das Gefängnis des Reichssicherheitshauptamts überführt

2. Februar Carl Friedrich Goerdeler hingerichtet

Todesurteile des Volksgerichtshofs unter Roland Freisler gegen Klaus Bonhoeffer, Rüdiger Schleicher, Friedrich Justus Perels, Hans John

7. Februar Überführung in das Konzentrationslager Buchenwald

3. April Abtransport vom Konzentrationslager Buchenwald

4. April Zwischenstation in Regensburg

5. April Aufgrund eines neuen Zossener Aktenfunds Vernichtungsbefehl Hitlers. Dohnanyi wieder in das Konzentrationslager Sachsenhausen verlegt

6. April Zwischenstation in Schönberg im Bayerischen Wald

8. April Ankunft in Flossenbürg, Todesurteil durch ein Standgericht

9. April Tod durch Erhängen in Flossenbürg, zusammen mit Wilhelm Canaris, Hans Oster, Ludwig Gehre, Karl Sack und Theodor Strünck; gleichzeitig wird Hans von Dohnanyi in Sachsenhausen erhängt

22./23. April Klaus Bonhoeffer, Rüdiger Schleicher, Friedrich Justus Perels, Hans John und andere werden nachts in Berlin am Lehrter Bahnhof erschossen

25. April Eberhard Bethge mit anderen aus der Haft freigelassen

30. Mai Der Mitarbeiter des Ökumenischen Rats der Kirchen Adolf Freudenberg telegraphiert aus Genf die Nachricht von Bonhoeffers Tod nach London

Juni Zunächst Maria von Wedemeyer und dann Bonhoeffers Eltern erfahren von seinem Tod

27. Juli Gedenkgottesdienst in der Holy Trinity Church am Kingsway in London unter Mitwirkung von Bischof George Bell, Franz Hildebrandt und Julius Rieger. Die Eltern hören die Radioübertragung des Gottesdienstes im BBC

Literatur

Ackermann, Josef: Dietrich Bonhoeffer – Freiheit hat offene Augen. Eine Biografie, Gütersloh 2006.

Adler, H. G.: Theresienstadt 1941–1955. Das Antlitz einer Zwangsgemeinschaft (1955), Nachdruck der 2. Aufl. Göttingen 2005.

Angenendt, Arnold: Toleranz und Gewalt. Das Christentum zwischen Bibel und Schwert, 4. Aufl. Münster 2008.

Anselm von Canterbury: Cur Deus Homo. Untersuchungen (1094–98). Lat.-dt. Ausgabe, hg. von Franciscus Salesius Schmitt, 5. Aufl. Stuttgart-Bad Cannstatt 1995.

Arendt, Hannah: Macht und Gewalt (1970), 8. Aufl. München 1993.

–: Eichmann in Jerusalem. Ein Bericht von der Banalität des Bösen (1963), mit einer Einleitung und einem Nachwort zur aktuellen Auflage von Hans Mommsen, München/Zürich 2011.

Barth, Friederike: Die Wirklichkeit des Guten. Dietrich Bonhoeffers «Ethik» und ihr philosophischer Hintergrund, Tübingen 2011.

Barth, Karl: Der Römerbrief (Erste Fassung) 1919, hg. von Hermann Schmidt (Karl Barth Gesamtausgabe, II. Akademische Werke 1919), Zürich 1985.

–: Der Römerbrief (Zweite Fassung) 1922, hg. von Cornelis van der Kooi und Katja Tolstaia (Karl Barth Gesamtausgabe, II. Akademische Werke 1922), Zürich 2010.

–: Das Wort Gottes und die Theologie. Gesammelte Vorträge, München 1924.

–: Der Götze wackelt. Zeitkritische Aufsätze, Reden und Briefe von 1930 bis 1960, 3. Aufl. Berlin 1964.

–: Theologische Existenz heute (1933), in: Fürst, Walther (Hg.): «Dialektische Theologie» in Scheidung und Bewährung 1933–1936. Aufsätze, Gutachten und Erklärungen, München 1966, 43–77.

–: Die Kirchliche Dogmatik Bd. IV/2, Zollikon-Zürich 1955.

Bataringaya, Pascal: Versöhnung nach dem Genozid. Impulse der Friedensethik Dietrich Bonhoeffers für Kirche und Gesellschaft in Ruanda, Kamen 2012.

Bayer, Oswald: Martin Luthers Theologie. Eine Vergegenwärtigung, 3. Aufl. Tübingen 2007.

Bedford-Strohm, Heinrich: «Nur wer für die Juden schreit, darf auch gregorianisch singen». Dietrich Bonhoeffer und die Juden, in: Baumann, Max Peter/Tim Becker/Raphael Woebs (Hg.): Musik und Kultur im jüdischen Leben der Gegenwart, Berlin 2006, 89–106.

–: Dietrich Bonhoeffer als öffentlicher Theologe, in: Evangelische Theologie 69 (2009), 329–341.

Begbie, Jeremy S.: Theology, Music, and Time, Cambridge 2000.

Benhabib, Seyla: Dignity in Adversity. Human Rights in Troubled Times, Cambridge 2011.

Bertram, Ernst: Nietzsche. Versuch einer Mythologie (1918), 2. Aufl. Berlin 1922.

Besier, Gerhard: «Durch uns ist unendliches Leid über viele Völker und Länder gebracht worden.» Schulderkenntnis und Schuldbekenntnis in der Geschichte unseres Jahrhunderts, in: Glaube und Lernen 21 (1986), 120–130.

–: Die evangelische Kirche in den Umbrüchen des 20. Jahrhunderts. Gesammelte Aufsätze. Bd. 1: Kirche am Übergang vom Wilhelminismus zur Weimarer Republik. Von der Weimarer Republik ins «Dritte Reich» – der «Kirchenkampf», Neukirchen-Vluyn 1994.

–/Gerhard Sauter: Wie Christen ihre Schuld bekennen. Die Stuttgarter Erklärung 1945, Göttingen 1985.

Bethge, Eberhard: Adam von Trott und der Deutsche Widerstand, in: Vierteljahrshefte für Zeitgeschichte 11 (1963), 213–223.

–: Fünfzig Jahre sind zu wenig, in: Wolfgang Huber (Hg.): Mut in böser Zeit. Gedenken an Dietrich Bonhoeffer und seine Freunde, Berlin 1995, 71–76.

–: Erstes Gebot und Zeitgeschichte. Aufsätze und Reden 1980–1990, München 1991.

–: Dietrich Bonhoeffer. Eine Biographie (1967), 9. Aufl. Gütersloh 2005.

Bethge, Renate/Christian Gremmels (Hg.): Dietrich Bonhoeffer. Bilder eines Lebens, Gütersloh 2005.

Böckenförde, Ernst-Wolfgang: Das unselige Handeln nach Kirchenräson, in: Süddeutsche Zeitung, 29.4.2010, 2.

Bonhoeffer, Dietrich: Werke, hg. von Eberhard Bethge, Ernst Feil, Christian Gremmels, Wolfgang Huber, Hans Pfeifer, Albrecht Schönherr, Heinz Eduard Tödt, Ilse Tödt, München/Gütersloh 1986–1999; Neuausgabe 2015, zitiert mit Bandnummer und Seitenzahl.

1: Sanctorum Communio. Eine dogmatische Untersuchung zur Soziologie der Kirche, hg. von Joachim von Soosten.

2: Akt und Sein. Transzendentalphilosophie und Ontologie in der systematischen Theologie, hg. von Hans-Richard Reuter.

3: Schöpfung und Fall, hg. von Martin Rüter und Ilse Tödt.

4: Nachfolge, hg. von Martin Kuske und Ilse Tödt.

5: Gemeinsames Leben. Das Gebetbuch der Bibel, hg. von Gerhard Ludwig Müller und Albrecht Schönherr.

6: Ethik, hg. von Ilse Tödt, Heinz Eduard Tödt, Ernst Feil und Clifford Green.

7: Fragmente aus Tegel, hg. von Renate Bethge und Ilse Tödt.

8: Widerstand und Ergebung. Briefe und Aufzeichnungen aus der Haft, hg. von Christian Gremmels, Eberhard Bethge und Renate Bethge in Zusammenarbeit mit Ilse Tödt.

9: Jugend und Studium 1918–1927, hg. von Hans Pfeifer in Zusammenarbeit mit Clifford Green und Carl-Jürgen Kaltenborn.

10: Barcelona, Berlin, Amerika 1928–1931, hg. von Reinhard Staats und Hans Christoph von Hase in Zusammenarbeit mit Holger Roggelin und Matthias Wünsche.

11: Ökumene, Universität, Pfarramt 1931–1932, hg. von Eberhard Amelung und Christoph Strohm.

12: Berlin 1932–1933, hg. von Carsten Nicolaisen und Ernst-Albert Scharffenorth.

13: London 1933–1935, hg. von Hans Goedeking, Martin Heimbucher und Hans-Walter Schleicher.

14: Illegale Theologenausbildung: Finkenwalde 1935–1937, hg. von Otto Dudzus und Jürgen Henkys in Zusammenarbeit mit Sabine Bobert-Stützel, Dirk Schulz und Ilse Tödt.

15: Illegale Theologenausbildung: Sammelvikariate 1937–1940, hg. von Dirk Schulz.

16: Konspiration und Haft 1940–1945, hg. von Jørgen Glenthøj, Ulrich Kabitz und Wolf Krötke.

17: Register und Ergänzungen, hg. von Herbert Anzinger und Hans Pfeifer unter Mitarbeit von Waltraud Anzinger und Ilse Tödt.

–: Dietrich-Bonhoeffer-Auswahl, 6 Bände, hg. von Christian Gremmels und Wolfgang Huber, Gütersloh 2006.

–: Zettelnotizen für eine «Ethik», hg. von Ilse Tödt, München 1993.

–/Maria von Wedemeyer: Brautbriefe Zelle 92. 1943–1945, hg. von Ruth-Alice von Bismarck und Ulrich Kabitz, München 1992.

Bonhoeffer, Emmi: Essay – Gespräch – Erinnerung, hg. von Sigrid Grabner und Hendrik Roeder, 3. Aufl. Berlin 2005.

Boyens, Armin: Das Stuttgarter Schuldbekenntnis vom 19. Oktober 1945 – Entstehung und Bedeutung, in: Vierteljahrshefte für Zeitgeschichte 19 (1971), 374–397.

Brakelmann, Günter: Protestantische Kriegstheologie im Ersten Weltkrieg. Reinhold Seeberg als Theologe des deutschen Imperialismus, Bielefeld 1974.

–/Traugott Jähnichen (Hg.): Die protestantischen Wurzeln der Sozialen Marktwirtschaft, Gütersloh 1994.

Brunner, Emil: Das Gebot und die Ordnungen. Entwurf einer protestantisch-theologischen Ethik, Zürich 1932.

–: Gerechtigkeit. Eine Lehre von den Grundgesetzen der Gesellschaftsordnung, Zürich 1943.

Burgsmüller, Alfred/Rudolf Weth: Die Barmer Theologische Erklärung. Einführung und Dokumentation (1983), 6. Aufl. Neukirchen-Vluyn 1998.

Busch, Eberhard: Karl Barths Lebenslauf. Nach seinen Briefen und autobiographischen Texten, München 1978.

Busch Nielsen, Kirsten/Ulrich Nielsen/Christiane Tietz (Hg.): Mysteries in the Theology of Dietrich Bonhoeffer. A Copenhagen Bonhoeffer Symposion, Göttingen 2007.

–/Ralf Wüstenberg/Jens Zimmermann (Hg.): Dem Rad in die Speichen fallen. Das Politische in der Theologie Dietrich Bonhoeffers, Gütersloh 2013.

Capozza, Nicoletta: Im Namen der Treue zur Erde. Versuch eines Vergleichs zwischen Bonhoeffers und Nietzsches Denken, Münster 2003.

Carter, Guy/René van Eyden/Hans-Dirk van Hoogstraten, Jurjen Wiersma (Hg.): Bonhoeffer's Ethics. Old Europe and New Frontiers, Kampen 1991.

Casanova, José: Public Religions in the Modern World, Chicago 1994.

Chowaniek, Elisabeth: Der «Fall Dohnanyi». Widerstand, Militärjustiz, SS-Willkür, München 1991.

Claß, Gottfried: Der verzweifelte Zugriff auf das Leben. Dietrich Bonhoeffers Sündenverständnis in «Schöpfung und Fall», Neukirchen-Vluyn 1994.

Claussen, Johann Hinrich: «Auf Gott hin geschaffen». Adolf von Harnack: Zwei Briefe an Emmi Delbrück, in: Zeitschrift für Theologie und Kirche 100 (2003), 22–43.

Clements, Keith: Bonhoeffer, London 2010.

Conway, John: How Shall the Nations Repent? The Stuttgart Declaration of Guilt, October 1945, in: Journal of Ecclesiastical History 38 (1987), 596–622.

De Gruchy, John W.: Bonhoeffer and South Africa. Theology in Dialogue, Grand Rapids, MI, 1984.

–: Christianity, Arts, and Transformation. Theological Aesthetics in the Struggle for Justice, Cambridge 2001.

–: Confessions of a Christian Humanist, Minneapolis, MN, 2006.

–: Eberhard Bethge – Freund Dietrich Bonhoeffers. Eine Lebensgeschichte, Gütersloh 2007.

– (Hg.): Bonhoeffer for a New Day. Theology in a Time of Transition. Grand Rapids, MI, 1997.

– (Hg.): The Cambridge Companion to Dietrich Bonhoeffer, Cambridge 1999.

–/Stephen Plant/Christiane Tietz (Hg.): Dietrich Bonhoeffers Theologie heute. Ein Weg zwischen Fundamentalismus und Säkularismus?, Gütersloh 2009.

DeJonge, Michael P.: Bonhoeffer's Theological Formation. Berlin, Barth, and Protestant Theology, Oxford 2012.

–: Bonhoeffer's Reception of Luther, Oxford 2017.

Dibelius, Otto: Das Jahrhundert der Kirche, 2. Aufl. Berlin 1927.

–: Die Verantwortung der Kirche. Eine Antwort an Karl Barth, Berlin o. J. (1931).

Dietrich, Hans-Georg: «... nicht nur stummer Gehorsam». Die Entstehung Freiburger Widerstandskreise über den evangelischen Kirchenkampf, in: Freiburger Universitätsblätter 219 (2018), 33–50.

Dietrich Bonhoeffer Jahrbuch, Bd. 1 ff., Gütersloh 2003 ff.

Dietzel, Stefan: Reinhold Seeberg als Ethiker des Sozialprotestantismus. Die ‹Christliche Ethik› im Kontext ihrer Zeit, Göttingen 2013.

Dilthey, Wilhelm: Weltanschauung und Analyse des Menschen seit Renaissance und Reformation (Gesammelte Schriften II, 1914), 7. Aufl. Stuttgart/Göttingen 1964.

Dohnanyi, Hans von: «Mir hat Gott keinen Panzer ums Herz gegeben». Briefe aus Militärgefängnis und Gestapohaft 1943–1945, hg. von Winfried Meyer, München 2015.

Dramm, Sabine: Dietrich Bonhoeffer. Eine Einführung in sein Denken, Gütersloh 2001.

–: V-Mann Gottes und der Abwehr? Dietrich Bonhoeffer und der Widerstand, Gütersloh 2005.

Ebeling, Gerhard: Die «nicht-religiöse Interpretation biblischer Begriffe» (1955), in: Ders.: Wort und Glaube, 3. Aufl. Tübingen 1967, 90–160.

Endraß, Elke: Bonhoeffer und seine Richter. Ein Prozess und sein Nachspiel, Stuttgart 2006.

Evangelische Kirche in Deutschland (EKD): Aus Gottes Frieden leben – für gerechten Frieden sorgen. Eine Denkschrift des Rates der Evangelischen Kirche in Deutschland, Gütersloh 2007.

–/Sekretariat der Deutschen Bischofskonferenz (DBK): Erinnerung heilen – Jesus Christus bezeugen. Ein gemeinsames Wort zum Jahr 2017, Hannover/Bonn 2016.

Evangelisches Gesangbuch, zitiert mit dem Kürzel EG.

Feil, Ernst: Die Theologie Dietrich Bonhoeffers. Hermeneutik – Christologie – Weltverständnis (1971), 5. Aufl. Berlin 2005.

–: Religio, Bd. I–IV, Göttingen 1986, 1991, 2001, 2007.

–: Antithetik neuzeitlicher Vernunft: «Autonomie – Heteronomie» und «rational – irrational», Göttingen 1987.

– (Hg.): Streitfall «Religion». Diskussionen zur Bestimmung und Abgrenzung des Religionsbegriffs, Münster 2000.

–: Religion statt Glaube – Glaube statt Religion?, in: Gremmels, Christian/ Wolfgang Huber (Hg.): Religion im Erbe. Dietrich Bonhoeffer und die Zukunftsfähigkeit des Christentums, Gütersloh 2002, 37–53.

–: Karl Barth und Dietrich Bonhoeffer, in: Beintker, Michael/Christian Link/Michael Trowitzsch (Hg.): Karl Barth im europäischen Zeitgeschehen (1935–1950). Widerstand – Bewährung – Orientierung, Zürich 2010, 309–331.

Die Finkenwalder Rundbriefe. Briefe und Texte von Dietrich Bonhoeffer und seinen Predigerseminaristen 1935–1946. Gesammelt von Eberhard Bethge, zum Druck vorbereitet durch Otto Berendts, hg. von Ilse Tödt, Gütersloh 2013.

Floyd, Wayne Whitson/Charles Marsh (Hg.): Theology and Practice of Responsibility. Essays on Dietrich Bonhoeffer, Valley Forge 1994.

Forck, Bernhard Heinrich (Hg.): Und folget ihrem Glauben nach. Gedenkbuch für die Blutzeugen der Bekennenden Kirche, Stuttgart 1949.

Ford, David F.: Self and Salvation. Being Transformed, Cambridge 1999.

Franziskus, Papst: Die Spaltung unter uns Christen ist ein Skandal, Stuttgart 2017.

Frick, Peter: Understanding Bonhoeffer, Tübingen 2017.

– (Hg.): Bonhoeffer's Intellectual Formation. Theology and Philosophy in His Thought, Tübingen 2008.

– (Hg.): Bonhoeffer and Interpretative Theory. Essays on Methods and Understanding, Frankfurt a. M. 2013.

Fritz, Hartmut: Otto Dibelius. Ein Kirchenmann in der Zeit zwischen Monarchie und Diktatur, Göttingen 1998.

Gallas, Alberto: Bonhoeffer lettore di Dilthey, in: Annali di Scienze Religiose 1 (1996), 99–120.

Gemeinsame Römisch-katholische/Evangelisch-lutherische Kommission: Kirche und Rechtfertigung. Das Verständnis der Kirche im Licht der Rechtfertigungslehre (1993), in: Dokumente wachsender Übereinstimmung, Bd. 3, Paderborn – Frankfurt a. M. 2003, 317–419.

Gerrens, Uwe: Medizinisches Ethos und theologische Ethik. Karl und Dietrich Bonhoeffer in der Auseinandersetzung um Zwangssterilisierung und «Euthanasie» im Nationalsozialismus, München 1996.

Graf, Friedrich Wilhelm: Innerlichkeit und Institution. Ist eine empirische Ekklesiologie möglich?, in: Pastoraltheologie 77 (1988), 382–393.

–: Die Wiederkehr der Götter. Religion in der modernen Kultur, München 2004.

–: Der heilige Zeitgeist. Studien zur Ideengeschichte der protestantischen Theologie in der Weimarer Zeit, Tübingen 2011.

–: Fachmenschenfreundschaft. Studien zu Troeltsch und Weber, Berlin 2014.

Green, Clifford J.: Freiheit zur Mitmenschlichkeit. Dietrich Bonhoeffers Theologie der Sozialität (1972), Gütersloh 2004.

–: Pacifism and Tyrannicide: Bonhoeffer's Christian Peace Ethic, in: Studies in Christian Ethics 18 (2005), 31–47.

–: Bonhoeffer at Union. Critical Turning Points: 1931 and 1939, in: Union Seminary Quarterly Review 62 (2010), 1–16.

–/Guy C. Carter (Hg.): Interpreting Bonhoeffer. Historical Perspectives. Emerging Issues, Minneapolis 2013.

Gregor, Brian/Jens Zimmermann (Hg.): Bonhoeffer and Continental Thought: Cruciform Philosophy, Bloomington/Indianapolis 2009.

Gremmels, Christian: Mündigkeit. Geschichte und Entfaltung eines Begriffs, in: Die Mitarbeit. Zeitschrift für Gesellschafts- und Kulturpolitik 18 (1969), 360–372.

–: Dietrich Bonhoeffer. Versuch über die Kraft zum Widerstehen, in: Brakelmann, Günter/Traugott Jähnichen (Hg.): Dietrich Bonhoeffer – Stationen auf dem Weg in den politischen Widerstand, Münster 2005, 13–34.

–: Theologie und Lebenswelt. Beiträge zur Theologie der Gegenwart, hg. von Florian Schmitz, Gütersloh 2012.

–/Hans Pfeifer (Hg.): Theologie und Biographie. Zum Beispiel Dietrich Bonhoeffer, München 1983.

-/Wolfgang Huber (Hg.): Theologie und Freundschaft. Wechselwirkungen: Eberhard Bethge und Dietrich Bonhoeffer, Gütersloh 1994.

-/-: Religion im Erbe. Dietrich Bonhoeffer und die Zukunftsfähigkeit des Christentums, Gütersloh 2002.

Greschat, Martin (Hg.): Die Schuld der Kirche. Dokumente und Reflexionen zur Stuttgarter Schulderklärung vom 18./19. Oktober 1945, München 1982.

-: Im Zeichen der Schuld. 40 Jahre Stuttgarter Schuldbekenntnis. Eine Dokumentation, Neukirchen-Vluyn 1985.

Grotefeld, Stefan: Friedensförderung durch internationale Freundschaftsarbeit der Kirchen von 1919 bis 1933. Das Beispiel der deutschen Weltbundvereinigung, in: Kirchliche Zeitgeschichte 4 (1991), 46-72.

Grünwaldt, Klaus/Christiane Tietz/Udo Hahn (Hg.): Bonhoeffer und Luther. Zentrale Themen ihrer Theologie, Hannover 2007.

Gütter, Ruth: Innerste Konzentration für den Dienst nach außen. Grundlinien der mittleren und späten Ekklesiologie Bonhoeffers in ihrer Bedeutung für die Ökumenische Bewegung heute, Frankfurt a. M. 2000.

Hamilton, Nadine: Dietrich Bonhoeffers Hermeneutik der Responsivität. Ein Kapitel Schriftlehre im Anschluss an Schöpfung und Fall, Göttingen 2016.

-: «Der Gerechte wird sich freuen [...] und wird seine Füße baden in des Gottlosen Blut» (Ps 85.11), in: Evangelische Theologie 77 (2017), 282-297.

Hamm, Berndt: Normative Zentrierung städtischer Religiosität zwischen 1450 und 1550, in: Safley, Max (Hg.): Ad historiam humanam. Aufsätze für Hans-Christoph Rublack, Epfendorf 2005, 63-80.

Hammerstein, Notker (Hg.): Deutsche Bildung? Briefwechsel zweier Schulmänner. Otto Schumann - Martin Havenstein 1930-1944, Frankfurt a. M. 1988.

Härle, Wilfried, Befreiende Gewissheit, in: Ders.: Spurensuche nach Gott. Studien zur Fundamentaltheologie und Gotteslehre, Berlin 2008, 69-95.

Harnack, Adolf von: Ausgewählte Reden und Aufsätze, hg. von Agnes von Zahn-Harnack und Axel von Harnack, Berlin 1951.

-: Das Wesen des Christentums (1900), hg. und kommentiert von Trutz Rendtorff, Gütersloh 1999.

Havenstein, Martin: Nietzsche. Ein Jugendverderber? Eine Verteidigungsschrift, Leipzig 1906.

-: Nietzsche als Erzieher, in: Oehler, Max (Hg.): Den Manen Friedrich Nietzsches, München o. J. (1921), 91-108.

Haynes, Stephen R.: The Bonhoeffer Phenomenon. Portraits of a Protestant Saint, Minneapolis 2004.

Hegel, Georg Wilhelm Friedrich: Religionsphilosophie, hg. von Philipp Konrad Marheineke, Berlin 1832.

–: Werke in zwanzig Bänden (Theorie-Werkausgabe), Frankfurt a. M. 1986.

Heimbucher, Martin: Christusfriede – Weltfrieden. Dietrich Bonhoeffers kirchlicher und politischer Kampf gegen den Krieg Hitlers, Gütersloh 1997.

Henkys, Jürgen: Geheimnis der Freiheit. Die Gedichte Dietrich Bonhoeffers aus der Haft. Biographie – Poesie – Theologie, Gütersloh 2005.

Henrix, Hans Hermann/Wolfgang Kraus (Hg.): Die Kirchen und das Judentum. Dokumente von 1986 bis 2000, Gütersloh 2001.

Heuss, Theodor: Dank und Bekenntnis, in: Ders. (Hg.): Bekenntnis und Verpflichtung. Reden und Aufsätze zur zehnjährigen Wiederkehr des 20. Juli 1944, Stuttgart 1955, 9–21.

Heuvel, Steven C. van den: Bonhoeffer's Christocentric Theology and Fundamental Debates in Enviromental Ethics, Princeton 2017.

Hintz, Marein/Ireneusz Lukas (Hg.): Auf dem Weg zur Versöhnung. Zum 50. Jahrestag der Ostdenkschrift der Evangelischen Kirche in Deutschland, polnisch und deutsch, Warschau 2015.

Hirsch, Emanuel: Schöpfung und Sünde in der natürlich-geschichtlichen Wirklichkeit des einzelnen Menschen. Versuch einer Grundlegung christlicher Lebensweisung, Tübingen 1931.

Holl, Karl: Gesammelte Aufsätze zur Kirchengeschichte, Bd. I: Luther (1921), 6. Aufl. Tübingen 1932.

Holl, Karl: Pazifismus, in: Geschichtliche Grundbegriffe, Bd. 4, Stuttgart 1978, 767–787.

Huber, Ernst Rudolf/Wolfgang Huber: Staat und Kirche im 19. und 20. Jahrhundert. Dokumente zur Geschichte des deutschen Staatskirchenrechts, Bd. III, Berlin 1990, Nachdruck Darmstadt 2014.

Huber, Wolfgang: Folgen christlicher Freiheit. Ethik und Theorie der Kirche im Horizont der Barmer Theologischen Erklärung, 2. Aufl. Neukirchen-Vluyn 1985.

–: Konflikt und Konsens. Studien zur Ethik der Verantwortung, München 1990.

–: Kirche und Öffentlichkeit (1973), 2. Aufl. München 1991.

–: Gerechtigkeit und Recht. Grundlinien christlicher Rechtsethik (1996), 3. Aufl. Gütersloh 2006.

–: Von der Freiheit. Perspektiven für eine solidarische Welt, München 2012.

–: Ethik. Die Grundfragen unseres Lebens von der Geburt bis zum Tod, 2. Aufl. München 2015.

–: Glaubensfragen. Eine evangelische Orientierung, München 2017.

–: Ehrfurcht vor dem Heiligen. Zur Aktualität des «Prinzip Verantwortung» von Hans Jonas, in: Pastoraltheologie 107 (2018), 411–426.

Hüffmeier, Wilhelm/Jürgen Kampmann (Hg.): Du sollst nicht töten. Gottes Gebot im totalen Krieg. Dokumentation des deutsch-polnischen Symposions vom 3. bis 5. Oktober 2003 in Wroclaw zum Gedenken an die letzte Bekenntnissynode der Evangelischen Kirche der altpreußischen Union im Jahr 1943 in Breslau, Bielefeld 2006.

Hüneke, Martin/Heinrich Bedford-Strohm (Hg.): Eberhard Bethge. Weggenosse, Gesprächspartner und Interpret Dietrich Bonhoeffers, Gütersloh 2011.

In der Stunde Null. Die Denkschrift des Freiburger «Bonhoeffer-Kreises»: Politische Gemeinschaftsordnung. Ein Versuch zur Selbstbesinnung des christlichen Gewissens in den politischen Nöten unserer Zeit, eingeleitet von Helmut Thielicke, mit einem Nachwort von Philipp von Bismarck, Tübingen 1979.

International Bonhoeffer Interpretations, Bd. 1 ff., Frankfurt a. M. 2008 ff.

Internationales Bonhoeffer-Forum, Bd. 1–10, München 1976–1996.

Iwand, Hans-Joachim/Ernst Wolf: Entwurf eines Gutachtens zur Frage des Widerstandsrechts nach evangelischer Lehre, in: Junge Kirche 13 (1952), 192–201.

Joas, Hans: Die Macht des Heiligen. Eine Alternative zur Geschichte von der Entzauberung, Berlin 2017.

Jonas, Hans: Das Prinzip Verantwortung, Teilband 1 und 2, hg. von Dietrich Böhler und Bernadette Hermann, Freiburg i. Br. 2015, 2017.

Jörns, Klaus-Peter: Notwendige Abschiede. Auf dem Weg zu einem glaubwürdigen Christentum (2004), 6. Aufl. Gütersloh 2017.

Jüngel, Eberhard: Gott als Geheimnis der Welt. Zur Begründung der Theologie des Gekreuzigten im Streit zwischen Theismus und Atheismus (1977), 6. Aufl. Tübingen 1992.

Kahl, Werner: Evangeliumsvergegenwärtigung als Prinzip theologisch-kritischer Bibelinterpretation und Weltdeutung. Zur bleibenden Bedeutung von Bonhoeffers Hermeneutik, in: Schmitz, Florian/Christiane Tietz (Hg.): Dietrich Bonhoeffers Christentum. Festschrift für Christian Gremmels, Gütersloh 2011, 134–155.

Kant, Immanuel: Werke, hg. von Wilhelm Weischedel, 6 Bände, Wiesbaden 1956.

Kaufmann, Thomas: Die Harnacks und die Seebergs. «Nationalprotestantische Mentalitäten» im Spiegel zweier Theologenfamilien, in: Gailus, Manfred/Hartmut Lehmann (Hg.): Nationalprotestantische Mentalitäten. Konturen, Entwicklungen und Umbrüche eines Weltbildes, Göttingen 2005, 165–222.

Kermani, Navid: Dein Name, München 2011.

–: Ungläubiges Staunen. Über das Christentum, München 2015.

Kierkegaard, Søren: Zur Selbstprüfung der Gegenwart anbefohlen (1851) (Gesammelte Werke, 27., 28., 29. Abteilung), Düsseldorf 1953.

Kirchliches Jahrbuch für die evangelische Kirche in Deutschland. 1933–1944, hg. von Joachim Beckmann (1948), 2. Aufl. Gütersloh 1976.

Kirkpatrick, Matthew D. (Hg.): Engaging Bonhoeffer. The Impact and Influence of Bonhoeffer's Life and Thought, Minneapolis 2016.

Kittlitz, Allard von: Manche Menschen glauben nicht an Gott, aber wenn sie Bach hören, werden sie religiös, in: DIE ZEIT Nr. 14, 28.3.2018.

Klein, Michael: Märtyrer im vollen Sinn dieses Wortes. Das Bild Dietrich Bonhoeffers im frühen Gedenken der kirchlichen und politischen Öffentlichkeit. In: Evangelische Theologie 67 (2007), 419–432.

Köberle, Adolf: Rechtfertigung und Heiligung. Eine biblische, theologiegeschichtliche und systematische Untersuchung (1929), 4. Aufl. Gießen 1987.

Kodalle, Klaus-Michael: Dietrich Bonhoeffer. Zur Kritik seiner Theologie, Gütersloh 1991.

Korsch, Dietrich: Glaube und Rechtfertigung, in: Beutel, Albrecht (Hg.): Luther-Handbuch, 3. Aufl. Tübingen 2017, 418–428.

Körtner, Ulrich H. J.: Wiederkehr der Religion? Das Christentum zwischen neuer Spiritualität und Gottvergessenheit, Gütersloh 2006.

Krockow, Christian Graf von: Die Entscheidung. Eine Untersuchung über Ernst Jünger, Carl Schmitt, Martin Heidegger, Stuttgart 1958.

Krötke, Wolf: Die Kirche im Umbruch der Gesellschaft. Theologische Orientierungen im Übergang vom «real existierenden Sozialismus» zur demokratischen, pluralistischen Gesellschaft, Tübingen 1994.

–: Der zensierte Bonhoeffer. Zu einem schwierigen Kapitel der Theologiegeschichte in der DDR, in: Zeitschrift für Theologie und Kirche 92 (1995), 329–356.

–: Barmen – Barth – Bonhoeffer. Beiträge zu einer zeitgemäßen christozentrischen Theologie, Bielefeld 2009.

Kruse, Andreas: Die Grenzgänge des Johann Sebastian Bach. Psychologische Einblicke, 2. Aufl. Berlin/Heidelberg 2014.

Lange, Dietz: Ethik in evangelischer Perspektive, Göttingen 1992.

Lehmann, Karl: Kirche der Sünder, Kirche der Heiligen, in: Kuhlmann, Helga (Hg.): Fehlbare Vorbilder in Bibel, Christentum und Kirchen, Berlin 2010, 161–169.

Leibholz-Bonhoeffer, Sabine: Vergangen, erlebt, überwunden. Schicksale der Familie Bonhoeffer (1968), 6. Aufl. Gütersloh 1990.

Leppin, Volker/Dorothea Sattler (Hg.): Reformation 1517–2017. Ökumenische Perspektiven, Freiburg i. Br./Göttingen 2014.

Limbach, Jutta/Herta Däubler-Gmelin/Günther Hirsch/Winfried Meyer/ Klaus von Dohnanyi: Erinnerung an Hans von Dohnanyi, Berlin 2003.

Loisy, Alfred: Evangelium und Kirche, München 1904.

Lorentzen, Tim: Bonhoeffers Widerstand im Gedächtnis der Nachwelt (1945–2006). Theol. Habilitationsschrift München 2013.

–: «Geschenk ökumenischer Bruderschaft». Beobachtungen zu polyzentrischen Strukturen der Bonhoeffer-Rezeption, in: Koschorke, Klaus/Adrian Hermann (Hg.): Polyzentrische Strukturen des Weltchristentums, Wiesbaden 2014, 317–334.

Löwenthal, Richard: Widerstand im totalen Staat. In: Ders./Patrick zur Mühlen (Hg.): Widerstand und Verweigerung in Deutschland 1933–1945. 3. Aufl. Bonn 1997, 11–24.

Lüpke, Johannes von: Frieden im Kampf um Gerechtigkeit und Wahrheit. Dietrich Bonhoeffers Friedensethik, in: Stümke, Volker/Matthias Gillner (Hg.): Friedensethik im 20. Jahrhundert, Stuttgart 2011, 13–28.

Luther, Martin: D. Martin Luthers Werke (= WA), 120 Bände, Weimar 1883–2009.

–: Ausgewählte Werke, hg. von Hans Heinrich Borcherdt und Georg Merz, Ergänzungsreihe Bd. 3, München 1940.

–: Die ganze Heilige Schrift Deutsch. Wittenberg 1545, hg. von Hans Volz u. a., München 1972.

–: Ausgewählte Schriften, hg. von Karin Bornkamm und Gerhard Ebeling, 6 Bände, Frankfurt a. M. 1982.

–: Vorreden zur Bibel, hg. von Heinrich Bornkamm, Göttingen 1989.

–: Lateinisch-Deutsche Studienausgabe, hg. von Wilfried Härle, Johannes Schilling und Günther Wartenberg unter Mitarbeit von Michael Beyer, 3 Bände, Leipzig 2006–2008.

Luz, Ulrich: Theologische Hermeneutik des Neuen Testaments, Neukirchen-Vluyn 2014.

Maier, Hans: Die Freiburger Kreise. Akademischer Widerstand und soziale Marktwirtschaft, Paderborn 2014.

Marquard, Reiner: Das Widerstandsrecht in evangelischer Perspektive bei Dietrich Bonhoeffer, in: Freiburger Universitätsblätter, 219 (2018), 159–174.

Marsh, Charles: Reclaiming Dietrich Bonhoeffer. The Promise of his Theology, New York/Oxford 1994.

–: Dietrich Bonhoeffer. Der verklärte Fremde. Eine Biographie, Gütersloh 2015.

Marty, Martin E.: Dietrich Bonhoeffer's Letters and Papers from Prison. A Biography, Princeton 2011.

Mendelssohn Bartholdy, Felix: Sämtliche Briefe, Bd. 2: Juli 1830 bis Juli 1832, hg. von Anja Morgenstern/Uta Wald, Kassel u. a. 2009.

Merseburger, Peter: Theodor Heuss. Der Bürger als Präsident. Biographie, München 2012.

Metaxas, Eric: Bonhoeffer. Pastor, Agent, Märtyrer und Prophet (2011), 6. Aufl. Holzgerlingen 2014.

Meyer, Winfried: Unternehmen Sieben. Eine Rettungsaktion für vom Holocaust Bedrohte aus dem Amt Ausland/Abwehr im Oberkommando der Wehrmacht, Frankfurt a. M. 1993.

Michaelis, Gottfried: Der Fall Vischer. Ein Kapitel des Kirchenkampfes, Bielefeld 1994.

Moll-Murata, Christine: Liu Xiaobo liest Bonhoeffer. Kommentierte Übersetzung des Essays «Erneute Lektüre von Briefe und Aufzeichnungen aus der Haft im Gefängnis», in: Bochumer Jahrbuch zur Ostasienforschung 35 (2011), 31–46.

Moltmann, Jürgen (Hg.): Anfänge der dialektischen Theologie (1966), Teil 1, 4. Aufl. München 1977.

–: Theologie mit Dietrich Bonhoeffer. Die Gefängnisbriefe, in: De Gruchy, John W./Stephen Plant/Christiane Tietz (Hg.): Dietrich Bonhoeffers Theologie heute. Ein Weg zwischen Fundamentalismus und Säkularismus?, Gütersloh 2009, 17–31.

Mommsen, Peter: Bonhoeffer in China. An Interview with Yu Jie, in: Plough Quarterly Magazine 12 (2017) [https://www.plough.com/en/tpics/justice/politics/religious-liberty/bonhoeffer-in-china].

Morawska, Anna: Dietrich Bonhoeffer. Ein Christ im Dritten Reich, Münster 2011.

Müller, Christine-Ruth: Bekenntnis und Bekennen. Dietrich Bonhoeffer in Bethel (1933). Ein lutherischer Versuch, München 1989.

–: Dietrich Bonhoeffers Kampf gegen die nationalsozialistische Verfolgung und Vernichtung der Juden. Bonhoeffers Haltung zur Judenfrage im

Vergleich mit Stellungnahmen aus der evangelischen Kirche und Kreisen des deutschen Widerstands, München 1990.

Müller, Hanfried: Von der Kirche zur Welt (1961), 2. Aufl. Leipzig 1966.

Die mündige Welt, Bd. 1–5, München 1955–1969.

Niebuhr, Reinhold: The Death of a Martyr. In: Christianity and Crisis 5/11 (1945), 6 f.

Nottmeier, Christian: Theologie und Politik in der ersten deutschen Demokratie: Adolf von Harnack und Reinhold Seeberg, in: Dieter Dowe (Hg.): Hans-Rosenberg-Gedächtnispreis 2006 der Heinrich-August-Winkler-und-Dörte-Winkler-Stiftung in der Friedrich-Ebert-Stiftung, Bonn 2006, 19–57.

Otto, Walter F.: Die Götter Griechenlands. Das Bild des Göttlichen im Spiegel des griechischen Geistes (1929), 10. Aufl. Frankfurt a. M. 2013.

Pangritz, Andreas: Polyphonie des Lebens. Zu Dietrich Bonhoeffers «Theologie der Musik», 2. Aufl. Berlin 2000.

–: Point and Counterpoint – Resistance and Submission: Dietrich Bonhoeffer on Theology and Music in Times of War and Social Crisis, in: Holness, Lyn/Ralf K. Wüstenberg (Hg.): Theology in Dialogue: The Impact of the Arts, Humanities, and Science on Contemporary Religious Thought. Essays in Honor of John W. de Gruchy, Grand Rapids 2002, 28–42.

–: Musik und Theologie bei Dietrich Bonhoeffer, in: Glaube und Lernen 29 (2014), 158–172.

Peck, William J.: New Studies in Bonhoeffer's Ethics, Lewiston/Queenston, 1987.

Plant, Stephen: Bonhoeffer. London/New York 2004.

–/Ralf K. Wüstenberg (Hg.): Religion, Religionlessness and Contemporary Western Culture, Berlin u. a. 2008.

Prüller-Jagenteufel, Gunter: Befreit zur Verantwortung. Sünde und Versöhnung in der Ethik Dietrich Bonhoeffers, Münster 2004.

–: Das «Aufhaltende» und die «Vernarbung» der Schuld, in: Busch Nielsen, Kirsten/Ralf. K. Wüstenberg/Jens Zimmermann (Hg.): Dem Rad in die Speichen fallen. Das Politische in der Theologie Dietrich Bonhoeffers, Gütersloh 2013, 220–232.

Rade, Martin: Das System Seeberg und die innerkirchliche Lage, in: Die Christliche Welt 22 (1908), 419–424.

–: Noch einmal das System Seeberg, in: Die Christliche Welt 22 (1908), 683–687.

–: Die Kirche und die Rassenfrage, in: Die Christliche Welt 47 (1933), 527 f.

Rahner, Karl: Über die Möglichkeit des Glaubens heute, in: Schriften zur Theologie V, Einsiedeln u. a. 1962, 11–32.

–: Sündige Kirche nach den Dekreten des Zweiten Vatikanischen Konzils, in: Schriften zur Theologie VI, Einsiedeln u. a. 1965, 321–345.

–: Kirche der Sünder. Mit einem Geleitwort von Karl Lehmann, hg. von Andreas R. Batlogg, Freiburg i. Br. 2011.

Raiser, Konrad: Bonhoeffer und die ökumenische Bewegung. Historische Rekonstruktion und Bedeutung für heute, in: Ökumenische Rundschau 54 (2005), 205–222.

Rasmussen, Larry L.: Dietrich Bonhoeffer. Reality and Resistance, Nashville 1972.

Ratzinger, Joseph/Benedikt XVI.: Jesus von Nazareth. Erster Teil. Von der Taufe bis zur Verklärung, Freiburg i. Br. 2007.

Reich, Christa: Der Cantus firmus. Musikalische Praxis und musiktheologisches Denken bei Dietrich Bonhoeffer, in: Musik und Kirche 76 (2006), 11–17.

Reuter, Hans-Richard: Frieden – Einsichten für das 21. Jahrhundert. 12. Dietrich-Bonhoeffer-Vorlesung Juni 2008 in Münster, Berlin 2009, 15–42.

–: Recht und Frieden. Beiträge zur politischen Ethik. Leipzig 2013.

Ringshausen, Gerhard: Der christliche Protest. Konfessionelle Dichtung und nonkonformes Schreiben im Dritten Reich. In: Kroll, Frank-Lothar/ Rüdiger von Voss (Hg.): Schriftsteller und Widerstand. Facetten und Probleme der Inneren Emigration, Göttingen 2012, 267–296.

Rosenzweig, Franz: Das neue Denken. Einige nachträgliche Bemerkungen zum «Stern der Erlösung», in: Franz Rosenzweig, der Mensch und sein Werk. Gesammelte Schriften, Bd. III, hg. von Reinhold und Annemarie Mayer, Dordrecht u. a. 1984, 139–161.

Schleiermacher, Friedrich Daniel Ernst: Der Christliche Glaube nach den Grundsätzen der evangelischen Kirche im Zusammenhang dargestellt (2. Aufl. 1830), 7. Aufl. Berlin 1960.

–: Über die Religion. Reden an die Gebildeten unter ihren Verächtern (1799), hg. von Günter Meckenstock, Berlin 1999.

Schliesser, Christine: The Concept of Accepting Guilt in Dietrich Bonhoeffer, Neukirchen-Vluyn 2006.

–: Schuld durch rechtes Tun? Verantwortliches Handeln nach Dietrich Bonhoeffer, Neukirchen-Vluyn 2006.

Schlingensiepen, Ferdinand: Dietrich Bonhoeffer 1906–1945. Eine Biographie, München 2005.

Schminck-Gustavus, Christoph U.: Der «Prozess» gegen Dietrich Bonhoeffer und die Freilassung seiner Mörder, Bonn 1995.

Schmitt, Carl: Der Begriff des Politischen. Text von 1932 mit einem Vorwort und drei Collarien, Berlin 1963.

Schmitz, Florian: «Nachfolge». Zur Theologie Dietrich Bonhoeffers, Göttingen 2013.

Schneider, Reinhold: Lyrik. Gesammelte Werke. Bd. 5. Frankfurt a. M. 1991.

Scholder, Klaus: Die Kirchen und das Dritte Reich, Bd. I, II, Frankfurt a. M. 1977, 1985.

Schönherr, Albrecht: ... aber die Zeit war nicht verloren. Erinnerungen eines Altbischofs, Berlin 1993.

-/Wolf Krötke (Hg.): Bonhoeffer-Studien. Beiträge zur Theologie und Wirkungsgeschichte Dietrich Bonhoeffers, München 1985.

Schulte, Tobias: Ohne Gott mit Gott. Glaubenshermeneutik mit Dietrich Bonhoeffer, Regensburg 2014.

Schultze, Harald/Andreas Kurschat (Hg.): «Ihr Ende schaut an ...» Evangelische Märtyrer des 20. Jahrhunderts, 2. Aufl. Leipzig 2008.

Schwambach, Claus: Rechtfertigungsgeschehen und Freiheitsprozess, Göttingen 2004.

Seeberg, Erich: Rezension von Agnes von Zahn-Harnack, Adolf von Harnack, in: Theologische Literaturzeitung 62 (1937), 19–21.

Seeberg, Reinhold: Lehrbuch der Dogmengeschichte (1895/98), Nachdruck der 3./4. Aufl., 4 Bände, 6. Aufl. Darmstadt 1959, 1965.

-: Die Theologie des Johannes Duns Scotus. Eine dogmengeschichtliche Untersuchung, Leipzig 1900.

-: Die Grundwahrheiten der christlichen Religion. Ein akademisches Publikum in sechzehn Vorlesungen vor Studierenden aller Fakultäten der Universität Berlin im Winter 1901/1902 gehalten (1902), 5. Aufl. Leipzig 1910.

-: Das System Seeberg, in: Die Christliche Welt 17 (1908), 615–618.

-: System der Ethik (1911), 2. Aufl. Erlangen/Leipzig 1920.

-: Christliche Dogmatik, 2 Bände, Erlangen/Leipzig 1924, 1925.

Sifton, Elisabeth/Fritz Stern: Keine gewöhnlichen Männer. Dietrich Bonhoeffer und Hans von Dohnanyi im Widerstand gegen Hitler. München 2013.

Smid, Marikje: Deutscher Protestantismus und Judentum 1932/33, München 1990.

-: Hans von Dohnanyi - Christine Bonhoeffer. Eine Ehe im Widerstand gegen Hitler, Gütersloh 2002.

Smit, Dirk J.: Remembering Theologians – Doing Theology, Stellenbosch 2013.

Smith, Robert O.: Bonhoeffer and Musical Metaphor, in: Word & World 26 (2006), 195–206.

Soosten, Joachim von: Die Sozialität der Kirche. Theologie und Theorie der Kirche in Dietrich Bonhoeffers «Sanctorum Communio», Gütersloh 1992.

Strohm, Christoph: Theologische Ethik im Kampf gegen den Nationalsozialismus. Der Weg Dietrich Bonhoeffers mit den Juristen Hans von Dohnanyi und Gerhard Leibholz in den Widerstand, München 1989.

–: Die Bedeutung von Kirche, Religion und christlichem Glauben im Umkreis der Attentäter des 20. Juli 1944, in: Schultze, Harald/Andreas Kurschat (Hg.): «Ihr Ende schaut an ...» Evangelische Märtyrer des 20. Jahrhunderts, 2. Aufl. Leipzig 2008, 99–116.

–: Die Kirchen im Dritten Reich, München 2011.

Stupperich, Robert (Hg.): Briefe Karl Holls an Adolf Schlatter, in: Zeitschrift für Theologie und Kirche 64 (1967), 169–240.

Theunissen, Michael: Der Andere. Studien zur Sozialontologie der Gegenwart, 2. Aufl. Berlin/New York 1977.

Tietz-Steiding, Christiane: Bonhoeffers Kritik der verkrümmten Vernunft. Eine erkenntnistheoretische Untersuchung, Tübingen 1999.

Tietz, Christiane: «Nur der Glaubende ist gehorsam, und nur der Gehorsame glaubt.» Beobachtungen zu einem existentiellen Zirkel in Dietrich Bonhoeffers «Nachfolge», in: Dietrich Bonhoeffer Jahrbuch 2, Gütersloh 2005, 170–181.

–: Unzeitgemäße Aktualität. Religionskritik in Zeiten der «Wiederkehr der Religion», in: Dalferth, Ingolf U./Hans-Peter Großhans (Hg.): Kritik der Religion, Tübingen 2006, 243–258.

–: Rechtfertigung und Heiligung, in: Grünwald, Klaus/Christiane Tietz/ Udo Hahn (Hg.): Bonhoeffer und Luther. Zentrale Themen ihrer Theologie, Hannover 2007, 79–103.

–: War Dietrich Bonhoeffer Pazifist? Oder: Dietrich Bonhoeffers Äußerungen zum Krieg, in: Bosse-Huber, Petra/Christian Drägert (Hg.): Glaube und Verantwortung. Festschrift für Nikolaus Schneider, Neukirchen-Vluyn 2012, 28–40.

–: Dietrich Bonhoeffer. Theologe im Widerstand, München 2013.

–: Karl Barth. Ein Leben im Widerspruch, München 2018.

Tödt, Heinz Eduard: Theologische Perspektiven nach Dietrich Bonhoeffer, hg. von Ernst-Albert Scharffenorth, Gütersloh 1993.

-: Komplizen, Opfer und Gegner des Hitlerregimes. Zur «inneren Geschichte» von protestantischer Theologie und Kirche im «Dritten Reich», hg. von Jörg Dinger und Dirk Schulz, Gütersloh 1997.

Tödt, Ilse: Wer ist Jesus Christus heute für uns eigentlich? Zur Aktualität Dietrich Bonhoeffers, in: Musik und Kirche 76 (2006), 6–10.

-: «Gute Mächte». Bonhoeffer-Darstellungen, Heidelberg 2009.

- (Hg.): Dietrich Bonhoeffers Hegel-Seminar 1933. Nach Aufzeichnungen von Ferenc Lehel, München 1988.

Tönnies, Ferdinand: Gemeinschaft und Gesellschaft (1887), Nachdruck der 8. Aufl. von 1935, 3. Aufl. Darmstadt 1979.

Troeltsch, Ernst: Zur Frage des religiösen Apriori, in: Ders.: Zur religiösen Lage, Religionsphilosophie und Ethik, Gesammelte Schriften II (1922), Nachdruck Aalen 1962, 754–768.

Trowitzsch, Michael: «Auf die Anfänge des Verstehens zurückgeworfen». Bemerkungen zu Dietrich Bonhoeffers Hermeneutik, in: Ders.: Über die Moderne hinaus. Theologie im Übergang, Tübingen 1999, 120–142.

Vischer, Wilhelm: Das Christuszeugnis des Alten Testaments, zwei Teile, Zürich 1934, 1942.

Weber, Max: Wirtschaft und Gesellschaft. Grundriss der verstehenden Soziologie (1922), Bd. 1, 5. Aufl. Tübingen 1976.

-: Wissenschaft als Beruf 1917/1919. Politik als Beruf 1919, Studienausgabe, Tübingen 1994.

Weingardt, Markus: Religion, Macht, Frieden. Das Friedenspotential von Religionen in politischen Gewaltkonflikten, Stuttgart 2007.

Weizsäcker, Carl Friedrich von: Gedanken eines Nichttheologen zur theologischen Entwicklung Dietrich Bonhoeffers, in: Ders.: Der Garten des Menschlichen, München/Wien 1977, 454–478.

Welker, Michael: Wachsen in der Gewissheit, in: Zeitzeichen 2002/11, 18–20.

-: Theologische Profile. Schleiermacher – Barth – Bonhoeffer – Moltmann, Frankfurt a. M. 2009.

Welker, Ulrike: Dietrich. Bonhoeffer entdecken, Neukirchen-Vluyn 2001.

Wendebourg, Dorothea: Dietrich Bonhoeffer und die Berliner Universität, in: Berliner Theologische Zeitschrift 23 (2006), 285–312.

Wendel, Ernst Georg: Studien zur Homiletik Dietrich Bonhoeffers. Predigt – Hermeneutik – Sprache, Tübingen 1985.

Wind, Renate: Dem Rad in die Speichen fallen. Die Lebensgeschichte des Dietrich Bonhoeffer (1990), Gütersloh 2006.

Wolff, Christoph: Johann Sebastian Bach, aktualisierte Neuausgabe Frankfurt a. M. 2005.

Wolterstorff, Nicholas P.: Journey toward Justice. Personal Encounters in the Global South, Grand Rapids, MI 2013.

Wüstenberg, Ralf K.: Eine Theologie des Lebens. Dietrich Bonhoeffers nichtreligiöse Interpretation biblischer Begriffe, Leipzig 2006.

–: Bonhoeffer and Beyond. Promoting a Dialogue between Religion and Politics, Frankfurt a. M. 2008.

–: Die Wirklichkeit als Sakrament des Gebotes. Zum Verhältnis von Prinzipien und konkretem Gebot. Textanalyse und Thesen, in: Bonhoeffer-Rundbrief. Mitteilungen der Internationalen Bonhoeffer-Gesellschaft, Sektion Bundesrepublik Deutschland Nr. 97 (2012), 13–23.

Zahn-Harnack, Agnes von: Adolf von Harnack (1936), 2. Aufl. 1951.

Zimmermann, Hans Dieter: Innere Emigration. Ein historischer Begriff und seine Problematik. In: Kroll, Frank-Lothar/Rüdiger von Voss (Hg.): Schriftsteller und Widerstand. Facetten und Probleme der Inneren Emigration. Göttingen 2012, 45–62.

Zimmermann, Jens: Humanism and Religion. A Call for the Renewal of Western Culture, Oxford 2012.

–/Brian Gregor (Hg.): Being Human, Becoming Human. Dietrich Bonhoeffer and Social Thought, Eugene 2010.

–/Natalie Boldt (Hg.): Christian Humanism and Moral Formation in «A World Come to Age», Cambridge 2016.

Zimmermann, Wolf-Dieter (Hg.): Begegnungen mit Dietrich Bonhoeffer. Ein Almanach, 4. erweiterte Aufl. München 1964.

Bildnachweis

Personenregister